国家发改委财政部2008年重大专项
《数字民族博物馆》项目研究成果

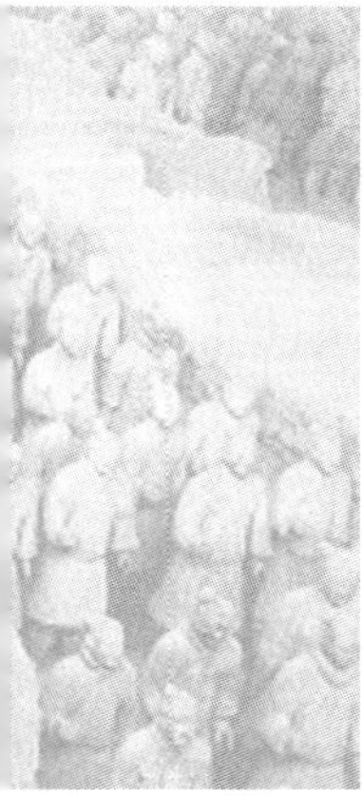

中华民族文化遗产及鉴赏研究（下）

宋才发／著

民族出版社

目　录

（下册）

二　中华民族自然遗产文化景观

三　中华民族非物质文化遗产研究

甘肃莫高窟、月牙泉名胜文化景观

一

敦煌是世界艺术宝库中的一颗璀璨耀眼的明珠。“敦煌”古称“沙洲”，地处甘肃省河西走廊西端，位于北纬40°10′，东经92°48′。敦煌东与安西县相邻，西北与新疆维吾尔自治区接壤，南隔阿克塞哈萨克自治县与青海相连，是一高山和沙漠、戈壁环绕的“小绿洲”。敦煌又是一座古老的历史文化名城，是“飞天艺术”的故乡、“佛教艺术”的殿堂，素有“戈壁绿洲”、“西部明珠”之称，是古丝绸之路上的黄金旅游胜地，被誉为“世界的敦煌”、“人类的敦煌”。敦煌历史悠久，春秋时称“瓜州”，以地产美瓜而得名。汉武帝时河西地区归入汉朝版图，汉元鼎六年（公元前111年），设置敦煌郡并设“阳关”、“玉门关”。东晋隆安四年（公元400年）李暠建“西凉国”，初都敦煌。北魏初（公元439年）置“敦煌镇”，公元526年置“瓜州”，敦煌均为治所。隋初废郡置瓜州，大业三年（公元607年）复置敦煌郡。唐武德二年（公元619年）置“沙州”，此时的敦煌已进入历史兴盛时期。宋景祐三年（公元1036年），敦煌为西夏占领，统治敦煌达191年之久。由于它的地理位置最靠西，因而自古就是丝绸之路东、中段各线交汇的枢纽。自汉唐以来，丝绸之路进入新疆的三条路线，都以敦煌为出发点，无论东来或西去的商旅都必经敦煌，时称“华戎所交一大都会”①。故史书上载有，西域诸道总辏于敦煌。元灭西夏王国后，于至元十四年（公元1277年），复设沙州。1949年9月28日敦煌全境解放。敦煌市总面积为3.12万平方公里，总人口18万。敦煌市先后被命名为“中国优秀旅游城市”、“国际世界的中国品牌城市”、“中国自驾车旅游十大目的地”、“2008中国魅力中小城市”、“游客最喜爱的旅游区”、“中国最值得外国人去的50个地方之一”等。敦煌这座东方艺术之都，真实地记录了一段辉煌的历史：当年这座“丝绸之路”的咽喉重镇商贾云集，东来西往的驼队，不仅使得敦煌商业鼎盛，而且为其艺术的繁华奠定了坚实的基础。敦煌历史悠久文化灿烂，境内名胜古迹星罗棋布，自然风光奇特迷人。现存有石窟寺庙遗址、古墓葬群、汉长城、关隘、古城、烽遂、古驿站等文物景点241处。② 由于彼此之间的取精用宏、相互交融，从而创造了举世瞩目的“敦煌文化”，为人类留下了众多的文化瑰宝，如“沙岭晴鸣”、“月泉晓澈”皆为“敦煌八景”之一。正如《敦煌赋》所说：“敦者，大也，煌者，盛也。敦煌者，盛大辉煌之意。寰宇之内，谁人不知其名，华夏国人，争睹名城姿容。三危览胜，流沙鸣响。居走廊西端，处三省交界。南枕昆仑，北接戈壁，东衢陇右，襟带西域。党河缠绕，烽燧星罗，前阳关而后玉门，控伊西而通漠北。甘泉灌沃土，金麦银棉稔耀眼；骄阳照绿洲，杏梨瓜果四季香。物阜民丰，地灵人杰。……敦煌古老，敦煌神奇，敦煌博大，敦煌精深。”③

莫高窟是一座永不衰竭的艺术之宫。莫高窟距敦煌市东南25公里处鸣沙山东麓50多米高的断崖上，面对“三危山”。《山海经》有“舜逐三苗于三危”④ 的记载，足见它是华夏文明的早期屏障。“敦煌石窟”面向东，前临宕泉河，南北长1680米，高50米。历代开凿的

---

① 徐峙：《安静，这是梦开始的地方——记〈盛世和光——敦煌艺术大展〉》，载《中国土资源报》，2008年1月30日第9版。

② 参见小小编著：《中国南方北方游》（北方卷），259页，北京，中国电影出版社，2005。

③ 姜德治、王登渤：《敦煌赋》，载《光明日报》，2009年9月21日第4版。

④ 李振湘：《世界遗产中国行》，45页，北京，民族出版社，2004。

洞窟高低错落、鳞次栉比地排列着，上下最多处有 5 层，形如蜂房鸽舍壮观异常。其中，最著名的要数莫高窟，俗称千佛洞，始建于东晋太和元年（公元 366 年），历经南北朝、隋、唐、五代、宋、西夏、元等历代的兴建，成为世界上现存规模最大、内容最丰富的佛教艺术圣地。[①] 据碑文记载，公元 366 年有位叫乐僔的僧人云游到鸣沙山东麓时，忽见山顶上金光万道，仿佛有千万尊佛在金光中闪烁，一心修行的乐僔被这个奇观感动了，认定此地就是一处圣地，于是他请来工匠，在悬崖峭壁上开凿窟洞。莫高窟壁画绘于洞窟的四壁、窟顶和佛龛内，内容博大精深，主要有佛像、佛教故事、佛教史迹、经变、神怪、供养人、装饰图案等 7 类题材。此外，还有很多表现当时狩猎、耕作、纺织、交通、战争、建设、舞蹈、婚丧嫁娶等社会生活方面的画作。这些绘画有的雄浑宽广，有的鲜艳瑰丽，体现了不同时期的艺术风格和特色。我国五代以前的画作大都已散失，莫高窟壁画为我国美术史研究提供了重要实物，也为研究中国古代风俗提供了极有价值的形象和图样。据专家们估算，这些壁画如果按照 2 米高排列，可排成长达 25 公里的画廊。另据唐《李克让重修莫高窟佛龛碑》记载，是僧人乐僔在岩壁上开凿第一个洞窟的。此后法良禅师等又继续在此建洞修禅，称为“漠高窟”，意为“沙漠的高处”；后世因“漠”与“莫”通用，便改称为“莫高窟”。在莫高窟“第 423 窟”内有一片隋代刻制的墨书题记《莫高窟记》。由于年代久远风沙久拂，“题记”正文已经模糊不清，但标题“莫高窟记”四字仍十分清晰。这是人们见到最早的“莫高窟”之名，也是“敦煌莫高窟”名字之来由。佛家认为修建佛洞功德无量，“莫者”不可能，没有也。“莫高窟”的意思，就是没有比修建佛窟更高的作为了。从世俗的层面理解，“莫高窟”也可以理解为，没有比此水平更高的石窟了。北魏、西魏和北周时，由于统治者崇信佛教，石窟的建造得到了王公贵族们的支持而发展较快。到隋唐时期随着丝绸之路的繁荣，莫高窟更加兴盛，在武则天统治时期，便有洞窟千余个。敦煌唐代艺术代表了中国佛教艺术最灿烂

① 参见道文：《莫高窟道经历经坎坷》，载《中国民族报》，2004 年 1 月 6 日第 3 版。

的时代，外来的艺术与中国的民族艺术可谓水乳交融。作为一个艺术宝库，不同时代的艺术风尚在莫高窟汇集成斑斓景观。唐代“安史之乱”后，敦煌先后由吐蕃和归义军占领，但造像活动并未受到太大的影响。北宋、西夏和元代莫高窟渐趋衰落，仅以重修前朝窟室为主，极少新建。元朝后随着丝绸之路的废弃，莫高窟停止兴建并逐渐湮没于世人的视野中。莫高窟在明代一度被荒废，直到清康熙四十年（公元1701年）之后，莫高窟才重新引起人们的关注。敦煌石窟艺术是集建筑、雕塑、绘画于一体的立体艺术，古代艺术家在继承中原汉民族和西域兄弟民族艺术优良传统的基础上，吸收、融化了外来的表现手法，发展成为具有“敦煌地方特色”的中国民族风俗佛教艺术品，为研究中国古代政治、经济、文化、宗教、民族关系、中外友好往来等提供了珍贵的资料，是人类文化宝藏和精神财富。莫高窟是一座伟大的艺术宫殿，是一部形象的、不朽的百科全书。① 敦煌之所以不老，是因为敦煌艺术之树常青。

莫高窟现存北魏至元的洞窟735个。从开凿的历史年代看，开凿于北朝时期的洞窟共有36个，其中，年代最早的有第268窟、第272窟、第275窟。窟形主要是禅窟、中心塔柱窟和殿堂窟。彩塑有圆塑和影塑两种；壁画内容有佛像、佛经故事、神怪、供养人等。塑像人物体态健硕，神情端庄宁静，风格朴实厚重。壁画前期多以“土红色”为底色，再以青绿褚白等颜色敷彩，色调热烈浓重，线条淳朴浑厚，人物形象挺拔，有西域佛教的特色。西魏以后底色多为白色，色调趋于雅致、风格洒脱，开始具有中原的风貌。其典型洞窟有第249窟、第259窟、第285窟、第428窟等，如第243石窟为北魏时代的释家牟尼塑像巍然端坐，身上斜披印度袈裟，头顶扎扁圆形发髻，保留着犍陀罗式样。隋唐是莫高窟发展的全盛时期，现存洞窟有300多个。禅窟和中心塔柱窟在这一时期逐渐消失，而同时大量出现的是殿堂窟、佛坛窟、四壁三龛窟、大像窟等形式，其中殿堂窟的数量最多。

① 参见张旭、高伟：《〈敦煌再发现〉发现了什么?》，载《西部发展报》，2004年11月4日第8版。

塑像一般都为圆塑，造型浓丽丰满，风格更加中原化，出现了前代所没有的高大塑像。这一时期的莫高窟壁画题材丰富、场面宏伟、色彩瑰丽，美术技巧达到空前的水平。譬如，中唐时期制作的第79窟“胁侍菩萨像”中的样式，上身裸露作半跪坐式，头上合拢的两片螺圆发髻，就是典型的唐代平民的发式；脸庞、肢体的肌肉圆润，施以粉彩，肤色白净，表情随和温存。尽管眉宇间仍点了一颗“印度式红痣”，却更像生活中的真人。五代和宋代的洞窟现存有100多个，多为改建和重绘的前朝窟室，形制主要是佛坛窟和殿堂窟。从晚唐到五代，统治敦煌的张氏和曹氏家族均崇信佛教，为莫高窟出资甚多。因此，供养人画像在这个阶段大量出现，并且内容也很丰富。塑像和壁画都沿袭了晚唐的风格，但愈到后期其形式就愈显公式化，美术技法水平也有所降低。这一时期的典型洞窟有第61窟和第98窟，其中，第61窟的地图《五台山图》是莫高窟最大的壁画，高5米，长13.5米，绘出了山西五台山周边的山川形胜、城池寺院、亭台楼阁等，堪称恢宏壮观。现存西夏和元代的洞窟有85个，其中，西夏修窟77个，多为改造和修缮的前朝洞窟，洞窟形制和壁画雕塑基本都沿袭了前朝的风格。一些西夏中期的洞窟出现回鹘王的形象，可能与回鹘人有关。而到了西夏晚期，壁画中又出现了西藏密宗的内容。元代洞窟只有8个，全部是新开凿的，出现了方形窟中设圆形佛坛的形制，壁画和雕塑都和西藏密宗有关，典型洞窟有第3窟、第61窟和第465窟。从洞窟的分布上看，南区是莫高窟的主体，为僧侣们从事宗教活动的场所，分布着487个洞窟，均有壁画或塑像。北区有248个洞窟，其中，只有5个存在壁画或塑像，其他的都是僧侣修行、居住和死亡后掩埋场所，有土炕、灶炕、烟道、壁龛、台灯等生活设施。两区共计有492个洞窟存在壁画和塑像，共有壁画4.5万平方米、泥质彩塑2415尊、飞天塑像4000余身、唐宋木构崖檐5个以及数千块莲花柱石、铺地花砖等。[①] 各洞窟大小相差甚远，最大的第16洞窟达268平方米，最小的第37窟高不足盈尺。窟外原有木造殿宇，走廊、栈道相连，现多已不

① 国家邮政局：《莫高窟简介》，中国邮政明信片，2006年发行（28号）。

存。由于莫高窟所处山崖的土质较松软，不适合制作石雕。所以，莫高窟的造像除四座大佛为石胎泥塑外，其余均为木骨泥塑。塑像都为佛教的神佛人物，排列有单身像和群像等多种组合，群像一般以佛居中，两侧侍立弟子、菩萨等，少则3身，多达11身。因而泥质彩塑是敦煌艺术的主体，主要有佛像、菩萨像、弟子像，以及天王、金刚、力士、神等。彩塑的形式丰富多彩，有圆塑、浮塑、影塑等，其中，最高的为34.5米，最小的仅2厘米左右，题材之丰富和手艺之高超，堪称“佛教彩塑博物馆”。如第17窟唐代河西都憎统的肖像塑和塑像后绘有持杖近侍等，把塑像与壁画结为一体，为我国最早的高僧写实真像之一，具有很高的历史价值和艺术价值。在莫高窟的壁画上，随处可见漫天飞舞的美丽飞天（现敦煌市的城雕就是一个反弹琵琶的飞天仙女的形象）。墙壁上飞天在无边无际的茫茫宇宙中飘舞，有的手捧莲蕾，直冲云霄；有的从空中俯冲下来，势若流星；有的穿过重楼高阁，宛如游龙；有的则随风漫卷，悠然自得。画家们用那特有的蜿蜒曲折的长线舒展和谐的意趣，献给人们一个优美而空灵的想象世界，达到了“天衣飘扬，满墙风动”的效果。这些艺术珍品不仅反映了我国中古时期宗教和社会生活情况，同时也表现出历代劳动人民的杰出智慧和非凡成就。

莫高窟偶然发现的藏经洞。光绪二十六年五月二十六（公元1900年6月22日），当看管石窟的道士王圆箓为第16窟清除淤沙，拟将已被遗弃的洞窟改建为道观时，偶然发现了北侧甬道壁上的一个小门。门打开后出现一个长宽各2.6米、高3米的方形窟室（现编号为第17窟），窟内藏有从4世纪到11世纪（即“十六国”到“北宋”），历代文书和纸画、绢画、刺绣等文物5万多件①，这就是举世闻名的“藏经洞”。作为发现藏经洞的第一人，道士王圆箓是一个有功之人。但他后来又向外国人出卖了藏经洞，因而他实质上又成为一个历史的罪

---

① 张旭、高伟：《〈敦煌再发现〉发现了什么?》，载《西部发展报》，2004年11月4日第8版。

人，据传他出卖国宝所得钱财主要用于莫高窟的维修。① 藏经洞的内壁上绘有菩提树、比丘尼等图像，其中有一座禅床式低坛，上塑一位高僧洪辨的坐相，另有一通石碑似未完工。从洞中出土的文书看，最晚的写于北宋年间，且不见西夏文字。因此，可推断藏经洞是11世纪时，莫高窟的僧人们为躲避西夏军队，在准备逃难时封闭的。莫高窟藏经洞是中国考古史上的一次非常重大的发现，其出土文书多为写本，少量为刻本，汉文书写的约占5/6，其他则为古代藏文、梵文、齐卢文、粟特文、和阗文、回鹘文、龟兹文等。文书内容主要是佛经，还有道经、儒家经典、小说、诗赋、史籍、地籍、账册、历本、契据、信札、状牒，以及晋至宋的10个朝代的大量文物图书。② 这些佛经、道经和文书等，后来通称为"敦煌遗书"，不少属于"孤本"和"绝本"。散落在世界各地的"敦煌遗书"，至今没有完全公开影印出版，故无法确切地知道现存敦煌文献的总件数。但从目前已知的文献看，90%以上为佛教文献，道经只占20%～30%，数量居第2位。③ 20世纪初中国考古学上这次震惊世界的重大发现，使得敦煌艺术名闻中外，它对我国古代文献的补遗和校勘有极为重要的研究价值。随后便由此而发展成一门新的研究学科——敦煌学，1943年我国成立了"敦煌研究所"。"敦煌学"经过近百年的研究，不仅在学术、艺术、文化等方面取得了令人瞩目的成果，同时也向世界展示了敦煌艺术之美、文化内蕴之丰富以及中国古代劳动人民的聪明智慧。

莫高窟惨遭抢劫的沧桑历史。藏经洞被发现后，旋即引来许多西方考古学家和探险者，他们以极其低廉的价格，从王圆箓手里获得了大量珍贵典籍和壁画，或运出中国或散落民间，严重地破坏了莫高窟和敦煌艺术的完整性。譬如，1907年3月英国考古学家马尔克·奥莱尔·斯坦因（原籍匈牙利），在进行第二次中亚考古旅行时，带着翻

---

① 参见陈庆斌：《莫高窟藏经洞的历史荣辱》，载《中国民族报》，2004年1月6日第3版。

② 参见小小编著：《中国南方北方游》（北方卷），260页，北京，中国电影出版社，2005。

③ 道文：《莫高窟道经历经坎坷》，载《中国民族报》2004年1月6日，第3版。

译蒋孝琬沿着罗布泊南的古丝绸之路来到敦煌。当他得知莫高窟发现了藏经洞之后，马上找到王圆箓表示愿意帮助兴修道观，于是斯坦因被允许进入藏经洞拣选文书，最终只用了200两银子就把24箱写本和5箱其他艺术珍品“带走了”，这些文物现大多存于伦敦博物馆。1908年7月精通汉学的法国考古学家伯希和，在获悉莫高窟发现古代写本后，立即从迪化赶到敦煌贿通王圆箓，在洞中拣选了3个星期，最终以600两银子为代价，获取了1万多件堪称菁华的敦煌文书，并摄拍照片100余幅，后来大都入藏“法国国立图书馆”。1909年伯希和在北京向一些学者出示了几本敦煌珍本，立即引起中国学界的注意。他们纷纷向清朝学部上书，要求甘肃和敦煌地方政府马上清点藏经洞文献并运送进京。清廷于宣统二年（公元1910年），命令甘肃布政使何彦升，负责将剩余残卷尽数押运到北京。但在清点之前，当地官绅到洞内共拿走经书200余卷，王圆箓趁机将一部分文物藏了起来；押运沿途又散失了不少，真正运到京师图书馆的仅有8757件，现存于中国国家图书馆。1914年斯坦因再次来到莫高窟，又以500两银子向王圆箓购得了600卷敦煌文献。这些藏品后来大都捐赠给了大英博物馆和印度的一些博物馆，因而大英博物馆现拥有与敦煌相关的藏品约1.37万件，是世界上收藏敦煌文物最多的地方。那些流失在我国民间的敦煌文献，有一部分后来被收藏者转卖给了日本藏家，也有部分收归南京国立中央图书馆，更多的已难于查找。王圆箓藏匿起来的写本，除了卖给斯坦因一部分以外，其他约600件经卷，分别在1911年和1912年卖给了日本的探险家吉川小一郎和橘瑞超。1914年俄罗斯佛学家奥尔登堡，对已经劫空的藏经洞进行了“挖掘”，又获得了1万多件文物碎片，目前藏于俄罗斯科学院东方学研究所。总之，近代除了藏经洞文物遭遇抢劫和瓜分之外，敦煌壁画和塑像也蒙受了巨大的损失，目前所有唐宋时期的壁画均已不在敦煌。譬如，伯希和与1923年到来的哈佛大学兰登·华尔纳，先后利用胶布粘取了26块有价值的壁画①，有时甚至只揭取壁画中的一小块图像，严重损害了壁画的完整

① 陈庆斌：《莫高窟藏经洞的历史荣辱》，载《中国民族报》，2004年1月6日第3版。

性。1000余件唐宋绘画及26块有价值壁画，现藏于美国哈佛大学博物馆，无一件留在中国。这场对中国佛教文化的大掠夺、大摧残长达20余年，共掠夺走了3.5万件文物，给中国乃至世界文化遗产造成了不可弥补的巨大损失，确实是中国乃至世界文明史上的一次奇耻大辱。

神奇无比的鸣沙山与月牙泉。鸣沙山月牙泉风景名胜区位于敦煌市城南5公里处，地处北纬40°05′，东经94°40′。它东起莫高窟崖顶，西接党河水库，整个山体由细米粒状黄沙积聚而成，狂风骤起时沙山会发出巨大的响声，轻风吹拂时又似管弦丝竹，因而得名为鸣沙山。沙泉共处，妙造天成，古往今来素以“沙漠奇观”著称于世。鸣沙山为流沙积成，沙分红、黄、绿、白、黑五色。鸣沙山具有粗狂、柔美、山泉共处、沙水共生的特点，该沙漠被《中国国家地理》“选美中国”活动评选为“中国最美的五大沙漠”第4名①。东汉时称鸣沙山为“沙角山”，俗称“神沙山”，晋代开始称为“鸣沙山”。其山东西长40余公里，南北宽约20公里，主峰海拔1715米。驼队穿行于40多公里的沙山之间，四周空旷高远，黄沙漠漠、驼铃声声、风沙点点，一派神奇的西域风光。沙山峰峦危峭，山脊如刀，即使白天山体上到处被游人践踏得坑坑洼洼，可经一夜之后又复原如初，此种景观实属罕见。鸣沙山既能够自己发出轻如丝竹之声，而当人乘沙流从高处往下滑带动沙粒滚动时，又能够发出有鼓角之声的“隆隆”轰鸣，重若雷鸣之声即“沙岭晴鸣”②。“月牙泉”地处鸣沙山环抱之中，其形酷似“一弯新月”而得名。月牙泉最早的记载见于东汉《辛氏三秦记》。月牙泉早在汉代就是游览胜地，唐代这里有船舸，泉边有庙宇。泉南岸原有一组古朴雅肃、错落有致的建筑群，从东向西计有娘娘殿、龙王宫、菩萨殿、药王洞、雷神台等100余间。各主要殿宇有彩塑百尊以上，所绘壁画数百幅。重要殿堂均悬置匾额、碑刻，如“第一泉”、“别有天地”、“半规泉”、“势接昆仑”、“掌握乾坤”等，书法雅俊堪

---

① 《最美中国自助游》编委会：《最美中国自助游》，437页，北京，中国林业出版社，2006。

② 周艺文等：《丝绸之路之旅——陕西、甘肃、新疆》，85页，长沙，湖南地图出版社，2001。

称上品。当时这里亭台楼阁，临水而设。林木葱郁，泉水与山色相映，古刹神庙，绕以常年香火。历代骚客游玩吟诗咏赋，挥毫者不乏其人。月牙泉又名“药泉”，一度讹传为“渥洼池”。史载汉元鼎四年（公元前113年），汉武帝刘彻得天马于渥洼池中，后人疑月牙泉即“汉渥洼池”，遂立一石碑曰“汉渥洼池”：“四面风沙飞野马，一潭之影幻游龙”。于是给奇特的“月牙泉”增添了传奇色彩，清代正式称“月牙泉”至今。泉水面积达13.5亩，平均深度为3.2米，最深处在7米以上。泉水清澈如镜，水质甘冽，绵力古今，沙不进泉、水不浊涸。“鸣沙山”和“月牙泉”是大漠戈壁中一对孪生姐妹，“山以灵而故鸣，水以神而益秀”。游人无论从山顶鸟瞰，还是泉边畅游都会骋怀神往，确有“鸣沙山怡性，月牙泉洗心”之感。对于月牙泉百年遇烈风而不为沙掩盖的不解之谜有许多说法。有人认为，这一带可能是原党河河湾，是敦煌绿洲的一部分，由于沙丘移动、水道变化，遂成为单独的水体。又因为地势低凹，渗流在地下的水不断向泉中补充，使之涓流不息、天旱不涸。这种解释似可看作是月牙泉没有消失的一个原因，但却无法说明因何“飞沙不落月牙泉”。也许因为地势的关系，刮风时沙子不往山下走，而是从山下往山上流动，所以月牙泉永远不会被沙子埋没，故被称为“沙漠奇观”。据有关文献记载，清朝时这里还能跑大船。20世纪初有人来此垂钓，其游记称：“池水极深，其底为沙，深陷不可测。”月牙泉在有限的史料记载和诗词歌赋中，一直是碧波荡漾、鱼翔浅底、水草丰茂，与鸣沙山相映成趣。在当地老百姓中有“铁背鱼”、“七星草”和“五色沙”三件宝的说法。直到1960年以前，泉水仍没有大的变化，最深处水深9米，湖水面积22.5亩。20世纪70年代当地垦荒造田抽水灌溉，及近年来周边植被破坏、水土流失，导致敦煌地下水位急剧下降，从而使得月牙泉水位急剧下降。月牙泉存水最少的时间是1985年，那时月牙泉平均水深仅为0.7~0.8米。“月牙泉明日是否会消失？”这成为许多人关注的焦点。为拯救鸣沙山月牙泉这一神奇的大漠景观，总投资4100万元的月牙泉水位下降应急治理工程于2007年初正式启动，2008年5月完工。应急治理工程在月牙泉周围修建了4个渗水场向地下渗水，同时关闭农业用水机井 167 眼，压减耕地 2.48 万亩，遏止了提取地下水的势头。通过提高月牙泉周围的地下水位，月牙泉水位得到稳定并逐步提升。① 月牙泉东端的低洼处也有泉水渗出，面积约为 400 平方米，出现了“二泉映月”的奇景②。1994 年 1 月 10 日“鸣沙山——月牙泉风景名胜区”经国务院批准列入第三批“国家级风景名胜区”名单。随后又被评定为“中国旅游胜地四十佳”之一，被称为“天下沙漠第一泉”。历代文人学士对这一独特的山泉地貌，沙漠奇观称赞不已。作为风景区景点之一的“敦煌民俗博物馆”，其丰富的实物展是敦煌古老民俗风情的完美再现。③

二

百年敦煌百病缠身。当社会各界在为敦煌发现百年欢庆之时，“多病”的敦煌莫高窟却为我们敲响了警钟：窟内过半有壁画的洞窟遭遇病害。据敦煌研究院此前的一份《敦煌莫高窟北区洞窟及崖面崩塌原因探讨》报告披露，近年来莫高窟外部的北区洞窟及所在崖体崩塌严重。有人曾断言，如果再不对莫高窟加以有效保护，50 年或者 100 年内，它就会从人们的视线中消失。敦煌石窟内的彩塑佛像是用泥土、麦草和木头作材料制成的，壁画的颜料主要是矿物质，依据自然规律，这些东西都会慢慢地衰亡。敦煌地处戈壁滩之中，尽管干燥的环境使艺术瑰宝得以保存下来，但风沙等恶劣气候也对石窟造成了破坏。被称为“敦煌女儿”的敦煌研究院院长樊锦诗此前说：“从内心来说，我希望敦煌石窟万寿无疆，也曾经想过，运用高科技手段有没有可能做到这一点。但物质的规律不以人的意志为转移，就像人一

① 参见曾华锋：《甘肃将投资 19 亿元拯救敦煌绿洲》，载《人民日报》，2008 年 3 月 11 日第 11 版。

② 秦锦丽：《拯救月牙泉》，《中国国土资源报》2009 年 4 月 3 日，第 3 版。

③ 参见敦煌市《鸣沙山月牙泉风景名胜区简介》，见《中国国家风景名胜区鸣沙山月牙泉》门票的景观介绍说明。

样，它总是要死的。"① 有关人士拿1908年在莫高窟285窟拍摄的壁画，与2004年拍摄的相同画面作比较。时隔近100年后，该壁画更加残破不堪。据不完全统计，莫高窟现存有壁画或彩塑的492个洞窟中，已有250多个洞窟、4000多平方米壁画，出现起甲、空鼓、变色等病害，而这些病害都与风沙有一定关系。事实上从20世纪40年代开始，人们就尝试用各种办法阻挡风沙。譬如，在崖面上方修了道防沙墙，但收效甚微。之后又在崖顶挖了防沙沟，不久也被沙子填平。近年来敦煌在鸣沙山种植草方格，终于把沙子牢牢固定在了原地，接着又营造2公里防护林带，小气候得到调节，该"防护体系"建立后进入窟区的沙子减少80%以上。但这并不意味着莫高窟面临的危机已彻底化解。近年来游客数量急剧增加，也给保护工作带来巨大压力。游客进入洞窟带来温度、湿度改变，会对壁画产生影响。敦煌研究院利用现代科技及临摹手段，将代表性的洞窟复制出来是对莫高窟的抢救和保护。粗略计算，石窟日均访客人次一般应在2000人次以下，达到6000人次就难以承受。② 现实的情况是每年到敦煌旅游的人次都在60万以上，石窟面临着超负荷接待的局面，始终处于长时间不能恢复的"疲劳"状态。"过多的游人带来过多的二氧化碳及水分是造成壁画'皮肤病'的主因。"敦煌莫高窟保存的壁画，一半以上已经患有壁画"癌症"之称的"酥碱病"。酥碱从窟脚向上侵蚀，上面的壁画也就无所依托而脱落。③ 为此，敦煌研究院开展了卓有成效的国际合作，如中美合作的莫高窟第85窟保护项目，就成为第二届石窟遗址保护国际学术讨论会的热点议题。中外专家一致认为，该项目的合作成果堪称文物保护领域内国际合作的典范④。

莫高窟1961年被公布为第一批全国重点文物保护单位。甘肃举世

---

① 徐哲倪佳：《莫高窟病得不轻》，载《西部开发报》，2004年8月12日第9版。

② 参见顾磊：《褪色的莫高窟》，载《西部时报》，2004年3月31日第3版。

③ 有关数据资料见《敦煌莫高窟"多病"：百年内面临消失》，《东方早报》，2007年7月16日。

④ 陈国祥、谢志娟：《敦煌研究院国际合作卓有成效》，载《西部发展报》，2004年7月8日第3版。

闻名的世界人类文化遗产莫高窟，千古绝唱的阳关、玉门关、非凡神奇的鸣沙山、月牙泉，具有传奇色彩的渥洼池、三危山、雅丹魔鬼城，尤其是莫高窟、西千佛洞、榆林窟的文化艺术和汉长城、悬泉置的历史遗迹，无不令人心驰神往留连往返。1986 年“敦煌”被国务院命名为“中国历史文化名城”，1998 年敦煌市被评为“中国优秀旅游城市”。莫高窟规模宏大、内容丰富、历史悠久，与山西云岗石窟、河南龙门石窟，并称为中国“三大石窟艺术宝库”。尽管早在 20 世纪初就有罗振玉、王国维、刘半农等人，在北京、伦敦、巴黎等地收集、抄录敦煌文献，但对莫高窟的真正保护始于 20 世纪 40 年代。1941—1943 年著名画家张大千对洞窟进行了断代、编号和壁画描摹。1943 年国民政府将莫高窟收归国有，并设立敦煌艺术研究所，由常书鸿任所长，1950 年研究所改名为敦煌文物研究所。到 1966 年以前，已加固了约 400 个洞窟，抢修了 5 座唐宋木构窟檐，并将周边 10 余平方公里划定为保护范围。1984 年中国政府进一步将敦煌文物研究所升格为敦煌研究院，充实了科技力量并开展治沙工程，积极利用数字化技术和其他技术来加强保护工作。由于近年造访莫高窟的人数急剧增加，呼吸产生的二氧化碳对壁画会产生潜在性的破坏，目前正在采取对日常参观人数适当加以限制的措施。值得欣喜的是《敦煌莫高窟保护利用工程可行性研究报告》获国家发改委批复，工程计划总投资 2.61 亿元人民币。其中，保护利用设施 20 630 万元，崖体加固及栈道改造工程 1957 万元，风沙防护工程 1381 万元，安防工程 2132 万元①，这是莫高窟有史以来规模最大的保护工程。为了避免对莫高窟窟区环境的影响，游客服务设施选址在敦煌市省道 314 南侧，距离莫高窟 15 公里。拟建的“数字陈展厅”，有望将珍贵文物遗存“移出”洞窟外，从根本上解决莫高窟保护与利用间的矛盾；项目所涉及的实景漫游、主题电影等关键技术已解决。在将建成的数字陈列展厅里，全面展示莫高窟的自然历史背景，游客可以跟随高清数字图像进行实景漫游，身临

---

① 郭兰英：《总投资 2.61 亿敦煌莫高窟保护工程开始实施》，《兰州晚报》2008 年 2 月 18 日。

其境地在球幕影院里参观洞窟实景，详细了解之后游客可以再去洞窟实地参观。① 据悉，莫高窟洞窟的合理动态承载量是每天2900人次，工程实施后可使每天的参观接待能力达到5000～6000人次；随着参观方式转变和服务水平的提升，游客在莫高窟景区的参观时间，可从现在的平均2小时延长到平均3小时。同时工程实施可使游客在洞窟现场的滞留时间减少一半，降低直接参观对洞窟内文物的不利影响，从根本上解决敦煌莫高窟保护与利用间的矛盾。有关专家认为，这一工程具有前瞻性和拓展性，不仅对敦煌文物保护有着直接而重要的意义，而且对中国重大文化遗产的保护与利用也将有突出示范作用。②

1987年莫高窟被联合国教科文组织列为世界文化遗产。2004年6月22日“敦煌遗书特藏库落成典礼仪式”在国家图书馆文津厅隆重举行。1910年敦煌遗书运抵京师，归入国家图书馆的前身——学部所属京师图书馆。入藏国家图书馆100年来，馆藏敦煌遗书数量又有较大增加，总数达到了1.6万余件，为世界各国收藏之首。新中国成立后，在文化部的直接支持下，入藏的近1600号敦煌遗书多价值极高，其中相当一批是当年流散在旧官僚、旧收藏家手中的精品。这些是其他收藏单位无法比拟的。譬如，翟奉达手抄本《逆刺占》，20世纪40年代向达先生在西北调查敦煌遗书时曾在私人手中见过，向达先生做过详细的记录，当时无论怎样做工作收藏者都不肯出让，解放后这件珍贵文献终归国家图书馆。还有经过罗振玉收藏的《老子道德经》、马叙伦收藏过的《天请问经》，另有新881号《尚书》等，都是质量极高的“敦煌文书”。馆藏年代最早的则是一件写于公元417年的《律藏初分》。还有一件“残策”，其文体在《全唐文》中并不稀见，而在世界现存的敦煌遗书中却仅此一件。这一批解放后入藏的敦煌遗书中，还有众多名家的钤印、题记等，使遗书的文物价值更加突出。2002年当国家财政部有关领导了解到国家图书馆敦煌遗书的收藏条件

① 参见甘博：《敦煌莫高窟实施综合保护利用》，载《中国文物报》，2009年3月20日第1版。

② 参见胡兆燕：《2.61亿元打造敦煌莫高窟保护利用工程》，载《中国财经报》，2008年3月20日。

后，遂与国家图书馆商讨解决方案，经过反复论证、仔细规划，决定由国家财政拨专款，制作楠木书盒、书柜，并在善本书库中辟专门场地新建敦煌遗书特藏库，此举从根本上改变了敦煌遗书的保存条件。为纪念这项文物保护工程的竣工，国家图书馆特在敦煌遗书库房内立屏，国家图书馆馆长任继愈先生撰额“敦煌遗书”四字，屏背一篇《敦煌遗书特藏库落成记》，以为纪念。作为收藏敦煌遗书最多的单位，国家图书馆为敦煌遗书的保护、利用付出了巨大的努力。[①] 莫高窟堪称世界最大的艺术宝库之一，西文学者将敦煌壁画称作是“墙壁上的图书馆”[②]。国外旅游者对莫高窟的评价是：“看了敦煌莫高窟，就等于看到了全世界的古代文明”；“莫高窟是世界上最长、规模最大、内容最丰富的画廊”；“它是世界现存佛教艺术最伟大的宝库”。莫高窟的英文名称为：Mogao Caves。根据世界文化遗产遴选标准 C（Ⅰ）（Ⅱ）（Ⅲ）（Ⅳ）（Ⅴ）（Ⅵ）的规定，1987 年 12 月莫高窟被批准为世界文化遗产，入选《世界遗产名录》。世界遗产委员会的评价是：“莫高窟地处丝绸之路的一个战略要点。它不仅是东西方贸易的中转站，同时也是宗教、文化和知识的交汇处。莫高窟的 492 个小石窟和洞穴庙宇，以其雕像和壁画闻名于世，展示了延续千年的佛教艺术。”2000 年在敦煌、兰州、香港和北京分别召开了“敦煌藏经洞发现 100 周年学术讨论会”、文物展览会及各种庆祝活动，进一步引起世界各国学术同行和旅游者的关注，前来参观莫高窟的中外游人不断增加，敦煌学的研究方兴未艾。

---

① 参见曹海英、张莹：《保护敦煌遗书》，载《人民日报》（海外版），2004 年 6 月 25 日第 8 版。

② 李振湘：《世界遗产中国行》，48 页，北京，民族出版社，2004。

宁夏西夏王陵名胜文化景观

一

宁夏回族自治区（简称“宁”）银川市位于中国西北内陆，平均海拔1000米以上，地势南高北低，地形南北狭长，据黄河上游。秦属北地郡，汉属朔方，宋为西夏和秦凤路地。宋天圣元年（公元1023年），党项首领李德明“城怀远镇为兴州以居”。[①] 宋明道二年（公元1033年），元昊“升兴州为府，改名兴庆，广宫城，营殿宇，其名号悉仿中国所称”[②]，正式确定以兴庆府（今宁夏银川市）为都城。元置宁“夏路”，1928年置宁夏省，1958年10月25日成立宁夏回族自治区。全区面积6.6万多平方公里，人口580万，回族人口占全区总人口的1/3。[③] 宁夏的风景名胜区由滚钟口、西夏王陵、拜寺口和三关古长城4个景区组成。其中，滚钟口在银川市西北方向35公里的贺兰山东麓，早在西夏时期已是名胜游览地，明清以来又增建了贺兰山庙为主体的寺庙。迄今景区仍有老君堂、斗母宫、小洞天和清真寺等。山谷中的象形石有狮吼、卧虎、仙人指路、青羊跳跃等，形象无不逼真动人。拜寺口景区内有方塔和双塔，方塔为11层檐的实心塔，高度约30米，边长6.2米，每层略有收分、层次分明。塔身外表抹以白灰，

---

① （元）托克托：《宋史·夏国传》。

② （清）戴锡章：《西夏纪》卷六。

③ 张武冰、晋淑兰主编：《新编实用中国地图》，97页，北京，中国地图出版社，2006。

上有彩绘，似为力士双手托日月。双塔在拜寺口内，东西相对相距100多米。东面一塔为砖筑八角十三层，高约45米，塔身为密檐式，第十三层之上置“上仰莲瓣形刹座”，上承托相轮。西面一塔为砖筑十四层，外形和高度与东塔相似，除第一层外其余各层塔身檐的正下方每一面的正中有龛，每龛内塑一佛像或坐或站千姿百态。西夏陵园的建造是在定都兴庆后开始的。这里之所以被西夏帝王择为陵园之地，不仅因其地势优越，更重要的是取决于西夏都城的确定。西夏陵建筑是党项文化与汉族文化相融合的产物，也是西夏社会经济发展的重要标志。早期党项人“织犛尾、羊毛覆屋，岁一易”①，这种便于移动迁徙的住所与其以游牧狩猎为主的原始经济形态相适应。迁居西北地区后随着农业经济的发展，党项人开始定居生活，建筑业亦因之而兴起并得以迅速发展。在西北由党项修筑的州城堡砦遍及各地，州城内不仅有土屋民居，而且有宗庙衙署。据《西夏书事》卷九载：宋景德四年四月（公元1007年4月），德明“于绥、夏建馆舍二：日承恩、日迎晖。五百里内道路桥梁、修治整饬。又于鳌子山（今延川县西）大起宫室，绵亘二十余里，颇极壮丽”②。西夏陵的兴建就是西夏建筑业发展的重要标志。西夏王陵作为中国现存规模较大、地面遗迹保存较为完整的帝王陵园之一，素有“神秘的奇迹”、“东方金字塔”③ 的美誉。西夏王朝覆灭已770多年了，我们仍能看到银川城内外遗留下来的西夏王朝的一些文化古迹，有些至今仍放射出夺目的光芒。譬如，著名的“海宝塔”为全国6大名塔之一，南北朝时由赫连勃勃④所修，造型特异、古朴壮观，被列为第一批“全国重点文物保护单位”。承天寺塔兴建于1050年，11层66米高，呈角椎形，挺拔秀丽。拜寺口的双塔以及青铜峡108塔等，都各具西夏特色堪称国宝。西夏王朝所

---

① （宋）欧阳修、宋祁：《新唐书》卷221。

② （清）顾祖禹：《读史方舆纪要》，《榆林镇·夏州城》。

③ 参见小小编著：《中国南方北方游》（北方卷），287页，北京，中国电影出版社，2005。

④ 赫连勃勃（？—425年），匈奴族铁弗部，十六国时期夏国创建者，公元407—425年在位。

建的张掖大卧佛、武威护国寺碑等都是稀世珍宝。

西夏王陵又称西夏陵、西夏帝陵，是西夏王朝的皇家陵寝。西夏王陵位于银川市以西约25公里的贺兰山东麓，在方圆53平方公里的陵区内，坐落着9座帝王陵，即裕陵、嘉陵、泰陵、安陵、献陵、显陵、寿陵、庄陵和康陵。它们坐北朝南，按“昭穆宗庙”次序：左为“昭”，右为“穆”；父曰“昭”，子曰“穆”的葬制排列，形成东西两行。北端有一处三进院落建筑遗址为“陵邑”；东部边缘有砖瓦窑、石灰窑遗址，均为陵区窑坊。另外，还有253座陪葬墓，西夏陵中的陪葬墓都是西夏皇亲贵臣的墓葬。规模较大的陪葬墓，一般都由外城、碑亭、月城、墓城、门址、照壁、墓道和墓冢几部分组成。西夏陵出土的文物数以千计，包括建筑材料、生活用具、随葬品等多种品类以及石、陶、瓷、铜、铁、金、骨等多种材质。其中以建筑材料数量最多，以汉夏文残碑最为珍贵。建筑材料主要以陶质材料为大宗，琉璃制品占有一定比例，瓷质材料次之，石质构件数量较少。随葬品有大型皿器、装饰品、武器及部分瓷片、丝织品残片等。此外，墓室内还有大量动物骨骼。出土瓷器主要有白、青、酱三种釉色，以白瓷为多，素面为主。器形中碗、盘为大宗，瓶、钵等器数量次之。泥塑残块、钱币、铜器、陶棋子等种类繁多，为后人研究“西夏学”提供了宝贵的实物资料。陪葬墓的墓园建筑多已坍塌倾圮，只有一部分大中型陪葬墓的墓冢仍高高耸立。西夏王陵不仅吸收了秦汉以来特别是唐宋皇陵之所长，同时又受到佛教建筑的影响，使汉族文化、佛教文化与党项民族文化有机地结合在一起，构成了我国陵园建筑中别具一格的形式。陵邑位于陵区北部，西夏王陵每座帝陵陵园均是一个完整的建筑群体，占地面积在10万平方米以上，坐北朝南平地起建，四周筑有夯土城墙，城内广场、道路、院落、水井和房屋等遗迹清晰可见，布局十分规范整齐。[①] 城内分前、中、后三个部分，中部和后部的正中各有一座规模宏大的殿堂，其他建筑多集中在城的前部和中部，并组成一座座封闭式的庭院。陵区仿河南省巩县的宋陵建造，陵园四角筑有

① 参见刘耀编著：《中国绝色风景》，392页，北京，中国长安出版社，2006。

角台，高大的阙台雄踞神道两侧。西夏陵的每座帝陵均由阙台、神墙、碑亭、角楼、月城、内城、献殿、灵台等部分组成，形成气势壮观的地面宫殿。高大的阙台犹如威严的门卫，耸立于陵园最南端。碑亭位于其后，这里曾存放着用西夏文、汉文刻制的歌颂帝王功绩的石碑。碑亭后是月城，南墙居中为门阙，经门阙入月城，这里曾置放有文官、武将的石刻雕像。月城之北是陵城，经门阙入陵城，陵台偏处陵城西北为塔式建筑，八角形，上下各分为五级、七级、九级不等，外部用砖包砌并附有出檐，均为砖木瓦结构。陵台是陵园中的主体建筑，在古代传统陵园建筑中陵台一般为土冢，起封土作用，位于墓室之上。但西夏陵台建在墓室北 10 米处且不具封土作用，其形状呈八边七级、五级、九级塔式，底层略高，往上层层收分的塔式陵台，为夯土实心砖木混合密檐式结构，且偏离中轴线矗立，这在中国建筑史上是无前例的，它是党项族的创造。塔式陵台前有献殿，用于供奉献物及祭奠。帝陵的墓室在墓道北端位居陵台南 10 米处，为三室（主室，左右各一间耳室）土洞式结构，墓室四壁立护墙板，墓内有土葬的朽棺木。陵城神墙四面居中有门阙，神墙四角有角台。有的帝陵还圈有外城，有封闭式、马蹄形式和附有瓮城的外城，基本格局在仿宋陵的基础上有所创新。西夏陵 3 号陵茔域面积 15 万平方米，是西夏陵 9 座帝王陵园中占地最大的和保护最好的一座，考古专家认定其为西夏开国皇帝李元昊的泰陵。西夏自景帝李元昊“称帝”至亡国“末帝”共传 10 帝[①]，再加上李元昊追尊的祖父太祖李继迁和父亲太宗李德明共为 12 帝，因而西夏王陵实际上缺了 3 座帝陵。

裕陵（考古调查编号为“1 号陵”）。裕陵位于西夏陵区最南端，俗称双陵之东侧。陵主李继迁，系西夏开国皇帝李元昊的祖父。他生于宋乾德元年（公元 963 年），卒于宋景德元年（公元 1004 年）。李继迁为党项族平夏部落首领，西夏王朝的奠基者。自宋兴国七年（公元 982 年）起，抗宋自立，实力逐渐强大。宋雍熙二年（公元 985 年），成功诱杀宋将曹光实，袭据银州（今陕西榆林南），自称“定难

① 林玉冰、荣融：《西夏王朝覆灭之谜》，载《西部时报》，2004 年 7 月 14 日第 15 版。

军留后”。宋至道二年（公元996年），邀击宋军于浦洛河、进驻围灵州（今宁夏灵武市西南）。宋师以五路出击无功而返，次年遣使求和，授“定难军节度，夏州、银州、绥州、宥州、静州等州观察处置押蕃落使”。宋咸平五年（公元1002年），攻陷灵州改称“西平府”并定为都。次年攻西凉府（今甘肃武威），早吐蕃大首领潘罗支袭击，因中流矢死于次年。子得明继位，尊为“光孝皇帝”。孙元昊建国后追谥神威，庙号“太祖”，墓号“裕陵”。[①]

嘉陵（考古调查编号为“2号陵”）。嘉陵位于裕陵之西北部约30米处，陵主李德明，李继迁的长子，系西夏皇帝李元昊之父。宋真宗景德元年（公元1004年）嗣位。宋大中祥符三年（公元1010年），辽封为夏国王，遂建宫阙于鏊子山（今陕西省延川县西）。宋天禧四年（公元1020年），迁都怀远镇（今宁夏银川）改称“兴州”，次年辽封其为“大夏国王”。宋明道元年（公元1032年）宋封为“夏王”，同年卒。李德明设法与宋、辽和好，集中力量开拓河西并战胜回鹘，取得甘州、瓜州、凉州，从而奠定了“西夏国版图”。子元昊追谥“光圣皇帝”，庙号“太宗”，墓号“嘉陵”[②]。

泰陵（考古调查编号为“3号陵”）。泰陵位于西夏博物馆西南，俗称“昊王坟”，是旅游者经常参观的一座王陵。泰陵茔域面积约15万平方米，尽管遭到严重破坏，但仍是整个陵区中规模最大的西夏帝王陵墓。陵主李元昊，小字“嵬理”，后改姓“嵬名氏”，更名“曩霄”，自称“兀卒”（意“天子”）。性雄毅、多大略，通晓“浮图佛学，通蕃汉文”。宋天圣六年（公元1028年），率兵袭破回鹘夜洛隔可汗，夺取甘州（今甘肃张掖），24岁被立为“太子”。宋明道元年（公元1032年）父死袭位，去唐、宋朝廷所赐“李”、“赵”姓，号“嵬名氏”。称帝并立年号，更衣冠、立官制、制礼仪、建蕃学、置十二监军司，又命大臣野利任荣创制文字（西夏文）。宋宝元元年（公

---

① 实地考察裕陵，参见“裕陵”前的简介与说明。

② 实地考察嘉陵，参见“嘉陵”前的简介与说明。

元1038年)，筑坛受册即皇帝位，国号“大夏”（又称“太白上国”)[①]，都兴庆府（今银川市），年号“天授礼法延祚”。宋康定元年(公元1040年)、宋庆历元年（公元1041年）及二年，李元昊率兵大举攻宋，与宋军分别战于“三川口”（今陕西延安西)、“好水川”(今宁夏隆德县西）和“定川寨”（今宁夏固原中和乡)，皆获胜。夏天授礼法延祚七年（公元1044年)，又与宋议和并称臣于宋。宋随之册封其为“夏国王”。夏天授礼法延祚十一年（公元1048年)，因夺子宁令哥妻，在没藏讹庞唆使下，被宁令哥刺死。在位17年，谥武烈皇帝，庙号“景宗”，墓号“泰陵”。[②] 泰陵是整个陵区中规模最大的一座，尽管历经千年，但陵园的阙台、陵台基本完好，陵城神墙、门阙、角台大部尚好，整体布局清晰可辨。整座陵园从南到北的遗存有：(1) 阙台。位于陵园南端，于中轴线两侧对称排列，东西相距离20米，由黄土筑成。阙台正方形，边长8米，高7米，上部内收，顶部有一小台基，其上散有残砖瓦，推测为原有建筑。阙台是帝陵区别于陪葬墓的特征之一。(2) 碑亭。位于中轴线两侧且东西对称，阙台北34米，东西两碑亭相距80米。1987年考古工作者发掘东碑亭，台基呈圆角方形，四壁呈三级台阶式。台基地边长21.5米，顶边长15.5米，高2.35米。四壁台阶以绳纹砖包砌，石灰勾缝，局部砖尚存。有3个人像碑座出土（应为4座，存三毁一)；出土文物有西夏文残碑360块，残片文字最多的仅5字；还有瓷、铜、铁碎片及泥塑残块等。(3) 月城。位于碑亭北，呈东西长方形，东西距120米，南北距52米，墙基宽约2米，高0.7米，占地约10亩，北与陵城南墙相贴。城如月牙露出，故名“月城”。月城南墙正中有门，石道两侧有石像生基址。(4) 陵城。四面城墙（俗称“神墙”）环绕，呈南北长方形，南北向距180米，东西相距160米。城墙墙基宽3米，用黄土分段夯筑，各段基如须弥座状，故又称“须弥座式神墙”。陵城四周城墙正中辟门为门阙，门址宽约12米，每个门阙由3个圆锥形夯土基座组

① 林玉冰、荣融：《西夏王朝覆灭之谜》，载《西部时报》，2004年7月14日第15版。

② 实地考察泰陵，参见“泰陵”前的简介与说明。

成，从地面散布的瓦片、脊饰残件推测，这里曾建有门楼。城墙四角各有角台，角台有砖瓦残存。在南神门内约25米偏西处，有一用黄土垫实的台基，直径20米，高0.7米，其上建筑无存，周围地面残存大量青砖灰瓦及琉璃构件，此为献殿。（5）陵台。陵园北高矗立约20米的一个塔状凌锥形夯土台，用黄土密实夯筑而成，八面七级，夯土台有椽洞。陵台周围地面散有大量瓦片、瓦当、滴水等建筑物残块。献殿与陵台之间有一条南北走向形似鱼脊的用砂石填成的墓道封土。墓道长50米，北端为一盗坑，直径20米，深约5米。

安陵（考古调查编号为“4号陵”）。安陵位于泰陵西约2公里的贺兰山山脚下，陵园东、西、北三面环山，面积约10万平方米，坐北朝南。陵台八面5级，高15米。陵园布局与泰陵相同，由阙台、碑亭、月城、献殿、陵台、墓道等部分组成，现遗存碑亭一座。安陵墓主凉祚（公元1047—1068年），元昊妃没藏氏之子。1048年国相没藏式兄没藏讹庞唆使元昊长子、皇太子宁令哥杀死其父，复诛宁令哥，立凉祚为帝。周岁即帝位，改元延嗣宁国。没藏氏立为太后，因帝年幼，母与舅没藏讹庞执政6年。其间与北宋、契丹时战时和。凉祚性好佛，西夏天佑垂圣元年（公元1050年），役使兵民数万建承天寺。实行亲宋政策，仿宋朝官制，增设职官，起用汉人，调整州军并与宋互市。1068年12月病卒，在位20年。谥昭英皇帝，庙号“毅宗”，墓号“安陵”。①

献陵（考古调查编号为“5号陵”）。献陵位于泰陵北2.3公里处，面积10万平方米，已遭到严重破坏。陵城方形，边长183米，陵台夯土已被后人取做他用。该陵有碑亭3座，西边一座，东边南北两座，南小北大。西碑亭出土西夏文残碑63块，东碑亭出土汉文残碑26块。陵园主李秉常（公元1061—1086年），为毅宗凉祚之长子。1068年宋册封为“夏国主”。西夏大安二年（公元1075年）15岁时，始亲国政并实行联辽政策。西夏天安礼定元年（公元1086年）七月，李秉常忧愤而卒，年26岁，在位20年。谥康靖皇帝，庙号“墓宗”，墓号

---

① 实地考察安陵，参见“安陵”前的简介与说明。

"献陵"。[1]

显陵（考古调查编号为"6 号陵"）。显陵位于献陵西 650 米处，陵园紧依贺兰山脚，西北两面环山。独特之处有马蹄形外城，南面开口，东西墙前端至月城终止，陵园的阙台、碑亭、月城、献殿、陵台、墓道等布局与其他黄帝陵园相同。陵园主李乾顺（公元 1083—1139 年），为惠宗李秉常之长子。西夏天安礼定元年（公元 1086 年）即位，年仅 3 岁。国政由其母梁太后和其舅梁乙浦操纵。1087 年被宋朝册封为"夏国主"，1088 年被辽册封为"夏国王"。西夏永安二年（公元 1099 年）亲理国政，实行结辽抗宋、抗金。后来金以土地相诱又背辽附金。在政治上推行"尚文重法"的治国方针，贞观年间刻印的《贞观玉镜桶》是一部依法治军的军事法典。因之而加强了军事力量，扩展了领土版图。西夏大德五年（公元 1139 年）卒，年 57 岁，在位 54 年。谥圣文皇帝，庙号"崇宗"，墓号"显陵"。[2] 1972—1975 年宁夏文物工作者正式发掘显陵，墓室为多室土洞式，由墓道、甬道、中室、东侧室、西侧室组成。墓道全长 49 米，墓道甬道两壁有武士像壁画。墓室内出土有甲片、铜泡饰、铜铃、瓷片、铁钉、珍珠。发掘前此墓多次被盗，故出土遗物尚少。

寿陵（考古调查编号为"7 号陵"）。寿陵位于献陵北 3 公里，陵园面积 8 万平方米。陵园已被现代建筑破坏，仅剩阙台、碑亭、月城、陵城部分神墙、陵台。寿陵墓主李仁孝（公元 1124—1193 年），为崇宗乾顺长子，16 岁即帝位，改元"人庆"。李仁孝统治时期，放粮赈饥、减免租税，同时大力发展教育事业。西夏人庆元年（公元 1144 年），令州县各立学校并立大汉太学，亲释典。人庆三年（公元 1146 年）尊孔子为文宣帝，令州郡悉立庙祀。发展科举制度，购买儒家典籍，组织人力翻译出版西夏文儒家经典著作，于翰林学士院内设有翰林学士、翰林待制和翰林直学士。封西夏文字创制者野利任荣为广惠王。天盛年间，修成法律《天盛改旧新定律令》，这是我国第一部以

---

① 实地考察献陵，参见"献陵"前的简介与说明。

② 实地考察显陵，参见"显陵"前的简介与说明。

少数民族文字制定、颁布的法律。大兴文治、整饬吏治，进一步完善了中央和地方的统治机构，加强了封建统治，使夏国“典章文物，灿然成一代宏规”。西夏乾祐十四年（公元 1193 年）仁孝卒，年 70 岁。谥圣祖皇帝，庙号“任宗”，墓号“寿陵”。①

庄陵（考古调查编号为“8 号陵”）。庄陵位于 7 号陵西北，相距 500 米，紧靠贺兰山山脚。庄陵墓主李纯祐（公元 1177—1206 年）为任宗仁孝长子。西夏乾祐二十四年（公元 1193 年）即位，时年 17 岁。西夏天庆元年（公元 1194 年）初金册封为“夏国王”。李纯祐是西夏历史上“能循旧章”的“善守”之君，竭力奉行对内安国养民，对外“附金和宋”的方针。但此时蒙古突起于漠北，严重威胁西夏国的安全。西夏国内上层统治矛盾重重，1206 年其侄李安全在纯祐母罗太后的支持下，自立为帝，纯祐“死于废所”，年仅 30 岁，在位 14 年。谥昭简皇帝，庙号“桓宗”，墓号“庄陵”。②

康陵（考古调查编号为“9 号陵”）。康陵位于 7 号陵东北，地上建筑除陵台外其余建筑无存，陵台已坍塌过半。康陵墓主李安全，为仁宗仁孝弟越王仁友之子，崇宗乾顺之孙。西夏桓宗天庆十二年（公元 1205 年），与桓宗母罗氏合谋废桓宗自立为帝，改元“应天”。6 月罗氏为子请封册于金，金册封为“夏国王”。蒙古多次用兵西夏并破克夷门，进围中兴府，李安全亲自登城激励将士守御。蒙古兵引黄河水灌城，城中居民淹死极多。李安全遣使乞援于金，金拒绝出兵。李安全只得向蒙古纳女请和，夏金关系从此趋于破裂。西夏光定元年（公元 1211 年），夏齐王遵环废安全自立为帝。同年 8 月安全死，年仅 42 岁，谥静穆皇帝，庙号“襄宗”，墓号“康陵”。③

二

西夏王陵是西夏王国灿烂文化的缩影。“党项族”最早居住在今

---

① 实地考察寿陵，参见“寿陵”前的简介与说明。

② 实地考察庄陵，参见“庄陵”前的简介与说明。

③ 实地考察康陵，参见“康陵”前的简介与说明。

西藏、青海、四川等省区的交界地区。隋末唐初时，羌族中的党项族开始兴盛起来，他们以姓氏为部落的名称，过着原始游牧的生活。在党项族的诸多部落中，尤以拓拔氏力量最为强大。西夏皇族就是党项族的拓跋部，原称“大夏”，先祖系康巴地区羌人之后。由于不堪土蕃排斥之苦，举族数千里迁徙到宁夏。唐时拓跋氏由于立军功赐姓“李”，晚唐时参与对农民起义军黄巢的战争，被封为“夏国公”，公元881年乘机建立了割据的“夏州政权”。西夏（公元1032—1227年）既是11世纪初以党项羌族为主体建立的封建王朝，又是一个800年前在我国西北与宋、辽（金）鼎立189年的封建王朝，西夏历史是中国历史的一个重要组成部分。公元1038年李元昊在兴庆府（银川市）登上皇帝位，立国“朔方”，前临大河，后枕贺兰，雄踞上游，虎视关中，以一隅之地与宋、辽、金周旋抗衡近200年。1227年被蒙古军队所灭，在历史上存在了189年，经历10代皇帝。[①] 由于同在西北地区黄河以西，为了区分古代的“夏朝”，所以，称“大夏”为“西夏”。由于“大夏帝国”国主李元昊的雄才大略，国力曾盛极一时。西夏人善于融合中原及少数民族的习惯与风俗，创立了著名的西夏文字，尊孔读经，崇信佛教，经济以畜牧业为主，皮革、毛织远销国外。据《马可·波罗游记》载：所造驼毛布为“世界最美”[②]。“西夏”地方割据政权建立后同宋朝时战时和，并不断仿效唐朝和宋朝的各项制度，加速其封建化的进程。公元1115年金灭辽，宋室南迁之后，西夏对南宋、金都采用和好政策，广泛吸收汉族生产经验和技术，为王朝的政治、经济、文化发展奠定了坚实的基础。西夏当时的疆域达到“东尽黄河、西界玉门、南接萧关，北控大漠，地方万余里，以贺兰为固”[③]，形成了宋、辽、夏三国鼎立的局面。随着成吉思汗的崛起，蒙古大军对外扩张的锋芒首先指向西夏，西夏因之由曾经对外扩

---

① 参见曲冠杰：《西夏王陵引人瞩目的历史迷宫》，载《光明日报》，2000年3月20日。

② 马可·波罗是意大利威尼斯商人、著名的旅行家，他的足迹遍及中国、缅甸、印度。《马可·波罗游记》为他的口授著作。

③ 刘耀编著：《中国绝色风景》，392页，北京，中国长安出版社，2006。

张者变成了被入侵的对象。1205 年“一代天骄成吉思汗”即位后，开始了统一中原的战争。他率领的军队所向披靡，不料在攻打西夏时却遇到了强悍的党项族人的坚决抵抗。屡战屡败，10 多年仍攻克不下。党项族人还趁成吉思汗远征欧州时袭击它的后方，令成吉思汗腹背受敌、疲于奔命。22 年间成吉思汗在 6 次征夏中曾 4 次亲自统兵，成吉思汗留下遗嘱：“每饮则言，殄灭无遗？以死之、以灭之。”[①] 要彻底消灭西夏王国，以泄心头之根。恰在此时银川城内又发生了地震，瘟疫流行，弹尽粮绝。因而在成吉思汗去世 3 天后，并不知这个“重大秘密”的西夏国“末主”只得派使求成吉思汗宽限一月献城投降。公元 1227 年蒙古军在付出了极其惨重的代价后，攻陷了西夏都城兴庆府（银川）。奉一个月前刚刚死去的成吉思汗旨意，蒙古军队对西夏实行了大规模的屠城，有 30 万居民被杀。西夏地面建筑焚毁殆尽，重檐琉瓦、巍峨庄严的座座陵塔顿成光秃秃的夯土丘，皇族成员无一幸免于死。[②] 王陵被毁坏，大量的西夏典籍及文物随之湮灭。元代史学家托克托主修了《宋史》、《辽史》、《金史》，在三史中各立了《夏国传》、《党项传》，唯独没有为西夏编修专史；就连集中国古代史之大成的《二十四史》也独缺西夏史。[③] 1908 年俄国军官柯兹洛夫从内蒙额济纳旗黑水城遗址的一座古塔中，意外发现并盗走了近万件珍贵的西夏原始文献资料；6 年后英国考古学家斯坦因又来到黑水城，再次盗走了几经幸存的西夏资料。由此西夏文史剩存近乎为零，西夏王朝也成了“谜一样的王朝”。真是“不堪回首当年事，眼底沧桑尽劫灰”。除了眼前一堆堆黄土之外几乎不留痕迹，一个产生过 10 个皇帝的西夏王朝消失得如此彻底，一个党项民族消失得如此干净，这在世界历史上是极其罕见的。[④] 后世的研究者们只能从那些废弃的建筑、出土文物和残缺的经卷中，寻找着这个古老王朝的踪迹。晚清民初尽管有《西夏纪事本末》、《西夏书事》、《西夏事略》及《西夏纪》等著作问世，

---

① 林玉冰、荣融：《西夏王朝覆灭之谜》，载《西部时报》，2004 年 7 月 14 日第 15 版。
② 刘耀编著：《中国绝色风景》，390 ~ 391 页，北京，中国长安出版社，2006。
③ 林玉冰、荣融：《西夏王朝覆灭之谜》，载《西部时报》，2004 年 7 月 14 日第 15 版。
④ 参见朱洁玲：《西夏王陵》，载《余姚日报》，2008 年 11 月 12 日。

但大多抄辑旧籍，鲜有新获。民初，在武威发现了西夏文汉文合璧的《重修凉州护国寺感应塔碑》，西夏文化渐为世人所重。[①] 所以，要想窥见西夏历史，考古资料尤显重要。

西夏王陵的发掘实属偶然。1972 年 6 月兰州军区某部在宁夏贺兰山下修筑一个小型军用飞机场。几个战士在挖掘工程地基时，意外的挖出了十几件古老的陶制品。它们当中有几个破碎的陶罐，还有一些形状较为规则的方砖。方砖上面竟刻有一行行的方块文字。部队首长看过后，命令战士们立即停止工程挖掘，将这一情况迅速报告给宁夏博物馆。考古人员赶到距离银川市 40 公里的工程现场，在做好现场保护的同时进行了抢救性挖掘。10 天之后，一个古老的墓室终于在这个坑道下重见天日。墓室中发现了一些武士像等巧夺天工的工笔壁画，出土了一些古代精巧的工艺品及方砖等陶制品，方砖上布满了一个个方块文字及花纹。经考古人员研究测定，这是一个古代西夏时期的陵墓。而出土的方块字，正是今天被人们看作如天书一般的西夏文。这项规模并不大的挖掘，可以说是一个重大的发现。考古人员立即在这片荒漠中跋涉不已，以求新的发现。在连绵的贺兰山背景中，一望无垠的野性大漠托起一个又一个金字塔形高大的“黄土堆建筑”。每个较大的黄土堆建筑周围，均环绕着方形的城墙等辅助性建筑，像一座座神秘的城堡。考古人员在这里共发现有高大墓冢的陵墓 15 座，并按调查顺序进行了首次编号，认定这些雄伟的建筑正是西夏皇家陵墓。在此后近 30 年间，考古人员对矗立在荒漠中的西夏王陵进行了科学地考察和研究，共清理 1 座帝王陵、4 座陪葬墓、4 个碑亭及一个献殿遗址，从中发现了诸多很珍贵的西夏文物。在这些文物中有西夏文字，反映西夏人游牧生活和市井生活的绘画，各式各样的雕塑作品，“开元通宝”、“淳化通宝”、“至道通宝”、“天禧通宝”、“大观通宝”等各个时期的流通钱币以及工艺精巧的各类铜器、陶棋子等文物。更让人惊讶的是，还出土了大量造型独特的石雕和泥塑。与此同时，考古工作者还对陵区进行了多次全面系统地调查与测绘，陆续发现了新的

---

① 参见王益群：《西夏王陵纪行》，载《旅行报》，2001 年 9 月 3 日。

大小不等的陵墓。截至1999年底，共发现帝陵9座、陪葬墓253座，其规模与河南巩县宋陵、北京明十三陵相当。专家证实，还有一些尚未发现的和由于贺兰山山洪等自然因素而消失的不在少数。因此，这个在东西长5公里，南北宽10多公里，总面积50多平方公里范围内，有如此之大的皇家陵园在我国实属罕见。它们没有秦陵的铺张、没有唐陵的华彩、没有明陵的气派、没有宋陵的考究，却表现出一种磅礴恢宏的气势。难怪有关学者感叹，若能恢复西夏王陵本来富丽堂皇的建筑、松柏相映的环境和紫烟氤氲的气氛，宏大壮丽的帝王陵园景象将再现于西北边陲。在精确的坐标图上人们还惊奇地发现，9座帝王陵组成一个“北斗星”图案，陪葬墓也都是按星象布局排列。1988年西夏王陵被国务院公布为全国重点文物保护单位、国家重点风景名胜区。在2000年4月结束的“中国20世纪100项考古大发现”评选活动中，西夏王陵的调查与发掘，以其具有重大的科学价值和意义榜上有名，同北京周口店遗址的发掘、河南安阳殷墟遗址的发现与发掘等100项考古发现一起获此殊荣。①

3号陵陵园布局和出土文物是21世纪西夏考古的重大发现。原始古朴的发掘现场，看似寻常却包含着鲜为人知的秘密。每一处遗迹、每一件文物，都召唤着求知好奇的人们来共同探寻这些创造耀眼文明的民族和神秘的历史。明代诗人云：“贺兰山下古冢稠，高下有如浮水沤。道逢古老向我告，云是昔年王与侯。”② 神秘的西夏陵是贺兰山下的一颗璀璨的文化明珠，是人们领略西夏文化、寻古探幽的旅游胜地。西夏灭亡后陵园全部被毁，地面建筑、石碑、砖雕都成了一堆堆废墟，比北京的圆明园还要凄惨。然而外形虽毁，但构架尚存。宏伟的规模、严谨的布局、残留的陵丘，仍显示着西夏王朝特有的风貌，每个陵墓的规模都和北京明“十三陵”相当。四座角楼建在陵园四角，门阙在陵园前方左右对称，代表森严的宫门。门阙北边左右两侧

---

① 参见薄洁萍：《考古界评出中国20世纪100项考古大发现》，载《光明日报》，2001年3月30日。

② （明）安塞王朱秩炅：《古冢谣》。

是颂扬帝王功德的碑和碑亭，碑文是用西夏文和汉字两种文字篆刻的，碑亭以北为月城，城廓中间有御道，左右原来有文臣武士和各种神兽的石像生群，现在已经全部被毁。内城以神墙环绕，形成为一个四面有门的庭院，高大的7层塔式灵台就矗立在里边。可惜这个布局我们只能在博物馆中看到模型，因为在陵园中我们所看到的只是一个一个的“黄土堆”。据导游介绍，这些黄土堆之所以千年来经风雨摧残而不毁，主要是因为它采取了特别的垒造方法：首先将黄土全部加热炒熟，以防止动植物繁殖破坏结构；在垒土的过程中，不断地浇注米汤一类的胶合物，使其凝固无缝隙，形成为一个个独立完整的土堆固体。据史书载：“李王墓贺兰山之东、数冢巍然，即伪夏所谓嘉、裕诸陵是也。其制度仿巩县宋陵而作。”① 西夏尽管深受中原王朝政治文化的影响，但更多地保持了他们自己的民族特色。譬如，出土于贺兰山宏佛塔的罗汉像、力士像，就是典型的具有西夏文化特色的雕塑；出土于黑水城遗址的《弥勒佛图》和《阿弥陀佛接引图》等绘画，色彩和谐艳丽，线条劲健流畅，达到了很高的艺术水平。贺兰山宏佛塔、拜寺沟方塔等，体现了西夏建筑艺术的辉煌。王陵陪葬墓出土的鎏金铜牛，造型质朴金光灿灿堪称国宝，展示了西夏较高的铸造工艺水准。西夏雕版技术精湛，《阿达磨顺正理论》、《妙法莲华经观世音像普门品》等，图文并茂，画面繁复，线条流畅，极富韵律。西夏在瓷器制作上的成就也十分突出，不仅种类多、产量大，而且造型优美，足以同辽、金瓷媲美，有的甚至可以和宋瓷并驾齐驱。西夏陵已出土的文物数以千计，内容包括建筑材料、生活用具、随葬品等诸多品类，石、陶、瓷、铜、铁、金、骨等多种材质。其中，以建筑材料数量诸多，以汉夏文残碑最为珍贵。建筑材料又主要以陶质材料为大宗，琉璃制品占一定比例，瓷质材料次之，石质构件数量较少。随葬品有大型皿器、装饰品、武器及部分瓷片、丝织品残片等。此外，墓室内还发现有大量动物骨骼。出土瓷器主要有白、青、酱三种釉色，以白瓷为多，素面为主。器形中碗、盘为大宗，瓶、钵等器数量次之。泥塑残块、

① 见《西夏王陵三号讲解词》。

钱币、铜器、陶棋子等也种类繁多，为后人研究西夏学提供了宝贵的实物资料。针对3号陵的病害原因，专家建议选择就地保护、展示发掘成果，而不用全部回填的办法进行。陵城红墙皮的保护目前尚没有更好的办法，多数需回填，可选一段保存较好的做特殊处理后用玻璃做防护罩供人参观。夯土墙由于原有的防风雨侵蚀建筑被毁，导致墙体剥落严重，为使陵园围墙墙体补缺加高部分与原夯土墙区别开来，将在现有基础上用土坯做出一个平面，然后再在上面加夯土，这样既保护了现有的墙体，又使新夯土与原有的墙体有所区别。陵园原有包砖的部位将用原砖包砌，既恢复了陵园的部分结构，又起到对建筑遗址的保护作用。根据保护规划"盗坑"必须回填，单体遗存的展示不宜做大面积的护栏，护栏一定要符合陵园总体风貌。献殿、南门可恢复包砖，恢复包砖后做一个木构悬空通道进行保护，供游客通行。按照国际标准制作说明牌，最终将其建设成为以陵园建筑遗址为主题的展示西夏历史文化风貌的大型文化遗址展示园。①

西夏博物馆是一座揭示西夏王国兴衰历史的专题博物馆。博物馆占地5300平方米，西夏佛塔密檐式建筑造型风格别致，既有现代建筑之气势，又与陵区遗址相呼应，形成了浓郁的民族建筑风格。馆内现有《西夏历史文化展》和《西夏学术研究成果展》两个基本陈列，展出了西夏历史文物700余件，西夏学术研究成果500余册（份）。展品主要有雕龙石柱、石马、琉璃鸱吻、西夏碑文、石雕人像座、佛经、佛画、铁甲衣、西夏瓷器、官印等，同时展出按照6：1的比例复制的维修前的宏佛塔；在二楼天井壁精选临摹8幅西夏壁画，展现了西夏石窟艺术的精华，让人们领略西夏王国昔日的辉煌和灿烂。由于西夏陵墓多次被盗，殉葬物品大都不复存在，所以，出土的一些饰品和瓷器的残片都具有极珍贵的价值。《西夏历史文化展》分"党项迁徙与西夏兴起"，"西夏政治、法律、军事"，"西夏社会经济"，"西夏文化"，"西夏宗教"，"西夏王陵"等个部分。六台展览精选了人像碑座、文臣头像、小石马、雕龙栏柱、迦陵频伽、唐卡、绢画、泥塑佛

① 有关资料见《西夏王陵历史文化》（五）的介绍。

像头、罗汉头等国家一级文物以及西夏文、汉文残碑，佛经、西夏瓷器、官印、西夏钱币、西夏建筑材料等，并配以大型沙盘模型、佛塔模型、微缩景观、人物雕像、临摹壁画、图版、照片等辅助展品，深刻地揭示了西夏历史文化的内涵，展现了西夏艺术的精华。西夏博物馆是我国第一座“西夏专题博物馆”，其中的《西夏历史文化展》曾荣获 99 年度“全国陈列展览十大精品”最高殊荣。[①] 与“西夏博物馆”平行的另一个“西夏史话艺术馆”，则是一个以多种艺术手法再现西夏历史的“综合展馆”。馆内塑像陈列通过 18 组艺术场景、150 尊彩塑西夏人物，展示和反映了“党项族立业建国”以至“兴盛衰亡”的重要历史事件。六座微缩的西夏佛塔，直观地再现了西夏繁盛的佛教文化及高超的建筑艺术。西夏碑林以明、清、今人咏颂西夏历史的诗赋为载体，配以对译的西夏文字，集碑刻、书法艺术及西夏文字为一体，向人们展示西夏文化艺术的无穷魅力。“西夏民俗风情园”则以独具匠心的“党项包”、名厨烹制的西夏原始风味佳肴，给游客展现底蕴深厚、情韵无限的西夏民族风俗。

① 有关资料见《“东方金字塔”西夏王陵》，《扬子晚报》2007 年 10 月 11 日。

新疆吐鲁番坎儿井文化景观

一

新疆的坎儿井与广西的灵渠、四川的都江堰并称为“中国古代三大水利工程”。新疆“吐鲁番”古称“姑师”，汉代为“车师前国”、“车师前王庭”，唐时称“高昌”、“西州”、“火州”。吐鲁番位于新疆天山的断陷盆地中，西距乌鲁木齐182公里。吐鲁番是新疆旅游热点地区之一，素以环境特异、古迹遍地、物产富饶著称于世。仅就吐鲁番“坎儿井”而言，它对当地地形的科学利用，工程量之浩大，赋予干旱的吐鲁番“绿洲”的巨大价值，堪称是“世界一绝”，怎么评说和估价都不为过。一条吐鲁番的坎儿井一般长约3公里，但最长的坎尔井，又往往是几条坎儿井相连的总和，甚至达到几十乃至上百公里，其间竖井少则几十口，多则300余口。坎儿井上游的竖井通常较深，个别的竖井可达100米深左右；而坎儿井下游的竖井较浅，一般仅数米而已。坎儿井最主要的作用是避免水分蒸发，这项工程实属适应干燥气候地区特点的一种伟大创举。尤其值得人们称道的是，吐鲁番当地人民全凭自己的双手和极为简陋的工具，硬是“凿掘深井”、“掏挖地下暗渠”，其工程之宏伟和范围之广泛，设计之周密以及构造之巧妙，实在令人叹为观止。据历史档案资料记载和当地老人的回忆，新疆大约有坎儿井1700多条，到20世纪80年代，这一数字变为860条。主要分布在吐鲁番盆地、哈密盆地、南疆的皮山、库车和北疆的奇台、阜康等地，总出水量每秒约10立方米。其中，吐鲁番盆地的坎儿井数量最多、也最集中。吐鲁番地区坎儿井最盛时期达到1237条，据当地居民讲实际使用的只有853条，总长度超过5000公里，灌溉农田果园面积47万亩，占该盆地总耕地面积的67%。① 据导游介绍和有关文字材料显示，新疆坎尔井的总长度，相当于从乌鲁木齐到哈尔滨的里程，也相当于京杭大运河长度的1.5倍，是世界著名的苏伊士运河长度的28倍，巴拿马运河长度的60倍。难怪当年林则徐遭贬来到吐鲁番初见坎儿井时，就写下了“诚不可思议”的感叹。著名作家茅盾在考察了坎儿井之后，也赞叹说“工程之大，不难想见”②。新疆吐鲁番的坎儿井堪称是“中国古代最伟大的地下水利工程之一”，是世代居住在吐鲁番地区人民的母亲河以及“火洲”的生命之源，被地理学家称之为新疆吐鲁番的“地下运河”。吐鲁番坎儿井与万里长城、京杭大运河一起，被誉为古代中国劳动人民创造的“三大著名工程”③，2006年5月新疆“坎儿井地下水利工程”被国务院公布为第6批全国重点文物保护单位，并且被列入中国申报世界文化遗产的名单。④

坎儿井的建筑历史源远流长。早在西汉的典籍中就有关于“坎尔井”的记载。据《史记》记载，汉武帝时在今陕西大荔县靠近洛河的地方（商颜山）挖掘引水渠道，由于洛河沿岸常被咆哮的河水冲坏，影响引水渠道的修建。聪明的工匠们于是发明了一种开“井渠”的方法：每隔一段距离挖一口竖井，井深达40余丈，然后井底之间相互打通，让明渠变成暗渠从井下流过，这样既能控制地下水源，又能防止沿岸崩垮塌方。这条渠道在《史记》中称为“龙首渠”⑤，其实它就是坎儿井的雏形。汉代这种挖掘地下“窨井”的技术创造，史称“井渠

---

① 参见孙漪娜：《何星亮：采取有效措施保护新疆坎儿井》，载《中国文物报》，2008年3月14日第3版。

② 潘江涛：《清泉汩汩坎儿井》，载《中国经济报》，2007年7月21日第B2版。

③ 胡月明：《吐鲁番探秘》，36页，北京，中国文联出版社，2003。

④ 刘兵：《新疆1.82亿美元保护“地下万里长城”》，载《中国经济导报》，2007年12月1日，第B2版。

⑤ （西汉）司马迁：《史记》，226页，长沙，岳麓书社，1988。

法”。汉通西域后，塞外缺水且沙土较松易崩，于是汉朝的工匠就将“井渠法”的取水方法传授给新疆人民，后经各族人民的辛勤劳作逐渐趋于完善，最终发展为适合新疆地理条件的坎儿井。坎儿井是新疆人民根据本地自然条件以及水文地质特点，创造出来的一种特殊的地下水利工程设施。在平缓的山前冲积扇平原上，人工掘进的坎儿井的出土口，就像一个个小小的“锥形火山”。山顶中间是直径仅能容一人上下的洞口，开掘地下渠道的土，就从这个洞口运出，堆在该洞口的四周。大约有60～80立方的土要摆放到地面上，相邻的洞孔距离通常为50立方—60米远一个。地下渠道的走向一条线，地上的土堆也顺着渠道的方向一字儿摆开。从远远处望去，堆积的小土丘彼此一个个相互连接，宛如地皮上突兀的土疙瘩，故古人曾称坎儿井为“疙瘩井”。这种“疙瘩井”主要分布在新疆的吐鲁番和哈密地区，譬如，在哈密市东面骆驼圈和大泉湾乡周边几十公里方圆的地域内，就散落着一条条这样的坎儿井。从西汉时期到现在，坎儿井一直是吐鲁番和哈密地区发展农牧业生产和解决人畜饮水的主要水源。提到“井”字，人们一般都会想到井的状态，想到井水是井底里的一潭静水。而吐鲁番坎儿井却是许许多多的竖井，顺着从高到低的地势排列成行，从井的底部相互凿通而形成的一道地下暗渠。是这些暗渠把地下丰富的小潜流集中起来，然后又源源不断地把水输送到地面上，提供这里人们的生产和生活用水。因而饱尝了缺水、少水痛苦的当地群众，赞誉坎儿井为“生命之泉”。仅就生态价值而言，坎儿井的水最终流入了艾丁湖，它不仅保护了艾丁湖的地下水位，还起到了维系艾丁湖生态均衡的作用，对吐鲁番盆地和哈密盆地的生态发展做出了决定性的贡献。凭着坎儿井流水的柔媚揉软了戈壁，也润绿了荒滩。

坎儿井是新疆人民依据地形特点发明的一种灌溉方式。在白雪皑皑的天山东侧有座山，这座山就像鸟的翅膀一样连着天山山脉，人们管它叫“腾里库特山”。传说腾里库特山有条恶龙无恶不作，每年都要出来毁坏良田残害人畜，人们悲痛欲绝。此事被天神知道后施展神威，刮起铺天盖地的狂风，将恶龙埋在它的藏身之地，然后又用沙石堆成山把它压在底下。传说“火焰山就是这样来的”，而被天神挖掘过的凹地便成了今天的吐鲁番盆地。吐鲁番盆地是中国陆地最低的地方，盆地呈枣核形，东西长约245公里，南北宽约75公里，总面积1.5万平方公里，其中，低于海平面的面积有4050平方公里，低于海平面100米以下的陆地面积有2085平方公里。[①] 盆地最低处的艾丁湖，湖面低于海平面155米，若以艾丁湖底而论，吐鲁番盆地是世界上仅次于约旦死海（-392米）的世界第二低洼地。[②] 艾丁湖东西长40公里，南北宽8公里，面积约152平方公里，但水面仅存22平方公里[③]。然而它又是中国最热的地方，日平均气温达38℃的天数有100天以上，最高气温达到49.6℃（1975年7月13日的温度），地表温度测量为83.3℃，堪称中国的“热极”地带，故自唐朝开始就有“火洲”之称。吐鲁番是“火盆”，火焰山则是盆中的火苗。据说《西游记》中的孙悟空大闹天宫，仓猝之际踢倒了太上老君炼丹的八卦炉，有几块火炭从天而降，恰好落在吐鲁番，就形成了火焰山。其实火焰山是由侏罗纪、白垩纪及第三纪砂砾岩和红岩泥构成的，至少已经有2亿年的历史，远远望去红色的岩石看起来就像腾空而起的火焰。[④] 盆地中常刮大风，最大风力可达12级以上，故吐鲁番又有“风库”之称。“火洲”年平均降水量只有16毫米，而托克逊更少至5.9毫米，而蒸发量却高达2000多毫米，可称得上是中国的“干极”地区。[⑤]“火洲”尽管酷热，但人们并不感到特别难受，因为它的湿度极低，一般只有3%左右，高温低湿虽热而不闷。所以，吐鲁番素以“低、热、干、甜”四最而著称，使这里“滴水贵如油”。吐鲁番四面环山，北面有博格达峰，南面有觉罗塔格山，西面有喀拉戊成山，东面南有库木塔格山，整个吐鲁番低于海平面154米。从天山脚下到艾丁湖畔，水平

---

① 参见胡月明：《吐鲁番探秘》，132页，北京，中国文联出版社，2003。

② 胡月明著：《吐鲁番探秘》，北京，中国文联出版社，2003，135页。1981年国家公布我国陆地最低点时采用的是-155米；约旦河以色列的最低点是死海，水面低于海平面392米，叙利亚的最低点是太巴列湖，湖面低于海平面222米，所以艾丁湖是世界第二洼地。

③ 周艺文等主编：《丝绸之路之旅》，96~97页，长沙，湖南地图出版社，2001。

④ 李田生：《坎儿井，沙漠中渐逝的神话》，载《西部时报》，2004年12月22日第4版。

⑤ 杨新才：《新疆之谜》，163页，乌鲁木齐，新疆美术摄影出版社，2004。

距离只有60公里，高低落差竟有1400米，地面坡度平均约1/40，地下水的坡降与地面坡降相差不大。这就为开挖坎儿井提供了极为有利的地形条件。每当夏季大量的融雪和雨水流向盆地，汇成潜流渗入山前的戈壁地下，为坎儿井提供了取之不尽的、丰富的地下水源。还有一个得天独厚的条件就是地质条件，吐鲁番的土质为沙砾和黏土胶结，质地坚硬不易坍塌。① 古代吐鲁番各族人民为了把北部天山渗入地下的雪水，引来滋润这片戈壁沙漠中的绿洲，同时又避免沿途的高温蒸发，于是发明并推广了坎儿井。很久以来，坎儿井一直是吐鲁番发展农牧业生产和解决人畜饮水的重要水源，坎儿井至今仍在当地的生产和生活中发挥着重要作用。据有关资料显示，坎儿井年流量达3亿立方米，可以灌溉吐鲁番35%以上的土地。干热的气候使得吐鲁番的蒸发量达到2000多毫米，只有渗进地下的水才能保存下来。坎儿井的神奇主要体现在施工的艰难上，吐鲁番坎儿井的构造是由竖井、暗渠、明渠、涝坝等四部分组成的。② 其中，"竖井"与其他普通的井一样从地上挖下去，数米至几十米不等，越往水源的上游竖井越深。竖井是为掏挖暗渠时取土、透光、通风之用，中上游的竖井深入到地下水的含水层，引导地下水流，使水流进暗渠。"明渠"建立在地面上与地下暗渠相连接，供当地居民引水、灌溉之用。"涝坝"就像内地的池塘，主要用于蓄存坎儿井的地下水，以备当地百姓日常使用的水源。竖井一般每隔10~20米左右挖一口；愈向上游竖井愈深，间距也愈长，约为30~70米一口。井口一般长1米、宽0.7米左右；当挖到地下含水层时，便将这些井底部贯通形成地下河道，这就是前面所说的"暗渠"。暗渠是坎儿井的主体水渠，一般高约1.7米、宽约0.8米。地下暗渠的出水口称为"龙口"，明渠就是龙口至农田之间的水渠（地面河道）；明渠最后流入涝坝，经自然温度调节后并积蓄一定水

---

① 李田生：《坎儿井，沙漠中渐逝的神话》，载《西部时报》，2004年12月22日第4版。

② 杨新才：《新疆之谜》，163页，乌鲁木齐，新疆美术摄影出版社，2004。

量，然后用于灌溉农田。① 在坎儿井发展最兴盛的时期，新疆的坎儿井共计有3000多条，吐鲁番的坎儿井连接起来长度5000多公里，这些都是由劳累一生的坎儿井工匠来完成的。在实地考察的过程中，笔者曾拜访过几名年逾花甲的老人。其中有位张姓的老人说，他当时只有十六七岁的年纪就开始下井掘渠，下到地下四五米深的地方再横向掘进，就如同“挖地道”一般，只不过这坎儿井是地下的渠道，且在潮湿的、有水层的地方掘进，平均一人每天最多能掘进2～3米。横向掘进的作业面很小，仅容一人在里面躬着身子作业。整天下到井里作业的人是淋在水里、泡在水里的，用小筐将土运到洞口，再由井上的人吊运出地面。由于长期在地下阴湿的环境中作业，很多当年参加这种工作的人，都落下了严重的风湿病。现在每逢天气变阴时，两个膝盖就像两个冷风口，感觉在“飕飕”地向外冒寒气。当年修建坎儿井的艰辛，可能是一般常人无法体味得到的。

二

林则徐对吐鲁番坎儿井的贡献功不可没。关于挖掘坎儿井技术的发明者，历来有不同的说法和争议。目前已经提出来的有四种说法：一是来自汉代关中的井渠，由西汉时期在新疆屯田的将士始创；二是从新疆的西邻伊朗等地区传来；三是清代民族英雄林则徐大力开发水利时所创；四是新疆本地的维吾尔族人民在生产中创造的。② 公元前103年，汉武帝派贰师将军李广利，率3万汉军攻打大宛贵山城（今葱岭一带），“宛王城中无井，皆汲城外流水，于是乃遣水工徙其城下水空以空其城。”城内贵族恐慌，杀死大宛王毋寡，遣使求和，李广利也知道：“闻宛城中新得秦人，知穿井，而其内食尚多”③，决定议

① 参见李喆：《坎儿井保护条例：政协委员提案落实了》的“乡关链接：坎儿井”，载《人民日报》，2007年6月1日第13版。

② 杨新才：《新疆之谜》，164页，乌鲁木齐，新疆美术摄影出版社，2004。

③ 王延海译注：《大宛列传》，第六十三卷。李广利（？——前88年），中国西汉时期将领，汉武帝宠妃利夫人之兄，是昌邑哀王（刘髆）的舅舅，中山（今河北定县）人。

和。大宛城中的“秦人”是当时西域少数民族对关内汉人的称呼，可见当时关内的汉族工匠，已经把穿井引水技术带到了西域，这种“井渠”便在敦煌和罗布淖尔以东的“白龙堆”地区推广。西汉宣帝地节六十八年（公元前64年），汉朝大将辛武贤在敦煌以西的白龙堆开凿“井渠”屯田。“大井六，通渠也，下泉流涌出，在白龙堆东土山下。”① 此后，凿井开渠的技术就在新疆各地逐步推广。据新疆考古发现，确有许多汉代灌溉工程的遗址。如在沙雅就发现200里长的汉代古渠，至今被当地人称为“汉人渠”。② 光绪时西戍的裴景福所写的《河海昆仑录》，有一段这样的记载：“坎儿井唯吐鲁番有之，不知创自何时何人，大小有式，深浅有法，河水不足，辅之以坎井，遂为千古农家妙法。”③ 吐鲁番现存的坎儿井，多为清代以来陆续兴建的。据有关史料记载，由于清廷倡导和屯垦措施的采用，坎儿井曾获得快速的发展。因清末坚决禁烟而遭贬并充军新疆的爱国大臣林则徐在吐鲁番时，就曾对坎儿井大为赞赏。清道光二十五年（公元1845年）正月十九日，林则徐赴天山以南新疆履勘垦地途经吐鲁番县城，他在《乙巳日记》中写下了对坎儿井的见闻：“沿途多土坑，询其名，曰‘卡井’，能引横流者，由南而北，渐引渐高，水从土中穿穴而行，诚不可思议之事。此处田土膏腴，岁产木棉无算，皆卡井水利为之也。”④ 在林则徐的倡导下，吐鲁番新挖掘了30多处“坎儿井群”，鄯善县七克台镇现有60多条坎儿井，据考证大多是在林则徐的督促下挖掘的。林则徐身为贬吏犹能致力垦殖，关心民生推广坎儿井，实无愧为当时官吏之佼佼者。创意者固难，而推广者尤有功焉。林则徐在新疆极力推广坎儿井，曾产生过比较明显的实际经济效应。功德无量、泽惠于民，人民则给予公正的评价，称坎儿井为“林公井”⑤，丰碑载

---

① （三国）孟康：《汉书》。

② 国风：《坎儿井》，载《经济日报》（农村版），2007年5月25日。

③ （清）裴景福：《河海昆仑录》，卷四。

④ 参见李田生：《坎儿井，沙漠中渐逝的神话》，载《西部时报》，2004年12月22日第4版。

⑤ 胡月明：《吐鲁番探秘》，39页，北京，中国文联出版社，2003。

道启迪后人。20年后曾为林则徐赏识的清朝将领左宗棠，为了抑制沙俄对新疆的觊觎，曾发兵扬威于西陲，他在致友人的函中特别推崇林则徐推广坎儿井之事。信中写道："吐鲁番土地肥沃，尚惜渠工失修，沾润不遍。林文忠戍边时，曾修伊拉里克河渠，考其遗法，亦止于渠中凿井（土人呼为坎井），上得水流，下停泉脉故引灌不穷。"① 这可能是左宗棠在行军甘肃途中，因水源不足而想到先贤的高见，他曾命令手下姓宋和姓刘的两位属吏，专职督办在泾水上源开凿坎儿井以解决当地的干旱问题。可惜这样泽及后世的良法，竟毁于塌冗俗吏之手，无怪乎光绪时人裴景福浩叹曰："兵燹后井废地荒，无复有留心于此者，地利未尽，坐失膏腴，谓非守土之责耶？"②

坎儿井正处于急速衰减和失效的阶段。目前世界上大约有40多个国家有坎儿井，中国新疆留存最多达到600多条，主要又分布在吐鲁番和哈密地区。统计数字截至2009年，吐鲁番地区坎儿井总数为1079条，其中有水的仅有238条。再加上气候变暖使天山的冰雪不断减少，艾丁湖水面不断下降，生态环境在不断地恶化。尤其是随着近年来经济的快速发展，用水量日益增大，全地区每年水资源补给量为11.7亿立方米，而实际耗水已经超过12亿立方米，仅靠坎儿井供水已经远远不能满足当地居民生产生活的需要。地表水不够用只能靠打机井抽取地下水，而地下水的水位在不断下降，已经导致许多坎儿井相继干涸。10年前吐鲁番地区农田灌溉主要靠坎儿井，但现在坎儿井水占灌溉用水的比例已经不足20%。而且水质也发生了恶性变化，从100多米深的机井中抽出的水，含碱量仍然相当高，部分土地已经不适宜耕种，当地群众不得不被迫搬迁。③ 坎儿井如果再不下大力气予以保护，25年之后就可能全部消亡。④ 现在开荒置地的人们打深水井提水，动辄

---

① （清）左宗棠：《与刘克庵信》。

② 见《坎儿井》，《生活时报》，2007年11月27日。

③ 参见李田生：《坎儿井，沙漠中渐逝的神话》，载《西部时报》，2004年12月22日第4版。

④ 参见黄克忠：《走近吐鲁番的坎儿井》，载《中国文物报》，2008年2月29日第8版。

100 米深以上，目前吐鲁番盆地的机井数目已超过了 9000 眼[①]，地下水下降了七八米，有些地方甚至每年下降 1 米左右，很多坎儿井实际上已经成了废弃的地下水利工程。为了抗击干旱，新疆阿勒泰地区吉木乃县独创了一项新型的取水工程——“萨吾尔井”工程。在零下十几度的寒冷天气里，地下水沿管道喷涌而出，背后堆积成形态奇妙的雪山。吉木乃县是国家级贫困县，当地自然条件恶劣，干旱更是制约农牧民致富的“瓶颈”。为开发地下水资源，2004 年吉木乃人根据拉斯特河地下水埋藏深度，利用当地自然地势落差，在拉斯特河中上游地段进行开采地下水工程，当地人给该工程取名为“萨吾尔井”。该工程部分借用了坎儿井的原理，但与坎儿井又绝然不同，属全国首创。由于当地气候寒冷透水性较差，拉斯特河面宽度不足 200 米，形成隘口地下水在此汇集。当地人沿垂直水流方向开挖 12 米深的截水槽，并向左右两岸延伸，在下游开挖边坡断面上铺设土工膜、回填黏土，再在开挖的集水槽内安装钢筋铅丝笼，笼内填置卵石上覆防渗膜，形成地下水汇流区和地下水流通道，利用输水管道和自然落差将地下水通过管道输送到下游任何地方进行灌溉。[②] 在管道中间装有截止阀和分水阀，通过分水阀减少管径可将水源引到县城上游的高坡处进行绿化灌溉，冬季可补充红山水库的水量。“萨吾尔井”工程建设实现了引水、蓄水、灌溉、补给相结合，秋冬季蓄水入库，夏季补充县城供水和县城绿化用水，同时成为吉木乃县红山湖开发建设、美化环境的一项资源工程。

坎儿井水利工程是人类极为珍贵的文化遗产。新中国建立以来，党和政府对坎儿井的保护工作极为重视，多次拨出专款用于坎儿井的研究和维护，专门成立了新疆坎儿井研究会，1998 年首次举行了“坎儿井国际学术会议”。全区开始建立坎儿井档案，这不仅有利于保护坎儿井文化遗产资源，更重要的是能永续利用这一遗产资源，使其更

---

① 参见王慧敏：《新疆：坎儿井何去何从》，载《人民日报》，2003 年 12 月 27 日第 5 版。

② 参见马保忠：《萨吾尔井美如画》，载《伊犁日报》，2005 年 10 月 8 日第 5 版。

好地为全面建设小康社会服务。按现在坎儿井上中下游的分布，应当引进新技术对坎儿井进行掏捞、加固修复，切实让各种现代节水技术运用到坎儿井的保护上面，让这项具有新疆地域特色的地下水利工程得到有效的保护。从单纯的水利角度讲，现代水利工程完全可以取代坎儿井。修一条坎儿井的造价，是打一眼机井的几倍，而且要耗费几年时间。因此，对坎儿井只能有选择性地加以保护，而保护一条坎儿井每年至少需要一两万元。坎儿井存在的价值，主要体现在保护珍贵历史遗产和旅游开发上。目前吐鲁番地区已开发出“坎儿井博物馆”、“坎儿井乐园”等多处旅游景点，每年吸引了数以百万计的中外游客。在2006年全国政协会议上，包括著名作家王蒙在内的10多位政协委员联名提交提案，强烈要求尽快采取措施依法保护坎儿井。当提案转到新疆维吾尔自治区之后，自治区法制办和人大常委会在进行调研的基础上，于9月正式上报自治区人大常委会，2006年9月29日正式通过了《新疆维吾尔自治区坎儿井保护条例》。[①] 随后经国务院批准，中国利用世界银行贷款2008—2010年备选项目规划，已经将吐鲁番、哈密地区的坎儿井保护与节水项目列入其中。项目总投资1.82亿美元，其中世行贷款1亿美元，项目区配套8200万美元，用于吐鲁番、哈密地区的坎儿井保护与节水改造，加快当地的水利基础建设。[②] 被列为全国重点文物保护单位和世界文化遗产申报项目的新疆坎儿井，被国内外称为沙漠戈壁的“生命之源”。新疆有史以来最大规模的坎儿井保护工程，终于在2009年12月17日正式启动。铁木尔·达瓦买提在启动仪式上说：今天是新疆坎儿井发展史上具有划时代意义的一天。因为从今天起，新疆有史以来最大规模的坎儿井保护工程终于由理想变为现实。相关部门要坚持以人为本、统筹规划，本着为民亲民、利民惠民的思想，合理协调文物保护与利用的关系，运用传统工艺与现代技术相结合的维修加固方法，真正将坎儿井保护工程做成一项精品

---

① 参见李喆：《坎儿井保护条例：政协委员提案落实了》，载《人民日报》，2007年6月1日第13版。

② 参见刘兵：《新疆1.82亿美元保护“地下万里长城”》，载《中国经济导报》，2007年12月1日第B2版。

工程、一项惠民工程，切实保护好祖先留给我们的这一“活”的文化遗产。经过近半年抢修，首批30条坎儿井已被全部疏通、加固完毕，经过“强筋壮骨”之后，它们将继续在吐鲁番盆地发挥重要作用。新疆吐鲁番地区2009年完成了当地所有坎儿井建档工作并绘制了分布图，每条坎儿井的名称、长度、位置和开凿年代与现状以及灌溉面积等状况都有详细记录。在今后5年内国家每年将出资2000万元，用于吐鲁番坎儿井的保护和维修，以确保这一古老设施良性运行和充分发挥效益。①

坎儿井的泉流孕育了著名中外的吐鲁番葡萄沟。吐鲁番葡萄沟位于吐鲁番县城东北角，是火焰山西侧的一个峡谷。两山夹峙中间是草木芳菲的沟壑，宛如一道绿色的画廊——葡萄沟。葡萄沟长约七八公里，是一个名副其实的“葡萄王国”，现有耕地400余公顷，葡萄种植面积即达220余公顷。葡萄沟周边居住着维吾尔、回、汉等民族，共5000多人，他们世世代代以种植葡萄、瓜果为业。据古籍记载，火焰山周围一带种植葡萄确实已有千余年以上的历史。《册府元龟》称唐太宗遣兵伐高昌之后，曾“收马乳葡萄实，于苑中种之，并得其酒法”②。当时吐鲁番已出产无核白葡萄，称其“小而甘，无核，名锁子葡萄”③。吐鲁番人在谷底筑了鹅卵石和水泥板砌成的河渠，长流不息的河水恰似一道银链从沟底奔腾而下，翻卷着雪白的浪花纵贯二三十里，浇灌着整个葡萄沟这条绿色长廊。长廊尽头的碑石上篆刻着“葡萄沟”三个鲜红的大字，与葱郁的葡萄藤架相映成趣。“葡萄沟”三字为彭真委员长1988年3月亲笔题书，现在已成为葡萄沟游乐园的标志。在吐鲁番别说那田地里连绵不绝的葡萄园，就连当地居民宅前屋后、渠旁路边都栽满了葡萄，在几乎不漏天光的葡萄架下，挂满了串串玛瑙般的葡萄。这里的葡萄品种繁多，有马奶子、红葡萄、黑葡萄、无核白、比夹干、琐琐等。有的色如翡翠，有的艳如玛瑙；有的小似

① 参见赵春晖：《新建吐鲁番·盆地30条坎儿井“重生”后继续“服役”》，载《中国文物报》，2010年4月9日第1版。

② （宋）宋祁：《唐书》。《太平御览》，第九七二卷。

③ （清）张廷玉等：《明史》第三百三十二卷，《西域传》。

珍珠，有的大似橄榄；有的皮薄汁多味甘美，有的肉脆汁浓味酸甜。其中的名贵者莫过于无核白葡萄，因其无核白如玉，晶莹透明而得名，葡萄粒小、汁多、味甜。在葡萄沟较高的坡地上建有一种非常特殊的房屋，它的四壁都是用土坯叠砌，但在墙上密密匝匝布满气孔。较大的房屋约有两层楼高，远远望去就像一个古城堡惹人瞩目，这就是吐鲁番人晾葡萄干的房子。这种房子被当地维吾尔人称作“群结”（汉语叫作“荫房”），荫房为葡萄沟旖旎诱人的风光增添了奇异的色彩。在荫房里屋顶上每隔半米左右架着一根碗口粗的“檩子”，每根“檩子”上每隔半米吊着一个插着许多有筷子来长、指头粗细的木杈，这就是挂葡萄用的木钩。到了葡萄成熟的季节，人们把新鲜葡萄一筐筐地运来，自上而下往木杈上挂上一串串葡萄，在整个荫房挂满之后将门关死，凭着从气孔吹进来的吐鲁番盆地特有的热风烘烤，40 天左右鲜葡萄就变成了葡萄干。这种天然晾制的葡萄干，颜色呈黄绿半透明状、干韧绵软、蜜甜鲜香。吐鲁番盆地种植葡萄历史悠久，在国内外享有较高的声誉。据《史记·大宛列使》和《汉书·西域使》记载，早在 2000 多年前西汉张骞出使西域，就发现这里种植葡萄并将其引入内地。《明史·西域使》说此地“有桃李枣瓜葫芦之属，而葡萄最多”[①]；《西域闻见录》记载吐鲁番“土产麦、谷、胡麻，而甜瓜、西瓜、葡萄种类最多，无不佳妙，甲于西域”。[②] 吐鲁番市阿斯塔那古墓《（382）号的出土文献》中，曾发现有任命管理浇葡萄的官方文件《攻曹条任行水行官文书》。文中提到较多的官吏专管灌溉葡萄用水，反映了当时种植葡萄的规模是相当可观的。又从出土的北魏太延三年（公元 436 年）民间记事的文物中，可以看出当时农家栽培葡萄的面积和风虫对葡萄的危害；古墓的殉葬品中还出现较多的葡萄果穗、葡萄干、葡萄种子和葡萄枝条。

---

① （清）张廷玉等奉敕撰：《明史·西域使》。

② 七椿园：《西域闻见录》。

澳门历史名胜及文化景观

一

澳门是中国一个极为美丽的半岛。澳门位于北纬 22°11′，东经 113°33′，土地面积 32.8 平方公里，包括 2009 年 11 月 29 日国务院批复澳门填海造地 360 公顷建造的新城区在内，总面积因沿岸填海造地仍在扩大，海岸线总长 44 公里。澳门最低点为南海，海拔 0 米；最高点为塔石塘山，海拔 172.4 米。澳门地处神州之陲、南海之滨、珠江之口，是一座状如冰葫芦似的小岛，被称为东方的“蒙特卡罗”。[①] 澳门本名为“濠镜”或“濠镜澳”，由于古时泊口称为“澳”，“澳”的本意是指海边弯曲可以停船的地方[②]，同时又指与外界通商的地方，故先人便把这块宝地称之为“澳门”。澳门在很早以前就是远东贸易枢纽，欧洲各国与中国贸易的商船大多经过这里。澳门及其附近盛产蚝（即牡蛎），蚝壳内壁光亮如镜，澳门因之又被当地居民称之为“蚝镜”，后人则把它改为较文雅的“濠镜”。《澳门纪略》曰：“濠镜之名，著于《明史》。东西五六里、南北半之……有南北二湾，可以泊船。或曰南北二湾，规圆如镜，故曰濠镜。”[③] 从这个名称中又引申出濠江、海镜、镜海等一连串别名。据 2008 年 7 月澳门特别行政区统

---

① 陶炼等编著：《闲话澳门》，1 页，南昌，百花洲文艺出版社，1995。

② 澳门特区政府旅游局：《历史简介》，《澳门旅游指南》，4 页，2007。

③ （清）印光任、张汝霖：《澳门纪略》，清乾隆年间刻本。

计数据显示，全区人口为54.92万人，2007年人口密度为18901人/平方公里；中国籍居民占总人口的94.3%，葡萄牙籍及菲律宾籍居民占5.7%。在总人口中，佛教信徒占50%，天主教信徒占15%，无宗教信仰者及其他教信徒占35%。在一百余年间由于东西文化的融和共存，最终使澳门成为一个独特的城市：既有古色古香的传统庙宇，又有庄严肃穆的天主圣堂，还有众多的历史文化遗产以及沿岸优美的海滨胜景。①

澳门是早期舟船随季候风停泊之地。华人在澳门半岛定居，当在南宋皇朝倾覆之际。1278年几十万南宋军民乘船长驱抵到达澳门，有的踏上这片半岛汲取淡水、寻找食物，有的是企图将这片荒僻之地开辟成藏身之所。南宋末年至元初，澳门半岛上的望厦、濠镜等地，已成为华人的居民点。但由于这里陆地面积小、耕地缺、物产薄，人们要想立足生活、繁衍后代并非一件易事，因而到明世宗嘉靖年间仍是荒凉一片，但是一块极佳的舟船寄泊之地。澳门地区近10多年的考古发掘，尤其是1995年在路环岛黑沙的沙丘中出土的彩陶以及玉器，经鉴定证实属于四五千年前的珍贵古文物，与其同时出土的石斧等石器，同近年在珠海地区出土的同类文物属于同一文化系统，这就证明早在新石器时代中华民族的祖先，已经在澳门一带地区劳动、生息。在商周时期古代居民已在这些地区居住活动，所以在澳门、珠海的出土文物中，有春秋时期的簋、罐以及战国时期的陶器等。“澳门”源于渔民非常敬仰的一位中国女神——天后（即“马祖”）。据说有一艘渔船在一个天气晴朗、风平浪静的日子里航行，突然遭遇狂风雷暴的渔民处于危难之中。就在这个危急关头一位少女毅然站了出来，喝令风暴停止。风暴竟然停住了，大海也恢复了平静，渔船平安地到达了海镜港。这时只见少女向妈阁山走去，忽然天空一轮光环照耀，少女化做一缕青烟。后人为纪念她的恩德在她登岸的地方，建了一座庙宇供奉

---

① 参见宋才发：《澳门的历史名胜及文化景观探讨》，载《湖北民族学院学报》，2010（2）。

她，取名为“妈祖阁”。[1] 明嘉靖十四年（公元 1535 年），葡国商人在澳门停靠码头进行贸易，据说当时葡萄牙人是从妈祖阁（妈阁庙）附近登陆的。当他们向当地渔民询问其地名时，由于就在妈阁庙旁，因而当地人便随口回答“妈阁”，于是澳门便被葡萄牙人命名为“Macau”，“妈阁”为葡萄牙语的译音。[2]

澳门是中华人民共和国领土的一部分。在秦始皇一统中国的时候，澳门被正式纳入版图属南海郡番禺县地。晋元熙二年（公元 420 年），澳门属新会郡丰乐县地。隋开皇十年（公元 590 年），废“新会郡”改属“宝安县”地；唐至德二年（公元 757 年），废“宝安县”改为“东莞县”；自南宋开始隶属广东省香山县。据有关史料记载，宋末名将张世杰与军队曾在这一带驻扎。早期在澳门定居的人在此形成小村落，依靠捕鱼、务农种植为生。明嘉靖三十四年（公元 1557 年），葡萄牙人从明朝广东地方政府取得澳门居住权，成为首批进入中国的欧洲人；1623 年葡萄牙政府委任马士加路也为“首任澳门总督”。1640 年当葡萄牙摆脱西班牙统治后，因为澳门未曾投降于西班牙，于是被授予“天主圣名之城”的称号。“第一次鸦片战争”之后，1844 年 9 月 20 日葡萄牙女王玛利亚二世宣布“澳门为自由港”；1849 年葡国当局停止向中国交纳澳门地租并且占领关闸；1851 年葡萄牙占领氹仔；1863 年侵占塔石、沙冈、新桥、沙梨头和石塘街；1864 年再占路环；1879 年占领龙田村；1883 年葡国占领望厦、荔枝湾、石澳及青洲；1887 年葡萄牙政府和清廷先后签订不平等的《中葡会议草约》和《中葡和好通商条约》，强行规定“葡国永驻管理澳门以及属澳之地与葡区治理他处无异”。1896 年葡萄牙企图强行占领附近的大小“横琴岛”，但没有获得成功。1908 年葡萄牙要求展界，并划定澳门的界址。第二次世界大战期间，由于葡萄牙属中立国以及大量日侨居于巴西，所以澳门没有被日本占领。1955 年葡萄牙颁布《澳门海外省组织法》，1961 年葡萄牙海外部确定澳门为旅游区并特准设赌，同年 11 月澳门

---

① 澳门特区政府旅游局：《历史简介》，《澳门旅游指南》，4 页，2007 年 3 月绘制。
② 陶炼等编著：《闲话澳门》，4 页，南昌，百花洲文艺出版社，1995。

政府颁布《承投赌博娱乐章程》。澳门自被葡萄牙非法侵占后，澳葡政府时期的澳门盾徽葡萄牙人，在澳门一直拥有特权或特殊地位，澳门当地居民普遍不满。1839 年清道光皇帝御封林则徐为查禁鸦片的钦差大臣，命其离京赴广东剿灭烟患。7 月 26 日是澳门近代史上一个值得纪念的日子，这天林则徐偕同两广总督邓廷桢巡视澳门，借用“莲花峰庙”做临时官衙，以主人身份传见葡萄牙澳门总督，葡萄牙总督不得不作为居留者的代表按照中国官府的规矩“具手版禀谒”[①]。林则徐义正词严地维护祖国主权，成功地进行了一次涉外活动。从 1849 年 8 月 23 日（农历）沈志亮刺杀总督亚马楷始，直至 1966 年 12 月 3 日因“文化大革命”和“氹仔学校事件”而触发的“一二·三”事件，均显示了澳门民间对葡萄牙人在澳门特权的不满情绪。1974 年 4 月 25 日“葡萄牙革命”成功，新政府实行非殖民地化政策，公开承认澳门是被葡萄牙非法侵占地，是当前葡国管治下的一块中国领土，明确澳门的主权属于中国。[②]

澳门是中华人民共和国的一个特别行政区。1980 年中葡两国开始探讨澳门前途问题，1986 年中葡两国政府为此展开了“四轮谈判”，1987 年 4 月 13 日两国总理在北京签订了《关于澳门问题的联合声明》及两个附件。联合声明指出：澳门地区（包括澳门半岛、氹仔和路环）是中国的领土，中华人民共和国将于 1999 年 12 月 20 日对澳门恢复行使主权。中华人民共和国承诺澳门实行一国两制，保障澳门居民享有“高度自治、澳人治澳”的权利。1993 年 3 月 31 日全国人大通过《澳门特别行政区基本法》，1999 年 12 月 20 日零时在中葡两国元首的见证下，第 127 任澳门总督韦奇立和首任澳门特别行政区行政长官何厚铧，在澳门新口岸交接仪式会场交接澳门政权。12 月 21 日早上澳门群众欢迎中国人民解放军驻澳部队进驻澳门，至此中华人民共和国正式恢复对澳门行使主权。澳门特别行政区区旗为五星莲花绿旗，即绘有五星、莲花、大桥、海水图案的绿色旗帜。五颗呈弧形排列的

① 陶炼等编著：《闲话澳门》，10～11 页，南昌，百花洲文艺出版社，1995。
② 韦立立：《龙环葡韵》，载《中国民族报》，2007 年 11 月 23 日第 4 版。

五角星，象征着国家的统一，中华人民共和国恢复对澳门行使主权，澳门是祖国不可分割的一部分。数百年前澳门半岛就形同一朵莲花，原塘基湾路的沙堤恰似莲花的叶茎。含苞待放的莲花是澳门居民喜爱的花卉，既与澳门古称“莲岛”相关，又寓意澳门（莲城）[①] 兴旺发达。三片花瓣表示澳门由澳门半岛和氹仔、路环两附属岛屿组成；大桥、海水反映着澳门自然环境的特点。底色象征着和平与安宁，寓意澳门四周是中国的领海。澳门特别行政区区徽上有五星、莲花、大桥、海水图案，以绿为底色，区徽中间是五星、莲花、大桥、海水，周围以中文书写“中华人民共和国澳门特别行政区”，下为澳门的葡文名“MACAU”。区徽图案的含义与澳门特别行政区区旗相同。根据《中华人民共和国澳门特别行政区基本法》第9条规定：“澳门特别行政区的行政机关、立法机关和司法机关，除使用中文外，还可使用葡文，葡文也是正式语文。”[②] 澳门以中文的粤语、福建话、普通话为日常用语的居住人口超过95%，使用葡萄牙语的人口为0.6%，其余人口使用英语、菲律宾语及其他语言。

二

镜海长虹文化景观。镜海长虹包括镜海与长虹两部分。镜海泛指澳门半岛与氹仔岛之间的海面，几百年来一直为澳门对外贸易的航道。今天镜海上架起了两座大桥——澳氹大桥和友谊大桥，两桥好似长虹横跨镜海，不仅成为澳门的交通立体大动脉，也是澳门极为壮观的一道海上靓丽的美景。矗立于松山之巅凭栏远眺，只见南边两座几乎平行的跨海大桥，分别从西端的龙环岛一直向南延伸到氹仔岛，既如长虹飞架又如巨龙翔舞。西侧长达2.5公里的大桥叫澳氹大桥，1974年10月5日落成通车，它是当时世界上最长的跨钢筋混凝土桥梁之一。

---

① 参见陈云龙：《走马观花看澳门》，载《中国国土资源报》，2009年12月18日第9版。

② 《中华人民共和国澳门特别行政区基本法》，《中华人民共和国常用法律大全》，103页，北京，法律出版社，2006。

东侧那座吊索桥名叫友谊大桥，全长4.7公里，1990年6月22日动工兴建，1994年4月17日正式通车。澳氹大桥中部凸出一个高35米的航道口，供港澳客轮从桥下顺利通航，友谊大桥则有两个凸出的航道口，也像半面小提琴横卧水面，在海水的抚动下奏着优美的乐章。由于镜海是澳门古地名之一，因而这两座大桥又酷似长虹跨海，两者结合组成澳门八景之一的“镜海长虹”。①

三巴圣迹文化景观。澳门有驰名中外的景观，以及众多价值连城的胜迹。其中“三巴圣迹”即圣保罗教堂的遗迹，位于澳门大巴街附近的小山丘上，历来被视为澳门的显著标志之一。“圣保罗教堂”又称“圣保禄教堂”，建成于1637年，体现了欧洲文艺复兴时期的建筑风格与东方建筑特色的最佳结合，是当时东方最大的天主教堂。它前面有68级宽敞的石头台阶，侧面紧邻著名的“大炮台”。据记载圣保罗教堂多灾多难，一次又一次地毁于大火。第一次失火于1595年，整座教堂连同图书典籍全部付之一炬。1601年第二次大火，又烧毁了照原样修建的小型教堂和修道院，只剩下一个讲堂。1835年1月第三次被大火烧毁，仅残存现在的前壁部分供人凭吊。在牌坊后面的墓室里，存放着17世纪一些日本及越南殉教者的骸骨。墓室旁边是天主教艺术博物馆，展品有宗教画、雕刻和礼仪装饰品等，都是从澳门教堂和修道院的藏品中精选出来的，极具欣赏和历史价值。② 由于它的形状与中国传统牌坊相似，所以取名为“大三巴碑坊”。它呈现叠柱式、花岗石结构，高27米，宽23.5米，石壁厚达2.7米，苍天托扶着大三巴牌坊，似乎生怕它因过分的创伤而突然倒地。它孤单地立在高坡上面，缓缓伸延的台阶增添了它的庄重，精美绝伦的艺术雕刻将大三巴牌坊装饰得古朴典雅。无论是牌坊顶端高耸的十字架，抑或铜鸽下面的圣婴雕像和被天使、鲜花环绕的圣母像，都充满了浓郁的宗教气氛，给人以真、善、美的感受。“三巴圣迹”景观，由大三巴牌坊和大炮

① 参见宋才发：《澳门的历史名胜及文化景观探讨》，载《湖北民族学院学报》，2010(2)。

② 澳门特区政府旅游局：《大三巴牌坊——天主教艺术博物馆》，《澳门旅游指南》，第26页，2007年3月绘制。

台组成，大三巴牌坊这座体现中西文化交融的古希腊式石头建筑，被誉为东方的“立体圣经”，在全世界的天主教堂中是独一无二的。[①] 大炮台原是大三巴教堂的“祭天台”，它气势雄伟造型精美，历经300余年风雨侵蚀而不跨，被视为澳门建筑的奇迹。登临酷似欧洲古堡的古炮台城堡，不仅能够看到10余门巨型铸铁古炮，还可以饱览澳门全貌。

妈阁紫烟文化景观。妈阁庙是澳门最古老的庙宇，原名“妈祖阁”，又称“正觉禅林”，俗称“天后庙”，[②] 庙内古木参天风景幽雅。澳门由渔村演变为城市大约有400年的历史，而妈阁庙开山至今已超过500年的历史，坐落在澳门半岛的东南方，沿岸修建背山面海，石狮镇门、飞檐凌空，是澳门三大禅院之一。妈阁庙有史可考的弘仁殿，建于明弘治元年（公元1488年），堪称澳门古迹之最。渔民传说有一红衣女子在惊涛骇浪中拯救过他们，使他们化险为夷。为感其恩德，尊其为“海神”奉祀。妈阁庙正门的顶端两边翘起高高的飞檐，漆成大红的门框两旁镌刻着烫金的楷书：“德国化宇，泽润生民。”石阶底座一边一个青石大狮子憨态可掬，相传是300年前清人的杰作。整座庙宇大殿、石殿、弘仁殿、观音阁四座主要的建筑物依山势筑成，建在半山腰的弘仁殿中央供奉着“天后”。大殿于1989年遭大火焚毁，钟鼓、香案及十八般武器皆被毁之一炬。而殿中的“天后娘娘”神像却幸存下来。“天后”是闽人和台胞信奉的“妈祖”，“妈祖”闵语其意为“母亲”。传说妈祖姓林，福建莆田湄州人。她在世时为1200年前的北宋年间，因其出生后月余不啼哭，家人取名“默娘”。妈祖在惊涛骇浪中拯救百姓的事迹惊动了皇帝，历代皇帝均册封这个寒门民女。譬如，宋朝封其为“通贤神女”，元朝加封“天妃”，晋朝晋封为“天后”。[③] 妈祖在家排行第六，只活了27岁，因而她在人们心目中就像塑像一样永远年轻。渔民认为她仍在佑护着与海洋风浪打交道的人

---

① 澳门特区政府旅游局：《澳门世界遗产》，第16页，2006年9月绘制。

② 澳门特区政府旅游局：《澳门历史城区》，《澳门旅游指南》，第19页，2007年3月绘制。

③ 陶炼等编著：《闲话澳门》，26页，南昌，百花洲文艺出版社，1995。

们，故常常看到渔民们在船上给她敬香，把男子汉的命运甚至一船人的生存渴望，统统地托付给她。一代又一代的民间传承，妈祖便成了人们公认的“护船神”。妈阁庙大殿外侧有妈祖阁500周年纪念碑，它是1984年勒石的，“碑记”较详细地记述了妈阁庙的历史，洋洋洒洒的碑文出自著名书法家启功的大手笔。妈阁庙历来香火鼎盛，尤其是每年的春节以及农历3月23日“天后”诞生日，善男信女们纷纷前来顶礼拜祀，为家人祈求平安吉祥，庙前广场还搭盖戏棚演出神功戏，场面十分壮观且热闹非凡。

卢园探胜文化景观。卢廉若公园原称“娱园”，坐落在罗利老路与荷兰园马路的交界处，有近百年的历史。它占地5.4公顷，幽雅恬静，是港澳地区唯一的具有苏州园林风韵的名园。卢廉若公园由大赌商、澳门商会和镜湖医院慈善会主席卢廉若斥资兴建，1904年动工按照苏州园林格局修建，20年后的1925年陆续建成，规模之大为澳门私家花园之最。现在“卢园”面积尽管不及原“娱园”的四分之一，但以具有苏州园林及南方园林融于一体的特色而远近驰名。卢廉若公园内景色如诗如画，俨然幽雅、秀丽、恬静的江南风光，给人一种“小中见大”的感觉。该地原为龙田村的农田菜地，后被富商卢华绍（卢九）购得，由其长子廉若大兴土木构筑园林。20世纪初“娱园”曾经盖搭戏棚上演粤剧，因而名噪一时。后来卢家凋败亦分段易手，1973年为澳门政府购得，经过修葺后的“卢廉若公园”于1974年10月对外开放，成为澳门民众游憩的好去处。从正门进入公园是一座书有“屏山镜楼”四个大字的古色古香的圆形拱门，两旁是长满鲜花和翠竹的林荫小道，参天的榕树、成片的竹林、盛开的鲜花掩映着楼台亭阁、曲径回廊、池塘桥榭、流水飞瀑、假山怪石。园内景点分布得当，景色错落有致。假山堆成的奇峰怪石玲珑剔透、峥嵘百态，涓涓流水从假山顶部跌落，形成五叠瀑布，水流又注入假山脚下的小池塘，一位用巨石垒成的古代美女亭亭玉立于池中，池边垂柳依依，池内水明如镜，白莲摇曳，成群的非洲鲫鱼游来游去，圆圆的荷叶和横跨其上呈弧状弯曲的九曲桥相映成趣。全园以春草堂水榭厅为主体建筑，通过堂前的一口池塘、迂回的曲折的小桥、挺拔的石山、幽静的竹林、淙淙的瀑布、交错的回廊，构成一幅有声有色的立体画。公园的亭轩，均挂有匾额对联，游人每每驻足欣赏书法联语，别有一番情趣。春草堂尽管是典型的中国建筑，但房屋的外墙却采用了葡萄牙人喜用的米黄色，并配以白色线条，12 根廊柱也采取哥特式建筑形式，柱顶上修饰的是白色欧式花纹，而濒临水塘的平台上座椅式栏栅，则是中国人喜欢用的鲜艳的大红色，使人体会到这座中国建筑物上反映出来的中西方文化交融的痕迹。“辛亥革命”后卢氏曾捐资支持孙中山先生的革命活动，1912 年 4 月孙中山辞去民国临时大总统职务，5 月由香港抵达澳门后就下榻卢家花园（即“卢廉若公园”）春草堂，并与卢氏兄弟合影留念。1913 年 6 月孙中山先生第二次到澳门，再次在春草堂小住，他在这里除会见中葡知名人士外，还与不少革命人士如许崇智、叶剑英、廖仲恺、何香凝、李济深、蔡廷楷、陈济棠等人交往。鉴于卢先生见义勇为，1915 年黎元洪大总统令赏他“三等嘉禾”勋章及“乐善好施”匾额。1913 年澳门商会成立后他被推选为主席，继而被推举连任镜湖医院院长。卢廉若一生获得清廷诰授资政大夫、花翎一品顶戴、浙江补用通禀贡生；1913 年获葡萄牙三等嘉禾勋章；1925 年 4 月 13 日获葡萄牙政府基利斯笃一等勋章。1927 年 6 月 17 日卢廉若逝世，出殡日那天全澳下半旗致哀，澳督夫妇徒步护送灵柩，自觉送葬者超过千人。①

普济寻幽文化景观。普济禅院俗称观音堂，是澳门最大的禅院，也是澳门最具规模的庙宇。景物清幽，保存着明清南方庙宇的特色。它创建于明朝天启年间，迄今已有近 400 年的历史。该庙最初为反清复明志士聚居之处，后为望厦村及粤省文人雅士相聚之地，内有谢兰生和岭南派书画家高剑父下榻的“妙香堂”，更有 1844 年 7 月中美签订《望厦条约》的石台、石凳，还有 1946 年澳门赌商傅德荫被标参的地方。② 普济禅院的开山祖师大汕和尚（俗名石濂）是清康熙年间

---

① 参见宋才发：《澳门的历史名胜及文化景观探讨》，载《湖北民族学院学报》，2010（2）。

② 澳门特区政府旅游局：《普济禅院》，《澳门旅游指南》，第 39—40 页，2007 年 3 月绘制。

的名僧，工诗书画，因反清来到澳门后把观音庙扩建为“济普禅院”，经常来往广州澳门之间，继续从事反清工作，不幸事发后下狱而死。往昔普济禅院后院中有一株生态奇特的古榕，四株相连形状似鹿，被称为“连理树”。据称建庙之初这里原是荒岗，有一对热恋的青年情侣因家庭反对他们成婚而殉情自杀，一同吊死在岗上的大树下，死后所葬之处长出一棵连理树。[①] 20 世纪 80 年代此树仍然郁郁葱葱，进入 90 年代后渐变枯萎，令人重睹后徒生感叹。普济禅院另一值得注意之处，就是后花园中的一张圆形石桌和 4 条长石凳。看似寻常却留下了中华民族耻辱的标记。1844 年 7 月初腐败无能的清廷就在这张石桌上，由代表清廷的两广总督耆善与美国公使寇兴签订了比《南京条约》更苛刻的《中美五口贸易章程：海关税则》，亦称《望厦条约》，抚今追昔不能不令人愤慨万千。

龙环葡韵文化景观。龙头环是氹仔岛的旧名，占地面积 3. 78 平方公里，著名的澳门大学、跑马场都设在这个小岛上。龙环葡韵是以住宅博物馆为中心的典型葡萄牙人生活方式场景。在氹仔岛南岸的海边马路上，有 1921 年建造的五幢标准葡式小别墅，青白两色的墙面，有双层的和单层的，前廊和露台是典型西欧的建筑风格。两端围绕着小山岗，风平浪静、绿树成阴、环境十分幽雅。这里最初是葡国高级官员的官邸，后来澳门政府旅游司把它改建为博物馆，1992 年被评为有建筑价值的房屋群。前三幢为博物馆、后二幢为展览馆和迎宾馆，澳门特区政府成立后正式作为住宅博物馆对外开放。第一幢“土生葡人之家”，是这里最具特色的博物馆和澳门现存富殖民地色彩的官邸和大宅。土生葡人是指当时葡萄牙人与东南亚一带的马来人、菲律宾人及南亚的印度人通婚后产生的族群。土生葡人有自己的语言和生活方式，他们通常信仰西方的宗教，又有明显的东方生活习惯。观众可透过这座博物馆回顾葡国政府、英国大班、清廷和往来澳门的高官富商的那段显赫的时光。室内陈列一个传统的土生葡人家庭生活场景，摆设着 19—20 世纪初的家具、工具和装饰物，别具风格，中西混合，布

---

① 参见陶炼等编著：《闲话澳门》，31 ~ 32 页，南昌，百花洲文艺出版社，1995。

满全屋的老照片，见证了土生葡人于澳门居住状况，反映出中葡文化的融合，这座博物馆重温了20世纪初澳门土生葡人的生活方式。第二幢为“海岛之家”，展示氹仔和路环两小岛的地理、历史，城镇风貌的过去、现在和未来。是澳门唯一展示路氹历史风貌的小型博物馆，从石器时代的考古到今天的各项大型建设。透过10个专题包括路氹地区地形及名称演变、历史沿革、近代民生、岛屿交通史、庙宇文化、葡式建筑、特色食品、娱乐场所。自1999年11月重新开放以来，受到各地游客的欢迎。第三幢“葡萄牙各地区之家”的双层建筑，主要展出葡萄牙各地的民族服饰、手工艺品以及风土人情的旧照片、图片和文献等。通过这些富于地方特色的衣着和用具，观众可从中了解该地居民的生活模式、社会风俗及生活习惯等等。第四幢“海岛之家”和第五幢“迎宾馆”① 是文化活动的场所。展览馆举办不定期艺术品展览，包括摄影、字画、陶瓷及雕塑等主题；迎宾馆是民政总署对外接待场所，分两个楼层举办讲座或其他官方活动等，并借以进一步加强澳门与各国各地之间文化艺术交流。整个龙环葡韵景区以住宅博物馆为中心、包括小岗上的嘉模圣母教堂、图书馆、市政花园。众多的名胜古迹、中外建筑及街区小巷，都已成为澳门凝固的文化。澳门博物馆文化不应当简单地用眼睛观看，而应当以心去细读。②

灯塔松涛文化景观。松山灯塔因耸立在松山松涛中而得名。东望洋山俗称“松山”，海拔93米，这座澳门半岛最高的山冈古时称为“琴山”，因为远远望去就像一台横卧的瑶琴，它是澳门地区地理坐标的标志点。很早以前这里是一座光秃秃的荒凉山冈、泥土裸露，百年前遍植松树后才得以改变旧貌，并成为澳门的风景名胜。松山灯塔与另外两座300年古迹的松山教堂和松山炮台，共同构成了“松山三古迹”。松山教堂指圣母雪地殿教堂，17世纪时建于东望洋山的炮台上。据说1622年荷兰人侵占澳门时，圣母曾步出小教堂外张开自己的斗篷

① 韦立立：《龙环葡韵》，载《中国民族报》，2007年11月23日第4版。

② 参见宋才发：《澳门的历史名胜及文化景观探讨》，载《湖北民族学院学报》，2010（2）。

抵挡敌人的枪炮。现今的教堂修建于1637年，堂内安放圣约翰洗者的圣像和画像，[①] 圣约翰洗者是澳门市的守护神。1996年政府对圣堂进行内部保护和修复工程时发现了壁画遗迹。壁画上的圣经故事和人物运用了中国绘画的技法，整个画面是中西文化和艺术的大融合，1992年被澳门社团评为澳门八景之一，2005年作为澳门历史城区的部分被列入世界文化遗产名录内。松山炮台指东望洋山炮台，位于澳门半岛最高的东望洋山上，为中国现存最古老的西式炮台建筑群之一。炮台建于1637—1638年，有哨房、火药库、楼塔等。该炮台原来主要用于防御外来入侵和作为观察站，一直被列为军事禁区，只有每年的8月5日圣母诞生日及农历九月初九重阳节才对公众开放。1976年葡国军队撤出澳门后，炮台被辟为旅游点，2005年作为澳门历史城区的部分被列入世界文化遗产名录内。在此远眺澳门全景及珠江口的壮丽景色，可领略古今的历史变迁。这座由土生葡人设计的松山灯塔建于1864年，灯塔的圆柱体身高13米，从1865年9月24日起通宵达旦地向大海循环照射，为过往航船引路，光程可达25海里。灯塔内部构造简单实用，塔端的射灯最初点的是煤油。1874年8月灯塔被一场强台风吹毁，经长时间维修才于1911年重放光明，塔内机械全部更新并用上了电灯，它是中国沿海地区第一座欧式灯塔[②]，也是远东历史上最古老的灯塔。东望洋山是澳门居民晨运的好去处，每天凌晨便有晨运客沿着环山马路直登山顶。远眺"九州"洋烟波浩渺，回看澳门半岛历历如画，松山亭上的一副对联把这一切都写入其中："松风徐送，正荡胸怀，更看镜海波光，莲峰岗影；山雨欲来，且留脚步，遥听青州渔唱，妈阁钟声。"[③] 这副对联为澳门书法家李供林撰写，道出了松山亭的形状及澳门风物。

黑沙踏浪文化景观。路环岛南部的黑沙海湾是澳门著名的天然海

---

① 澳门特区政府旅游局：《澳门历史城区》，《澳门旅游指南》，第23页，2007年3月绘制。

② 澳门特区政府旅游局：《松山炮台—灯塔》，《澳门旅游指南》，第29页，2007年3月绘制。

③ 陶炼等编著：《闲话澳门》，32页，南昌，百花洲文艺出版社，1995。

水浴场，1992 年被命名“黑沙踏浪”而成为澳门八景之一。“黑沙”原来是个小村的名字，小村之所以声名大噪，是因为在该村附近发掘出不少有数千年历史的彩陶、夹砂陶残片等新石器时代的文物，与香港、中山等地出土的同时期同类文物如出一辙，同属“珠江文化圈”。古称“大环”的路环黑沙海湾，沙滩宽约 1 公里，黑沙的特色在于黝黑、黝滑，故得“黑沙海滩”之名。20 世纪 30 年代辟为旅游区，后来岸边种植了一大片木麻黄树，成为岸边常绿林带，与黑沙海滩相映成趣。① 岸边曾掘出 4000 年前的陶制品，是中华民族先民在澳门的生活佐证。黑沙滩的形成据说与火山作用有关，远古时候的一次海底火山爆发，海底的泥层都翻出地面，与海边的泥土糅合在一起，加上海水和风力长年累月的作用，熔岩与泥土化整为零，便变成绵绵不绝的黑沙滩。另一种说法认为黑色的细沙，是由于海洋特定环境形成的黑色次生矿海绿石所致。海绿石受海流影响被搬运至近岸，再经风浪携带到海滩，使原来洁白明净的白沙滩变成神秘迷人的黑沙滩。来到黑沙海滩洁净的大海，久违了的浪声、奇特的黑沙、宁静的海岸，一切都会让人仿佛进入了另一个世界。沙滩周围娱乐项目众多，每逢假日周末及盛夏时节，这里游人如潮热闹非常。

澳门历史城区成为中国第 31 处世界遗产。澳门历史城区是中国境内现存最古老、规模最大、保存最完整和最集中的东西方风格共存建筑群。它见证了澳门 400 多年来中西文化互相交流、多元共存的历史。城区当中的大部分建筑都具有中西合璧的特色。2006 年是“澳门世界遗产年”，4 月来自世界 13 个国家和地区近百名媒体记者考察团应邀到澳门进行为期 5 天的观光考察，全面了解“澳门世界遗产”的内涵，亲身感受澳门旅游的魅力所在。考察采访结束后，来自不同国家和地区的人们达成了一个共识：澳门旅游业是多元化的，世界遗产澳门历史城区是中国境内现存年代最远、规模最大、保存最完整和最集中，中西式建筑交相辉映的历史城区，它将是澳门旅游新的增长点。2005 年 7 月 15 日对于澳门地区、对于中国，对于中华民族都是一个

① 陶炼等编著：《闲话澳门》，37～38 页，南昌，百花洲文艺出版社，1995。

值得纪念的日子，就是这一天在南非德班市举行的第29届世界遗产委员会会议上，凝聚了400多年中西文化交流结晶的澳门历史城区被列入《世界遗产名录》，成为中国第31处世界遗产。被列入世界遗产的22处历史建筑包括妈阁庙、港务局大楼、郑家大屋、圣老楞佐教堂、圣若瑟修院及圣堂、岗顶剧院、何东图书馆、圣奥斯定教堂、民政总署大楼、三街会馆（关帝庙）、仁慈堂大楼、大堂（主教座堂）、卢家大屋、玫瑰堂、大三巴牌坊、哪吒庙、旧城墙遗址、大炮台、圣安多尼教堂、东方基金会会址、基督教坟场、东望洋炮台（含东望洋灯塔及圣母雪地殿圣堂）以及之间相邻的广场和街道，如议事亭前地、板樟堂前地、亚婆井前地、耶稣会纪念广场等。[①] 从上述建筑和前地的名称及功能可以看出，在中国的历史城区中这是极具特色的组合，是一个集合不同种族、思想、信仰、文化和生活习惯的居民的生活空间，是中西文化多元共存的独特反映。澳门历史城区进入《世界遗产名录》，是世界对澳门400多年来中西文化交汇结晶的充分肯定。2006年7月行政长官颁布“澳门历史城区”法规缓冲区具体范围，文化局据此严格监控缓冲区内建筑的兴建、改建或拆除情况，5年来已完成郑家大屋、玫瑰堂、大三巴牌坊等30多处修复工程，从整体上维护了历史建筑的真实性和完整性。随着文化遗产保护工作的逐年推进，澳门不少未被列入受保护清单的旧建筑也进入了保护视野。2010年7月15日为庆祝成功申遗5周年，澳门文物大使协会联同历史教育学会、口述历史协会及文化遗产导游协会等多个民间团体，在亚婆井前地推出喜悦传承嘉年华，活动项目包括认识世遗摊位游戏、非物质文化遗产工作坊、走进澳门世遗5年图片展等；特区政府文化局15日晚还开放了卢家大屋、岗顶剧院和郑家大屋等多处世遗景点，现场发行了以夜游世遗为主的“世界遗产·澳门历史城区”明信片及申遗5周年纪念杯。

---

① 澳门特区政府旅游局：《澳门世界遗产》，第1页，2006年9月绘制。

二　中华民族自然遗产文化景观

山东泰山的自然、文化景观

一

泰山为全国名山之冠。泰山位于山东省中部，主峰玉皇顶在泰安市境内，主峰海拔1545米，景区总面积426平方公里，地处东经116°50′～117°12′，北纬36°11′～36°31′。“泰山”一词最早见于《诗经》，远古时称泰山为“大山”、“太山”，后来又称为“岱山”、“东岳”、“泰岳”。《尔雅》首称泰山为“岱岳”；《书经》称泰山为“岱宗”。西汉文学家东方朔认为，泰山吞西华，压南衡，驾中嵩，轶北恒，为群山之最。清代经学家、方志学家阮元在《泰山志》“序”中说，山莫大于泰山，史亦莫古于泰山。其实泰山的海拔并不太高，在五岳中次于恒山、华山，排列第三位。但泰山突兀而立于华北大平原东侧的齐鲁古国，东临浩波无涯的大海，西靠源远流长、“一去不回头”的黄河，南有汶、泗、淮之水，因而纵览东部沿海广大地域，以居高临下之势凌驾于齐鲁丘群之上，成了茫茫原野上的“东天一柱”。夏初禹曾分九洲，其中，冀、豫、青、兖、徐五洲均在此。战国七雄时，这里有六国之都，泰山自那时起就成了东方文明的代表和伟大庄严的象征。几千年来，这里一直是东方政治、经济、文化的中心。除了深厚的文化内涵之外，泰山还具有雄、奇、险、秀、幽、奥、旷等丰富多彩的自然美，是我国名山风景秀丽的典型代表，它以其雄伟壮丽的自然风光以及博大精深的文化内涵享誉中外，是古老华夏的重要发祥地，被尊崇为“五岳独尊”、“天下第一名山”、“东方历史文化宝库”。

泰山脚下的泰安城，是历代帝王封禅祭祀、百姓朝山进香的必经之地。其“岱庙”（俗称“东岳庙”、“泰庙”）为道教神府，是历代帝王举行封禅大典和祭祀泰山神的地方，也是泰安城中轴线上的主体。这条中轴线从泰安南门起，延伸到岱宗坊，然后与泰山盘道相接而通向“天庭”，使山与城不仅在功能上，而且在建筑空间序列上形成一体；其次序按登山祭祀活动的程序次第展开，贯穿着一种由“人间”逐渐进入“仙境”的过渡阶段。泰山上有著名的龙潭瀑布、石坞松涛、桃园精舍等“十大自然景观”；有旭日东升、晚霞夕照、黄河玉带以及云海玉盘等“八大奇观”；有1450多处碑刻、1100余处摩崖刻石。其中，南北朝人所撰的《金刚经》刻在3000平方米的大石坪上，堪称世界一绝；有2万多株古树名木、34处庙宇等建筑群、128处古遗址，其中有7处为国家重点文物保护单位、20余处省级重点文物保护单位。泰山的古建筑主要保存的是明清时期的风格，它的价值不仅在于建筑与绘画、雕刻、山石、林木融为一体，成为中国古老文化的见证，保存了一个巨大的封禅祭祀序列和一幅记载历史的立体画卷，而且为后人留下了顺应自然的建筑典范，以其特有的艺术形象去协调和强化自然美去表现和深化自然环境。泰山之巅的玉皇顶，不仅是看日出的地方，而且是历代帝王、文人墨客留下墨宝的地方。极顶石刻除了有“五岳独尊”和“昂头天外”，还留有诸多如“会当凌绝顶，一览众山小”① 的不朽诗篇。难怪2000多年前，孔子在登临泰山玉皇顶时就曾发出“登泰山而小天下”② 的豪迈感慨。因而泰山1982年被国务院列为“全国重点风景名胜区”，2002年又被评为“中华十大文化名山”之首。③

泰山不愧为天下第一名山。进入《世界遗产名录》的物质与非物质遗存，主要包括文化遗产、自然遗产、文化与自然双重遗产、文化景观遗产等。根据《世界遗产公约》的有关规定，“文化与自然双重

① （唐）杜甫：《望岳》。

② （战国）孟轲：《孟子·尽心篇》。

③ 参见宋才发：《中国泰山的文化景观及法律保护》，载《湖北民族学院学报》，2005（4）。

遗产”是指在世界遗产中，把从历史、艺术或者科学及审美、人种学、人类学方面有着世界意义的纪念物、建筑物、遗迹等内涵的文化遗产，和从审美、科学、保存形态上具有世界价值的地形或者生物，包括景观在内的地域等内容的自然遗产融合起来，构成的另一个类别的遗产，就是同时含有“文化”与“自然”两个方面因素的“文化与自然双重遗产”。“世界遗产”的标准共有6条，迄今全球只有3项“世界文化遗产”是符合文化遗产全部6条标准而被确认的，它们是意大利的威尼斯、中国的“莫高窟”和“泰山”。目前的世界遗产中，只有2项遗产是符合7条标准进入名录的，1项为澳大利亚塔斯马尼亚公园群，另1项就是中国的泰山。泰山不仅符合文化遗产的全部6条标准，同时还符合“自然遗产”标准中的1条标准。1987年联合国教科文组织遗产委员会特派官员、新西兰专家卢卡斯在泰山实地考察后说：列入世界遗产的一般是自然遗产，或是文化遗产，很少有双重价值的遗产在同一个保护区内。“从泰山的材料中看到了中国人民的审美观，它启发我们更新对世界遗产的认识”；“泰山兼有自然的、历史的、文化的价值，这就是个好特点。这意味着中国贡献了一种特殊的、独一无二的遗产。”“泰山把自然和文化独特地结合在一起，并在人与自然的概念上开阔了眼界。这是中国对人类遗产的巨大贡献。”① 同年联合国教科文组织世界遗产委员会第十一次会议，依据《世界遗产公约》的有关规定，以无记名投票的方式，通过泰山为世界第一个“世界文化和自然双遗产”。日本国柳田青兰女士和新加坡赖桂芳先生，分别在第一届国际泰山学术讨论会上指出：“正因为泰山与人类历史共存，所以集自然美和人类文化艺术之美于一体，成为中国自然和文化的瑰宝，这在世界上是无与伦比的。”“泰山文化不仅代表了东方文明的璀灿文化，而且使中华民族的文化在世界文化之林中占有突出的地位。”② 泰山之所以成为中华民族的象征和缩影，是因为它具备特有的内涵：自然山体宏博，景观形象伟大，精神崇高，文化灿烂，

---

① 米运昌：《泰山古今》，47页，东方出版社，1991。
② 路宗元编著：《文化泰山》，2页，泰安市新闻出版局出版，1996。

历史悠久。这也正是泰山区别于中国乃至世界上任何其他名山的特质所在。

泰山是中国历史文化名山。古人认为，天以高为尊，地以厚为德，但天高不可及于泰山。因此，泰山自古以来就因其高大而被视为“天”的象征，是人们心目中的一座“神山”、“圣山”，它的崇高地位是在中国文明形成过程中逐渐确立起来的。用现代的观念看，泰山就是一座“文化山”。“泰山文化”的博大精深对中国历史的进程，曾产生过深刻而久远的影响。相传在几千年前早春的一天，有一位名叫舜的部落首领——酋长，率领众人登上泰山之巅，他们在自以为离天最近的地方垒起一大堆干柴，当太阳从东方冉冉升起的时候，干柴被点燃了，熊熊大火与金色的阳光交相辉映，酋长宣布自己已经与天沟通，他受命于天来治理天下。这不是神话，在我国《尚书·舜典》和司马迁《史记》中确有记载：“岁二月，东巡狩，至于岱宗。岱宗，泰山也。柴，望秩于山川。肆勤东后。”① 即是说这一年的二月，舜巡视东方到了泰山后，举行了柴（祭天的仪式）祭，并按等级依次祭祀了其他山川，接受了东方诸侯国君的朝拜。从此以后，历代有72位帝王上泰山“封禅”②，祈求泰山以通天达地的神力，保佑皇权稳如泰山、天下太平。泰山成了帝王“通天”的圣地，具有“五岳独尊”的地位，被称为“天下第一名山”。③ 从岱庙出发过“五松亭”、“迎客松”便到了“万松山”，这里双峰对峙，绿树成阴，乱云飘绕其间。从万松山到南天门，这一段就是著名的“泰山十八盘”，使海拔1545米的泰山更加显得陡峭，它是由“人间”步入“天堂街”的必经之地。在公元前219年，秦始皇完成统一大业后，率领大军浩浩荡荡东巡泰山，进行封禅大典。《史记·封禅书第六》记：“始皇之上泰山，中阪遇暴

---

① （西汉）司马迁：《史记》，204页，长沙，岳麓书社，1988。

② （唐）张守节：《史记·正义》给“封禅”定义曰：在泰山上筑土为坛以祭天，报天之功，故曰“封”；在泰山下小山上除地、报地之功，故曰“禅”。言“禅”者，神天也。封禅是一种祭祀仪式，又是一种帝王的政治活动；封禅以迷信为起始，因政治而终结。

③ 《中国文化遗产年鉴》编辑委员会编：《中国文化遗产年鉴2006》，87页，北京，文物出版社，2006。

风雨，休于大树下。诸儒生既绌，不得与用于封事之礼，闻始皇遇风雨，则讥之。”① 即是说秦始皇上泰山途中遇到暴雨，于是避雨于大松树下祈求树神保佑，雨很快就停了。秦始皇认为这是树神护驾的结果，于是就加封挡雨的那棵松树为“五大夫松”，相当于当时秦代21级官爵中的第9级。当秦始皇继续前行时，忽闻松树上似乎有人讥笑：“无道德，无仁礼，而得天下，安受帝命，何以封?”秦始皇听后很气愤，身体突然感到不适，在东巡返回途中死于“沙丘”（今河北广宗西北）。②秦始皇早已人亡政息，但他当年封的“五大夫松”却仍昂然挺立在那里。泰山“封禅”正式列入史实记载开始于秦始皇，后世有名望的帝王都心向泰山，共有12位皇帝30余次亲临泰山封禅。他们分别是：秦朝秦始皇、秦二世、西汉汉武帝、汉章帝、汉安帝、东汉光武帝、北魏太武帝、隋朝隋文帝、唐代唐高宗、武则天、唐玄宗、宋代宋真宗。封禅的目的主要是“向天地报功”。因此“刻石纪号，著己之功绩”，历来是封禅的重要内容。“秦泰山刻石”被誉为“天下第一碑”，具有明显的政治功利性，也是秦始皇“书同文”的历史物证。在玉皇庙门前还有一座耸立的“无字碑”，据清代学者顾炎武判定，该碑为汉武帝封禅时亲自所立。传说汉武帝当时除了对泰山无限景仰之外，还认为自己功高盖世，想著文歌颂自己的功绩，可是文人写的碑文他都不太满意，于是立了这块“无字碑”，“不著一字，尽得风流”③。这块无字碑今天已成为一件价值连城的珍贵文物，它无疑增添了泰山的神秘感和历史文化的含金量。元明代之后，改“封禅”为“祭祀”，帝王不再亲临泰山封禅。但是国家典制仍规定，凡国家大典之类大事，必先派重臣致祭岱岳。譬如，明代朱元璋从1370—1397年，曾5次派大臣和道士祭祀泰山。朱元璋是以赤贫之身成为皇帝的，他看透了神道设教之旨，于是削泰山封号，弃封禅大典；明神宗万历、明思宗崇祯在泰山庙供奉母后为菩萨，泰山封禅祭祀开始“走向世俗

① （西汉）司马迁：《史记》，208页，长沙，岳麓书社，1988。
② （西汉）司马迁：《史记》，209页，长沙，岳麓书社，1988。
③ （唐）司空图：《诗品·含蓄》。

化”。清代从顺治皇帝开始，康熙帝、雍正帝、乾隆帝，不仅都派员到泰山祭祀，有时还亲临泰山祭祀。其中，乾隆是到泰山次数最多的皇帝，从1748—1790年他先后11次朝拜泰山，6次登上泰山顶。清代祭祀泰山对于保存泰山文化和建设泰山，起了一定的积极作用。直到辛亥革命结束了几千年的封建帝王制度，泰山作为祭祀圣地的功能才告结束。联合国教科文组织的一位官员曾这样评价泰山说：“我今天登上泰山，不仅感到它作为遗产的一面，有美丽的风景、古老的传统和众多的文物古迹，而且感到了它的力量方面、精神的方面。人们常说‘稳如泰山’，这说明泰山是力量的象征。”① 泰山是盘亘于426平方公里面积之上的巨大形体，基础宽阔，既非卧也非立，而是静坐于大地之上，给人一种安稳与厚重之感。所以，中国成语中早有“稳如泰山”和“重于泰山”之说。泰山是中华民族之山，力量源泉之山。

泰山魂是中华民族之魂。“泰山招魂说”使泰山成为中华民族魂灵皈依之地，由此产生了对中国文化影响至深的一种“树高千丈，叶落归根”的观念。“魂归泰山”当然是迷信的，但经过几千年的陶冶和提炼，终于积淀出高尚的民族自豪感和爱国情结，“叶落归根”已成为炎黄子孙的传统观念。西汉史学家司马迁曾以泰山为标准，用以衡量人的社会、伦理和道德价值，他说：“人固有一死，或重于泰山，或轻于鸿毛。”这句话可谓掷地有声，振聋发聩。位于泰山普照寺西不远的地方有“六朝古刹”，周边苍松翠柏环绕，那里就有爱国将领冯玉祥将军之墓以及冯玉祥本人于1935年所建的“大众桥”。冯玉祥从小兵到将军，经历了滦州起义、京都革命、五原誓师、察绥抗日，他为抗战救国而劳苦奔波，为和平民主奋斗不息，直到在奔向新中国的旅途中意外不幸遇难。他逝世后遵照其遗愿，埋葬于泰山。墓碑上刻有冯玉祥于1940年5月20日隶书自题诗《我》：“平民生，平民活，不讲美，不讲阔。只求为民，只求为国。奋斗不懈，守诚守拙。此志不移，誓死抗倭，尽心尽力，我写我说。咬紧牙关，我便是我。努力

① 李振湘：《世界遗产中国行》，133页，北京，民族出版社，2004。

努力，一点不错。”[①] 由此笔者想到“泰山魂”是什么？由泰山哺育的中国百姓的勤劳朴实、节俭善良的品格以及像冯玉祥将军那样仁人志士的爱国之心，在中华民族的发展史上又何止千千万万？不正是这些善良的人们的品德、良心、民心、爱心，共同铸就了“泰山之魂”吗？还在石器时代，“东夷人”就在这里创造了“北辛文化”、“大汶口文化”和“龙山文化”。孔子、孟子、管子、墨子、孙子等一批文化名人，中华民族文化的始祖就诞生在这里。历代文人学士都在泰山留下了珍贵的文物，它也是历代名家学者争相瞻仰、顶礼膜拜的“心灵圣地”。泰山具有独特的神韵，中国人喜欢称岳父为“泰山”，因为泰山上有“丈人峰”；德高望重或学术成就造诣深厚的人被称为“泰斗”，其来源就在于古人认为，泰山在五岳中最高，北斗星在众星中最明。唐玄宗封禅泰山是历史上规模最大的一次，这支数万人马的封禅大军一路上浩浩荡荡，十分气派。当皇帝备驾登山时，竟然“仗卫罗列岳下百余里”。在碧霞祠东北面石壁上，留下了举世闻名的高13.3米，宽5.3米的“唐摩崖”，上面刻有唐玄宗御笔《纪泰山铭》，洋洋大观共966字，字大50厘米见方，遒劲雄伟。自秦汉以来的历代帝王到泰山封禅，他们或通过宣读祭文，或通过撰刻碑文的方式，把自己的夙愿、思想、精神留在泰山，公认泰山要比自己高出一筹："泰山安，则四海皆安"，谁也不敢藐视泰山。历代帝王封禅泰山固然是神道设教，为统治阶级政治需要服务的。但是，从客观上看也有一定的积极作用。譬如，它有利于国家的统一和安定，形成国泰民安的文化氛围，便于与周边国家发生联络，以建立睦邻友好的对外关系等。国家的统一可以焕发民族的凝聚力，而民族的凝聚力又可以推动民族和国家的统一，泰山在中华民族共同体形成的过程中，发挥了无与伦比的作用。一部中华民族五千年的文明史，就是这样从泰山一步一步地走过来的。泰山是一山石头，也是一山石书，它不仅记载着过去，而且昭示着未来，泰山在人们心目中的崇高地位是永恒的。“泰山文化”是一部历史长卷，是人类知识和智慧的不竭之源，它已熔化在中

---

① 姜丰荣编注：《泰山历代石刻选注》，491页，青岛海洋大学出版社，1993。

华民族的血液中，孕育了伟大的民族精神，造化了伦理道德，形成了强大的凝聚力。泰山魂是中国人的民魂、文魂、中华民族之魂，永久的东方之魂。实际上这也正是泰山能够成为中国首例被联合国教科文组织列入“自然与文化双遗产”名录的魅力所在。①

二

泰山遗产的商业价值不能过度使用。旅游热带来的滚滚人流，大有踏平三山五岳之势，世界遗产地这样顶级的旅游胜地不堪重负。不少专家早就呼吁，对世界遗产地不得修建破坏风景的索道之类现代交通工具，对人流如潮的参观者要采取适当的限制措施。然而，一旦当“世遗”成为“开发”的金字招牌，再好的建议往往也会被商业价值的光芒所掩盖。笔者几次仔细地考察过泰山岱顶（2004 年 7 月又一次实地考察），曾徒步从山脚下的岱庙一直步行到玉皇顶，全程共 9 公里，其间砌盘路 6660 余级，目睹了真实鲜活的泰山风貌，初步领悟了泰山的灵魂，实乃“生有涯，研究泰山无涯”。笔者也曾看到过一些不适当的提法和令人不愉快的情景，譬如，“把岱顶建成热闹非凡的天上城市”、“把风景秀丽的泰山，改造成经济的泰山”，等等。当时正是在这种指导思想的支配下，泰山不只是建起了通达山顶的上山索道，就连下山也建起了全程缆车（第 2 条索道）。在奔赴景点的石级阶梯上，后面人看到的全是前面人的臀部，到了景点看到的尽是人的后脑勺，想照张相闯入镜头的多是别人的背影；道路两旁的纪念品商店鳞次栉比，求神拜佛用的祭品、迷信活动用品琳琅满目。由此带来的遗产地商业化、城镇化、人工化现象，使世界文化遗产和自然遗产的真实性、完整性遭到人为破坏。无论是世界文化遗产，还是世界自然遗产，统统没有“终身制”，已被列入《世界遗产名录》的项目，如果保护不力、管理不善，就会被列入《濒危世界遗产清单》，就要

① 参见宋才发：《中国泰山的文化景观及法律保护》，载《湖北民族学院学报》，2005（4）。

被摘牌清理出库。从 1978 年世界遗产委员会公布第一批世界遗产至今，共有 788 项世界遗产榜上有名。在这些世界遗产中，已有 35 项被列入《濒危世界遗产清单》，在我国世界遗产名录中就有 14 项被“黄牌警告”。如果再不引起足够重视，被“黄牌警告”过的遗产项目，就有可能进入《濒危世界遗产清单》，稍不留神还有可能在 21 世纪消失，这绝不是危言耸听。世界遗产的基础是保护，其次才是开发利用。如果一味地追求经济效益，世界遗产也只能是“申”来就“死”。世界遗产重在保护，对它的一草一木、一砖一瓦，都要体现其原有的真实性和完整性，这是世界遗产公约明确而严格的规定，我们必须毫不含糊地贯彻执行。①

泰山经石峪金刚经保护迫在眉睫。经石峪金刚经泰山摩崖刻石，位于泰山南麓斗母宫东北 1 公里处，经文自东至西刻在面积约 3000 平方米的巨大石坪上，44 行，每行 125 字或 10 字不等，共计 2799 字，每个经文字 50 厘米见方，场面壮观，气势宏伟，是我国现存规模最大的佛教摩崖刻石。石坪北部刻有“暴经石”三个大字，周围崖壁上赞颂的题刻颇多。经文刻石书法浑穆简静，笔势奇古雄秀，字体在隶楷之间，历来为书法家看重，赞其为“如印泥画沙”，称之为“榜书之宗”、“大字鼻祖”，具有极高的史料价值、佛学研究价值和书法艺术价值。经过专家考证，该摩崖刻石完工于北齐末年，书写者一般认为是当时的高僧安道壹。金刚经并没有最终全部撰刻完成，泰山经石峪大字刻制时，恰逢后周世宗帝灭佛运动，遂中途而止。在现存于岱庙的唐代经幢上，就载有这次灭佛运动对泰山及泰山周围的影响。据统计，泰山经石峪金刚经历经 1400 年的风雨剥蚀和山洪冲刷，大面积经石严重风化，已经磨灭 1730 字，现仅存经文 41 行 1069 字。1992 年山东石刻博物馆的研究人员对经石峪金刚经进行了最后一次完整的传拓后，政府几乎用上了所有能用的保护措施。2001 年 6 月 25 日国务院核定经石峪为全国重点文物保护单位，传拓金刚经哪怕是一个字，都

---

① 参见宋才发：《中国泰山的文化景观及法律保护》，载《湖北民族学院学报》，2005（4）。

必须得到国家文物局的批准。30多年前，原在左上方还能够看得清楚的很多字，由于一层层的剥落，现在一个也没有了；山洪暴发卷着大石头滚下来，也砸毁了一些字。为此，文物管理部门陆续采取了一些保护措施，包括在经石峪上方开凿一条引水渠，将原来漫过刻石经坪的山泉引走，以减少流水的冲刷，仅这项工程就花掉了44万元。其实古人选择的位置是很有特点的，周边环境优美，石坪巨大、平整，这里的崖属于石英闪长岩，质地坚硬，颗粒均匀，不易损坏，所以经历了一千多年的风雨侵蚀仍留存至今。修渠引水原本是善意，但却把经文完整地裸露在地表上。风化、暴晒厉害，昼夜温差变化大，膨胀严重，使得字迹剥落现象十分明显；原来的流水冲刷实际上还起着保护的功能。好心办成了坏事，如果现在不采取有效的挽救措施，以后再想保护就是不可能的了。因而有专家提出要像保护秦始皇兵马俑那样，建立一个现代化的大厅，将整个经石峪都笼罩起来，这也许是目前可能做到的唯一有效的保护办法。①

泰安市政府为全人类保护泰山遗产。新中国成立后，人民政府对恢复泰山原貌极为重视，建立了专门的泰山保护机构，多次拨款修缮。按照《保护世界文化和自然遗产公约》及我国有关法律法规规定，泰安市政府为泰山“世界文化和自然双遗产”法定的第一保护人。泰安市政府编制了《泰山总体规划》，拟定了“继承、弘扬、保护、利用”的八字方针，突出“抢救为主，保护第一”的原则，不断增加投入，奠定了泰山资源永续利用的基础。近年来泰安市又提出“严格保护，统一管理，科学开发，永续利用”的新理念，积极引进国际、国内先进管理方法和管理理念，严格按照国家有关法律法规和联合国《世界遗产公约》的有关条款规定办事，坚持把保护泰山的一切自然文化资源放在第一位。对泰山2000多年来形成的“天界、人间、地府”三重空间和封禅朝山的中轴线，采取划定保护范围、“退二进三”、只拆（违章建筑）不建、文物复建（指修复）、搬迁影响文物保护的单位等

---

① 参见张永强：《泰山经石保护遭遇技术难题》，载《科学时报》，2004年7月22日第4版。

措施进行整体保护，不允许改变空间序列与意境。对山城的规划建设，坚持“山城一体、古新和谐”和“修旧如旧、整修如初”的原则，正确处理好保护和开发的关系。泰安市还组织实施了山城人文与自然环境保护工程，依法拆除了泰山上原来违章建筑物130余万平方米；建成了独具特色的天外村广场、泰山广场；修复了竹林寺、灵应宫、三阳观、斗母宫、五贤祠、岱庙唐槐院等古迹40余处；拨正了中天门以上的古盘道，较好地再现了泰山丰富多彩的历史文化风貌，获得了国内外专家的好评。为了保护以“五大夫松”为代表的泰山古树，当地政府大规模地开展了4次古树普查，并在此基础上建立健全了古树名木保护档案，尤其是列入遗产名录的23处古树名木更得到精心呵护。目前市政府正在强化对泰山、泰城的综合治理，解决历史遗留问题的论证工作也在进行之中。2004年5月泰山景区已顺利通过了ISO9001质量管理体系认证和ISO14001环境管理体系认证，它标志着泰山世界遗产地的保护管理工作与国际准则正式接轨，保护管理水平又上了一个新的台阶。①

要运用现代科学技术手段对世界遗产实施保护。本着“继承、弘扬、保护、利用”的方针，自1994年以来国家共投入近5亿元，对泰山进行修复保护。为了科学地利用信息技术和现代传播技术，发挥现代科学技术在世界遗产保护和修复中的作用，2004年国家文物局又拟定了关于世界文化遗产保护的十大科技规划研究项目，在全国进行公开招标。这十大招标项目为：（1）利用系统工程研究方法，开展系统的、跨学科的文化遗产保护发展战略与相关政策研究。（2）实施文化遗产的科学调查评估行动，全面掌握我国文化遗产资源，重点发展遥感物探等空间探测技术和水下考古等环境下的调查技术，加强对可移动遗产年代、真伪鉴别技术的研究。（3）大力加强文化遗产保存与修复的基础科学研究，实施关键技术攻关行动；尤其在饱水漆器脱水、青铜器有害锈处理、风化壁画地仗脱盐、纸张去酸化以及糟朽丝织品

① 参见宋才发：《中国泰山的文化景观及法律保护》，载《湖北民族学院学报》，2005（4）。

保护、潮湿环境下土遗址和墓葬壁画保护、考古发掘现场脆弱物品的记录提取和保护、馆藏文物微环境控制等方面的攻关研究，以形成一批具有广泛推广价值的关键技术。(4）推进传统核心科技体系的科学化、现代化进程。(5）实施重大文化遗产地综合性保护示范行动，加强对文化遗产资源的整体保护。(6）实施监测及安全预警相关技术行动，提升文化遗产保护的安全防范能力。(7）加强标准化建设，促进文化遗产保护的科学化、规范化。(8）发展博物馆文化，利用信息技术和现代传播技术，提高国民对世界文化遗产的认知程度。(9）实施科技基础条件建设行动，促进我国文化遗产科技保护能力达到世界一流水平。(10）实施人才培养科技行动，造就一支高素质的世界文化遗产科技保护队伍。国家文物局明确规定，凡具有独立法人资格的单位均可申报投标；课题承担单位与课题负责人可以根据课题实施的需要，打破单位、所有制界限进行优化组合。① 另外，国家还从英国引进了一种新型防火涂料，用在木结构古建筑上，可以有效地阻止木材的燃烧，为泰山木结构古建筑的防火安全提供保障。②

---

① 参见游雪晴：《文化遗产保护有10项科技规划研究》，载《科技日报》，2004年7月30日第3版。

② 参见宋才发：《中国泰山的文化景观及法律保护》，载《湖北民族学院学报》，2005(4)。

安徽黄山风景名胜区的自然、文化景观

一

黄山是安徽省南部的一座山。“黄山”秦时称为“黟山”，旧时称为“屯溪”。它东邻浙江，南连江西，北与宣城、池州两市接壤。1987年11月经国务院批准成设立“黄山市”，其前身是“徽州地区”，现辖屯溪区、黄山区、徽州区三区以及歙县、休宁、祁门、黟县四县和黄山风景区，屯溪区为市府所在地，黄山景区距市府所在地屯溪69公里。相传吴国威武中郎将贺齐为征伐山越屯兵石溪上，“屯溪”由此而得名。屯溪是黄山风景区的南大门，黄山南北长约40公里，东西宽约30公里，景区面积约1200平方公里，风景名胜区方圆154平方公里，号称“五百里黄山”。[①] 风景名胜区的范围为东经118°01′～118°17′，北纬30°01′～30°18′。传说中华民族的始祖轩辕黄帝，曾在这里修真炼丹而得道升仙，于是在唐天宝六年（公元747年）六月十六日，由唐玄宗李隆基亲自下诏，将“黟山”改名为“黄山”至今。[②] 黄山历史悠久，远在六七千年以前，我国母系氏族社会的后期，人类就已经在这片美丽富饶的山区劳动生息。在距今三四千年的殷商时期，这里居住着一支叫“山越”的先民，“山越”乃“百越”中的一支。

---

① 参见《最美中国自助游》编委会：《最美中国自助游》，25～26页，北京，中国林业出版社，2006。

② 参见小小编著：《中国南方北方游》（南方卷），83页，北京，中国电影出版社，2005。

在春秋战国时期，黟山早先属吴地，吴灭亡后属越地，越灭亡后属楚地。秦始皇统一六国后实行郡县制，这里为会稽郡属地。南朝时设置“新安郡”（徽州古称“新安”），郡府搬迁始终未离开新安江上游，其源盖出于此。宋宣和三年（公元1121年）五月二十四日，“歙州”被诏改为“徽州”。关于“徽州名称的起源”有两种说法：一说因其境内有徽岭、徽水、大徽村等，州则因地而得名“徽州”；另一说是赵宋王朝取“徽者、美善也”之意，炫耀他对这一地区的失而复得。此二说并存了800多年，州名“徽州”亦被历代沿用至今。清康熙六年（公元1667年）建省的时候，“安徽”就是摘取“安庆”、“徽州”二府首字作为省名的。黄山与百慕大三角区、埃及的金字塔同处在北纬30°线上，同被誉为国之瑰宝、世界奇观，是世界著名的旅游胜地。黄山周围的翡翠谷、九龙瀑旖旎风光同样吸引全国乃至世界游客驻足观光。黄山脚下神秘的徽州辖歙、黟、休宁、绩溪、祁门、婺源六县一府，西递、宏村、花山谜窟、棠樾牌坊群、婺源李坑等景点，成为游客向往旅游观光的休闲地。

黄山孕育了我国三大地方学派之一的“徽州学派”。屯溪老街素有“宋街”之称，黄山东面的歙县自宋代以来逐渐形成，的确是名不虚传的文化之邦。譬如，新安学派、新安医学、徽派版画、砖石、木调、徽剧、徽菜以及徽派盆景、徽商均起源于此。“徽派文化”底蕴深厚，内涵丰富，是我国三大区域文化（藏学、敦煌学、徽学）之一，涵盖了哲、经、史、医、科、艺诸多领域。古徽州文风淳朴，教育发达，商贾昌盛，“十家之村，不废诵读”①。因此，历史上以才入仕、以文垂世者代不乏人，灿若繁星。在我国《辞海》的单列条目中，徽州名人竟有50多人，列全国各州府之首。据不完全统计，明清两代中进士的有542人，中举人的多达1513人，“连科三殿撰，十里四翰林”、“父子宰相”、“四世一品”者并不鲜见。② 明清时代，徽商称雄商界长达二三百年，素有“无徽不成镇”之说。徽商贾而好儒，

① 柴福善：《婺源小村寻美》，载《人民日报《海外版》》2005年11月26日第7版。

② 参见袁鹰：《徽州探梦》，央视国际，2005年12月29日。

“官、贾、儒”三位一体，形成了独具特色的徽州文化，历史上各种人才应运而生，学术研究异彩纷呈。譬如，活字印刷术创始人毕升，宋代理学集大成者朱熹，明清三朝元老、军机大臣许国（历仕明嘉靖、隆庆、万历）、曹振镛（历仕清乾隆、嘉庆、道光），富可敌国的大盐商鲍漱芳，著名戏剧家汪道昆，医学家汪机、汪昂，徽墨、歙砚高手李廷珪、李少微，新安画派的创立者和近代著名代表渐江、黄宾虹，哲学家戴震，理财家王茂荫（马克思《资本论》中提到的唯一中国人），珠算大师程大位，近代教育家有陶行知、胡适，音乐家张曙，还有工程技术专家詹天佑、郑复光，孙中山元帅府秘书长、近代法学家徐谦等，统统都是徽州人。同时，由徽商兴盛而孕育和形成了新安理学、新安医学、新安画派、徽派盆景、徽墨歙砚、徽派建筑、徽雕、徽刻、徽剧、徽菜等独具地方特色的文化流派。现已发现地上文物4900多处。其中，列入国家级和省级重点文物保护单位的就有45处。直至今日，黄山大地上仍遍布古桥、古塔、古亭阁、古宗祠、古牌坊，犹如一座巨大的天然历史博物馆。

黄山是我国最著名的山岳自然风景名胜区。黄山以伟奇幻险而著称，山体伟特玲珑的巧石，万姿千态，历来被誉称为“天开图画”。黄山风景区内重峦叠嶂、争奇献秀，有千米以上的高峰72座。36大峰巍峨峻峭，36小峰峥嵘秀丽。“光明顶”、“莲花”、“天都”三大主峰，均在海拔1841米以上，鼎足而立高耸云外，称为“三天子都”。“光明顶”在黄山中部，海拔1860米，为黄山第二高峰。[①] 顶上平坦而高旷，可观东海奇景、西海群峰；炼丹、天都、莲花、玉屏、鳌鱼诸峰尽收眼底。“所谓三十六峰者，骈列舒张，横绝天表，众岫叠岭，效奇献秀，尽在一览。”[②] 明代普门和尚曾在山顶上创建大悲院，现在其遗址上建有黄山气象站。因为这里高旷开阔，日光照射久长，故名“光明顶”。莲花峰是黄山的最高峰，位于黄山中部玉屏峰西南的天都

① 参见小小编著：《中国南方北方游》（南方卷），83～84页，北京，中国电影出版社，2005。

② （元）汪泽民：《游记》。见潘勇：《黄山风景》，世界经济人博客，2007年4月22日。

峰，海拔1864米，是华东地区的第三高峰，古人往往误指“天都峰”为黄山最高峰。明万历四十六年（公元1618年）九月，徐霞客准确地指出：“莲花峰居黄山之中，独出诸峰上”，“即天都亦俯首矣。”① 此峰峻峭高耸，气势雄伟，主峰突出小峰簇拥，宛如一朵初开新莲，故称“莲花峰”。峰上有飞龙、双龙等奇松和月池、香沙池等名胜。登上峰顶如置身云霄，云天一色，江河一线，俱在远眺之中。宋咸淳四年（公元1268年），吴龙翰、鲍云龙、宋复一行3人自带干粮，费时3天登至峰顶。今有登峰盘山道5里，相对高度110米。起步缓坡称“莲梗”，中间穿过的4个石洞，古人称为“莲孔”；峰壁有“真好造化”、“非人间也”、“名不虚传”、“天海奇观”等摩崖题刻。由于天都峰在黄山群峰中最为雄伟壮丽，被古人视为“群仙所都”，故取名“天都峰”。唐岛云和尚历经千险始至峰顶，是现存文字记载中登上天都峰的第一人。他曾在绝壁上留下《登天都峰》诗一首：“盘空千万仞，险若上舟梯；迥入天都里，回看鸟道低。他山青点点，远水白凄凄；欲下前峰瞑，岩间宿锦鸡。”② 民国二十六年（公元1937年），始建登峰梯道长3里，台阶1564级，194个石栏干和600米铁索，以保障游人安全攀登绝顶。平阔的峰顶有石室嵌立，可容数10人；室外有石形如醉仙斜卧，名为“仙人把洞门”；另有怪石如桃称为“天都仙桃”；峰顶有“登峰造极”等石刻。1965年5月董必武在此题咏：“奇险天都著，遥观亦有缘；大雄无与并，苍浑莫之先。”③ 在大自然鬼斧神工的造化下，黄山以其独特的风貌耸立在皖南山区，它似一幅天然的画卷，一首无声的诗。古人评其为具有泰岱之雄伟、华山之险峻、衡岳之烟云、匡庐之飞瀑、雁荡之巧石、峨嵋之清秀，集天下奇景于一体。历代游客都盛赞“天下名景集黄山”，难怪明代大旅行家徐霞客在游罢黄山后，发出“五岳归来不看山，黄山归来不

---

① 《魅力安徽》（第39期），《安徽电视报》网站，2007年5月19日。

② 潘勇：《黄山风景—五一旅游向导》，世界经理人博客，2007年4月22日。

③ 《中国最美十大名山第五——黄山旅游攻略》，一如居士博客，2007年6月20日。

看岳”[①] 的赞叹。黄山以博大的情怀，将各历史时期、各社会阶层的各种文化意识和行为融为一体，在其自然景物与环境之间，形成了特定的黄山文化和中国著名山水画派的发祥地。尽管黄山没有富丽堂皇的庙宇，也没有宏伟壮观的禅院宫观，全凭自己毫不雕饰的天姿国色、以其天造的画境、瑰丽的雄姿吸引天下的游人。

黄山素以奇松、巧石、云海、温泉“四绝”名冠天下，这都是大自然造化中的奇迹。

黄山松遍布峰壑独领风骚。古人称黄山“无松不奇”。黄山松是因黄山独特地貌、气候而形成的中国松树的一种变体。黄山松一般生长在海拔 800 米以上的地方，通常多生长在黄山北坡 1500 ~ 1700 米处，南坡 1000 ~ 1600 米处。黄山松的千姿百态与黄山独有的自然环境之间，有着千丝万缕的联系。黄山松的种子能够被风送到花岗岩的裂缝中去，以无坚不摧、有缝即入的钻劲，在那里发芽、生根、成长。尽管黄山泥土稀少，但是花岗岩中肉红色的长石中含有钾，夏天雷雨后空气中的氮气，变成氮盐可以被岩层和泥土吸收，进而为松树的根系吸收；松树根系不断分泌出的有机酸能够慢慢地溶解岩石，把岩石中的矿物盐类分解出来为己所用；花草、树叶等植物腐烂后也分解成肥料；这样黄山松便在贫瘠的岩缝中存活、成长。由于地势崎岖不平，悬崖峭壁纵横堆叠，使得黄山松无法垂直生长，只能弯弯曲曲地甚至朝下生长。再加上要抗暴风、御冰霜，因而黄山松的针叶短粗、冠平如削，色绿深沉，树干和树枝也极坚韧且富弹性。黄山松的另一个特点是由于风吹日晒，许多松树只在一边长出树枝。黄山松姿态坚韧傲然、美丽奇特，由于生长的环境十分艰苦，生长速度异常缓慢，一棵高不盈丈的黄山松往往树龄上百年，甚至数百年；根部常常比树干长几倍、几十倍，因而黄山松能坚强地屹立于岩石之上永葆青春。据统计，百龄以上的古松数以万计，著名的古松有 31 棵。其中，最著名的黄山松有：迎客松（位于玉屏楼的石狮前面）、送客松（位于玉屏楼

---

① 参见小小编著：《中国南方北方游》（南方卷），83 页，北京，中国电影出版社，2005。

的右边）、蒲团松（位于莲花溪谷）、凤凰松（位于天海）、棋盘松（位于平田石桥）、接引松（位于始信峰）、麒麟松（位于北海宾馆和清凉台之间）、黑虎松（位于北海宾馆和始信峰之间）、探海松或叫舞松（位于天都峰的鲫鱼背旁边）和连理松，这就是黄山的“十大名松”。1994 年黄山籍画家刘辉的国画《迎客松》，被挂在人民大会堂东大厅，现在“迎客松”已经成为黄山的象征和中国人民热情好客的标志。①

黄山石千奇百怪令人叫绝。黄山石以奇取胜、以多著称，已被命名的怪石就有 120 多处。这些怪石似人似物，似鸟似兽，情态各异，形象逼真。黄山怪石从不同的位置，在不同的天气观看情趣迥异。分布可谓遍及峰壑巅坡，或兀立峰顶或戏逗坡缘，或与松结伴，构成一幅幅天然山石画卷。黄山千岩万壑，几乎每座山峰上都有许多灵幻奇巧的怪石，形成期约在 100 多万年前的第四纪冰川期。黄山石之所以“怪”，就怪在从不同角度看有不同的形状。如站在半山寺前望天都峰上的一块大石头，形如大公鸡展翅啼鸣，故名“金鸡叫天门”。但当你登上龙蟠坡回首再故，这只“一唱天下白”的雄鸡，仿佛摇身一变成了五位长袍飘飘、扶肩携手的老人，被改冠以“五老上天都”之名。黄山峰海无处不石、无石不松、无松不奇。奇松怪石相映成趣，如“喜鹊登梅”、“老僧采药”、“苏武牧羊”、“松鼠跳天都”、“猴子望太平”。② 等它们大都是三分形象、七分想象，从人的心理移情于石，使一块本来冥顽不灵的石头凭空有了精灵跳脱的生命。

黄山的云海云雾举世罕见。黄山以峰为体，以云为衣，瑰丽壮观的云海以美、胜、奇、幻享誉古今，一年四季皆可观，尤以冬季景色最佳。依云海分布方位，全山有东海、南海、西海、北海和天海；而登莲花峰、天都峰、光明顶则可尽收诸海于眼底，领略“海到尽头天

---

① 参见李振湘：《世界遗产中国行》，136 页，北京，民族出版社，2004。

② 《最美中国自助游》编委会：《最美中国自助游》，28 页，北京，中国林业出版社，2006。

是岸，山登绝顶我为峰”[①] 之境地。大凡高山可以见到云海，但黄山的云海更有其特色，奇峰怪石和古松隐现云海之中更增加了美感。“自古黄山云成海”[②]。黄山一年之中有云雾的天气达 200 多天，水气升腾或者雨后雾气未消就会形成云海，波澜壮阔一望无边，黄山大小山峰、千沟万壑都淹没在云涛雪浪里，天都峰、光明顶就成了浩瀚云海中的孤岛。流云散落在诸峰之间，云来雾去变化莫测。风平浪静时，云海一铺万顷，波平如镜，映出山影如画，远处天高海阔，峰头似扁舟轻摇，近处仿佛触手可及，不禁想掬起一捧云来感受它的温柔质感。忽而风起云涌，波涛滚滚，奔涌如潮浩浩荡荡，更有飞流直泻白浪排空，惊涛拍岸似千军万马席卷群峰。待到微风轻拂四方云散，涓涓细流从群峰之间穿隙而过；云海渐散清淡处，一线阳光洒金绘彩，浓重处升腾跌宕稍纵即逝。云海日出、日落，万道霞光绚丽缤纷。红树铺云，成片的红叶浮在云海之上，这是黄山深秋罕见的奇景。当云海经过北海双剪峰时，从两峰之间流出向下倾泻，如大河奔腾，又似白色的壶口瀑布，轻柔与静谧之中可以感受到暗流涌动和奔流不息的力量，是黄山的又一奇景。玉屏楼观南海，清凉台望北海，排云亭看西海，白鹅岭赏东海，鳌鱼峰眺天海。由于山谷地形的原因有时西海云遮雾罩，白鹅岭上却青烟飘渺，道道金光染出层层彩叶，北海竟晴空万里，人们无不为云海美景而上下奔波谓之“赶海”。

黄山温泉名扬四海。黄山温泉古称朱砂泉、汤泉，源于海拔 850 米的紫云峰下，水质以含重碳酸为主可饮可浴，属于黄山一绝。传说轩辕黄帝就是在此沐浴七七四九日得返老还童，羽化升天的，因此该温泉又被誉之为“灵泉”。[③] 因为黄山是钱塘江和长江两大水系的分水岭，峰林地貌构成了黄山 36 条大峡谷，形成了 36 源、汇流 24 溪。以桃花、云门二峰为界，分别流入新安江、钱塘江和青大江、长江。黄

---

① 杨帆：《中国的世界文化和自然遗产系列之七：世界自然与文化遗产：黄山》，人民网，2004 年 5 月 13 日。

② 《最美中国自助游》编委会：《最美中国自助游》，第 28 页，北京，中国林业出版社，2006 年版。

③ 参见吴文斌：《安徽黄山风景区》，载《中国民族报》，2007 年 4 月 10 日第 4 版。

山自古以来就是多瀑布的名山大川，最著名的瀑布有3处，已命名的潭有20处、泉有15处、池有9处。与此相关的是黄山花岗岩体垂直节理十分发育，断裂和裂隙纵横交错，形成瑰丽多姿的洞穴、孔道，重岭峡脊，全山有岭30处、岩22处、关2处。区内共有自然景点400处，历代遗留的寺庙、亭阁、盘道、古桥和摩崖石刻共200多处，散布在名峰秀水之间，给黄山增添了不少古雅意趣。黄山脚下的歙县、屯溪等地古迹繁多，尤以明代徽派古典建筑艺术著称于世。黄山以博大的情怀将各历史时期、各社会阶层的各种文化意识和行为融为一体，在其自然景物与环境之间形成了特定的黄山文化，而且是中国著名山水画派发祥地。

黄山四季分明得天独厚。这里春、夏、秋、冬四季景色各异，晨昏晴雨瞬息万变，黄山日出、晚霞、云彩、佛光和雾凇等时令景观各得其趣，真可谓人间仙境。黄山春夏秋冬四季的概念和平原地区不一样，在气候学上，通常是指一年中每候（5天）平均气温在22℃～10℃之间为春季和秋季，22℃以上为春季，低于10℃的为冬季。如果按这个标准，黄山的4—6月份为春季，7—8月为夏季，9—10月为秋季，11—3月为冬季（冬季较长）。黄山不仅平均气温较低，而且由于黄山地势高耸，其温度又随地势升高而递减。半山寺、云谷寺一线以下四季比较分明；其上包括光明顶、玉屏楼、北海等，春、夏、秋三季只有140天左右，其余皆为冬季。黄山季节比平原来得迟，“高处不胜寒”，而且冬冷的时间长，春天姗姗来迟。从山麓向上一般每垂直升高100米，入春期约推迟3天。温泉区一般每年4月3日进入春天，而光明顶则要推迟到5月13日。黄山四月的平均气温为10℃，比三月份要升高5.6℃。这时山麓已经芳草萋萋野花艳人，秧苗茁壮桃花落尽，山腰却涧草犹短，杜鹃始华，桃花初开。夏日的黄山峰峦苍翠欲滴，幽谷浓郁覆盖，林间百鸟鸣噪，一派盛夏的风采。在登山途中，绿树与青藤互相缠扰搭成一个个天然的“凉棚”，坐下小憩观山赏景，阵阵凉风袭来令你登山的疲劳顿消。夏天的黄山日出更为壮观，跃出的红日如一团火种点燃了天宇，也点燃了山峰和树木，仿佛整个世界都沐光溢彩，灿烂辉煌。盛夏的黄山更有那看不见的飞瀑，数不清的流泉，特别在暴雨过后，黄山就成了水的世界，水为黄山谱写了一由曲激昂的乐章。夏日的云海尽管没有秋冬云海那样沉着、浑厚，但也别有一番潇洒、清丽。在云雾的动静之中，有时还可以看到绚丽的彩虹如一座七色彩桥，架在两峰之间。日落并不比日出逊色，火红的晚霞为夏日的黄山披上一层灿烂的暮色，令人如痴如醉。8 月平原地带还天气炎热，黄山却开始渐渐进入了秋季。9 月北方冷空气逐渐增强，月平均气温就降到 12.9℃，比 8 月降低了 7.4℃，10 月月平均气温只有 11.7℃，离冬季越来越临近。黄山的秋天因为林茂色鲜，鸟语花香生气盎然。据《黄山志》记载，温泉区 11 月 9 日开始入冬，冬季 155 天；半山腰 10 月中旬入冬，冬季 195 天；高山顶上在 9 月下旬入冬，冬季长达 227 天。这里冬天的气候特点是寒而不冻。究其原因一是日温差小，一般在 4℃ ~6℃之间，而山下周围各县日温差大都在 9℃ ~11℃；二是空气干燥，没有阴霾笼罩。这也就是所谓的“黄山四季皆胜景，惟有腊冬景更佳”。[①] 当气温下降到零下有雾或者毛毛雨时，树木、石块等物体表面会因冻结而形成透明的冻结物，这种现象就是“雾凇”；当雾滴扩大到毛毛细雨时，就能形成“雨凇”。黄山平均每年有雾凇 62 天，雨凇 35.5 天；雾凇持续最长时间为 587 小时，最大直径 23.2 厘米；雨凇最长持续时间 594 小时，最大直径 41.3 厘米。黄山大部分是粒状雾凇，一般气温在 -2℃ ~7℃时就能形成。黄山雾凇比任何地方更美、更奇、更绝，无愧于天下绝中之绝景。

黄山是一座天然的动植物园。黄山森林植被群落有乔、灌、草三层完整结构，名花古木、珍禽异兽种类繁多；生态系统稳定平衡，林相整齐美观。山中林木茂密古树繁多，森林覆盖率达 86.6%。有植物近 1807 种，属于国家一类保护的有 1 种、二类保护的有 4 种、三类保护的有 8 种。自然分布的原生植物共有 1450 种，还保存有高山沼泽和高山草甸各一处，植物垂直分带明显，群落完整，生态系统稳定平衡，是我国华东地区的植物宝库和天然植物园。在众多的植物中，黄山松

---

① 参见刘建新，邓道理：《这个冬天挟火热激情赴冰雪之旅》，载《家庭导报》，2004 年 12 月 3 日。

分布面积最广、数量最多、形态最奇，确实是黄山的一大景观。黄山有动物500多种[①]，其中，脊椎动物有300种。根据调查统计资料显示，黄山有鸟类176种，隶属于17目40科；两栖类21种；爬行类48种；鱼类24种；兽类54种。[②] 属于国家一类保护的有白颈长尾雉、白鹳两种；兽类有云豹、金钱豹、黑麂、梅花鹿四种。黄山的野生动物及动物多样性，为国内外科学研究提供了极为重要的场所和条件。

二

蜚声中外的黄山与黄河、长江、长城齐名。人类自从发现了黄山，就不断地用心血和智慧耕耘黄山，历经一千几百年创造了黄山文明，留下了大量的人文古迹，成为今天黄山宝贵的自然景观和人文景观资源。在古建筑方面，自唐至民国期间黄山共建寺观庙庵百余座，譬如，被皇帝敕建或者题额的就有黄山“四大丛林”的祥福寺、翠微寺、慈光阁、掷钵禅院。在古道方面，黄山古代登山道路始建于唐，形成于明清。建于明代位于朱砂峰与紫云峰之间的“人字瀑”，绝壁上的“罗汉级”，现在仍然保存完好。“立马桥”和“大鼓洞”附近，现在仍保存有古道遗迹数处。在亭阁方面，全山约有亭阁30多座，其中，较为著名的有排云亭、立马亭、观瀑亭、曙光亭、桃源亭、莲花亭、拙亭等。在古桥方面，有建于明清年代的卧龙桥、白龙桥、延寿桥、仙人桥等50余座。当代大诗人郭沫若留下了“深信黄山天下无”的诗句；陈毅元帅也称赞黄山为“天下第一奇怪山”。[③] 1982年黄山被国务院列为首批“国家重点风景名胜区”；1986年黄山以唯一的山岳型风景区入选“中国十大风景名胜”；1992年被建设部授予“全国先进风景名胜区称号”；1993年、1995年、1997年先后被建设部授予国家

---

① 有关数据见《经济参考报》2005年3月11日，第8版。

② 参见《中国世界遗产年鉴》编纂委员会编：《中国世界遗产年鉴2004》，249页，北京，中华书局，2004。

③ 《中国世界遗产年鉴》编纂委员会编：《中国世界遗产年鉴2004》，246～247页，北京，中华书局，2004。

级“卫生山”、“安全山”和“文明山”称号。1998年被联合国教科文组织中国委员会、国家文物局、国家建设部评为“世界遗产保护管理先进单位”；被中央文明办、建设部、国家旅游局授予“全国文明风景旅游区示范点”称号；1998年又名列建设部、国家旅游局等部门确定的全国首批十个文明景区之首；1999年11月获得联合国梅利娜·迈尔库文化景观保护和管理国际荣誉奖（全世界共3家，亚洲仅黄山1家）；2000年12月通过国家旅游局4A级旅游景区（点）质量等级评定，同年还被建设部授予“全国风景名胜区先进单位”；2001年12月被国土资源部正式命名为“国家地质公园”；2004年2月以总分第一的成绩被联合国教科文组织命名为“世界地质公园”①。2005年《中国国家地理》杂志社主办“选美中国”，黄山名列“中国最美的十大名山”第五名。黄山是一个集自然之精华的人间仙境，一部宏大的地质史书和教科书，一处内涵丰富、意义多重的科学和爱国主义教育基地。

属于全人类瑰宝的黄山不愧为“震旦国中第一奇山”②。黄山山体雄伟，危崖突兀，幽壑纵横，堪称以其深邃、雄伟、险峻和神秘莫测于一身。1990年12月安徽黄山风景名胜区被联合国教科文组织列入人类自然和文化双遗产《世界遗产名录》。联合国教科文组织世界遗产委员会第22次东京特别会议指出：“黄山是一个管理很好的世界遗产景区，它是亚洲一个有大量游客到一个复杂景区的优秀管理示范。”③ 世界遗产委员会对黄山给予了高度评价：“黄山，在中国历史上文学艺术的鼎盛时期（16世纪中叶的‘山水’风格）曾受到广泛的赞誉，以‘震旦国中第一奇山’而闻名。今天，黄山以其壮丽的景色——生长在花岗岩上的奇松和浮现在云海中的怪石而著称。对于从四面八方来到这个风景胜地的游客、诗人、画家和摄影家而言，黄山

① 吴文斌：《安徽黄山风景区》，载《中国民族报》，2007年4月10日第4版。

② 《中国世界遗产年鉴》编纂委员会编：《中国世界遗产年鉴2004》，247页，北京，中华书局，2004。

③ 《中国世界遗产年鉴》编纂委员会编：《中国世界遗产年鉴2004》，247页，北京，中华书局，2004。

具有永恒的魅力。”①

安徽省人民政府十分重视对黄山风景名胜区的科学管理。早在1980年5月安徽省人民政府就成立了黄山规划领导小组，1993年成立了以省长为主任的黄山规划委员会。黄山总体规划批准后，相应设置了规划、土地、建管办及工程建设交易中心机构，出台了《建设项目与征拨土地法定程序》等规章制度。黄山管委会建立并实施了一整套以规划为控制依据的项目管理和审批程序，严把建设工程选址、方案设计、环境评估、施工组织等关键环节的审批关。凡工程选址不利于保护人文古迹和自然资源的、方案设计与风景名胜景观不协调的项目均不予上报，一切服从保护的需要。对已批准立项的工程项目，在施工建设过程中保护部门实施全过程跟踪管理。在建筑格调上，遵循规划中提出的“保持地方特色”的原则，十分注重工程建筑与周围景观的协调，因地制宜，因景制宜，依山就势，顺其自然，达到了“以物衬景”、“相得益彰”的建筑效果，并且在实践中总结出黄山建筑物“宜低不宜高，宜藏不宜露，宜素不宜艳，宜衬景不宜败景”的成功经验。安徽省人民政府设置了“资源保护管理科”，成立了“黄山风景区古树名木保护专家组”。每年聘请国内外知名专家对景区古树名木的生长环境、分布规律、土壤特征等进行抽查、调研，掌握其生长规律。对列入世界遗产名录的54株古树名木实行责任制管护，将管护责任落实到人。对蹬道旁的名松古树，设立石质围栏或进行竹片围护，防止游人刮刻。对生长衰弱的古树采取复壮措施，恢复其生机。对迎客松实行特级护理，确定专人全天候守护。黄山风景名胜区实行封山育林，严禁垦荒、狩猎、放牧、采折花木及其他破坏山林的行为。严禁随意弄火，杜绝火灾隐患，切实搞好护林防火工作。制定实施了《黄山风景区动植物保护暂行规定》，加强野生动物资源保护。扶持周边乡镇项目建设，开辟了野生短尾猴观赏景点，开展了对属于我国特有的二类保护动物——黄山短尾猴的专业化、科学化保护与管理，不

① 《中国世界遗产年鉴》编纂委员会编：《中国世界遗产年鉴2004》，249～250页，北京，中华书局，2004。

仅保护了猴类种群和生物多样性，维护了自然生态平衡，而且还达到了激发游人的情趣，带动了周边农民致富的目的。进入风景区进行科学考察和采集动植物标本，必须经黄山管理局批准，并在统一安排下进行。黄山的开发和建设由黄山管理局根据统一规划，组织实施，任何单位和个人不得违反。风景区商业网点的设置，由黄山管理局统一管理。个体商贩和集体商业单位要向工商行政部门登记，领取临时营业执照，并在黄山管理局指定的地点摆摊设点。导游业务由黄山管理局统一组织，并发给导游人员服务证。没有服务证的不得担任导游员，严禁以导游为名进行非法活动。同时明确提出，要把搞好清洁卫生作为风景区开展“五讲四美”活动的重点，发动群众开展爱国卫生运动，逐步改善黄山卫生条件，保持清洁、安静、优美的环境。不准乱扔果皮、纸屑、杂物；禁止污染公共饮用的井水、泉水和其他水源；不准出售有毒和不卫生的食物，切实搞好饮食卫生，防止疾病发生。明令禁止携带凶器和爆炸品、危险品进入风景区；严禁打架斗殴、聚众闹事及其他违法行为，保持良好秩序。对于违反规定，扰乱公共秩序和有破坏行为的，除了坚决制止之外，情节严重的要按有关政策、法令论处。

安徽省人民政府对黄山风景名胜区严格实施法制化管理。根据《中华人民共和国行政处罚法》的规定，1997 年 11 月 2 日安徽省第八届人民代表大会常务委员会第 34 次会议对《黄山风景名胜区管理条例》进行了如下修改：将第 7 条修改为：“风景区内因保护或者管理确需建设的工程，由管委会根据批准的风景名胜区规划，编制计划，经黄山市人民政府审查后，报省建设行政主管部门批准，省建设行政主管部门根据风景名胜区规划设计要求，核发建设选址审批书和建设工程规划许可证。否则，工程不得审批立项。”所有建筑物的布局、设计均要与周围景观相协调，工程施工时必须严格保护施工现场周围的景物与环境。将第 25 条第 1 款修改为：“违反本条例规定，有下列行为之一的，由管委会按下列规定处罚：“（一）违反风景名胜区规划，未取得建设工程规划许可证件或者违反建设工程规划许可证件的规定进行建设，严重影响风景名胜区规划的，责令停止建设，限期拆除或者没收违法建筑物、构筑物或者其他设施；影响风景名胜区规划，尚可采取改正措施的，责令限期改正，并处工程总造价 5% 以下的罚款；（二）非法侵占风景名胜区土地的，责令退出所占土地，按有关法律、法规的规定处以罚款；（三）损毁景物、林木植被，捕杀野生动物或者污染、破坏环境的，责令停止破坏活动，赔偿经济损失，并可根据情节按有关法律、法规的规定处以罚款；（四）破坏风景名胜区游览秩序和安全制度，不听劝阻的，给予警告或者 1000 元以下罚款；属于违反有关治安管理规定的，由公安机关依法处罚。”将第 25 条第 3 款修改为：“前款行为，情节严重，触犯刑律或违反国家有关森林、环境保护和文物保护法律的，依其规定进行处罚。”增加 1 条作为第 26 条：“管委会违反风景名胜区规划进行违章建设、损毁景物的，由省建设行政主管部门按本条例第 25 条的规定给予处罚。”第 26 条修改为第 27 条：“当事人对所给予的处罚不服的，可以依法申请复议或者提起诉讼。”安徽省人民政府依据《黄山风景名胜区管理条例》规定，对黄山风名胜景区的餐饮服务行业进行了严格治理。譬如，依据《黄山风景名胜区管理条例》第 19 条规定：“风景区内服务网点和公用设施布局由管委会统一规划”、“管委会可以根据安全和环境卫生的需要，规定禁止经营的商品、服务项目以及禁止使用的燃料、包装物品种。”与此同时，景区管理部门还对拐杖、雨衣等游客刚性需求产品进行最高价限制，不得牟取暴利。

四川峨眉山和乐山大佛自然、文化景观

一

峨眉山又称“大光明山”，位于四川省的中南部，距省会成都市约162公里，地处东经103°10′~103°37′，北纬29°43′~29°16′，属四川盆地西南边缘向青藏高原过渡地带。峨眉山景区面积156.5平方公里，外围保护区域面积为469平方公里。[①] 峨眉山和乐山大佛的英文名称为：Mt. Emei and Leshan Giant Buddha。峨眉山像一道巨大的翠屏，耸立在成都平原西南，遥望弯曲柔美的山体轮廓，犹如少女的面容和修眉，于是古人在很早以前就形象地称它为“峨眉”。纵横200余公里的峨眉山与“亚洲脊梁”昆仑山的支脉邛崃山相连。峨眉全山由大峨、二峨、三峨、四峨四座山共同组成，一般游人所到之处是奇峰攒聚、名胜荟萃的“大峨山”，即我们通常所说的“峨眉山”。峨眉山平峰突起，巍峨、秀丽、古老、神奇，它以优美的自然风光、悠久的佛教文化、丰富的动植物资源、独特的地质地貌而著称于世，被人们称之为“仙山佛国”、“植物王国”、“动物乐园”、“地质博物馆”等，素有“峨眉天下秀”之美誉。唐代诗人李白诗曰：“蜀国多仙山，峨眉貌难匹”；明代诗人周洪谟赞道：“三峨之秀甲天下，何须涉海寻蓬莱”；当代文豪郭沫若题书峨眉山为“天下名山”。

峨眉山以其“雄、秀、神、奇”的特色雄踞于中国名山之列。峨

① 参见刘耀编著：《中国绝色风景》，269页，北京，中国长安出版社，2006。

眉山中部群山峰峦迭起，含烟凝翠，飞瀑流泉，鸟语花香，草木丰茂而风光秀丽；主峰金顶绝壁凌空，巍然屹立；最高峰为万佛顶，登临其间可西眺皑皑雪峰，东望莽莽平川，气势雄伟而景观奇丽，有云海、日出、佛光、圣灯等四大奇观。① 峨眉山的“雄”体现在它高大的形体和雄伟的气势，引起崇高的美感。峨眉山顶峰海拔3099米，高出东麓平原2600米，与五岳中最高的华山相比，仍高出海拔1000多米，所以，历代称之“高凌五岳”②。登峨眉山的起点是“报国寺”（原名“会宗堂”），它始建于明代万历年间，取释、道、儒三教合一之意，清代康熙皇帝敕名“报国寺”，取佛经上“报四恩”的报国为首之意。报国寺系典型的庭院建筑，占地60余亩，一院一景共7个大殿，7佛殿内的一面墙上，还有1935年蒋介石先生留下的手迹“精忠报国”。从峨眉山的山麓到山顶有5000多米，石径盘旋直上云霄。在经过一道有2380石级的险坡“七里坡”后，最终才能到达峨眉山的终点即海拔3077米的金顶。③“金顶”上有正殿（古名为“华藏寺”），因其殿顶鎏金，瓦、柱、门、窗皆为铜中掺金建造，在阳光下金光闪闪而得名“金顶”。登临金顶极目眺望，或群山叠叠，或云海茫茫，变幻无

---

① 云海：佛家把云海称作“银色世界”。峨眉云海是由低云组成，峰高云低，云海中浮露出许多岛屿，云腾雾绕宛若佛国仙乡；白浪滔滔，这些岛屿化若浮舟，又像是“慈航普渡”。近代诗人赵朴初诗“天著霞衣迎日出，峰腾云海作舟浮”，就是这一景致的绝妙写照。日出：登山观日出视野开阔，涤荡胸襟，深悟人与自然之情。伴随着旭日东升朝霞满天，万道金光射向大地，峨眉山宛似从头至脚逐渐披上金色的大氅，呈现出全部的秀美身姿。北宋诗人苏东坡咏道：“秋风与作云烟意，晓日令涵草木姿。”佛光（又称峨眉宝光）：佛家称为普贤菩萨眉宇间放出的光芒。实际上佛光是光的自然现象，是阳光照在云雾表面所起的衍射和反射作用形成的。夏天和初冬的午后，舍身岩下云层中骤然幻化出一个红、橙、黄、绿、青、蓝、紫的七色光环，中央虚明如镜。观者背向偏西的阳光有时会发现光环中出现自己的身影，举手投足影皆随形，即使成千上百人同时同址观看，观者也只能看到己影而不见旁人。谭钟岳诗云：“非云非雾起层空，异彩奇辉迥不同。试向石台高处望，人人都在佛光中。”圣灯：金顶无月的黑夜，摄身岩下有时忽见一光如萤，继而数点渐至无数，在黑暗的山谷飘忽不定。佛家称为“圣灯”，飘浮的神灯就像是“万盏明灯朝普贤”。释心诚《圣灯》诗云：“飞自峭崖东，飘来点点红。回翔分远近，掩映入空蒙。焰冷千年火，光摇半壁风。夜深人静后，挂满梵王宫。”

② 刘耀编著：《中国绝色风景》，270页，北京，中国长安出版社，2006。

③ ”《最美中国自助游》编委会：《最美中国自助游》，55页，北京，中国林业出版社，2006。

穷令人心旷神怡。峨眉山的“秀”在于它处于多种自然要素交汇地区，植物垂直带谱明显，植物种类繁多，类型丰富，植被覆盖率高达87%以上。山中峰峦叠障，林木繁茂，郁郁葱葱，山体轮廓优美，线条流畅，景色多姿多彩。在天下各大名山中，其繁茂的植被景观堪称第一。峨眉山的“神”在于浓郁的佛教文化色彩，使它笼罩在一片神秘的宗教气氛之中。神话传说以及戏剧、诗歌、音乐、绘画、武术等的渲染与传播，使得这座佛国仙山的神奇色彩更加虚幻莫测。峨眉山的“奇”在于它的气象景观，如金顶的云海、日出、佛光①、圣灯②、朝辉、晚霞以及雷洞烟云、洪椿晓雨、大坪霁雪等，千变万化绚丽多彩，堪为中国名山之首。加之峨眉山古木参天，流泉飞瀑风景独秀，随着季节的变化和山势的不同，阴、晴、风、雨、云、雾、霜、雪的渲染，景色奇丽形成了著名的“峨眉十景”③。峨眉山雄秀神奇的自然景观与悠久的历史文化内涵，有机地融为一体相得益彰，给人们以美的享受与熏陶，使之成为人们崇拜与讴歌的对象而名扬海内外。峨眉山被《中国国家地理》“选美中国”活动评选为“中国最美的十大名山”第十名，邓小平评价说：峨眉山是“文化型的风景名胜区”④。

峨眉山具有含量极高的地质构造研究价值。峨眉山保存了从前寒武纪以来比较完整的沉积地层，为研究地壳及生物演进历史提供了难得的地质史料：岩浆的侵入与喷溢所产生的侵入岩与火山岩，为研究地幔的深部作用过程、岩石圈的拉张破裂、地壳的动定转化规律提供了典型的实例；燕山运动、喜马拉雅运动所产生的复杂的地壳构造变

---

① “佛光”是一种自然的天体现象，在过去这一罕见的特异天象长期笼罩着神秘色彩。因此游峨眉、登金顶、赏佛光，被说成是人生的一大幸事。

② “圣灯”是因为峨眉山有一种磷灰石矿，它能够释放出磷化氢气体，夜晚在适宜的气温下，它遇到空气可以自燃，发出淡绿色的火光，一闪一闪的忽明忽暗，古人便称它为“圣灯”。

③ 古人将峨眉山的佳境概括为十景，即“金顶祥光”、“象池夜月”、“九老仙府”、“洪椿晓雨”、“白水秋风”、“双桥清音”、“大坪霁雪”、“灵岩叠翠”、“萝峰晴云”、“圣积晚钟”。

④ 参见《最美中国自助游》编委会：《最美中国自助游》，53页，北京，中国林业出版社，2006。

形，又为研究地壳的表层构造提供了充分的依据。同时新构造运动，在峨眉山地质构造背景上所产生的雄伟壮观，类型多样的现代地貌，为生物类群的滋生繁衍和别具一格的中——高山地生态王国的建立提供了先决条件，这些背景和条件形成的有机统一的演绎整体，造就了峨眉山的美学形象、科学内涵，以及在世界山岳型风景区中独领风骚的特殊地位。峨眉山的现代地貌是新构造期地壳抬升与地表夷平，两个相反方向作用力共同作用的结果，不同的构造——岩石地层背景产生不同的地貌成因类型。其主要类型有：构造地貌、流水侵蚀地貌、岩溶地貌和构造剥蚀盆地等，是峨眉山的主要地貌类型。峨眉山的气候除受三大因子（辐射、大气环流、地理）的制约外，地形地势起着十分重要的作用。景区内低云、多雾、雨量充沛，气温垂直变化显著：有寒带（海拔 3047 米以上，年平均温度为 3 度，极端最低温度为零下 20.9 度），亚寒带（海拔 2200～3047 米，年平均温度为 7.6℃），温带（海拔 1200～2200 米，年平均温度为 13.1 度），亚热带（海拔 1200 米以下，年平均温度为 17.2℃，最高温度为 38.3℃）。据 30 年来气候调查资料分析，峨眉山年平均降水量为 1922 毫米，年平均相对湿度 85%，年平均降雪天数为 83 天，年平均有雾日为 322.1 天，年平均日照山麓为 951.8 小时，山顶为 1398.1 小时。年平均雾霜为 139.4 天，雨霜为 141.3 天，这在同一纬度的自然环境中是极为罕见的“玉树琼花”的奇观。峨眉山的土壤因成土母质多样，土壤类型各异，垂直分带明显。主要土壤类型为黄壤、山地黄壤、黄棕壤、山地暗棕壤及亚高山灰化土。

峨眉山是世界植物资源的重要宝库。由于峨眉山处于多种自然要素交汇地区，形成了丰富的植物种类和复杂的区系成分。其主要特征是：（1）具有世界上最典型、保存最好的亚热带植被类型，从山麓的常绿阔叶林，向上依次见到常绿阔叶与落叶阔叶混交林，针阔混交林至暗针叶林。（2）植物种类极为丰富且价值较高。在峨眉山风景区范围内，现已知拥有高等植物 242 科 3200 种以上，约占全国植物物种总数的1/10，占四川省植物物种总数的1/3，[①] 这是世界上极为罕见的。其中，药用植物达1600多种，当前世界治疗癌症用的紫杉醇、鬼臼素、喜树碱、三尖杉酯碱等，这里都有种质资源分布，它对中医、中药的发展和维护人类健康做出了极大的贡献。花卉植物有500余种，仅世界几大名花之一的杜鹃花属植物，现代分布中心在中国西部，峨眉山就拥有杜鹃花29种之多。中国的八角莲植物，全国共产9种（含亚种），峨眉山就有6种；轻工、化工、食用等植物600种以上；其他如樟科、木兰科、山茶科、蔷薇科、虎耳草科等种类都非常丰富。同时，全山森林覆盖率达87%，并且保存有1000年以上古树崖桑、连香树、梓、柿、黄心夜合、白辛树、百日青、冷杉等重要的林木种质资源。峨眉山被国家首批列级保护的植物达31种，占全国列级保护植物总数的10%。[②]（3）原始和特有种类繁多。峨眉山特有种或者中国特有种共有320余种，占全山植物总数的10%，比率高于全国。仅产于峨眉山或者首次在峨眉山发现并以"峨眉"定名的植物就达100余种，首批被国家列为保护植物的有珙桐、桫椤、银杏、独叶草、连香树、领春木等31种，如峨眉山莓草、峨眉胡椒、峨眉柳、峨眉矮桦、峨眉细国藤、峨眉鼠刺、峨眉葛藤、峨眉肋毛蕨、峨眉鱼鳞蕨等。第三纪以前延续下来的、保持一定原始形状的古老种类，如木兰、木莲、木犀、含笑、万寿竹、石楠、铁杉、五味子等是与北美相对立的间断分布类群，具有极高的科研和保护价值。同时植物区系成份起源古老，单种科、单种属、少种属和洲际间断分布的类群多，如著名植物珙桐、桫椤、银杏、连香树、水青树、独叶草等在植物分类上都是一些孤立的类群，形态上都保持着一定的原始特征。（4）具有原始的、完整的亚热带森林垂直带。峨眉山的森林植物群落具有乔、灌、草、地被和层外层各层发达而结构完整的特点。各层种类很少由单一的优势种组成，多为多优势种。从低至高由常绿阔叶林—常绿与落叶阔叶混交林

---

① 《中国文化遗产年鉴》编辑委员会编：《中国文化遗产年鉴2006》，89页，北京，文物出版社，2006。

② 参见《最美中国自助游》编委会：《最美中国自助游》，57页，北京，中国林业出版社，2006。

—针阔叶混交林——亚高山针叶林，形成了完整的森林垂直带谱，构成了峨眉山自然景观的多样性，而且是当今世界亚热带山地保存最完好的原始植被景观。（5）植物区系复杂。峨眉山植物区系的复杂性，反映在组成上既有中国—日本植物区系成分，又有中国—喜马拉雅植物区系成分，而且热带、亚热带植物成份和温带植物成份都在这里交汇、融合形成奇特的自然景观，如热带、亚热带常绿树种栲、石栎、木荷、柃木等可上升至海拔 2200 米以上，居于寒湿性、温性的冷杉、铁杉等可下延至海拔 1800 米，与温性槭、桦等构成一体，形成峨眉山山地特殊的色彩斑斓的五花林（又称“针阔混交林带”）。另外，峨眉山的药用植物具有种类繁多，种类成分复杂，珍稀品种多，特产品种多的特点。仅据近半个世界以来的考察研究发现，品种已由 1952 年的 207 种增至 1995 年的 2050 种。这些药用植物分属 212 科，其中，属双子叶植物的有 129 科、1225 种，相对集中在双子叶纲之中。常为人们乐求的有朱砂莲、峨眉黄连、峨三七、天麻、老鹳草、冬虫夏草、峨眉黄柏、峨参、雪胆、佛掌参等。总之，峨眉山在如此狭窄的区域范围内蕴藏着丰富的植物种质资源和完整的植被类型，因而峨眉山植物一直受到中外植物学家和植物爱好者的青睐和向往，对研究世界生物系等有着重要地位。

峨眉山是天然的动物种质的基因库。峨眉山的动物区系复杂，种类丰富。已知的动物就有 2300 多种，其中，兽类 51 种，鸟类 256 种，爬行类 34 种，两栖类 33 种，昆虫类 1000 多种，鱼类 6O 种，小熊猫、林麝、短尾猴、苏门羚、白鹇、白腹锦鸡、灰斑角雉及胡子蛙、弹琴蛙、古叶蝶等珍稀特产和以峨眉山为模式产地的有 157 种，这些对研究世界生物区系等具有重要的地位和特殊的保护意义。鸟类中有蜂鹰、凤头鹰、松雀鹰、白鹇、斑背燕尾等 9 种，均为 20 世纪 60 年代四川省动物种质的新纪录。昆虫中的蝴蝶有 268 种之多，属于峨眉山特产的多达 53 种，珍稀的英雄基凤蝶和中华枯叶蛱蝶尤为罕见。两栖类的峨眉昆蟾、金顶齿突蟾、峨眉树蛙、峰斑蛙等多达 13 种。寡毛类的环毛蚓、峨眉山杜拉蚓等多达 15 种。峨眉山的动物正处于古北界和东洋界的过渡地带而较接近东洋界的特殊地区，其特征十分显著和典型：

(1) 区系复杂、类型齐全、种类丰富，是世界上罕见的集中分布区；(2) 分布呈明显的区域性，水平、垂直分带明晰，既有东亚类群，也有南亚类群，并有高原类群；(3) 具有“四多”的特点，即古老珍稀濒危的物种多、特有种多、模式种多、东洋区系物种多；(4) 古老珍稀的物种有效保存至今，保留了原始的生态，是现存的较好动物基因库，有较高的科研价值和特殊的保护意义。在峨眉山栖居的2300种稀有动物有中，属于珍稀特产和以峨眉山为模式产地的157种中，被国家列级保护的有29种。[①] 兽类中的“小熊猫”（又称“红色熊猫”），已列入1974年颁布的《濒危野生动植物种国际贸易公约》附录H物种。

峨眉山佛教文化历史悠久且内涵丰厚。峨眉山原为佛道两教并存的宗教重地，东汉之初，山间便有了第一座以药农舍宅为寺庙的“初殿”。后来历经晋、唐、宋续建和明、清两代发展，连绵百里的山峦，先后共兴建佛寺200多处，僧众达数千人。随着佛教兴盛和道教的衰微与绝迹，峨眉山遂成为以“菩萨信仰”为中心的佛教圣地，相传峨眉山是释迦牟尼身旁的普贤大菩萨显灵说法的道场。据有关资料记载，1世纪中叶，佛教经南丝绸之路由印度传入峨眉山，药农蒲公在今金顶创建普光殿；3世纪普贤信仰之说在山中传播，中国僧慧持在观心坡下营造普贤寺（即今“万年寺”）；6世纪中叶，世界佛教发展重心逐步由印度转向中国，四川一度成为中国佛教禅宗的中心，佛寺的兴建应运而生，历史上寺庙最多时曾多达100多座。8世纪禅宗独盛，全山禅宗一统。9世纪中叶，宋太祖赵匡胤派遣以僧继业为首的僧团去印度访问。回国后继业奉旨到峨眉山营造佛寺译经传法，并主持铸造重62吨，高7.35米的巨型普贤铜佛像供奉于万年寺内。该铜佛像已成为峨眉山佛像中的精品，文化、艺术价值极高，属于全国重点文物。峨眉山这个“佛门圣地”以“普贤道场”之名，与山西五台山、

① 参见《最美中国自助游》编委会：《最美中国自助游》，57页，北京，中国林业出版社，2006。

浙江普陀山、安徽九华山并称为“中国佛教四大名山”而蜚声中外。[①]佛教的传入、寺庙的兴建和繁荣，使峨眉山这座“雄”而“秀”的“蜀国仙山”，增添了神奇的色彩，宗教文化特别是佛教文化构成了历史文化的主体。现峨眉山上有寺庙30余处（规模大、历史悠久的主要寺庙约10余处）。其中，以报国寺、万年寺等“金顶八大寺庙”最为著名，千百年来它以其独具的魅力，吸引着无数的香客、文人、学者和僧人，前来游山礼佛、说法传经、赋诗作画、著文记游，创造了璀璨的峨眉山文化。峨眉山的建筑赋有地方传统民居风格，装修典雅朴实无华，依山就势因地制宜，无论选址、设计和营造都别具匠心，既有庙堂之严，又富景观之美，其技艺之高堪称中国名山风景区寺庙建筑艺术的典范。所有的建筑、造像、法器、礼仪、音乐、绘画等，无不展示出自身宗教文化的浓郁气息和鲜明色彩。寺庙的建筑艺术是峨眉山佛教文化的突出体现，它与这座“秀甲天下”的名山的自然环境与景观，融为密不可分的整体成为风景明珠。峨眉山不仅积累了丰富的佛教文化瑰宝，也遗存了大量珍贵文物。景区内现存的30余处寺庙，其建筑面积达10万余平方米，它们各具特色并富有个性，如飞来殿、万年寺无梁砖殿，均为国家一二级保护珍品。佛教文物品类繁多，其中，高5.8米，7方14层，内外铸全本《华严经》文和佛像4700余尊的华严铜塔、万年寺明代铜铸佛像以及明代暹罗国王所所赠《贝叶经》等，都是稀世珍宝。峨眉山现有文物古迹164处，寺庙及博物馆的藏品6890多件，属于国家级保护的文物850多件，它们都具有不同的历史、文化和艺术价值。起源于佛门中的禅修功，吸收了道家的动功以及军旅中的“功防战技”，从而衍生成中国武术中三大流派之一的“峨眉派”。总之，峨眉山丰富的历史文化遗存和佛教文物是它悠久历史文化的结晶，其中不少佛教文物和寺庙建筑对研究峨眉山佛教的兴盛、衍变以及整个佛教史，都是非常珍贵的历史资料和文献佐证。

---

① 参见小小编著：《中国南方北方游》（南方卷），275页、277页，北京，中国电影出版社，2005。

二

乐山大佛以人文遗产精粹和自然遗产的有机结合为特色。乐山大佛位于峨眉山东31公里的乐山市，与历史文化名城乐山城隔江相望，堪称得天独厚。由凌云山、麻浩崖墓、乌龙山、巨形卧佛等组成，游览面积约8平方公里。“麻浩崖墓”系汉代墓葬，麻浩崖一带较为集中，为全国重点文物保护单位。已开放的是一个“前堂三穴”的大型墓。墓门上均有精工雕刻，飞檐、瓦当、斗拱，花纹图案无一雷同，墓壁上还有许多历史故事和动物浮雕，是研究古代建筑雕刻、民俗、宗教极为珍贵的实物资料。“乌龙山”与“凌云山”并肩屹立于岷江之滨，四面环水如一堆碧玉浮于江水之中。山上有创建于盛唐时期的乌龙寺，寺内现存7座殿堂，寺周边林木葱茏尤显幽雅谧静。寺内尔雅台是汉代文学家郭舍人注释《尔雅》的地方。近年发现的以乌龙山、凌云山、龟城山构成的“乐山巨形卧佛”景观，隔江望去酷似一条巨大佛像仰卧于三江之上，卧佛直线长1300多米，巨型卧佛的发现为乐山大佛景区增添了新的魅力。在景区面积2.5平方公里的范围内，有国家一级保护文物单位2处，二级保护文物单位4处。景区以唐代摩崖造像大佛为中心，有秦蜀守李冰开凿的离堆，汉代崖墓群，唐宋佛像、宝塔、寺庙、明清建筑群等，堪称是2000年历史的博物馆。在这里中国历代名人有关的文化遗存十分丰富、独特，文物馆藏丰富，现有藏品7226件，其中有不少是国内外罕见的稀世珍品。景区集聚了乐山山水人文景观的精华，属峨眉山国家级风景区的范围。

乐山大佛又称“凌云大佛”，古称“弥勒大像”、“嘉定大佛”，与峨眉山相毗邻，这尊石刻弥勒佛坐像，开凿于唐开元初年（公元713年），依栖鸾峰断崖凿刻而成，背靠凌云山西壁，面对三江[①]并与三江水环抱的嘉州古城隔岷江对望。三江在此汇合，水流直冲凌云山脚，势不可挡，每年洪水季节水势更猛，过往船只常常因触壁而粉碎。凌

① “三江”为岷江、大渡河和青衣江。

云寺名僧海通见此甚为不安，于是发起修造大佛之念，一是使石块坠江而减缓水势，二是试图借佛力镇水。海通辛苦募集20年筹得一笔款项，当时有一地方官前来索贿，海通当即怒斥道：“目可自剜，佛财难得!”遂“自抉其目，捧盘致之”。海通去世后，剑南川西节度使韦皋征集工匠继续开凿，朝廷也诏赐盐、麻税款予以资助。乐山大佛是一座依山凿成的弥勒坐佛造像，至贞元十九年（公元803年）竣工，前后历时90年才得以完成，它是目前世界上现存最大的一尊摩崖石像，有“山是一尊佛，佛是一座山”的称誉。大佛为弥勒佛坐像，坐东向西，面相端庄，雕刻细致，线条流畅，身躯比例匀称，气势恢宏，体现了盛唐文化的宏大气派。大佛身高71米，坐身高59.96米，头高14.7米，发髻有1000余个，脸宽7.8米，耳长7米（耳内可并立2人），鼻长5.33米，眼长3.3米，肩宽24米，手的中指长8.3米，脚背宽8.5米，长11米（脚背上可围坐100人以上）。乐山大佛形体之庞大和造型之高超，均居我国六大石佛之首，被称为“天下第一大佛”。它比起曾号称世界最大的阿富汗帕米昂大佛（高53米）还要高出18米[①]，是名副其实的世界最高弥勒石刻大佛。该佛座南北的两壁上，还有唐代石刻造像90余龛，其中亦不乏佳作，如“净土变”龛、“三佛”宝堪称艺术佳品，极具艺术价值。乐山大佛与山、水、寺、塔等，共同组成了蜀中一处自然和谐的壮观胜景，它不仅是中国旅游，也是中国历史和文化最显著的标志之一。联合国教科文组织派到乐山作世界自然和文化遗产评定实地考察的专家桑塞尔（Jim Thorsell）博士题词赞誉：“乐山大佛堪与世界其他石刻比如斯芬克斯和尼罗河谷的帝王谷媲美。”席尔瓦赞叹以乐山大佛为中心的周围还密集地分布着秦代蜀郡太守李冰开凿的离堆；汉代麻浩崖群；唐代宝塔、寺庙等许多文化名胜。

乐山大佛科学的构造和周密的排水系统举世罕见。人们观赏这尊世界第一大佛时，往往只看到依山凿就的外表，看到他双手抚膝正襟

---

① 参见小小编著:《中国南方北方游》（南方卷），274页，北京，中国电影出版社，2005。

危坐的姿势，而对他的部位结构则无法看得真切，其实细究他的形体结构是很有学术价值的。乐山大佛具有一套设计巧妙、隐而不见的排水系统，对于保护大佛起到了非常重要的作用。在大佛头部共18层螺髻中，第4层、第9层和第18层各有一条横向排水沟，分别经过锤灰垒砌修饰而成，远望丝毫看不出来。衣领和衣纹皱折之处也有排水沟，正胸向左侧也有水沟与右臂后侧水沟相连。两耳背后靠山崖处有洞穴左右相通；胸部背侧两端各有一洞但互未凿通，孔壁湿润底部积水，洞口不断有水淌出，因而大佛胸部约有2米宽的浸水带。这些水沟和洞穴，组成了科学的排水、隔湿和通风系统，防止了大佛的侵蚀性风化。沿大佛左侧的栈道可以直接到达大佛的底部。在此抬头仰望大佛，会有仰之弥高的感觉。坐像右侧有一条九曲古栈道，栈道沿着佛像的右侧绝壁开凿而成，奇陡无比，曲折9转方能登上栈道的顶端。大佛头部的右侧也就是凌云山的山顶，从此处可观赏到大佛头部的雕刻艺术。大佛顶上的头发共有螺髻1021个，远看发髻与头部浑然一体，实则以石块逐个嵌就。大佛右耳耳垂根部内侧有一深约25厘米的窟窿，长达7米的佛耳不是原岩凿就，而是用木柱作结构再抹以锤灰装饰而成。在大佛鼻孔下端亦有窟窿，露出三截木头成品字形，说明隆起的鼻梁也是以木衬之外饰锤灰而成。大佛胸部有一封闭的藏脏洞。封门石是宋代重建天宁阁的纪事残碑，洞里面装着废铁、破旧铅皮、砖头等。据说唐代在大佛竣工后，曾建有木阁覆盖保护以免日晒雨淋。从大佛的腿、臂、胸和脚背等处残存的许多柱基和桩洞看，证明确曾有过大佛阁。宋代重建时称为天宁阁，后遭毁。大佛头部的右后方是建于唐代的凌云寺即俗称的“大佛寺”。寺内有天王殿、大雄殿和藏经楼等3大建筑群。自明、清以来的数百年间，大佛饱受自然风雨侵蚀，以致佛身千疮百孔面目全非。1962年中央政府拨专款对佛像作全面维修，它那端庄清秀的真容才重见天日，以后大佛又被批准列为国家重点文物保护单位。目前在联合国教科文组织世界遗产委员会和国内外文物保护专家的指导下，这座屹立了1200多年的世界大佛的进一步维修保护工作，正在有步骤地展开。大佛造型庄严、设计巧妙、排水设施隐而不见，使它历经千年风霜至今仍然安坐在滔滔江水之畔，静观人间的沧海桑田，具有很高的艺术价值和丰富的文化内涵，它是中华民族的文化瑰宝，是世界历史文化的宝贵遗产。

三

峨眉山和乐山大佛符合《保护世界文化和自然遗产公约》保护条款的规定。根据《保护世界文化和自然遗产公约》第 1 条第 1 款中对于“文化遗产”的阐释：“从历史、艺术或科学角度看具有突出的普遍价值的建筑物、碑雕和碑画、具有考古性质成分或结构、铭文、窟洞以及联合体”，以及第 2 条第 3 款中对于自然遗产的阐释：“从科学、保护或自然美角度看具有突出的普遍价值的天然名胜或明确划分的自然区域”，峨眉山不仅具有优美的自然景观，保存完好的生态环境和丰富的动植物资源，而且具有和山体密切相关的浓厚的以佛教文化为代表的各类人文资源，尤其是乐山大佛是世界现存最大的一尊摩崖石像。所以，峨眉山和乐山大佛符合《公约》中对于自然与文化遗产的定义。其中，峨眉山不仅因其“雄、秀、神、奇”的山体特色而闻名于世，而且因为居于生物过渡区而保存有世界上最典型、保存最好的亚热带植被类型，具有原始的、完整的亚热带森林垂直带以及种类繁多的珍稀濒危动物品种。自唐宋以来，峨眉山因其佛教禅宗的发展而兴盛一时；而乐山大佛亦是世界现存最大的一尊摩崖石像。故以上各特点皆具有典型性和独特性，因此说“峨眉山具有遗产的真实性价值”。另外，峨眉山作为一个完整的自然生态区域和人文景观胜地，不仅有机整合了上述各方面特点而使其更具独特性，彰显出整体的价值感，而且它还体显出一种随各类实体性资源而衍生出来“峨眉文化”这样一种概念上的完整性，故可说峨眉山具有“遗产的完整性价值”。综合而言，峨眉山以其丰富的独特性和高度的统一完整性而体现出别具特色的遗产价值更加凸显出其珍贵性。“峨眉山”和“乐山大佛”两大景区于 1982 年被国务院公布为首批国家重点风景名胜区，按照国家对于重点风景名胜区的管理办法和有关法律法规规定，对峨眉山和乐山大佛实行依法管理。[①] 四川省人大常委会和四川省人民政府先后也颁布了一系列法规和政府规章，依法规范峨眉山和乐山大佛旅游胜地的旅游开发管理工作。

峨眉山和乐山大佛的自然和文化遗产具有很高的历史、美学、科研、科普和游览观光价值，是全人类的共同财富。1996 年 12 月 6 日联合国教科文组织根据文化遗产和自然遗产遴选标准 C（Ⅳ）（Ⅵ）、N（Ⅳ）[②]，将峨眉山和乐山大佛作为自然和文化遗产列入《世界自然与文化遗产名录》（编号为：200—016）。世界遗产委员会对峨眉山和乐山大佛的总体评价是："公元 1 世纪，在四川省峨眉山景色秀丽的山巅上，落成了中国第一座佛教寺院。随着四周其他寺庙的建立，该地成为佛教的主要圣地之一。许多世纪以来，文化财富大量积淀。其中最著名的要属乐山大佛，它是 8 世纪时人们在一座山崖上雕凿出来的，仿佛俯瞰着三江交汇之所。佛像身高 71 米，堪称世界之最。峨眉山还以其物种繁多、种类丰富的植物而闻名天下，从亚热带植物到亚高山针叶林可谓应有尽有，有些树木树龄已逾千年。"在峨眉山和乐山大佛被联合国教科文组织批准为世界自然遗产和世界文化遗产后，四川省人民政府和景区当地人民政府又从保护好"全人类的共同财富"的角度出台了一系列规范性文件，无条件地履行"申遗"时的庄严承诺，严格按照《保护世界文化和自然遗产公约》规定的要求，规范对峨眉山和乐山大佛世界遗产的法律保护。据四川峨眉山管委会介绍，世界自然与文化遗产基金会和一家公司正在共同投资 13.5 亿元，在峨眉山建设国际会议度假中心及配套设施，将其作为世界遗产论坛的永久性会址，共有 177 个《世界遗产公约》缔约国的代表、700 多个世界遗产单位的代表，在这里参加"世界遗产论坛第一次大会"。

根据峨眉山不同的生态特点，峨眉山风景区管委会将其 156.5 平方公里的核心景区划定为一级保护区。其中的生态保护区、珍稀动物

---

① 参见《中国文化遗产年鉴》编辑委员会编：《中国文化遗产年鉴 2006》，89 页，北京，文物出版社，2006。

② 即符合世界文化遗产标准第 4、6 条，自然遗产标准第 4 条的规定。

群落保护区、植物景观区，只有管理人员和经过批准的科研人员才能进入，以保持其自然的原生状态。当地政府还采取了5大措施力保峨眉山自然环境优美：（1）对核心景区外围保护区3个镇（乡）的2万多亩耕地全部退耕还林，彻底关闭了外围保护区内的35个小煤窑；（2）将旅游客运车辆全部更换为绿色环保车，在全山禁止燃煤烧柴，核心区内的所有经营项目全部用电或者液化气作燃料，使景区空气质量常年保持在1级标准；（3）坚持卫生标准，净化环境。按照国家建设部颁发的《风景名胜区卫生标准》，建立高、中、低山片区污水处理池，实现景区排污集中处理，并且达到国家一级排放标准；（4）拆除有碍观瞻的建筑物、构筑物528处，在景区入口处栽植本地楠竹，形成绿色“翠竹长廊”，恢复川南民居特色，对300余户农房进行立面改造；（5）按照“修旧如故”的原则，对全山寺庙进行改造和经常性维修，保持了古建筑群的历史风貌和价值。① 现在峨眉山景区绿化达到100%，森林覆盖率已达到95%以上。峨眉山风景区已引入国际环境质量管理体系，按照科学、规范的保护标准，拟定了景区环境保护的方针。同时将每年的游客总数控制在110万人以内，通过维持生态平衡，造就峨眉山“人与自然”的和谐统一。峨眉山通过了ISO质量评价体系，是环境认证的国家4A级旅游区，国家风景名胜区。② 由于在履行世界遗产法律保护和其他措施保护方面成绩突出，原联合国教科文组织世界遗产中心主任冯德·罗斯特先生称赞峨眉山为“世界遗产中保护管理得最好的地方之一”。同时峨眉山还被中国联合国教科文组织全国委员会、国家建设部等评为“中国世界遗产保护管理先进单位”。

---

① 有关资料见《人民日报》，2004年6月26日第9版。

② 参见《最美中国自助游》编委会：《最美中国自助游》，54页，北京，中国林业出版社，2006。

四川九寨沟的自然遗产景观

一

九寨沟古称“羊峒”，又称“何药九寨”、“翠海”，因沟内有9个坐落在丛山峻岭之中的藏族寨子而得名。九寨沟风景名胜区的英文名称为：Jiuzhaigou Valley Scenic and Historic Interest Area。九寨沟位于四川省西北部阿坝藏族羌族自治州九寨县（原南坪县）境内，距省会城市成都400多公里，地处东经103°46′～104°04′，北纬32°54′～33°19′，总面积6万多公顷，地处岷山山脉南段尕尔纳峰北麓，系长江水系嘉陵江源头的一条纵横60余公里的支沟，流域面积651.34平方公里。九寨沟有山有水、石林、禽兽，集自然美景于一体，说它是“人间仙境”实在名不虚传。九寨沟的高峰、彩林、翠海、叠瀑和藏族风情被称为“五绝”。没有一个到过九寨沟的人，能否认它超凡的魅力。九寨沟风景名胜区面积720平方公里，绝大部分被原始森林所覆盖。九寨沟的主沟呈“Y”字形，由树正沟、日寨沟、则查哇沟三条沟组成，总长约60公里。[①]“则查哇沟”最高景点是“长海”，它是九寨沟自然遗产景观中最大的湖泊，海拔3102米。“日寨沟”最高景点是原始森林，海拔3060米，景色迷人，素有“九寨画廊”之称。这两条沟由北向南在诺日郎汇合向前延伸为“树正沟”。

---

① 参见《中国世界遗产年鉴》编纂委员会编：《2004年中国世界遗产年鉴》，215页，北京，中华书局，2004。

九寨沟的精灵是“水”。湖、泉、瀑、溪、河、滩连缀一体，灵动与静谧结合，刚烈与温柔相济，多姿多彩。九寨水美，美就美在颜色、美在流水声、美在形态。“遇到挫折”不一定都是坏事。譬如，当九寨的水遇到挫折后就变成了美丽的瀑布。清泉自高山流下形成的瀑布，冲至谷底相互激荡，形成青绿色的激流；激流沿着河道呼啸而过，最后流入大大小小的“海子”。108 座（也有资料称 114 座、118 座）碧蓝似海的翠湖散乱在山间，藏族同胞把它们称之为“海子”。九寨沟遍布着瀑布、激流、浅滩和海子，这些自然景观由长长的栈道串起来，为九寨沟增添了无穷无尽的山野风光。沟内还有 17 个瀑布群、5 处钙华滩流，形成了中国唯一的、世界罕见的以高山湖泊群和瀑布群以及钙华滩流为主体的风景名胜区。九寨沟最美的季节是秋季，在金秋季节我们可以尽情地观赏九寨七绝：秋色、彩叶、蓝湖、倒影、飞瀑、激流、栈道。“九寨的栈道”附属于天然景观，既为人们提供欣赏大自然鬼斧神工的捷径，又不愧为九寨沟的佳景之一。栈道边的一处海子中的“腐木更新”，可以称之为大自然的一绝。最具代表性的是海子中的“龙抬头”：一株朽木倒入海内，枝干没入水中，被钙化了的树隐隐透出乳白的身影，仿佛是一条长龙静卧在水中，钙化了的侧枝恰好似游龙的足爪，活灵活现。总之，这是一个佳景荟萃、神奇莫测的旷世胜地；是一个不见纤尘、自然纯净的“童话世界”。九寨沟以原始的生态环境，一尘不染的清新空气和森林、雪山、湖泊组合成神秘、奇幻、幽美的自然风光，充分体现了原始美、自然美、野趣美，具有极高的旅游观光价值。

九寨沟是中外旅游者流连忘返的乐园。胡耀邦同志曾高度评价九寨沟是“以最神妙的艺术技巧，把祖国最幽美的山水，装点成最迷人的旅游胜境”[①]。“树正寨”是九寨沟的接待中心之一，投宿树正寨犹如住进了一幅山水画之中。寨前有一座金黄色的佛塔，它是当地藏民拜神念经的场所，寨内到处经幡飘扬。寨的后面是九寨沟人最崇拜的

① 胡耀邦：《九寨沟名人题咏：西南民情之旅》，151 页，长沙，湖南地图出版社，2001。

达戈男神山，达戈男神山和色嫫女神山为藏民心目中最有权威的神灵。相传达戈和色嫫原是九寨沟的一对情人，有一年雪山王毁去了九寨沟的山水湖泊，达戈到雪山寻找能够塑造山林绿海的绿宝石，雪山王暗中给他喝了迷魂汤，使他忘记本性爱上了雪山王之女宝雪公主。色嫫的热泪唤醒了他，也感动了宝雪公主。公主帮助他们寻找到了绿宝石，化为两座高山，从而挡住了雪山王的进攻。从此，这对神仙情侣共同守护着九寨沟的美丽。“卧龙海”是九寨沟蓝色湖泊的典型景点，湖面水波宁静祥和，犹如一块光滑平整、晶莹剔透的蓝宝石。卧龙海底有一条乳黄色的碳酸钙沉淀物，外形就像一条沉卧在水底的巨龙。当地老人告诉我们，相传古代在附近的黑水河中的黑龙，每年都要九寨百姓供奉 99 天才肯降雨。白龙江的白龙同情百姓，想给九寨送去白龙江水，却遭到黑龙阻挡，二龙争斗白龙体力不支沉入湖中，万山之神赶来降服了黑龙，然而白龙再也无力返回白龙江，日久天长便化为长卧湖底的一条黄龙，人们为了怀念它，就将此海称为“卧龙海”。“犀牛海”是九寨沟景色变化最多的海子之一，其倒影称得上是众海之冠。犀牛海北岸的尽头是生机勃勃的芦苇丛，南岸的出口处既有树林又有银瀑，中间是一片醉人的蓝色湖面。相传古代有一位身患重病，奄奄一息的藏族老喇嘛骑着犀牛来到这里，当他喝下了这里的湖水后其病竟然好了。于是老喇嘛日夜饮用这里的湖水舍不得离开，最后便骑着犀牛进入海中，永久地居住在这里，于是这个海子就叫做犀牛海。“五花海”位于孔雀河上游的尽头，它是九寨沟诸多景点中最美、最精彩的一个。九寨人说五花海是神池，它的水洒向哪儿，哪儿就花繁林茂、美丽富饶。的确它四周的山坡入秋后便笼罩在一片绚丽多彩的秋色中，湖中水色斑斓，墨绿、宝蓝、翠黄的色块相互交错，五光十色如孔雀开屏。岸上丛林赤橙黄绿倒影池中，一片色彩缤纷与水下沉木、植物相互点染，故取名为五花海。扎如马道途中的“扎如寺”，是九寨沟附近最大、最有名气的喇嘛庙。始建于明末，清朝中期两次翻修，具有浓厚的藏族寺庙色彩。每年 3 月 15 日（农历四月初八）是九寨沟藏民的“麻芝节”，这里都要举行盛大的庙会，念经拜佛、饮茶喝酒，场面十分热烈壮观。扎如马道的尽头是神山扎依扎嘎，海拔

4400米，农历每月15日的“转山朝拜”以及3月15日的“麻芝节”，都在这里隆重举行。因为扎依扎嘎神山为万山之主，半山腰的扎如瀑布被藏民视为神水，环山道路的一个山脊下的“红池子”，被誉为神圣的池子。中外千千万万游客之所以顶礼膜拜这片自然胜地，开始华夏风光之旅，九寨沟旖旎的自然风光、神秘的藏羌文化正是他们挥之不去的情结。

九寨沟是世界的自然遗产。九寨沟处于青藏高原东南斜面向四川盆地的过渡地带，由于各种地貌交错复杂和现代喀斯特作用的钙华沉积，形成了各种造型地貌。景观类型集中，在世界高寒喀斯特地貌中独树一帜。九寨沟的湖水纯净透明、色彩碧蓝、清澈见底，湖泊的形态和类型繁多：雄浑的碧波万倾，秀美的玲珑剔透，平静的恬美招人青睐。风平浪静时水平如镜，倒影胜似实景，呈现出“鱼游云端，鸟翔海底”的奇观。九寨沟的瀑布种类之众、数量之多、形态之美冠于中国。钙华滩流使九寨沟的胜景叠出，呈现出“树在水中生，水在林中流，人在画中游”的情景。笔者认为，九寨沟的绝世美景全在一个“水”字上，其他一切美都不过只是陪衬而已。由此笔者想起孔子《论语》中“智者乐水，仁者乐山”的名句。这里的水泼洒在110平方公里的景区内，沿着长达60多公里、海拔2700米的沟谷，形成了108个海子、17组瀑布群、5个滩流、47眼泉水，集水形、水色、水姿、水声、水影、水质于一体，冠绝天下。与它绝世无双的水景相类似的世界上只有1处，它就是欧洲克罗地亚共和国的普里特维国家公园。即使如此，与九寨沟比较起来也不是一个档次。因为它只有一座大瀑布，落差仅为九寨的1/12，湖泊面积也只有九寨的1/3。[①] 九寨沟属于温带季风气候，年平均气温为7.8℃，1月份气温最低，平均温度为零下2.9℃；7月份温度最高，平均温度为18.3℃。年平均风速为1~2米/秒左右，夏日凉爽，冬无烈风之苦，空气清新，阳光明媚，晴天多、云雾少、紫外线强，有利于人体健康。九寨沟具有举世罕见的

---

① 参见龚忠武：《九寨沟：绝色美景叹为观止（原载美国：侨报）》，载《参考消息》，2004年8月24日第28版。

自然资源和景观优势，加上藏家木楼、晾架经幡、栈桥、磨房、传统习俗以及神话传说构成的人文景观，被中外游人赞誉为“人间仙境”、“美丽的童话世界”。九寨沟具有类型多样的地貌景观以及保存完好的冰川遗迹，丰富的原生动植物种类资源，已经鉴定定名的植物共有766种，脊椎动物有227种。其中，有多种国家重点保护的动植物，原始森林遍布，还栖息着大熊猫等十多种珍稀的野生动物资源，是独具特色的风景名胜区。因此，九寨沟2004年入选第三批国家级地质公园名录。以至于定居瑞士的国际知名美籍华人韩素音赞叹道：“我过去知道四川省是一个非常美丽的旅游省份。今天来到这个天下无双，群山起伏的谷地，感受到了这意外的收获。我从来没想到四川北部，中国的心脏，还能发现一处能与瑞士风光匹敌的胜地。”① 世界自然保护联盟、国家公园及自然保护区委员会主席卢卡斯博士考察了九寨沟之后也说：“我走遍了世界上最美丽的地方，九寨沟是一个无比神奇、美妙和令人惊叹的地方，看到和欣赏她是人一生的荣幸。”② 1972年11月16日联合国教科文组织大会第17届会议在《关于在国家一级保护文化和自然遗产的建议》中指出：“考虑到每一项文化和自然遗产都是独一无二的，任何一项文化和自然遗产的消失都构成绝对的损失，并造成遗产的不可逆转的枯竭”③，对世界遗产必须进行国际保护。《关于在国家一级保护文化和自然遗产的建议》对自然遗产的定义是：“在美学或科学方面具有特殊价值的、由物理和生物结构（群）所组成的自然风貌；在科学或保护方面具有特殊价值的，或正面临威胁的构成动物和植物物种的栖息地或产地的地理和地文结构，以及准确划定的区域；在科学、保护或自然风貌方面，或在其与人类和自然的共

---

① 韩素音：《九寨沟名人题咏：西南民情之旅》，151页，长沙，湖南地图出版社，2001。

② 引自陈刚：《谁保护了她们》，载《科学时报》，2005年9月9日第B3版。

③ 联合国教科文组织：《关于在国家一级保护文化和自然遗产的建议》，见《中国世界遗产年鉴》编纂委员会编：《中国世界遗产年鉴2004》，315页，北京，中华书局，2004。

同产物的关系方面具有特殊价值的自然遗址或准确划定的自然地区。”[①]《保护世界文化和自然遗产公约》对自然遗产的定义是：“从审美或科学角度看具有突出的普遍价值的由物质和生物结构或这类结构群组成的自然面貌；从科学或保护角度看具有突出的普遍价值的地质和自然地理结构以及明确划为受威胁的动物和植物生境区；从科学、保护或自然美角度看具有突出的普遍价值的天然名胜或明确划分的自然区域。”[②] 因而根据该定义的规定，在 1992 年 12 月 7—14 日于美国圣达菲召开的联合国教科文组织世界遗产委员会第 16 届会议上，中国九寨沟风景名胜区与黄龙风景名胜区、武陵源风景名胜区一道作为世界的自然遗产被列入《世界遗产名录》。世界遗产提名——IUCN 技术评估材料对九寨沟的评价是：“这是一个难以置信的自然美景保护区，符合自然遗产标准，并达到了完整性的条件，应列入自然遗产目录中去。”[③] 九寨沟的自然风光是不可再生的，九寨沟风景名胜区最宝贵的是自然原貌和与此相关的人文价值，它是属于全民族的、全人类的。

九寨沟风景名胜享誉全球。九寨沟已成为中国西部著名的世界级景区，获得绿色环球 21 世纪景观保护与管理国际荣誉奖、国家 4A 级景区等多项殊荣。九寨沟特定的地质结构造就了罕见的钙华湖群、瀑布流和滩流，其间蕴藏着丰富的野生动植物资源，是一座举世罕见的露天博物馆，其生态系统包括的物种、基因等具有独特性，对于植物、生物演化研究具有重要的价值。九寨沟在地质史上经历过第四纪冰川，它对现代冰川和古代冰川的研究具有特别重要的意义，对水系的发展也具有很大的作用。九寨沟的地理位置、地质构造以及各种气候的控制，造成了九寨沟非常独特的景观，它的美景是地球科学研究的一个非常难得的典型例子。1998 年 5 月 26 日九寨沟又获得“世界生物圈

---

① 联合国教科文组织：《关于在国家一级保护文化和自然遗产的建议》，见《中国世界遗产年鉴》编纂委员会编：《中国世界遗产年鉴 2004》，315 ~ 316 页，北京，中华书局，2004。

② 联合国教科文组织：《保护世界文化和自然遗产公约》，见《中国世界遗产年鉴》编纂委员会编：《中国世界遗产年鉴 2004》，315 页，北京，中华书局，2004。

③ 李振湘：《世界遗产中国行》，140 页，北京，民族出版社，2004。

保护区”证书。生物圈保护区是在联合国教科文组织人与生物圈计划下，得到国际上承认的陆地生态系统和沿海/海洋生态系统的综合地带，在全球环境与发展领域中具有重要的地位和作用。世界生物圈保护区的目的是履行保护、发展和后勤支持这三项相辅相成的功能。2002年7月4日九寨沟通过“绿色环球21”认证。“绿色环球21”是由各国政府和行业认可的颁发给旅游企业及旅游目的地唯一的全球性环境证书。保护好包括九寨沟在内的世界自然遗产，已成为全球文化建设和环境建设的重要组成部分，对保持人类文化的多样性、生态多样性和促进世界各国、各民族之间的相互尊重和理解，对历史人文环境、自然演变的科学印迹和优美自然景观的保护与延续，进而对人类文明和社会的可持续发展，都具有无可替代的意义和作用。

二

九寨沟遭受破坏的现状令人堪忧。在评价自然风景区遗产的经济效益时，不计区外经济效益，只追求区内经济效益的做法，必然导致方向性错误。著名歌手容中尔甲的一曲《神奇的九寨》，召唤着世界各地人们更加向往这个“人间的天堂”，纷纷不远万里走进高原。据调查显示，在九寨沟开发之后，饭店、商场、宾馆、旅行社等纷纷涌入，严重地侵蚀了九寨沟的自然环境。自2000年以来每年有超过100万人次的游客涌入，并且数量年年递增。除了游客的破坏之外，还有一些影视剧出于商业利益的需要，也纷纷选择到九寨沟拍摄，使得九寨沟不堪重负，天然植被、海子里的碧水都不同程度的遭到破坏。九寨沟已呈现出基建热潮。铺天盖地的充满诱惑力的“地产广告”，在九寨沟景区所在地——漳扎镇随处可见。漳扎镇是一个以藏族为主体的民族杂居镇，沿着白河岸边十几公里依山傍河的酒店鳞次栉比，有的楼宇间距不超过两米。作为缓冲区的漳扎镇，承担着九寨沟绝大多数游客食宿、娱乐的接待任务。当地政府为了方便游客到达九寨沟风景旅游区，提供更完善的服务设施，从进入九寨沟的公路到整个漳扎镇到处是如火如荼的建设工地。当地政府为了实现人车分流而规划的唯一步行街——边边街，离九寨沟自然风景区的沟口仅有1公里的距离。边边街长2.2公里，背靠喜来登、千鹤、星宇等20多家知名星级酒店，2.3万平方米的景观铺面沿河流一字排开。据九寨沟县委的一位人士介绍，漳扎镇目前在城镇消防规划、消防基础设施建设方面还是一个空白，漳扎镇消防基础设施建设严重滞后于九寨沟旅游事业的发展。① 沟内也是一样，九寨沟管理局正在多个景点抢修栈道，住在九寨沟民俗村的藏民们，也都在抓住机遇大搞基建。因此，笔者建议政府执法部门坚持功能分区（分区制）整治“错位开发”和“超载开发”，立即停止在风景核心区进行的任何商业性建设。要严格限制开发建设规模，规范资源利用行为，制定监测、研究制度，严格保护管理责任和处罚办法等。

九寨沟世界自然遗产重在保存和保护。九寨沟作为大自然的产物，它具有悠久的历史和庞大的规模，对它的一草一木、一砖一瓦，都要体现其原有的真实性和完整性，绝不可随心所欲的“开发”。必须防止把九寨沟的自然风光人工化、商业化，尤其要反对和防止把九寨沟“城市化”。九寨沟风景管理局于2001年提出了“沟内游、沟外住”的管理方式，全面禁止沟内旅店、饭店的经营活动。从2003年3月起，有关部门开始在景区内大规模拆除面积达10万平方米、旅店床位达7000多个的经营房屋。建立了九寨沟巡山队和消防队，设立了7个保护站和1个瞭望塔，启用了自动化防火监测系统，防火控制率达100%，使它保持了25年无森林火灾；九寨沟的森林覆盖率达63.5%，植被覆盖率达85.5%。沟内居民改变了“松灯照明”的历史，2003年5月全面实现了电网改造工程。九寨沟属于高山峡谷地貌，历史上发育的泥石流有30多处，对森林和植被破坏较大。近年来通过治理，有效地减少了泥沙进入水体，保护了九寨沟水体的清澈。与其他旅游胜地相比较，九寨沟风景区内的公共厕所管理是很有特色的：一是数量多，在游客往返的两侧道路旁每隔700米就有一座公共厕所；二是环保型，所有的厕所做到了“小便入桶，大便入袋”，外形也建得较为

---

① 有关数据资料见：《西部开发报》，2004年12月16日第4版。

精致；三是勤打扫，每座厕所都有清洁工人在那里不停地打扫，走进厕所里基本闻不到臭味。景区内专门修建了50多公里的环保道路，减少尘土和游人活动对水质和植被的影响。为了解决汽车尾气对景区大气的污染，景区内开通了以液化石油气为燃料的绿色观光车。为了不至于惊扰野生动物，在景区内我们基本听不到汽车的鸣笛声。四川省政府在九寨沟和黄龙两个世界自然遗产保护区，安排了7个生态环境建设项目，2004年、2005年共投资达9.62亿元，这些项目主要是在九寨沟、黄龙风景区及周边进行天然林保护和退耕还林建设。从2001年7月1日起九寨沟实施“限量旅游”策略，将每日进沟游客限制在1.2万人以内。[①] 九寨沟风景名胜区从一个偏远、落后不为世人所知的山沟，变成现在年收益1个亿以上的世界著名风景名胜区、旅游区，就是因为它申报世界自然遗产成功，被列入了《世界遗产名录》。因此必须明确，世界遗产不是“摇钱树”，只能在保护中适度开发，在开发中实行有效地保护。

必须尽快提升九寨沟世界遗产的保护方式。为了保护世界遗产使其世代传承，永续利用，建议设立国家遗产管理专门机构，国宝必须由国家负责管理。实践证明地方政府的权力和科技力量，难以胜任保护利用好国家和世界遗产的重任。更何况在市场经济利益的驱使下，有的地方政府随意改变国务院的规定，把国家的世界遗产管理权交给地方的旅游公司管理（承包经营）。这就必然把世界遗产当作旅游经济开发区进行开发，导致遗产的严重破坏。自然遗产的最大价值在于它们本身的存在，托物寄史、托物寄美、托物寄意，必须是遗产的真实物体、物境的真实存在才能够依托。因而自然遗产的间接生态和遗传价值，即自然生态对于人类社会、经济发展的贡献，要远远高于自然遗产在旅游开发过程中的“直接产出”和“服务价值”。对于自然遗产要切实注意发挥其整体效益，从国家和人民的全局和长远利益出

---

① 有关数据资料见万秀斌：《九寨沟：生态保护优先》，载《人民日报》，2004年9月16日第16版；《中国世界遗产年鉴》编纂委员会编：《中国世界遗产年鉴2004》，216页，北京，中华书局，2004。

发，注重发挥其生态、遗传和存在价值。我国对风景名胜区在制订保护管理规划时，对关系到景观和生态完整性的外围保护地带给予了足够的关注。但在管理手段和方法上，仍然缺乏措施和力度，至于对连带的民族文化遗产的保护，更是缺乏行之有效的政策和措施。因此，在世界自然遗产保护工作中，必须坚持以人为本，促进经济社会的全面、协调和可持续发展；坚决履行《保护世界文化和自然遗产公约》，努力促进人与自然的和谐发展。要认真贯彻执行《中华人民共和国文物保护法》关于“保护第一、抢救第一、合理利用、加强管理”的方针，坚决防止以牺牲遗产为代价的超负荷利用和破坏性开发。2002 年 1 月 18 日四川省第 9 届人民代表大会常务委员会第 27 次会议通过的《四川省世界遗产保护条例》第 4 条明确规定：“世界遗产保护坚持有效保护、统一管理、科学规划、永续利用的原则。在保护的前提下，合理开发利用。”第 18 条还规定：“世界遗产地跨行政区域的，坚持共享资源、共同保护、共同发展、共同利用的原则。”① 九寨沟世界自然遗产在旅游服务中带动了消费，为当地国民经济的发展确实起到了拉动作用。

---

① 《四川省世界遗产保护条例》，见《中国世界遗产年鉴》编纂委员会编：《中国世界遗产年鉴 2004》，340～341 页，北京，中华书局，2004。

四川黄龙的自然遗产景观

一

黄龙紧挨着九寨沟，与九寨沟仅一山之隔，是玉翠山中一条南北走向长约七八公里的沟谷。但由于雪山的阻隔，需要经公路绕行100公里方可到达。这条沟的奇妙之处就在于沟底的岩石晶莹光滑，类似石灰岩溶洞中的钟乳石，岩石跌宕起伏，顺着山沟曲折蜿蜒，犹如一条“黄龙”盘旋而上。它又如同一颗璀灿的明珠镶嵌在青藏高原的边缘，独特的地理环境使其形成了旷世奇观，一尘不染的“彩池”，让劳作的人们享受着牧歌式的大自然情趣以及平静的田园诗般的轻松，这里就是举世闻名的“黄龙风景名胜区”。

黄龙风景名胜区地处东经103°46′～104°04′，北纬32°54′～33°19′，距潘松县城约55公里。岷山主峰雪宝顶（亦称“雪宝鼎”）脚下，因佛门名刹“黄龙寺”而享盛名。传说远古时期，生活在岷山上游的黄龙真人，曾辅佐大禹治理江、河、湖、海，后来跨白鹿至黄龙，在黄龙洞潜心修炼并得道成仙。[①] 明代（公元1368—1644年）在此修建了“黄龙寺”（亦名“雪山寺”），用以奉祀“黄龙”。黄龙寺在松潘县城北35公里黄龙乡的玉翠山麓，距离风景名胜区3.5公里，每年农历6月12—15日，这里举行的“黄龙庙会”盛况空前。[②] 黄龙寺的

① 参见李振湘：《世界遗产中国行》，147页，北京，民族出版社，2004。
② 参见刘耀编：《中国绝色风景》，276～277页，北京，中国长安出版社，2006。

景色出自天然，堪称奇绝。譬如，黄龙后寺背倚玉翠雪峰，高出云层犹如白玉屏障，拱护着整个黄龙。从后寺到黄龙谷口，铺满了乳黄色的碳酸钙质，宛如一条从雪山上飞腾而下的黄龙。其龙头、龙腰、龙尾处，分别建立了前寺、中寺、后寺三座庙宇，殿阁相望各距5里，“五色彩池”层层相连，恰似龙身上的片片鳞甲，在阳光的照耀下闪闪发光。黄龙中寺为单檐歇中式造型，雄伟奇观。黄龙后寺随山就势，雕梁画栋，别具风格，寺门上绘有彩色巨龙，门上方有一块古匾，正中书写“黄龙古寺”，左书“飞阁流丹”、右书“山空水碧”，其笔法雄浑。后寺左侧约10米处就是黄龙洞，洞口有一株雪松，被一丛娑罗花掩映着。洞内挂着许多银白色的乳帘，微风吹过，“叮当”作响。洞顶上方有一条白龙张牙舞爪，势欲腾空飞去。进洞10余米的地方，有修建于明朝的三尊坐佛和石床、石桌、石凳等历史文物，佛身上披满钙华结晶，为大自然与人工完美结合的产物。佛前面顶上吊挂着一盏盏雪白的“宝莲灯”。这些灯并非人工凿成，而是岩溶历经千万年的风化自然形成。洞壁上显现出各种纹案，有的如行云流水，有的像骏马奔驰，有的似梅花怒放，有的如海底水族，都是巧夺天工的天然图画。地下的暗河在洞里发出“哗哗”地流水声，更加增添了黄龙洞神秘的氛围。历代文人墨客高度赞美黄龙，如黄龙寺的前寺楹联所云：“玉峰参天一径苍松迎白雪；金沙铺地千层碧水走黄龙。”黄龙寺后寺楹联则说：“碧水坝三千同黄龙飞去，白云一片随野鹤归来。”《松潘县志》还有这样的记载：“禹治水至茂州，黄龙负舟，助禹导水，自茂州而止，始有岷江……后黄龙修道成仙而去，遗五色山水于世，世人建寺，岁岁朝觐。”①

黄龙是我国海拔最高的国家级风景名胜区。黄龙景区所辖面积为1340平方公里，核心保护区面积700平方公里，外围保护区640平方公里，最低点海拔1700米，最高点雪宝顶海拔5588米。黄龙景区由黄龙沟、牟尼沟、丹云峡、雪山梁、红星岩、雪宝顶等景观组成；以

---

① 《黄龙风景名胜区》，见《中国世界遗产年鉴》编纂委员会编：《中国世界遗产年鉴2004》，217页，北京，中华书局，2004。

雪山、彩池、森林、峡谷、滩流、古寺、民俗“七绝”著称于世。譬如，巨型奇特的地表“钙华景观”就堪称一绝。它是一条长约7公里、宽约300米的钙华山峡，周围环绕着幽幽的原始森林，从空中俯瞰这里，黄龙景区恰似在莽莽原始森林中腾飞的一条巨龙，故定名“黄龙”。黄龙景区分为黄龙本部和与之相距15公里的牟尼沟流域。牟尼沟位于四川省阿坝藏族羌族自治州松潘县境内，距成都300多公里，占地160平方公里，最高点海拔4070米，最低点海拔2800米，年平均气温7℃，自然风光迷人、民族风情浓郁，汇聚了原始森林之神韵。牟尼沟自然风光主要以原始森林、高山湖泊、温泉、巨型钙华瀑布、环形瀑布、钙华彩池为主要特色，景区由扎嘎瀑布和二道海两部分构成，山、水、林在这里巧妙地融为一体。“扎嘎瀑布”享有“中华第一钙华瀑布”之美誉。扎嘎瀑布景区沟长5公里，沟内的彩池、环形瀑布，构成一幅“水在林中流、树在水中长”的奇妙风景，堪称一座奇趣无穷的自然迷宫，令人流连忘返。据资料记载，扎嘎瀑布高104米、宽35米，以每秒23米的流速从巨大的钙华梯坎飞泻而下。瀑布的水声震数里，气势磅礴，远看宛如千条银色的哈达从天际飘逸而下，近观似万斛珍珠在自然的琴弦跳跃。随风轻飘的水雾弥漫着整个山谷，夏季的瀑布被道道彩虹尽情装点。冬季则挂上华丽闪烁、气派非凡、晶莹剔透的冰帘，使得整个瀑布一泻“三阶”，第一阶中间有一水帘溶洞，洞内大厅高6米，面积约50平方米，厅内钟乳石遍布，似宝塔、似竹笋，玲珑剔透，形状逼真。瀑布下游约4公里的山溪内，清澈的流水随着地势的高低落差，浑然而为串珠似的环形彩池，池水从鱼鳞叠置的环形钙华堤坎翻滚下来，跌落成层层的环形瀑布，一池一瀑、珠连玉串，蔚为奇观。流水淙淙和着鸟儿的“啁啾”，在树丛中、地面上萦绕婉转。神秘而美丽的二道海与扎嘎瀑布仅一山之隔。二道海景区为一狭长的山沟，长5公里，镶嵌着二道海、天鹅湖、翡翠湖等多个景点，个个景点宛如珍珠、翠玉，有的藏匿于密林之中，有的坦露于蓝天之下。水面静的含蓄、动的奔放，尤其是水面荡漾着洁白水浪花的花海，更是让人迷恋其中，分不清楚究竟哪是花、哪是海。四季不见湖水波动，只有花潮汹涌。过了二道海，还有三道海、四道海，等等。湖水一片墨绿色、深不可测，森林、蓝天和白云倒影在湖中融为一体，恍惚间天和地都在水中颠倒了，大自然的鬼斧神工在这里演绎得淋漓尽致，“天宫妙手难描绘”的景致，令人恍惚间置身于世外桃源。参观者除了饱览美丽的地表钙华景观之外，并没有忘记在这方占地约100多平方米的古化石区拍照留念，让蒙昧与现代叠影、旷远与现实结合，直接去体会和感受“沧海桑田”的巨变，在更为久远的意义上去感觉和联想牟尼沟的原始风貌。

黄龙被称誉为“人间瑶池”。黄龙风景名胜区在地质构造上处于三个大地构造单元结合部。景区内雪峰林立，海拔5000米以上的雪峰就有7座，广泛发育着第四纪冰川的遗迹，以岷山主峰雪宝顶地区为典型，冰川类型齐全，分布密集。这里的高山峡谷江源地貌保存完好，具有典型、完整的“上宽下深，南直北曲”的特征。黄龙沟背倚终年积雪的岷山主峰雪山宝顶（5588米），面临碧澄的涪江源流。雪山宝顶景区发育有壮丽的现代冰川和数个冰川堰塞湖，它既是岷江与涪江的分水岭，又是两江的发源地。在主峰“雪山宝顶”旁并列着3座海拔5000米左右的大山，它们连结成一线，同黄龙山、雪山梁组成松潘东南之屏障，所跨面积达160平方公里。雪山宝顶主峰好像一座雄伟的金字塔，景色十分壮观，令人肃然起敬，是藏族同胞心目中的圣山。沟谷顶端的玉翠峰麓，高山雪水和涌出地表的岩溶水交融流淌。随着流速缓急、地势起伏、枯枝乱石的阻隔，水中富含的碳酸钙开始凝聚，发育固体的钙华埂，使流水潴留成层叠相连的大片彩池群，绘出了黄龙奇观的第一幅天然图画。在碳酸钙沉积过程中，又与各种有机物、无机物结成不同质的钙华体，还有光线照射的种种变化，形成池水同源而色泽不一，人们便称它为“五彩池”（沟内共有8个主要景群，3000多个大大小小的高山彩池①）。“五彩池”大的有一、二亩，小的仅有几平方米，如蹄、如掌、如菱角、如宝莲，呈现千姿百态。巨大的水流沿着沟谷漫游，注入梯湖彩池，层层跌落，继续穿林、越堤、滚滩。进沟的第一池群，掩映在一片葱郁的密林之中，穿过苍枝翠叶，

① 李振湘：《世界遗产中国行》，148页，北京，民族出版社，2004。

20多个彩池参差错落波光闪烁，层层跌落水声叮咚；有的池群池埂低矮，池水漫溢，池岸洁白，水色碧蓝，在阳光的照射下五彩缤纷。有的湖中古木老藤丛生，有的如雄鹰展翅、猛虎下山，惟妙惟肖栩栩如生；有的池中生长着松、柏等树木，或高出水面，或淹于水中，婀娜多姿，妩媚动人，形似“水中盆景”。黄龙著名景点有雪宝顶、转花玉池、五彩池、龙王庙、石塔镇海、黄龙寺、黄龙洞、映月彩池、中寺、玉翠彩池、琪树流芳池、灵官殿、杜鹃映彩池、龙背流金瀑、明镜倒映池、争艳彩池、盆景池、金沙铺地、洗身洞、金瀑泻银、财神庙遗址、飞瀑流辉、迎宾彩池等。这里还有草木葱茏、翠柏苍松如迭嶂的“仙人道”和以“接仙”、“迎仙”命名的溪桥。黄龙以其奇、绝、秀、幽的自然风光而蜚声中外，是一个景观奇特、资源丰富、生态原始、保存完好、具有重要科学和美学价值的风景名胜区，被誉为“人间瑶池”。①

黄龙是动植物的天然乐园。茂密的原始森林、众多的野生动物、珍贵的野生植物和名贵的野生药材等，组成了牟尼沟丰富的自然资源。由于地处青藏高原东部的岷山山脉深处，境内地势复杂，生态环境多样、阴坡森林多、阳坡草坡多，多达20余种优势树种，其间生活着众多的国家一、二级保护动物和其他动物800余种。牟尼沟既是动物的乐园，同时区内生产的野生中草药也种类繁多，主要有松贝、雪莲花、虫草等。在黄龙景区内植物群落结构完整，生态系统十分稳定平衡。譬如，自然分布的高等植物1500余种，大部分都为我国特有，属于国家1～3级保护植物的有11种。黄龙景区森林覆盖率为65.80%，植被覆盖率为88.9%。林中古木参天，树下箭竹、水柳等花木丛生。地上以至树木枝干上，苔藓类和低等植物广泛发育，最厚可达1米以上，茵绿鲜嫩，松软如絮，是亚热带山地原始植被的典型景观。黄龙风景区有着无数珍稀而极具观赏价值的高山花卉以及杜鹃、蔷薇、忍冬等多种美丽的灌木，这里经常成为游客观赏高山珍稀植物的目的地。从黄龙沟往东行走18公里，就是险峻壮丽的丹云峡景区。丹云峡是黄龙

---

① 参见李振湘：《世界遗产中国行》，148页，北京，民族出版社，2004。

风景名胜区的“五绝”之一，拥有丰富的树种、灌木和花草，是植物爱好者的天堂。丹云峡景区起于玉笋群峰，止于扇子洞，绵延18.5公里，落差1300米，峰谷高差为1000～2000米。这里冬天一片雪白，夏天山林翠绿，尤其是春天漫山遍野的红杜鹃、秋天一路枫叶红遍峡谷，那情景仿佛夕阳之下的火烧云从天而降，“丹云峡”因此而得名。黄龙景区内动物资源也十分丰富，其中，兽类59种（6目18科），鸟类有155种（12目29科），爬行类动物5种（2目3科），两栖类5种（2目4科），鱼类2种（2目4科）。黄龙景区内还有国家一级保护动物大熊猫、川丝猴、牛羚、云豹等9种；有国家二级保护动物小熊猫、猞猁、金猫、兔狲等21种；有的（如胸腺齿突蟾）为黄龙景区所特有的珍稀种类。①

黄龙是融自然风光与民俗风情于一体的综合型风景名胜区。黄龙地质结构为独特的高山峡谷类型。主要景观黄龙沟属于岩溶亚类呈宽谷型，面积22平方公里，是世界上最为壮观的喀斯特地形奇观之一。黄龙以巨型地表钙华景观为主景，这在我国风景名胜区中是唯一的，成为“中国一绝”，其显赫地位就是在整个世界自然遗产中亦属罕见。钙华景观指枯落的树木残枝，飘落的败叶，倒入水中的朽木和多种多样的沉水植物在彩池中经过钙华活动的“籽晶作用”，树木、枝桠和树根等的本身形态消失，而树叶却能够清晰显现，其原黄龙沟之水水质清澈，色如琥珀。池群错落成梯状延迭，池水轻漫汩汩流淌。周围雄奇的山岳景观，险峻的峡谷地貌，绚丽多彩的草原风光，浩瀚的森林海洋，有形态，脉络清晰，犹如保存完好的“植物化石”，形状千奇百怪，在水中构成了一幅奇特的立体画卷。黄龙沟不仅自然风光瑰丽，而且有浓郁的宗教文化氛围，藏传佛教在此与自然美景融合在一起，形成极具独特的韵味。譬如，牟尼沟的藏传佛教主要是格鲁教派（即“黄教”），主要寺庙有肖包寺和牟尼后寺。肖包寺距牟尼沟3.7公里，始建于公元1549年，至今已有460余年的历史。寺院占地6000

① 《黄龙风景名胜区》，见《中国世界遗产年鉴》编纂委员会编：《中国世界遗产年鉴2004》，217页，北京，中华书局，2004。

余平方米，寺院内有一块佛石，上面有天然生成的佛教图像，“肖包寺”因此而得名。“肖”即“佛石”，“包”即佛石的形像。肖包寺由于地处牟尼沟旅游必经之地，寺庙建在公路旁边，加之这里地势开阔，既有草地风光，又兼有峡谷景观。草地、山川、河流、松树融为一体，自然形成了一道独特的风景线。牟尼后寺坐落在风景秀丽的扎嘎沟内，寺院依山傍水，背面是茂密的原始森林，正面是隆岗沟，左面是气势宏伟的扎嘎瀑布。牟尼后寺海拔 3045 米，始建于 1663 年，至今已有 340 多年的历史，寺内藏有大量珍贵藏传佛教文物。夏日风和日丽、艳阳高照，游客在寺院里就可以感受到扎嘎瀑布那惊心动魄的大自然之神美。这里沿袭着每年农历 1 月 15 日和 7 月 15 日举行大型宗教活动的传统，包括波及西北各省（区）藏、汉、羌各民族参加的“转山庙会”。这片古老神奇的土地上的藏家人，在长期的历史生活与现代文明气息的交替融合中，至今仍然保持和继承了特有的原始古朴的、更具有浪漫色彩的生活习性。因此，造就和形成了藏民族这一独具特色的民族民间风情。再譬如，每年农历 5 月 15 日举行“卓锦节”。卓锦节的到来使居住在牟尼沟这片土地上的藏家人的生活更加丰富多彩。5 月的牟尼沟高原景区，风景秀丽，水草丰茂，草地上牛羊肥壮；山坡上青松翠绿，野花烂漫。农闲之余的牟尼沟藏家人，身着艳丽的服装，或三两家或十来家人，或全村寨或邻近村落聚集在一起，纷纷带上自已家中最好吃的美味佳肴，到野外开阔的草地上安营扎寨，乘闲游乐，去狂欢、去追忆、去畅想。卓锦节是牟尼沟藏家人锦上添花的日子，也是继藏民族传统的朝会之后，逐步推向高峰的夏季里盛大的“野宴聚会”。在这期间活动内容丰富多彩，有传统的竞技表演，如赛马、赛牦牛、摔跤、下棋等。更有藏家人约定俗成的歌舞表演，如跳锅庄、踢踏舞、弦子舞等。夜晚在旷野烧起熊熊燃烧的篝火，人们围着篝火烤全羊、饮咂酒。卓锦节又是牟尼沟藏家人历史与现实生活的缩影，是他们像雄鹰一样搏击风暴翱翔苍穹的精神风貌的再现。卓锦节掀起了昂扬的激情，感染了在这里游览的中外游客，也是牟尼沟景区开发以来游客自觉加入其中的最完美的自娱自乐活动，置身其中使人终生难忘。总之，独特的民族风情，丰富的动植物资源等相互映衬，浑然一体，具有极高的生态、科学和美学价值，是集大型露天岩溶钙华景观、高原自然风光、民俗风情于一体的综合型风景名胜区。

黄龙周边遍布历史名城和历史纪念圣地。譬如，松潘位于四川西北部，距成都320公里，所辖范围东西长149公里，南北宽113公里，总面积8323.4平方公里，平均海拔在3000米以上，它是连接黄龙、九寨沟两大风景名胜区的主要中继站。松潘是历史上有名的边陲重镇，史载古松州“扼岷岭，控江源，左邻河陇，右达康藏”、“屏蔽天府”，自古以来为川西门户。松潘县城至今有保存完好、方圆十里的城门、城墙，始建于明洪武十二年（公元1379年），当时所用的青砖长50厘米、厚12厘米，每块砖重达30公斤，所用的灰浆由糯米、石灰加桐油熬成，城墙异常坚固。城墙高10米、宽30米、长6200米，是我国首屈一指的古城墙遗址。位于城东、城南、城北的三座城门顶部均呈半月形，门基大石上镂刻着各种别具匠心的浮雕，古色古香，至今保留着远古的韵味。1992年松潘被列入四川省“历史文化名城”。川主寺位于松潘县城北郊17公里，为川西北高原第一重镇。[①] 同时它又是连接黄龙、九寨沟、红原、若尔盖等风景区的枢纽。它南距成都337公里，北距九寨沟88公里，东邻黄龙39公里，西去大草原43公里，是“黄龙—九寨沟”黄金旅游热线上的必经之地。著名的红军长征纪念碑和博物馆也坐落在这里。红军长征是人类历史上的一个伟大壮举，中共中央政治局在长征途中召开过5次重要会议，其中就有两次是在松潘境内召开的，即“沙窝会议”、“若儿盖会议”。红军长征纪念碑位于川主寺镇东侧的圆宝山上，1988年4月动工，1990年8月25日落成，并由邓小平同志亲笔题写了“碑园”园名。“碑园”由纪念碑、大型群雕、大型浮雕以及陈列馆组成，被誉为我国“中国工农红军长征纪念总碑”。主碑堪称“中华第一碑”，碑身为三角立柱体，象征红军三大主力紧密团结，坚不可摧。在41.3米高的碑顶巍然矗立着近14.8米高的红军战士像，铜像一手握鲜花，一手握钢枪，双手高举成“V”字形，象征着长征的伟大胜利。碑体用450块铜合金贴面，呈三

---

① 参见刘耀编著：《中国绝色风景》，276～277页，北京，中国长安出版社，2006。

角形，象征着一、二、四方面军三大主力北上抗日，无坚不摧的英雄气概。[①] 汉白玉的碑座形似雪山，寓意为“雪山草地树金碑”。每当夕阳西下，碑身通体金光四射，在满山苍松翠柏的映衬下，格外庄严肃穆，是九环线上的标志性景观之一。

二

黄龙风景名胜区与九寨沟同时成为我国首批世界自然遗产单位。“黄龙风景名胜区”的英文名称：Huanglong Scenic and Historic Interest Area。它于1982年被列为中国国家级“重点风景名胜区”，1983年列为四川省自然保护区，1991年获得“中国旅游胜地四十佳”称号，1992年12月根据自然遗产遴选标准N（III）被列入《世界自然遗产名录》。2000年黄龙又被纳入“世界人与生物圈保护区”；2002年获得《绿色环球21》证书，同时也是国家4A级旅游区，成为国内同时具有三顶国际桂冠的顶级风景名胜区。世界遗产委员会对黄龙的评价是：“黄龙风景名胜区，位于四川省西北部，是由众多雪峰和中国最东部的冰川组成的山谷。在这里人们可以找到高山景观和各种不同的森林生态系，以及壮观的石灰岩构造、瀑布和温泉。这一地区还生存着许多濒临灭绝的动物，包括大熊猫和四川疣鼻金丝猴。”[②] 美国国家公园高级官员斯坦尼·欧伯特观赏了黄龙奇观后赞叹地说：“这里有似加拿大的雪山，怀俄明州的峡谷，科罗拉多的原始森林，黄石公园的钙华彩池。多类景观，集中一地，真是世所罕见。黄龙不仅是中国人民的宝贵财富，也是人类的宝贵财富。”[③] 他还代表美国地方政府，在黄龙签订了“黄龙与美国世界遗产约塞米堤建立友好关系协定”。

保护世界优美的生态环境就是维系人与自然的和谐共存。人类与

---

① 参见李振湘：《世界遗产中国行》，151页，北京，民族出版社，2004。

② 《黄龙风景名胜区》，见《中国世界遗产年鉴》编纂委员会编：《中国世界遗产年鉴2004》，220页，北京，中华书局，2004。

③ 《中国世界遗产年鉴》编纂委员会编：《中国世界遗产年鉴2004》，218页，北京，中华书局，2004。

环境的关系，从本质上区别于一般生物与环境的关系。人是由动物进化而来的，从广义上说，人也是一类动物，人具有自然属性。从这个意义出发，人对自然界而言是栖居者。但是，人却是一类高级动物，更重要的是人具有社会属性，人不但能够通过生物生态适应和文化生态适应两个方面去适应环境，而且能够用文化能动地利用和改造环境，把自然环境改造成新的生存环境——人工环境。因此，在人类生态系统中，占主导地位的是人类自己，人是整个系统的核心要素。《保护世界文化与自然遗产公约》把在历史、艺术或科学及审美、人种学、人类学方面有世界意义的纪念文物、建筑物、遗迹等内涵的文化遗产，以及在审美、科学、保存形态上具有世界价值的地形或生物，包括景观在内的地域等内容的自然遗产相融合，确定同时含有文化与自然两方面因素的文化与自然双重遗产。自然遗产的范围为：（1）从审美或科学角度看具有突出的普遍价值的由物质和生物结构或这类结构群组成的自然风貌；（2）从科学或保护角度看具有突出的普遍人价值的地质和自然地理结构以及明确划分为受威胁的动物和植物环境区；（3）从科学、保护或自然美角看具有突出的天然名胜或明确划分的自然区域。《执行世界遗产公约的操作准则》确定的自然遗产价值标准为：（1）构成代表地球演化史中重要阶段的突出例证；（2）构成代表进行中的重要地质过程、生物演化过程以及人类与自然环境相互关系的突出例证；（3）独特、稀有或绝妙的自然现象，地貌或具有罕见自然美的地带；（4）是尚存的珍稀或濒危动植物的栖息地，是生物多样性的真实体现。① 因而生态环境系统是自然环境、社会环境和文化环境组成的复合生态系统，人与人的关系和人与自然的关系是生态系统两大基本关系。生态视野中的自然是由天然自然与人文自然构成的，文化遗产是人文自然生态系统中重要的子系统。“理解生态系统（尤其是人类起源系统）的构成及运作方式仍然是规划未来持续发展的基

① 《国际保护文化遗产法律文件选编》，75～76页，北京，紫禁城出版社，1993。

石”[①]，人类赖以生存的人文生态环境和自然生态环境一样面临失衡的濒危困境，正如《保护世界文化和自然遗产公约》序言所指出：“注意到文化遗产和自然遗产越来越受到破坏的威胁”[②]；《保护非物质文化遗产公约》序言指出：“非物质文化遗产面临损坏、消失和破坏的严重威胁”[③]。人文生态危机已危及到人类生存与发展的基础，必须从根本上调整人与自然的生态法律关系。联合国环境与发展委员会（WCED）在《我们共同的未来》中指出：“国家和国际的法律往往落后于事态的发展。今天步伐迅速加快和范围日益广泛的环境基础对发展的影响，将法律制度统统抛在后面。人类的法律必须重新制定，以使人类的活动与自然的永恒的普遍规律相协调。”[④] 党的十六届三中全会明确提出了“以人为本，树立全面、协调、可持续的发展观，促进经济社会和人的全面发展”。在人与自然共存的关系上，强调要求“统筹人与自然和谐发展”；十六届四中全会进一步提出“构建社会主义和谐社会”，其中内涵之一就是要实现“人与自然和谐相处”。

自然遗产和文化遗产保护国际立法进入了环境法保护模式的新阶段。其立法主要有：《保护世界文化和自然遗产公约》（1972 年）；《关于在国家一级保护文化和自然遗产的建议》（1972 年）；《关于历史地区的保护及其当代作用的建议》（1976 年）；《关于文化财产国际交流的建议》（1976 年）；《关于保护可移动文化财产的建议》（1978 年）；《关于保护与保存活动图象的建议》（1980 年）；《国际古迹遗址理事会章程》（1978 年）；《佛罗伦萨宪章》（1982 年）；《保护历史城镇与城市宪章》、《考古遗产保护与管理宪章》（1990 年）；《国际博物馆协会职业道德准则》、《保护民间创作建议书》（1989 年）；《教科文

---

① ［美］唐纳德·哈迪斯蒂著，郭凡、邹和译：《生态人类学》，3 页，北京，文物出版社，2002。

② 《保护世界文化和自然遗产公约》，见《中国世界遗产年鉴》编纂委员会编：《中国世界遗产年鉴 2004》，303 页，北京，中华书局，2004。

③ 《保护非物质文化遗产公约》，见《中国世界遗产年鉴》编纂委员会编：《中国世界遗产年鉴 2004》，307 页，北京，中华书局，2004。

④ 世界环境与发展委员会著，王之佳等译：《我们共同的未来》，430 页，长春，吉林人民出版社，1997。

组织世界文化多样性宣言》、《保护非物质文化遗产公约》（2003 年）。《保护世界文化和自然遗产公约》是第一个世界性、综合性保护文化遗产的国际公约。《公约》以人类环境宣言为指导确立了新的保护理念，改变前述国际法将文化遗产作为财产属性的性质，定位文化遗产属性与环境性质，以人与环境的关系的环境问题重新认识文化遗产保护的目标，重申文化遗产是“全人类世界遗产的一部分”，“保护具有突出的普遍价值”，确立“后代”的利益诉求。《公约》改变文化遗产保护的内涵，传统文化遗产保护是针对特定领域的狭义保护，《公约》确定保护的涵义为“确定、保护、保存、展出和遗传”，为普遍性、系统性、多层次的保护内涵。《公约》改变针对特定事由的特殊保护状况，对因自然因素和人为因素造成的文化遗产环境问题的全面保护，《公约》规定，界定文化遗产“越来越受到破坏的威胁，一方面因年久腐变所致，同时变化中的社会和经济条件使情况恶化”，概括文化遗产环境问题，同时列举具体因素为蜕变加剧，大规模公共或私人工程的威胁，城市化或者旅游业迅速发展造成的消失危险，土地利用的变更或者易主造成的破坏，未知原因造成的重大变化、随意摈弃、武装冲突的爆发或威胁、灾害和灾变：如火灾、地震、山崩、火山爆发、水位变动、洪水、海啸等。《公约》在保护措施方面强调文化遗产保护“国家责任”，设定国家立法、行政、财经、科学、教育多方面的义务，同时设定文化遗产登录和删除、国际监督、定期报告、国际援助等措施，使《公约》具有操作性、实效性、权威性。该《公约》的局限性表现为仅保护具有突出的“普遍价值”的不可移动物质文化遗产，缺乏对不可移动物质文化遗产保护的全面性，且对可移动的物质文化遗产和非物质文化遗产缺乏保护。

黄龙风景区切实加强了对世界自然遗产的保护工作。黄龙风景区自 1982 年对外开放以来，建立健全了管理机构，尤其是加强了森林防火、环境监测和森林病虫害的预防、预测工作，使风景区 25 年来无森林火灾记录，生态环境保持原状的良好状态。这一点对于世界自然遗产保护来说，是极其重要和非常必要的。1992 年黄龙申报世界自然遗产成功，景区按照保护世界遗产公约的要求，进一步做好了黄龙风景区自然环境和生态系统的保护和维护工作。2001 年黄龙风景区全面导入和引进了 ISO9001 质量体系、ISO14001 环境管理绿色体系以及《绿色环球 21》管理新理念，使得黄龙风景区的管理和保护工作又迈上了一个新的台阶。譬如，笔者为完成国家科研课题到全国不少风景名胜区实地调查研究和实地考察过，最让人头疼的一件事情就是上厕所困难。由于风景名胜区内所建的厕所和垃圾桶太少，多呈现出供不应求的局面和紧张状况。所以，当一些游客入厕发生危急时，就顾不得面子只好随地大小便；一些游客吃完、喝完后的垃圾也只好随地乱扔。我仔细地观测和认真地分析过这一不文明的现象，的确发现除了极少数人是因缺乏必要的道德修养和文明习惯所使然之外，绝大多数情况的发生，是与风景区保护自然环境和防止污染的措施不力有关。黄龙自然风景区在这方面就做得相当好。譬如，登山沿途的路边每隔 50 米左右就设有一个垃圾桶或者果皮箱，随时都有清洁工进行回收和清理；每隔 500 米左右就设有一座能够供 4 人如厕的“环保型厕所”，而且每个厕所所在地必定有一位耐心的清洁工在进行清洗。所以，无论走在黄龙风景区的栈桥上还是走在便道上，决没有给人那种“脏兮兮、臭哄哄”的感觉，的确体现出一种天人合一的境界。所以，黄龙风景区垃圾日产日清、分类回收，严格实行无害化处理，使得景区自然环境和水资源免遭污染，环境卫生管理始终保持全国领先地位，笔者以为黄龙风景区的经验是值得借鉴和推广的。

确保黄龙世界自然遗产旅游资源可持续利用。近代工业社会追求以人类利益为中心的价值观，使近代以来的工业文明仅把自然作为人类利用的资源，且是取之不尽，用之不竭的无限资源。生产方式是“经济优先”，“人类优先”，“高投入、高消耗、高污染”，追求高效率。1972 年《联合国人类环境宣言》指出，人类改造环境的能力，如果使用不当或者轻率使用，就会给人类和人类环境造成无法估量的损害。所以，传统的发展模式对自然只有开发没有保护，人类的需要远远超出自然的承载能力，导致严重的资源耗竭，环境污染、生态破坏后果，特别是使不可再生的文化遗产濒危，是违背生态规律的不可持续发展模式。生态可持续发展观根本的宗旨，是人、社会、自然的可持续发展，它不同于以人的利益为中心的“肯定论”，也不同于以环境为中心的“否定论”，更不是以人的利益为中心的间接保护环境的“折衷论”，它要求按照生态整体利益可持续发展为标准进行利益衡量，而不是以人类利益可持续发展为标准。保护世界自然遗产资源是发展的前提，发展必需建立在自然的承载能力之上，因而对于世界自然遗产必须坚持“保护第一，开发第二”的方针；必须切实改变“先发展后环保，先污染后治理”的本末倒置的方式。为了使黄龙独特的地质地貌结构，世界罕见的自然景观和绚丽多彩的高原风光，以及具有极高生态价值、科学价值和美学价值的自然遗产、人类的共同财富得到切实保护，为了使黄龙风景区世界自然遗产有效地得到全人类的保护和利用，四川省甘孜藏族自治州规定，每年从 12 月 1 日至次年 3 月 31 日，实行 4 个月的冬季封闭式生态保育，切实让景区修养生息，动植物自然繁衍，实现自然资源和生态旅游资源的可持续利用和发展。甘孜藏族自治州权力机关还相继出台了禁止在黄龙风景名胜区摆摊设点、搭建楼堂馆所的规定；出台了禁止在黄龙风景区捕捞、捕杀野生动物的规定；出台了禁止在黄龙风景区乱砍滥伐森林树林、攀枝花、摘果实的规定，等等。

湖南武陵源的自然遗产景观

一

武陵源风景名胜区位于湖南省西北部的张家界市中部，慈利、桑植两县的交界处，绵延于武陵山脉之间、澧水中上游，地处东经110°20′~110°41′，北纬29°16′~29°24′，距省会长沙市约400公里。武陵源风景区由四大各具特色的风景区组成——张家界国家森林公园和国家地质公园、索溪峪自然保护区、天子山自然保护区和杨家界，方圆397平方公里。其中，核心景区264平方公里，外围影响区133平方公里。① 武陵源风景名胜区属张家界市管辖。景区以奇特罕见的石英砂岩峰林为主体，怪石耸立，古木参天，山泉连绵，珍禽异兽出没其间，更有无数溶洞、瀑布，集万象之美于一体，唐代诗人王维曾有诗云："居人共住武陵源，还从物外起田园。"② 1984年时任中共中央总书记的胡耀邦视察此地时，将张家界、索溪峪、天子山三大景区命名为"武陵源"。

张家界市以其得天独厚的旅游资源闻名于世。1979年原大庸县③辖区内的武陵源举世罕见的自然风光被发现并得以开发利用。1985年

① 参见《中国世界遗产年鉴》编纂委员会编：《中国世界遗产年鉴2004》，220页，北京，中华书局，2004。

② （唐）王维：《桃源行》，见萧涤非撰：《唐诗鉴赏辞典》，146页，上海，上海辞书出版社，1983。

③ 明洪武二年（公元1369年），降慈利州为大庸县，隶属于澧州。

大庸县撤县建市，1988 年大庸市因旅游事业发展的需要，与拥有索溪峪风景区的慈利县和拥有天子山风景区的桑植县合并升级，定为省辖地级市。1994 年为便于树立张家界的整体形象，开拓其旅游市场促进当地经济的发展，国务院批准将大庸市更名为张家界市（地级市），总面积为 9563 平方公里，全市人口 153 万多。张家界市现辖有永定区、武陵源区、慈利县和桑植县四个县级行政单位。① 张家界历史悠久，早在 4500 多年前就已有人类活动。在古代，张家界被称为“九洲之外，圣人听其自然”的“南蛮荒芜”之地。② 张家界是少数民族较为集中的地区，其中，土家族、白族、苗族、侗族和瑶族等少数民族占全市总人口的 64%。在长期的历史发展中，形成了他们独特的、绚丽多彩的风情习俗。当地古朴的少数民族风情和惊世骇俗的张家界民间硬气功，令中外旅游者津津乐道。张家界的气候属中亚热带山原型季风湿润气候，年平均气温 13.4℃左右，四季宜人。这里的异峰巧石、山泉飞瀑、深林奇树及珍禽异兽，共同组成了一幅幅相映成趣、妩媚动人的自然绝景。武陵源风景名胜区的“黄石寨”，因古代有一道人名叫黄石公在此隐居而得名，它由诸多的悬崖峭壁共同托起而形成的一块南高北低的台地，山势像一只雄狮，顶部平坦，面积约 200 亩，海拔 1100 米，经常云雾缭绕。这块台地很自然就成了一个巨大的观景台。极目远望千峰万壑尽收眼底，如同是精巧绝伦的山石盆景。有人形容这里的风景是“缩小了的仙境，扩大了的盆景”。③ 有位著名诗人曾这样评价黄石寨：“五步称奇，七步叫绝，十步之外，目瞪口呆。”④ 黄石寨的主要景点有天书宝匣、定海神针、南天一柱、金海探龟等。观景台是张家界美景最集中的地方，同时也是张家界最大的凌空观景台，站在台上纵眼南望奇峰怪石尽收眼底。往东鸟瞰，可见金鞭溪两旁奇峰林立，仿佛一盘玲珑剔透的翡翠，真是美不胜收。因此，

---

① 参见周志德主编：《张家界市旅游大全》，6 页，长沙，湖南地图出版社，1995。

② 参见刘耀编著：《中国绝色风景》，235 页，北京，中国长安出版社，2006。

③ 参见李振湘：《世界遗产中国行》，156 页，北京，民族出版社，2004。

④ 资料来源：《张家界导游词》和导游员的解说。

素有“不上黄石（狮）寨，枉来张家界”[①] 之说。以奇山异峰命的“六奇阁”坐落在张家界国家森林公园黄石寨的最高处，它是原始风光群体自然景观中唯一的一处人文景观，大有“鹤立鸡群”之感。之所以取名“六奇阁”，是因为它山奇、水奇、石奇、云奇、植物奇与动物奇。站在阁上环顾四周，除了溪流与溶洞，森林公园的全景一览无余：往东可以看到水绕四门、金鞭溪与天子山一大片；往南可以看到华夏绝景天门山和张家界市区；往西可以看到朝天观、龙凤庵、玉皇宫、棋盘塔；往北可以看到天桥遗墩、黑枞垴原始林与袁家界那一大片。摘星台景点位于黄石寨东南面，海拔1082米，一石柱崛起，其顶部南向横在悬空，小半截与崖座相连，很像一块游泳池中的高台跳板。明月当空，站在台上满天星斗似伸手可摘，国务委员张劲夫亲临其境后，取名为“摘星台”。此外，张家界市境内的主要自然、人文景观还有“武陵之魂”的天门山、“百里画廊”的茅岩河、“亚洲第一洞”的黄龙洞、国家级自然保护区八大公山、“江南名刹”普光禅寺、“楚南盛景”五雷山以及湘鄂川黔省革命委员会旧址、中国工农红军第二方面军长征出发地、贺龙故居等。张家界现已开辟了5个主要旅游景区，它们分别是：（1）黄石寨景区。该景区是张家界旅游区的精华，主要景点有天书高挂、定海神针、独龙戏珠、留君一坐等神似象形景观。（2）金鞭溪景区。该景区石峰连绵飞瀑直下，景区内最具特色的景点当属金鞭岩，它是整个景区的一颗明珠；景区主要景点还有醉罗汉、劈山救母、千里相会、空心潭等。（3）腰子寨景区。该景区四周皆悬崖峭壁，多数景台凌空附云，极适宜冒险者前往，主要景点有天桥、老鹰嘴、中国鸽子花、巴东木莲、玉兔望月等，沿途还可观赏蝴蝶树、“一娘生九子”等奇树。（4）沙刀沟景区。该景区古树莽藤怪石挡道，陡峭绝壁交错拥立且野趣横生，主要景点有五女拜帅、天下第一桥、龙宫舞女、天悬白裢、双龟登天、童子拜观音、后花园、斜塔等、小天门沟有武陵源第二号鸟的王国。（5）琵琶溪景区。该景区林木繁茂、岩峰嶙峋，主要景点有九重仙阁、望郎峰、朝天观等。

---

① 周志德主编：《张家界市旅游大全》，38页，长沙，湖南地图出版社，1995。

其中，可从不同角度观看望郎峰由“少女”变成“中年妇女”，再变成“老婆婆”的三种仪态，真是奇妙之极。[①]

张家界又名“青岩山”，是我国第一个国家级森林公园和国家地质公园。张家界的武陵源景区，属世界上罕见的砂岩风林地貌，整个景区沟壑纵横、岩峰高耸、绿树翠蔓、兽鸟成群，有“大自然迷宫”、“天下第一奇山”之美誉。譬如，属于石英砂岩峰林地貌，武陵源共有石峰3103座，峰体海拔500～1000米，高度由几十米到400米不等。峰林造型景体完美无缺，若人、若神、若仙、若禽、若兽、若物变化万千。武陵源回音壁上泥盆系地层中砂纹和跳鱼潭边岩画上的波痕，是不可多得的地质遗迹，不仅可以供参观，而且是研究古环境和海陆变迁的证据；分布在天子山二叠系地层中的珊瑚化石，形如龟背花纹故称“龟纹石”，是雕塑各种工艺品的上好材料。[②] 武陵源地处于云贵高原隆起区与洞庭湖沉降区之间，既受隆起的影响，又受沉降的牵制，加上地表水切割强烈和岩溶地貌极其发育，形成了当今这种高低悬殊、奇峰林立、万石峥嵘、溪谷纵横的自然奇观。有人说张家界是一串明珠，是中国乃至世界当之无愧的“地球纪念馆”。[③] 武陵源又是一个绿色宝库和天然动物园，它最高海拔1264.5米，最低海拔269米，相对高差近千米；年平均气温16℃，无霜期240～300天，年降雨1200～1600毫米；森林覆盖率为92%。根据调查统计，有高等植物3000余种。其中，木本植物达107科250属700余种，比整个欧洲的树种多一倍，裸子植物物种占世界一半。著名树种有银杏、珙桐、红豆杉、香榧、银鹊、鹅掌楸等190多种。武陵源的植被属中亚北部常绿阔叶林，活立木蓄积量1024.1万立方米，面积最大、造型最奇的要数武陵松。张家界的每一座石峰上几乎都长满了盘根错节的松树，真

---

① 宋才发：《湖南武陵源的自然遗产景观及法律保护》，载《湖北民族学院学报》，2007（6）。

② 参见《中国世界遗产年鉴》编纂委员会编：《中国世界遗产年鉴2004》，222页，北京，中华书局，2004。

③ 《中国世界遗产年鉴》编纂委员会编：《中国世界遗产年鉴2004》，221页，北京，中华书局，2004。

是“苍劲虬曲挂绝壁，松枝摇曳三千峰”。古树是自然遗产中的“活文物”，武陵源的古树名木具有古、大、珍、奇、多的特点。譬如，张家界有一棵银杏树高达 44 米，胸径 1.59 米，被称为“张家界自然遗产中的活化石”；生于腰子寨的珙桐，是国家一级保护珍贵树木。[①]另一棵名叫“谢尔曼将军”的红杉树，高 81.7 米、树干围长 184.9 米，底部直径 11 米，树龄达 3500 年，与埃及的金字塔同龄，公认是青铜器时代的产物，被称之为“世界树王”。[②] 武陵源的奇花奇草也很丰富，可供观赏的园林花卉植物就有 450 余种，主要有龙虾花、四照花、玉簪花、灯笼花、长蕊杜鹃等，在别的地方很难找到的珍奇花草，在这里却随处可见。由于林木盛密和人迹罕至，又为动物的繁衍生息提供了较为理想的环境。因此，武陵源还是一个天然的动物乐园。据初步考察整个景区内，有脊椎动物 146 种、珍奇鸟类 6 目 41 种，珍奇兽类 28 种，其中主要的有猕猴、云豹、岩羊、鼯鼠、麝、獭、貉、穿山甲、娃娃鱼、红蛇、白蛇、玻璃蛇、背水鸡、长尾雉、红嘴相思鸟等。武陵源有国家级保护植物 56 种。其中，属于一级保护的有 6 种，属于二级保护的有 20 种。有国家级保护动物 40 种，其中，属于一级保护的有 5 种，属于二级保护的有 21 种。全市有自然保护区 5 处，总面积 3.49 万公顷。其中，国家级自然保护区 1 处，即八大公山自然保护区，面积 2.32 万公顷；省级自然保护区 3 处，即张家界自然保护区、索溪峪自然保护区、天子山自然保护区，总面积 0.87 万公顷。武陵源不仅为地质学，而且为环保学、林学、植物学、动物学等学科的专家学者进行科学考察和研究，提供了十分丰富、十分宝贵的资料。1982 年 9 月 25 日张家界被国务院命名为我国“第一个国家森林公园”。据统计，从 1982—1997 年底，全国已建立不同层次、不同级别的森林公园达 870 多处，其中，国家级森林公园 292 处，经营面积 748 万公顷。国家森林公园的建立，有效地遏制了破坏森林资源的不法行

---

① 参见《中国文化遗产年鉴》编辑委员会：《中国文化遗产年鉴 2006》，85 页，北京，文物出版社，2006。

② 参见周志德主编：《张家界市旅游大全》，33 ~ 34 页，长沙，湖南地图出版社，1995。

为，对保护生态环境产生了不可估量的作用，同时为人类提供了一处处优美的旅游休闲风景地。以1997年为例，国内森林公园吸引游客达5000万人次，并以每年15%～20%的速度递增。到20世纪末，每年到森林公园游览的游客已突破1亿人次。所以专家说，张家界国家森林公园的建立，其意义已远远超出了它的自身价值。

索溪峪①（土家族语为“雾大的山寨”）的景观不仅山奇、水秀，而且桥险、洞幽。索溪峪有十里画廊②、西海、百丈峡、宝峰湖、黄龙洞等游览点200多个，面积147平方公里。索溪峪原属常德地区慈利县，1988年8月武陵源区政府成立后划归武陵源管辖。由于处于砂岩与石灰岩交接处和峰林地貌比较发育，索溪峪的山没有张家界那样峭峻，站在索溪镇或者进入“十里画廊”、“西海”等观景区，只见深沟幽谷中的石峰，一座簇拥着一座，绵延一二十里，犹如一幅水墨长卷煞是壮观。山坳溪水旁农舍散落鸡犬啼鸣，屋旁亭亭修竹，使得这里雄奇中透着清秀，幽深中带着恬淡，粗犷中含着娇媚，给人以心旷神怡之感。索溪峪的水也有另一番风韵，如神堂湾潜流飞瀑一泻直下，轰如惊雷、翠若碧玉。素有“人间瑶池”美称的高峡平湖宝峰湖，湖光潋艳波平如镜；湖崖峰峦高耸，湖内群山倒映。还有无数汩汩小溪，一年四季奔流不息，信步漫游悠然自得情趣盎然。“桥险”是索溪峪的独特景观。索溪峪境内各种形状的险桥，尤以百丈峡的交锋桥和十里画廊猢狲乐园西侧仙女洞口处的自生桥为最有特色。据有关史料记载，交锋桥建于宋代，全长约60余米，只有一个独拱，全用岩石堆砌而成，天衣无缝，独具一格。自生桥又名仙女桥，横跨于两座高耸入云的石峰之间。该桥长约有26米左右，宽却不足2米，厚也不过30～40厘米。桥两头的岩石夹缝中青松傲立，从桥上往下俯视满目岩壑深谷，令人不敢出足前行。关于这座桥的来历民间有如下传说：宋末农民起义领袖向大坤起义兵败，被朝廷派兵追至绝崖之上，前无进路后

① 根据明清时代编撰的慈利县志记载，索溪峪“因溪水状如绳索而得名”。见周志德主编：《张家界市旅游大全》，72页，长沙，湖南地图出版社，1995。

② 峪内有一条甘溪沟，宽约二三百米，长约十里，人们称它为“十里画廊”。就在浅浅的溪流两岸，排列着奇特多姿的石峰。茂密的林木花草，从溪岸一直铺到山顶。

有追兵，正处危亡之际，忽有仙女飘然而来，抛出一白色绸带化成一座石桥，帮助向王躲进了神堂湾，摆脱了官兵的追杀。自此探险者莫不纷纷而至，一为察看当年向王留下的遗迹，二想亲身体验一下该桥的险峻。索溪峪还是一个地下有不少溶洞的世界。据有关部门勘察，索溪峪共有大小溶洞 59 个，目前已经开发开放的有黄龙洞、骆驼洞、观音洞、金鸡洞、仙女洞、牛耳洞等。其中，黄龙洞是张家界地下喀斯特地形的代表，集溶洞、溶洞河、暗河、落水洞、漏斗为一体，系中国大陆第二大长洞。它总长 13 公里，面积约 20 公顷，垂直高差达 100 余米，内有两层水洞、两层旱洞、两条阴河、两处瀑布、4 个深潭、13 个厅堂，最大的厅堂有 12000 平方米，可以容纳万人；数十座山峰以及无法计数的石钟乳、石笋、石柱、石幔、石花、石瀑。在所有钟乳石中，又以定海神针和龙王宝座最为惊奇。定海神针高达 19. 2 米，直径 10 厘米，通体透明直抵宫顶。[①] 故有“洞中乾坤大，地下别有天”[②] 之称，游人至此无不谓为奇观。总之，索溪峪群峦叠翠，溪水潺潺，湖水清清，洞府幽幽，给人的感受不仅仅是粗犷雄峻，更主要的是宁静雅致而绵长悠远。1983 年 11 月 30 日前国家主席刘少奇的夫人王光美访问张家界时，就留下了“奇峰异石，冠绝天下，苍松古杉，美不胜收”[③] 的佳句。

天子山[④]位于武陵源景区北部，南与张家界相接、东连索溪峪，总面积达 67 平方公里，海拔最高点为 1262. 5 米（昆仑峰），最低点 534 米（狮兰峪），它辟有黄龙泉、茶盘塔、老屋场、凤栖山、石家檐 5 个游览区，有 1 座天桥、2 个天池、4 个天门、5 个溶洞等 80 余个景观景点。天子山居武陵源景区地势最高处，登临其上俯瞰脚下成千峰林，漫无边际，白云处迷雾，环绕飘浮，景观气势磅礴，层次丰富，

---

① 参见周志德主编：《张家界市旅游大全》，23 页，长沙，湖南地图出版社，1995。1998 年中国平安保险公司以 1 亿元对“定海神针”石柱投保，开创为了世界自然遗产某一局部景观投保之先河。资料来源于《张家界导游词》和导游员的解说。

② 刘耀编著：《中国绝色风景》，235 页，北京，中国长安出版社，2006。

③ 周志德主编：《张家界市旅游大全》，23 页，长沙，湖南地图出版社，1995。

④ 天子山因古代土家族领袖向大坤率领当地农民起义自称“天子”而得名。

观后使人胸襟开阔。“云雾”、“月夜”、“霞日”、“冬雪” 为天子山天象四大景观。天子山的云雾奇观有云海、云瀑、云涛数种。每当久雨初晴后或者蒙蒙细雨时，立于七星山高处由东往西俯视整个天子山地区，便会看见万亩石林空间，先是朦胧大雾，继而白云飘浮，不久即将四周群峰淹没，其势磅礴浑厚，故名为“云海”。而当天气变化降雨骤停时，将军寨、石家檐等处的大片白云，又从山顶翻滚下来宛如巨大的水流，铺天盖地飞泻而降，故名为“云瀑”。云涛的景象则多出现在黄龙泉等地，其形状如大海中的汹涌波涛，观之使人很自然地有了“气蒸云泽梦，波撼岳阳楼”的意境。天子山的月夜幽静而朦胧，每当夜深人静、万籁俱寂之时，朦胧的月色给峰林披上了一层“魔纱”，白昼雄奇的群峰此刻似一群狰狞的魔影耸立于幽谷之中，再加上兽鸟的“呖呖”叫声，使人倍感大自然的无穷神秘。霞日作为天子山的天象奇观之一，多出现在晴日的清晨，每当早晨五六点钟的时候，立于天子山上遥望东方，先是几片红云抹在天际，瞬息一轮红日冉冉升起，顿时云蒸霞蔚，阳光下千万座石峰婷婷而立千姿百态。冬雪多在每年的春节前后，此时的天子山青松和峰峦全被大雪覆盖，四处银装素裹白雪皑皑，冰柱低悬冰花四散，南方的游人可以在这里领略到“北国风光”的情趣。难怪有人评价说：“谁人识得天子面，归来不看天下山”；“不游天子山，枉到武陵源。”①

武陵山中的桃花源。桃花源植根于武陵桃源，桃花源在雪峰山下的武陵渔川。南朝后期黄闵所著《太平御览》卷四十九引《武陵记》云：“武陵山中，有秦避世人居之，号曰‘桃花源’，故陶潜有《桃花源记》。”又曰：“昔有临沅黄道真，在黄闻山侧钓鱼，因入桃花源。陶潜有记。今山下有潭名黄闻，盖闻道所说，遂为其名也。”② 值得注意的是，湖南常德在秦统一后曾置临沅县，桃花源即属该县，地点比“武陵”更加具体明确。《桃花源记》倾注了陶渊明（又名“陶潜”）

---

① 周志德主编：《张家界市旅游大全》，86~87 页，长沙，湖南地图出版社，1995。

② 转引自解黎晴：《陶渊明〈桃花源记〉创作探秘》，载《科学时报》，2005 年 10 月 11 日，第 B3 版

一生的深情和心血。生活在晋宋易代之际，经历了一系列政治上的纷扰。他在《拟古》诗中说“少年壮且厉，抚剑独行游”，颇具“大济苍生”的抱负。从东晋太元十八年（公元405年）至东晋义熙元年（公元395年），陶渊明先后出任祭酒、参军等职，意欲通过做官实现自己的理想，但正直耿介的性格与黑暗腐朽的官场如水火冰炭，几次都抛印而去，最后一次挂冠彭泽令，结束仕途。“误落尘网中，一去十三年”，对于混迹官场他追悔莫及。从41~63岁跨鹤西去的22个春秋，他寻得了耕种之乐、觅到了垂钓之闲、找着了灌园之趣，也与情趣相投的友人往来酬唱。也许陶渊明是在为赋田畴诗时，触发了田园生活悠然自在的乐趣，特别是晚年穷愁潦倒、颠沛流离的遭遇，使他“以名臣之后，际易代之时”，孕育出一个美好社会的胚胎，于义熙十四年（公元419年）笔走龙蛇，挥就了骇世杰作《桃花源记》。[①] 陶渊明以小说的笔法描绘田园理想，以表述他对田园的深情与思考，“桃花源”是陶渊明田园理想的形象展示，是他田园情结的终极关怀，也是他田园人生的最后归宿。

二

武陵源风景名胜区属于世界自然遗产景观保护单位。1992年5月7日国际自然与自然资源保护联盟（ZUON）世界遗产高级顾问桑塞尔博士与卢卡斯博士，受联合国教科文组织世界遗产委员会的委托，专程到张家界武陵源风景名胜区进行自然资源考察。桑塞尔博士认为武陵源的自然风光有奇迹般地漂亮，完全符合列入世界自然遗产4个条件总标准中的第3个标准，即有绝顶的自然现象，地层、地貌，如最重要的生态系统的绝妙例证、自然特征、动物大量聚集的峡谷风光，以及自然与文化要素的奇妙结合等。卢卡斯博士还挥笔题词：“武陵源是个奇特的地方，令人心旷神怡。”通过周密的考察，这两位异国

① 参见解黎晴：《陶渊明〈桃花源记〉创作探秘》，载《科学时报》，2005年10月11日第B3版。

博士对武陵源的自然风光做出了客观公正的技术评价：“武陵源在风景上可以与美国的大峡谷等几个国家公园及纪念物相比，也可以和西澳大利亚班哥尔突出的砂石峰地区相比。但由于武陵源的海拔较低，处于亚热带，因而它的森林茂盛（森林覆盖率90%以上），水源丰富（数百溪泉）。它还拥有为数众多的山峰（300座以上），且大部分山峰展现出比美国及澳大利亚遗产的更垂直的轮廓（200米以上）。”① 武陵源风景名胜区的英文名称是：Wulingyuan Scenic and Historic Interest Area（Scenic Spots of Zhangjiajie），于1992年根据自然遗产遴选标准N（III）被列入《世界遗产名录》（编号：200—010）。世界遗产委员会对武陵源风景名胜区的评价是：“武陵源景色奇丽壮观，位于中国中部湖南省境内，连绵26000多公顷，景区内最独特的景观是3000余座尖细的砂岩柱和砂岩峰，大部分都有200余米高。在峰峦之间，沟壑、峡谷纵横，溪流、池塘和瀑布随处可见，景区内还有40多个石洞和两座天然形成的巨大石桥。除了迷人的自然景观，该地区还因庇护着大量濒临灭绝的动植物物种而引人注目。”② 联合国教科文组织郑重指出：“列入此名录说明此文化自然景区具有特别的世界性的价值，因而为了全人类的利益，应当对其加以保护。”③

张家界市是一个正在开发建设的新兴的旅游城市，武陵源风景区是20世纪80年代初新发现的山水名胜。这里的风景没有经过任何的人工雕凿，到处是石柱石峰、断崖绝壁、古树名木、云气烟雾、流泉飞瀑、珍禽异兽。置身其间犹如到了一个神奇的世界和趣味天成的艺术山水长廊。自从画家吴冠中于1979年底发现这片神奇的土地后，经过近30年的大力开发建设，现已成为规模宏大，集游山、探洞、平游、漂流、民族风情表演等内容于一体的全国罕见的综合类特级游览胜地。张家界市是一个多民族地区，在这里生活着汉族、土家族、苗族、白族、回族等20多个民族，其中的少数民族在漫长的繁衍、发

---

① 周志德主编：《张家界市旅游大全》，16~17页，长沙，湖南地图出版社，1995。

② 《中国文化遗产年鉴》编辑委员会：《中国文化遗产年鉴2006》，85页，北京，文物出版社，2006。

③ 周志德主编：《张家界市旅游大全》，17页，长沙，湖南地图出版社，1995。

展、传承过程中，形成了各自独特的风俗和习惯，包括生产生活习俗、婚嫁丧葬习俗、信仰习俗、岁日节令、歌舞曲艺等。其中，以土家族的摆手舞、茅古斯舞，白族的仗鼓舞，苗族的接龙舞，融合多民族的“九子鞭”，傩愿戏、花灯以及大庸阳戏等最具代表性。游客进入张家界市境，随处可见土家苗寨、吊脚木楼、石磨水碾、笕槽筒车、小桥清溪。这些多姿多彩的民族风情与自然景观相互映衬浑然一体，成为张家界市旅游资源的重要组成部分。1982 年 9 月 25 日经国家计委批准建立“张家界国家森林公园”，从而填补了中国无国家公园的空白。1988 年国务院确定武陵源为“国家重点风景名胜区”；1991 年武陵源风景名胜区被评为“中国旅游胜地四十佳”之一；1992 年 4 月 14 日联合国教科文组织将武陵源列入《世界自然遗产名录》后，境内的天门山又被命名为“国家森林公园”；1997 年张家界被评为“全国安全山”、“文明山”和“97 中国旅游王牌旅游专线”；1999 年被评为全国治安模范区（县）；2000 年被评为 4A 级景区和“全国文明风景名胜区”。[①]《中国国家地理》“选美中国”活动，将武陵源评为“中国最美的五大峰林”的第二名。[②]

张家界风景名胜区正在步入科学化的管理阶段。前些年由于忽视开发与保护的关系，在主要景点附近不断新建饭店和商业网点，致使景区“城市化”、“人工化”、“商业化”现象越来越突出，环境污染日益严重。1998 年 9 月联合国教科文组织官员在武陵源进行遗产监测时，对景区的“城市化”、“人工化”倾向提出了尖锐的批评，认为“武陵源的自然环境已经像个‘被围困的孤岛’，局限于深耕细作的农业和迅速发展的旅游业的范围内，其城市化对其自然界正在产生越来越大的影响。”1999 年 5 月国务院两参事对武陵源世界自然遗产保护情况进行调查后指出：“武陵源世界自然遗产资源非常珍贵不可再生，要采取比一般景区更为严格的保护措施。”市委市政府把拆迁景区内煞风景建筑物作为全市整顿的 15 件大事之一。按照统一计划，分类拆

① 参见《中国世界遗产年鉴》编纂委员会编：《中国世界遗产年鉴 2004》，221 页，北京，中华书局，2004。

② 《最美中国自助游》编委会编：《最美中国自助游》，97 页，北京，中国林业出版社，2006。

迁、拆安结合、开发搬迁、统一标准、分类补偿的原则，制定了切实可行的拆迁方案：拆除绝大部分旅游设施和居民经营用房，迁出500多户居民，剩下的100多户世代居住的居民就近分散隐蔽安置。拆迁后每个景区只保留一处管理用房、1～2个快餐厅或者茶房。2000年张家界成立了“遗产保护规划建设委员会”及“遗产管理办公室”，明确武陵源风景名胜区管理局是遗产保护的法人。2002年武陵源区在机构改革中增设了景区保护所、景区办事处、规划局、房管局等机构，增加了人员编制数，武陵源已经建立起一支拥有500多人的专业遗产保护队伍。他们严格执行《湖南省武陵源世界自然遗产保护条例》等有关法规，严厉打击破坏遗产资源的违法行为，对不按照规章制度办事、决策失误造成资源破坏的责任人，坚决追究其行政责任。[①] 现在张家界风景名胜区各景点已经没有“禁止吸烟”、“乱扔垃圾罚款”的警告牌，经常见导游员、景区管理员、在景区摆摊的商贩们不时弯腰捡垃圾并提醒烟瘾大的烟民灭掉烟头。在风景名胜区内几乎再没人乱扔垃圾，随地吐痰或者在森林里吸烟的情况。这说明张家界风景名胜区的管理上了一个新的档次。[②] 早在1992年武陵源区就聘请上海同济大学的专家编制了《武陵源风景名胜区总体规划》和《武陵源风景名胜区索溪峪镇城区总体规划》等。随着对世界自然遗产保护意识的提高，张家界市充分认识到保护规划的重要性，认为编制科学的规划是保护好武陵源世界自然遗产的前提和基础。2000年初湖南省人大常委会和主任会议决定，把制定《湖南省武陵源世界自然遗产保护条例》列入立法计划。2000年9月28日《湖南省武陵源世界自然遗产保护条例》经过省第九届人民代表大会常务委员会第十八次会议通过，规定自2001年1月1日起执行。这是在我国目前尚无统一保护自然遗产的专门法律法规的情况下，出台的第一个保护世界自然遗产的地方性法规。所有这些，充分证明张家界风景名胜区正在逐步进入法制化管理的新阶段。

---

① 《湖南省武陵源世界自然遗产保护条例》，见《中国世界遗产年鉴》编纂委员会编：《中国世界遗产年鉴2004》，332～335页，北京，中华书局，2004。

② 参见宋才发：《湖南武陵源的自然遗产景观及法律保护》，载《湖北民族学院学报》，2007（6）。

湖南岳麓山自然与人文景观

一

岳麓山景观系湖南省1981年2月首批公布的风景名胜区。岳麓山坐落在长沙市湘江西岸，南接衡岳，北望洞庭，东瞰滔滔湘江。因山系南岳之足，故名“岳麓”。[①] 据说“南岳衡山”这位巨人的脚，不经意走到长沙城里，便为“湖湘文化”立下了深厚的根基。南北朝刘宋时的《南岳记》载有：“南岳周围八百里，回雁为首，岳麓为足。”据地质学家考证，岳麓山奠基于古生代，形成于中生代，发展于新生代，距今已有3亿余年。山顶的云麓宫保存下来的一副对联“西南云气来衡岳，日夜江声下洞庭”[②]，就是对岳麓山山川形势的绝妙概括。岳麓山濒临湘江，湘水环绕，桔洲横卧，古城相望，山、江、洲、城浑然一体，实在是天造之胜。岳麓山景观面积约8平方公里，主峰海拔300.8米，年平均气温17℃，年降水量1200～1400毫升。古人赞誉其碧嶂屏开，秀如琢玉，素有“岳麓之胜，甲于楚湘”[③]。岳麓山自然风光占足了奇、珍、幽、美四个字。在这里，“奇”是指岳麓山林草繁茂，存有植物种类达几千种，女贞、银杏、樟树、椤木、苦槠、枫香

① 参见周艺文等主编：《芙蓉之旅》，25页，长沙，湖南地图出版社，2001。

② 对联为清人黄道让所书。云麓宫在湘江西岸的岳麓山右顶峰上，属道教二十三洞真虚福地。明成化十四年（公元1478年）吉简王就藩长沙时所建。明嘉靖年间（公元1522—1566年），太守孙复与道人李可经加以扩建，形成较完整的道宫格局。

③ 周艺文等主编：《芙蓉之旅》，25页，长沙，湖南地图出版社，2001。

等名木应有尽有，甚至千年以上树龄的古树亦可见到，还有皂荚、白玉兰等濒危树种，而桃花、迎春、玉兰、腊梅、丹桂、百合、芙蓉、蔷薇等花木，更是漫山遍野，姹紫嫣红中绣出麓山织锦画幅。“珍”是指岳麓山野生动物繁衍较旺，林中穿梭歌唱着的有画眉、黄鹂、布谷、杜鹃，还有啄木鸟、鹦鹉、猫头鹰等，而在密林深处若隐若现，时不时露出头脸的有狐狸、山羊、野兔、山鸡等。“幽”则指幽壑千重，幽泉千缕，若冬季来此且碰巧遇上岳麓漫天飞雪，一个“幽”字更会让人感受入木三分，著名的“潇湘八景”之一的“江天暮雪”即在此地。“美”系岳麓山四季皆美，如春天满山葱绿、杜鹃（市花）怒放；夏日幽静凉爽；秋天枫叶流丹，层林尽染；隆冬玉树琼枝，银装素裹，四季风景宜人。譬如，唐代诗人刘禹锡的诗句“群峰朝拱如骏奔”，即是赞美其天然雄浑之势。四时景色各异其趣，尤以寒秋“万山红遍，层林尽染”① 为最。岳麓山以林壑幽美，山幽洞深而闻名。唐代著名诗人骆兵王、宋之文、刘长卿、李群玉、戴叔伦、杜荀鹤、僧齐己、罗隐等都有诗题咏，宋、元、明、清诗人题咏的更多。岳麓山群峦叠翠，古木参天，植物资源丰富，存有大片原生性常绿阔叶次生林，为国内大中城市所罕见。现有植物 174 科 559 属 977 种②，其中，晋朝的罗汉松、唐代银杏，宋朝的香樟，明清时代的枫栗均系千年古树，老干虬枝，苍劲挺拔，高耸入云。

橘子洲（又称“水陆洲”）素有山水名郡之称。该洲因湘江水推沙土堆积而起，分上、中、下三洲，形如长带；南为洲头，北为洲尾。远在唐代，这里就以盛产蜜橘著称，因之而得名。橘子洲为长沙城区湘江水域中的小岛，南北长约 6 公里，东西宽约 500 米，风貌独特，被誉为“中国第一洲”。③ 这里原有水陆寺、拱极寺、江心楼、洞庭庙等，今已不复存在。毛泽东青年时代就读于湖南第一师范时，常会同

---

① 参见毛泽东：《沁园春·长沙》，见《毛主席语录、毛主席的五篇著作、毛主席诗词》，1 页，北京，人民出版社，1969。

② 数据资料见《湖南日报》2004 年 10 月 28 日。

③ 参见小小编著：《中国南方北方游》（南方卷），113 页，北京，中国电影出版社，2005。

学友到洲头搏浪击水，探求真理、议论国事。1925 年他挥就了脍炙人口的《沁园春 · 长沙》词一首，抒发了自己济世救民的豪情壮志。1959 年 5 月毛泽东来此游览并在江中游泳。1960 年当地政府在洲头新建亭阁、回廊并广植柑橘，1961 年将其辟为“橘洲公园”，2001 年更名为“长沙岳麓山风景名胜区橘子洲景区”，占地面积 17 公顷。主体建筑为“望江亭”，钢筋水泥结构，重檐歇山顶，淡黄琉璃瓦，左右连接八字弧形回廊，该亭建筑面积为 251 平方米。公园正中竖立大型祁阳白石碑，碑高 4.8 米，长 8 米，厚 0.8 米，镌刻毛泽东手抄体 1925 年作的《沁园春 · 长沙》：“独立寒秋，湘江北去，橘子洲头。看万山红遍，层林尽染；漫江碧透，百舸争流。鹰击长空，鱼翔浅底，万类霜天竞自由。怅寥廓，问苍茫大地，谁主沉浮？携来百侣曾游。忆往昔峥嵘岁月稠。恰同学少年，风华正茂；书生意气，挥斥方遒。指点江山，激扬文字，粪土当年万户侯。曾记否，到中流击水，浪遏飞舟？”[①] 公园里还立有诗词碑、颂橘亭等景点，为湖南省“最佳公园”，全国首批 4A 级风景旅游区，全国重点风景名胜区。景区内风景秀丽，环境清幽，四时之景各异其趣，尤以“橙黄橘绿”之秋景为最佳。每当入夏杨柳依依，河风习习，前来游泳者络绎不绝，橘子洲成为市民休闲消夏的绝好去处。城内城外“江山如此多娇”，更显示出这座南国名城的旖旎风光。

岳麓书院是历史文化名城长沙的一颗璀璨明珠。书院制度是中国古代有别于官学的重要教育制度。它始于晚唐，盛于宋，历经元、明延至清末。据不完全统计，历代创建的大小书院约有 7000 余所。但保留至今的书院极少，像“岳麓书院”这样保留和修复得如此完好的更是屈指可数。岳麓书院位于长沙清风峡口，其前身可追溯到唐末五代（公元 958 年）智睿等二僧办学。而真正意义上的岳麓书院，则是以尚书出任潭州太守的朱洞，于宋开宝九年（公元 976 年）创立的。初创的书院分有“讲堂 5 间，斋舍 52 间”，其中“讲堂”是老师讲学布

① 毛泽东：《沁园春 · 长沙》，见《毛主席语录、毛主席的五篇著作、毛主席诗词》，1 ~3 页，北京，人民出版社，1969。

道的场所，“斋堂”则是学生平时读书学习兼有住宿的场所。岳麓书院的这种中开讲堂、东西序列“斋舍”的格局一直沿袭至今。书院坐落在岳麓山东麓，从湘江西岸的牌楼口直往山巅，早有古道联通形成一条风景的中轴线，岳麓书院就建在这条中轴线的中点上。书院海拔约100米，现占地2.5万余平方米，其中建筑面积为7000余平方米。历经千载，瀚墨流香，弦歌不绝，办学不已，故有“千年学府”的美誉。[①] 岳麓书院创立伊始，即以其办学和传播学术文化而闻名于世。大中祥符八年（公元1015年），宋真宗赐书“岳麓书院”四字的匾额，使岳麓书院与“白鹿洞书院”（江西九江）、“嵩阳书院”（河南登封）、“睢阳书院”（河南商丘）并称为“中国古代四大书院”。岳麓书院系最高层次的书院，其讲学者中多有全国名流大师，周式、张栻、欧阳守道、张凤山、袁名曜、王先谦等一代代山长（相当于现在的校长），志存高远，从“士得屋以居，得书以读”起步，强调“传道”、“求仁”、“率性立命”，甚至“以不得卒业于湖湘为恨”自勉，这才有了后人把岳麓书院比之孔孟之乡“洙泗”、“邹鲁”。[②] 入院生徒对经史多有一定了解，赋诗作文已有一定基础，甚至还要通过一定的考试或推荐才能选拔入学。所谓“潭州三学”[③]，就反映了岳麓书院录取生徒的情况。据明代《岳麓志》载：“宋潭士目居学读书为重，岳麓书院外，于湘江西岸复建湘西书院，州学生月积分高等，升湘西书院；又积分高等，升岳麓书院。”[④] 乾隆年间长沙岳麓、城南两书院隔江相望，尽管同属省会书院，但是岳麓在全省招生，城南在长沙府招生，程度有别。湖南巡抚陈宏谋规定，每年年底“将两书院生童传齐汇考一次，核其有无精进，以定次年去留。城南书院生员中有佳者，

---

① 参见李昆、海鸥：《湖南湖北行知书》，148页，广州，广东旅游出版社，2005。

② 参见窦为龙：《岳麓书院追书魂》，载《中国国土资源报》，2009年2月27日第9版。

③ “潭州三学”即潭州州学、湘西书院、岳麓书院三学，学生按月试积分高等递升，“三学”为三个层次。

④ （明）刻本《岳麓志》卷三。

送岳麓书院。”[①] 著名理学家朱熹、张栻都曾在岳麓书院讲学，形成全国颇具影响的“湖湘学派”。1956 年湖南省人民政府将它列为湖南省重点文物保护单位，1988 年 1 月 13 日国务院公布岳麓书院为“全国重点文物保护单位”。

岳麓书院是我国保存最完整的古代书院。岳麓书院的学规最早源就于朱熹的《书院教条》，到清代乾隆年间欧阳正焕任书院院长时，又提出“整、齐、严、肃”四字并撰诗，刻在碑上嵌于书院讲堂右壁，流传至今。这四个大字刚劲有力，令后人景仰不已。当时有民谣曰：“道林三百众，书院一千徒。”[②] 明清以来王夫之师法屈原，孜孜探索；魏源光大船山，启蒙后世。及至近代谭嗣同、唐才常变法维新，开“湖湘风气”之先，称书院为“潇湘洙泗”[③]，将它与孔子在家讲学的地方并称。南宋德祐二年（公元 1276 年），元将阿里海牙兵毁书院；元至元二十三年（公元 1286 年），郡人学正刘必大又重建。此后数经战火兵灾屡经修复，到清康熙执政（公元 1662 年），书院又有较大的复兴，康熙皇帝以“学达性天”赐给书院；公元 1736 年乾隆皇帝亦赐“道南正脉”匾额给书院。千百年来楚材导源于此，诚如岳麓书院大门两旁一副极有名气的对联：“惟楚有才，于斯为盛。”[④] 以有史记载的清代为例，岳麓书院培养出了如王夫之、陶树、魏源、左宗棠、胡林翼、曾国藩、郭嵩涛、李元度、唐才常、沈荩、杨昌济等著名的湖湘学者。为适应时代前进的步伐，岳麓书院于清光绪二十九年（公元 1903 年），更制易名为“湖南高等学堂”，1912 年更名为“湖南高等师范学校”，1917 年改名为“湖南公立工业专门学校”，自 1926 年工专、商专与政法专校一览合并改称为“湖南大学”至今，千年学府弦歌不绝。书院现存的古建筑尚有御书楼、文昌楼、半学斋、

① （清）陈宏谋：《申明书院条规以励实学示》，见邓洪波编：《中国书院史资料》，1585 页，浙江，浙江教育出版社，1998。

② 资料来源于《岳麓书院导游词》。

③ 将岳麓书院称为“潇湘洙泗”，也就是将它（潇、湘）与孔子在家讲学的地方（洙、泗）相提并论，以示继承了孔子的儒家之风。

④ 周艺文等主编：《芙蓉之旅》，28 ~ 31 页，长沙，湖南地图出版社，2001。

十彝器堂、濂溪祠、湘水校经堂、自卑亭等为清代所建，1981—1987年按原貌分期修复，书院的前门、赫曦台、大门、二门、讲堂、御书楼依次居中轴线而建；文庙、专祠及半学斋分建中轴线的北侧；教学斋、白泉轩、园林、碑廊等分建于中轴线的南侧。整个院内大小院落，交叉有序；亭台楼阁，古朴典雅；佳花名木，姿态各异；碑额诗联，比比皆是。所有这些，充分展现了古书院攻读经史、求索问道、赋诗作联、舞文弄墨的特色。岳麓书院现存建筑有山长居室、师生斋舍、授业讲堂、藏书楼阁、圣庙专祠、园林碑廊。院后的参天古木、茂林修竹，堪称当今海内外保存得最完好、规模最大的书院文物。书院前厅左右两壁石刻“忠孝廉节”四个大字，为朱熹所书。①

荟萃湘楚文化精华的岳麓山素以名胜古迹众多著称。长沙享有“楚汉名城”之称，距今15～20万年前，长沙地区就有原始人类活动；距今7000年前已有先民定居；距今4500年前已有发达的原始农业和渔猎业。“长沙”之名始于西周，迄今已有3000多年历史。春秋战国时期长沙城邑已具雏形，成为楚南重镇。公元前221年秦统一中国后，置“长沙郡”，长沙为郡治所在地。公元前202年西汉设立“长沙国”，长沙成为诸侯国首府。尔后历代封建王朝均以长沙作为郡、国、州、府、路、厅治所。公元1664年以来，长沙一直为湖南省会；1933年始设长沙市至今。遍布长沙城乡的历史文化遗存，无一不显示出这座文化古城的魅力和丰姿。譬如，1972年长沙东郊马王堆汉墓出土的一具保存完整的女尸及其丰富的葬品，被誉为世界奇迹；②1993年长沙西郊发掘出西汉王室墓，被称为中国考古的重大发现；1996年在市中心五一广场东侧发掘出三国孙吴纪年简牍数万片数十万字，称为研究我国古代史资料的第五大惊世发现。③ 长沙共发掘楚墓

---

① 参见周艺文等主编：《芙蓉之旅》，31页，长沙，湖南地图出版社，2001。“忠孝廉节”碑共分四块碑石，每字一碑，分嵌在岳麓书院讲堂左右两壁。每块碑高213厘米、宽141厘米，字高169厘米、宽122厘米，大字行书，题款为正楷。

② 参见小小编著：《中国南方北方游》（南方卷），114页，北京，中国电影出版社，2005。

③ 参见周艺文等主编：《芙蓉之旅》，35页，长沙，湖南地图出版社，2001。

3000多座，汉墓10 000多座，出土保存完好的文物20 000多种、10万件以上。现有国家级文物保护单位6处，省级文物保护单位51处。自唐以来，许多著名诗人、学者以及社会名流，都有称颂长沙岳麓山的诗文，或留下了他们的足迹。诗人杜甫在漂泊潭州时，就写下了“寺门高开洞庭野，殿脚插入赤沙湖”；“塔级宫墙壮丽敌，香厨松道清凉俱”[①] 的诗句，赞颂山中殿宇的宏伟和环境的清幽。唐代大书法家李邕在《麓山寺碑》中，评述该地“幽谷左豁，崇山右峙，瞰郭万家，带江千里，玉水布飞，石林云起”。宋代书法家米芾专程来此观摩《北海碑》，碑侧尚留有他的题记。[②] 岳麓山还有许多革命先驱的墓葬，这些茔墓掩映在苍松翠柏之间，庄严肃穆，黄兴、蔡锷墓是其中最巍峨雄伟的两座。黄兴墓位于云麓峰左方的小月亮坪，塔形碑柱直顶蓝天，上嵌铜铸“黄公克强之墓”碑文，护以铁石栏杆，墓的右下方即黄兴墓庐已修葺一新。蔡锷墓在白鹤泉之上，碑柱上嵌有铜铸“蔡公松坡之墓”的碑文，墓有石栏围护。这里不仅长眠了辛亥革命时期为推翻帝制实现共和而献身的先烈；为舍生取义而慷慨赴死的志士仁人；而且长眠了抗日战争时期为抵御外侮而浴血疆场，以身殉国的中国军民。那一座座为他们树立的丰碑墓志，永远昭示和激励着中华民族的子孙后代，构成了岳麓山的一幅幅悲壮肃穆的人文景观。

二

爱晚亭堪称我国亭台建筑中的经典。“爱晚亭”原名“红叶亭”，位于岳麓山下的清风峡中，坐西向东三面环山，古枫参天。它始建于清乾隆五十七年（公元1792年），为岳麓书院院长罗典创建。后由湖广总督毕沅，根据唐代诗人杜牧《山行》的诗句：“远上寒山石径斜，

---

① （唐）杜甫：《岳麓山道林二寺行》。原诗句为：“玉泉之南麓山殊，道林林壑争盘纡。寺门高开洞庭野，殿脚插入赤沙湖。五月寒风冷佛骨，六时天乐朝香炉。地灵步步雪山草，僧宝人人沧海珠。塔级宫墙壮丽敌，香厨松道清凉俱。”

② 参见小小编著：《中国南方北方游》（南方卷），112页，北京，中国电影出版社，2005。

白云深处有人家。停车坐爱枫林晚，霜叶红于二月花。”① 改名为“爱晚亭”。又经过同治、光绪、宣统、民国至新中国成立后的多次大修，爱晚亭才逐渐形成了今天的格局。爱晚亭与安徽滁县的醉翁亭（公元1046年建）、杭州西湖的湖心亭（公元1552年建）以及北京陶然亭公园的陶然亭（公元1695年建），并称为“中国四大名亭”，该亭为湖南省文物保护单位。毛泽东青年时代在长沙第一师范求学时，常与罗学瓒、张昆弟等人一起与蔡和森聚会于爱晚亭下，纵谈时局探求真理。该亭在抗日战争时期被毁，1952年重建，1987年大修。亭形为重檐八柱，琉璃碧瓦，亭角飞翘，自远处观之似凌空欲飞状。内为丹漆圆柱，外檐四石柱为花岗岩，亭中彩绘藻井，东西两面亭悬以红底鎏金“爱晚亭”匾额，是由当时湖南大学校长李达专函请毛泽东手书的。亭内立有一碑，刻有毛泽东主席手书《沁园春·长沙》诗句，笔走龙蛇，雄浑自如，更使古亭流光溢彩。亭前有两口池塘，接纳清风峡流泻的山泉，塘中碧波粼粼，塘畔杨柳成行。四周皆枫林，深秋时红叶满山。亭前石柱上刻有一副对联：“山径晚红舒，五百夭桃新种得；峡云深翠滴，一双驯鹤待笼来。”②

麓山寺是中国佛教史上著名的道场之一。麓山寺又名“慧光寺”，位于湘江西岸岳麓山的半山腰，始建于西晋泰始四年（公元268年），距今已有1700多年的历史，是佛教入湘最早的遗迹，也是湖南最大的佛寺，现为湖南省佛教协会驻地。明万历年间曾改名为“万寿禅寺”，民国初年恢复“麓山寺”的名称。麓山寺原来殿宇宏伟，分为前后两殿，前殿毁于1944年，后殿“观音阁”（又名“藏经殿”），1955年曾加修茸。阁前左右各有一株罗汉松，称之为“松关”。相传其中一株为六朝时所植，故称“六朝松”，至今仍枝干遒劲，青翠挺拔。自晋以后，历经法崇、法导、摩诃衍那、智谦等高僧住持，佛事日弘。释法愍大师著《显验论》，注《大道地经》。隋开皇九年（公元589年），天台宗创始人智顗在此传经说法，宣讲《法华玄文》等天台名

① 《诗词鉴赏辞典》，1098页，上海，上海辞书出版社，1983。

② 周艺文等主编：《芙蓉之旅》，25页，长沙，湖南地图出版社，2001。

著，一时听众云集，对三湘佛教影响深远。唐时麓山寺盛极一时，寺院规模宏大气势磅礴，殿堂华丽声名蔚成大观，文人雅士竞相携游，或赋诗或作文。诗圣杜甫有“寺门高开洞庭野，殿脚插入赤沙湖”①之吟咏。大书法家李邕（公元648—744年），于唐开元十八年（公元730年）撰写《麓山寺碑》以记其胜。明代砌亭复盖，清咸丰年间移嵌于岳麓书院楼壁间，现保存在湖南大学。碑高2.72米、宽1.33米，碑额篆书“麓山寺碑”四个大字，碑文为行楷书，内容叙述自晋太始年间建麓山寺至唐开元立碑时，寺的兴废修葺和历届禅师宣扬佛法的经过，还描写了岳麓风光，全文共1413字，因其文采、书法、雕刻都极美，又因李邕曾任北海太守，故称“北海三绝碑”②。它是我国著名的唐碑，属湖南省重点保护文物。麓山寺自晋代创建以来，经过隋唐的发展，宋元的延续，至明代中期已成为全国佛教禅宗派著名的胜地，为彰扬麓山寺的功绩，明神宗于万历年间特赐名“万寿禅寺”。明末禅寺毁于兵火，后于清康熙年间又重新修复，但规模远小于从前。1944年再毁于日军战火，仅存山门及观音阁，1986年由长沙市佛教协会主持恢复原貌。

云麓宫为道家的“洞真虚福地”。云麓宫位于湘江西岸的岳麓山右顶峰上。云麓峰亦称“灵麓峰”，是岳麓山的主峰。明成化十四年（公元1478年）吉简王朱见浚就藩于长沙时，建筑取宫殿形制，但旧宫早已废记。明嘉靖年间（公元1522—1566年），太守孙复与道人李可经加以扩建，形成较完整的道宫格局，并增植松、柏、桐、梓及竹千株，使观宇周围风景焕然一新。明隆庆年间（公元1567—1572年），又有道士金守分来这里修炼。金守分请殿元张阳和为之倡修，于原来的旧址募建三殿堂：前为关帝殿，中为玄武祖师殿，后为三清殿③，取名为“云麓宫”。共筑房屋5间，凿石为柱，覆以铁瓦，以抗风雪。其建筑古朴典雅，并在宫后增建“望湘亭”供人凭栏远眺，云麓宫自

① （唐）杜甫：《岳麓、道林二寺行》。

② 周艺文等主编：《芙蓉之旅》，26页，长沙，湖南地图出版社，2001。

③ 道教以玉清元始天尊、上清灵宝天尊、太清道德天尊（太上老君）为最高尊神，合体三清，故名三清殿。

此成为道教胜地。明末及清咸丰初年，云麓宫两度毁于兵燹。道家倡行“无为而治”，总是选择清静优美之处建立宫观，修身养性，采药炼丹，以求得道成仙，并将这些地方视作神仙的居所，由此形成了著名的“十大洞天”、“三十六小洞天”和“七十二福地”。四周峰峦耸峙、石骨盘迂、树竹青翠的“云麓宫”，就是其中的“第二十三福地”——“洞真虚福地”。清同治二年（公元1863年）按原格局再加以修葺，并在殿前后左右建五岳殿、天妃殿，又增建宫门。进士吴獬游此时为宫门题写“对云绝顶犹为麓，救道安人即是宫”一联，因联内隐“云麓道宫”四字传为佳作。以前宫门据说还有一副对联：“古刹出层宵，看岳色平分，江流环绕；名山多胜迹，有少陵写句，北海题碑。”对联的上联写出了云麓宫的宏伟，似乎超出云霄之上，在此可以近看岳麓山色，远眺湘江环流；下联描述了云麓宫所在的岳麓山诸多历史胜迹，杜甫在这里留下了诗句，李邕题撰著名的碑刻。1944年云麓宫殿堂、神像、碑刻被日机炸毁。1946年道人邬云开、吴明海等筹款修复。宫前有古银杏一株，其树杈高悬一口铁铸大钟，上刻“万历年造”铭文，尽管历经风雨却豪无锈迹。其声激越清扬，其音有如“归来”，故名“归来钟”。云麓宫内楹联很多，都出自名家手笔。其中有清人黄道让所题“西南云气来衡岳，日夜江声下洞庭”①，抓住了云麓宫壮阔的特色，气魄宏伟，对仗工整，字迹道劲，素为游人喜爱和吟诵。现今尚能见到的，还有明末清初长沙人廖元度的《宿云麓宫》，诗云：“林深宵空重，一梳对灯青。月色如秋瘦，虫声触梦醒。”抒发了作者在朝代更迭的乱世，无家可归寄居庙观，夜晚寂寞独对孤灯，痛惜国亡家破的情感。清代有一首由岳麓书院肄业、溆浦人严正基所撰的《夜登云麓宫》：“云麓峰巅足眠，征衫扰带五溪烟。当头华月三千里，弹指东风念四年。螟色暗投游屐外，松涛请到杵钟边。故园计买青山宅，便与人间作散仙。”云麓宫地处岳麓山巅，四周古木参天景色宜人，是游人品茶、谈联、观景、歇憩的好地方。

白鹤泉有“麓山第一芳润”之称。白鹤泉在麓山寺后一处古树环

① 周艺文等主编：《芙蓉之旅》，27页，长沙，湖南地图出版社，2001。

抱的石罅中，冬夏不涸，清冽甘甜，清澈透明。明代《岳麓书院志》说“泉出石中，甘洁不枯”；又说“常有白鹤飞止石巅”。清代《新修岳麓书院志》也说“泉出石中，甘冽绝伦，尝有白鹤守之，刻石记其上”。该泉井汇聚麓山峰项流来的源泉，历来为寺僧和过往游人饮水之场所。宋代赵忭有《白鹤泉诗》：“灵派本无源，因禽濑玉泉，自非流异禀，谁识洞中仙。”① 相传古时候曾有一对仙鹤常飞至此饮水，因而此水井取名为“白鹤泉”。自明代以来，各主持僧人均拓石整修，曾有寺僧砌石为井如鹤形，刻“白鹤泉”三字于崖上，并建有一石碑。清光绪三年（公元 1877 年）粮道夏宪云首在泉上建亭，刻碑之石以记其事。抗战时被毁，解放后又新建一亭，碧瓦朱栏，彩绘藻井，围以汉白玉石栏，凭栏俯视井中泉水，亭顶彩绘双鹤倒映水中，情趣盎然，颇见风雅。白鹤泉水有一个有趣的特点，用它煮沸后沏茶，蒸腾的热气盘旋在茶杯口久久不散，形似白鹤翩翩起舞，饮之能使人延年益寿。现在泉水的旁边建有茶室，专用清冽的白鹤泉水沏茶，供游客品尝。原来的白鹤泉，泉水突涌，滔滔不绝，味甘清冽，还有一条水渠与山下双龙池相通，泉水从龙口流出喷珠吐玉，不失为一大景观，四邻八乡的百姓饮水也大都取之于此。

岳麓山是目前湖南省唯一通过 ISO14000 认证的国家级风景名胜区。1996 年 8 月 5 日湖南省第八届人民代表大会常务委员会第二十三次会议批准的《岳麓山风景名胜区管理办法》规定，岳麓山风景名胜区由麓山景区、天马山景区、桃花岭景区、石佳岭景区和新民学会景点、土城头景点组成。具体的麓山景区是指：岳麓山绿化保护线内地域，湖南大学校区内和岳麓书院、东方红广场和湖南师范大学校区内的忠烈祠、岳王亭地域。为保护风景名胜资源，协调自然景观，在风景名胜区外围划定保护地带。其范围是风景名胜区外东至橘洲东岸，西至桃花岭西山麓，南至靳江河南岸，北至龙王港北岸。风景名胜区各景区和外围保护地带，总面积为 36 平方公里，按总体规划确定的范围标界。凡在风景名胜区及其外围保护地带内进行活动的单位和个人，

① 周艺文等主编：《芙蓉之旅》，26 页，长沙，湖南地图出版社，2001。

有保护风景名胜资源的义务，均须遵守本办法。市人民政府加强对风景名胜区工作的领导，按照严格保护、统一管理、合理开发、永续利用的原则，组织有关部门依法履行各自的职责，共同做好风景名胜区工作。风景名胜区及其外围保护地带的规划，任何单位和个人必须严格执行，不得擅自改变。风景名胜区内的土地，任何单位和个人不得侵占。在风景名胜区内，任何单位和个人不得擅自扩大建设用地。除按统一规划增设景点和游览业务设施外，禁止新迁进单位，严格控制新迁入住户，禁止设立开发区、度假区，禁止出让风景名胜资源和景区土地。禁止在风景名胜区内砍柴、放牧、取石、取土、采矿、烧窑、葬坟和修墓。禁止在文物古迹、园林建筑物、岩石和竹木上刻画或污损。严格控制火源，禁止野炊，禁止鸣放鞭炮，禁止室外烧纸点烛。进山道路和游览通道必须保持畅通，车辆须限速行驶，按指定的地点停放。禁止占用道路摆摊设点、堆放杂物。游览场所应制定简明的游览须知，引导游人遵守公共秩序，爱护风景名胜资源。风景名胜资源费应当专款专用，用于风景名胜资源的维护。《岳麓山风景名胜区麓山景区详细规划》已正式通过专家评审，重点解决人工景点与环境不协调的矛盾。据悉，市民反映强烈的鸟语林、电视塔等人工景观，将按规划搬离名山。岳麓山风景区系国家级重点风景名胜，它由秀美的自然风貌、丰富的动植物资源以及著名的文化古迹、近代名人墓葬、革命纪念遗址等组成，是国内知名的城市山岳型风景名胜区。长沙市将分步拆除景区内破坏整体景观的建筑，恢复古登山道，严格保护现有植被。景区内的建筑在形式、风格、材料等方面，都必须与岳麓书院、爱晚亭协调一致。景区的所有自然溪、涧、滩、潭，均以保持原始、自然状态为目标，所有景点游道与设施都不得对现有水体及其原有通道产生破坏。

江西庐山文化自然遗产景观

一

庐山古称“匡庐”，是一座历史悠久的文化自然名山。江西庐山文化自然遗产景观（庐山国家公园）的英文名称为：Lushan National Park。相传在周朝时，有匡氏7兄弟上山修道结庐为舍，后成仙而去，其所居之庐幻化为山，而得名“庐山”。[①] 庐山在具有突出价值的自然美之中，融汇着中华民族精神和文化生活紧密结合的文化景观。庐山位于江西省北部的九江市南面，北临长江，东濒鄱阳湖，南靠南昌滕王阁，西邻京九大动脉，北枕滔滔长江水，是独特的地垒式断块山。庐山属中亚热带北缘，地处东经115°52′~116°08′，北纬29°26′~29°41′之间，海拔1000~1300米；年平均温度11.4℃，极端气温分别为32℃~16.8℃；年平均降水1833.5毫米，降水日为170天左右，云雾日190.6天，全年日照数为1330小时左右。庐山景区长约25公里，宽约20公里，风景区总面积302平方公里，山体面积282平方公里，

---

① 参见小小编著：《中国南方北方游》（南方卷），98页，北京，中国电影出版社，2005。

外围保护地带500平方公里；最高大的汉阳峰①海拔1474米。庐山自古命名的山峰有171座，群峰间散布冈岭26座，壑谷20条，岩洞16个，怪石22处，瀑布22处，溪涧18条，湖潭14处。其中，著名的三叠泉瀑布落差达155米。位于山麓南侧的天沐温泉，早在公元4世纪就是我国著名的温泉之一。“亭子墩文化遗址”的发掘表明，早在6000年前的新石器晚期，庐山地区就有人类活动，长久以来人们在这里创造了内涵丰富、影响深远的庐山文化。② 庐山现有远古文化遗址20余处，中古文化遗址600余处，风景区内有16大自然景观，景点474处，摩崖石刻900余处，碑刻300余块。源远流长的庐山文化，造就了庐山特有的文化景观。

美丽的庐山是世界级名山。庐山第四纪冰川遗址是中国乃至世界最丰富、最典型、最集中、保存最完整的地区之一，是著名的地质学家李四光及后继者的科研、教学基地。庐山的地形成因是断裂隙起的断块山，周围断层颇多，特别是东南部和西北部，呈东北至西南走向的断层规模较大，由于这种断层块构造而形成的山体，故多奇峰峻岭，悬崖峭壁，千姿百态，有的浑圆如华盖，有的绵延似长城；有的高摩天穹，有的俯瞰波涛，有的像船航巷海，有的如龟行大地，雄伟壮观、气象万千。几千万年前的地壳运动，造就了庐山于平地之间突兀而起立的“地垒式”山峰，成就了庐山叠障九层、崇岭万仞的赫赫气势，伴生出峰峦不穷、怪石不绝的“阳刚之美”。在季节变化上，庐山则夏季凉爽，秋季早到，冬无酷寒，春则晚来。由于庐山地处亚热带季

---

① 相传洪水稽天时，庐山皆漫，惟此峰不没而立于水天中，汉王避于此。据古人说，“月明风清之夜，由此可望汉阳灯光”，故亦称“汉阳台”。“汉阳峰”一名也因此得来。大汉阳峰位于庐山南部，距牯岭街约20公里。大汉阳峰是庐山的主峰，海拔1474米，地势高峻，峰顶撑天。登临其上，一览群山小，遥望江汉城。那四面的水光，万层的峰色，仿佛构成了巧夺天工的大自然水石盆景，而大汉阳峰正像一朵绽放于盆景中的倚天青芙蓉。清代曹龙树在《汉阳峰》诗中赞云：“东南屏翰耸崔巍，一柄芙蓉顶上栽。四面水光随地绕，万层峰色倚天开。当头红日迟迟转，俯首青云得得来。到此乾坤无障碍，遥从瀛海看蓬莱。”近人亦有“到庐山没有上大汉阳峰，等于没有到过庐山”之说。

② 参见《中国世界遗产年鉴》编纂委员会编：《中国世界遗产年鉴2004》，152～153页，北京，中华书局，2004。

风区，雨量充沛、气候温和宜人，盛夏季节是高悬于长江中下游“热海”中的“凉岛”，全国著名的旅游、避暑胜地。[①] 又由于庐山高耸于江湖之间，雨量充沛，山中温差大，云雾多，千姿百态，变幻无穷。有时山巅高出云层，从山下看山上，云天缥缈，时隐时现，宛如仙境。从山上往山下看，脚下则云海茫茫，有如腾云驾雾一般。有时山上暗无天日，山下则是细雨飘飞，情趣异常。“庐山雾淞”是一大奇观，在浓湿的雾气与冷空气的相聚之下，这些凝附在丛丛灌木树上的冰花，就像是在从海底移植到这里来的大片珊瑚林。雾淞以它依附在各种不同姿态的树枝上而变化无穷，在这白色的花圃里，它们各展风采，成为一幅妙笔丹青的群芳图。晋代大诗人陶渊明一生以庐山为背景进行创作并开创的田园诗，影响了他以后的整个中国诗坛。释慧远及谢灵运的庐山诗歌，也是中国最早的山水诗之一。唐代诗人李白最爱此胜景，曾隐居于此修筑了“太白读书堂”，写下了著名的诗篇《庐山谣》。现存的“白居易草堂”，是按照“五架三间新草堂，石阶挂柱竹编墙”[②] 的建筑形式和风格修建的。坐北朝南木结构、草顶，堂前立有一尊2米多高的白居易石雕像，其潇洒情怀，借石质而再现于天地间。草堂周边环境也与原草堂相近，堂前有一莲池，堂左有一小溪，堂后有苍松翠竹，其展现的情韵远非原草堂可比，草堂内陈列着白居易的著作及他在庐山活动的有关资料。唐代诗人白居易《大林寺桃花》云：“人间四月芳菲尽，山寺桃花始盛开。长恨春归无觅处，不知转入此山来。”说的就是庐山[③]。大山、大江、大湖浑然一体，险峻与柔丽相济，因而使庐山以“雄、奇、险、秀”闻名于世。远看庐山有如一山飞峙大江边，近看千峰携手紧相连，横看铁壁铜墙立湖岸，侧看“擎天一柱”直耸云霄。正如宋代大文豪苏东坡（苏轼）诗云：

---

① 山脚下的九江市是沿长江最热城市之一，7月平均温度为29.6℃，南昌也是29.6℃。而庐山7月的平均气温仅22.6℃，日最高气温常在30℃以下。因此，庐山是全国著名的避暑胜地。

② （唐）白居易：《庐山草堂记》。

③ （唐）白居易：《大林寺桃花》，见《唐诗鉴赏辞典》，898页，上海，上海辞书出版社，1983。

“横看成岭侧成峰，远近高低各不同。不识庐山真面目，只缘身在此山中。”① 然而要领略庐山之美，必须亲临其境。一旦文化以一种独特的方式融汇到自然之中，它便能够充实和强化自然美，并产生画龙点睛的妙趣，使其更生动、更具魅力。庐山便是这样一座名垂千古的文化名山。庐山旅游资源丰富，在 300 多平方公里的风景区内，有 12 个景区、37 处景点、230 多个景物景观，② 大自然以它的神奇伟力创造了神奇的庐山。

庐山自古以来就享有“匡庐奇秀甲天下”之美誉。以牯岭镇正街为中心，修建了环山公路，北山、南山两公路分别与九江、南昌相接，并把花径、小天池、仙人洞、大天池、三宝树、黄龙潭、含鄱口等著名风景点连接起来。牯岭镇是一座奇特的山城，海拔 1167 米，因常有云雾弥漫，故有“云中山城”的称谓。牯岭面积为镇 46.6 平方公里，常住人口达 1.3 万，为庐山风景名胜区管理局所在地，是庐山政治、经济、文化、旅游接待的中心，世界上少有如此繁荣的高山岭镇。镇上街道两边遍布着大小商店、饭馆、澡堂、银行、邮局等服务设施。镇上还有一座电影院，尽管从外观看与普通的电影院没有太大的区别。但这家影院是为了纪念一部影片而建的，整个影院的放映清单里也只有一部电影《庐山恋》。《庐山恋》如同中国的《泰坦尼克号》，永远在人民的心里留下深深的烙印。“花径”位于庐山的西谷之中，由牯岭出发沿环山公路西南行约 2 公里便可抵达花径。花径系唐代诗人白居易“咏桃花”的地方。相传白居易任江州（今九江）司马时，在山下九江等地桃花已凋落的暮春时节，登上庐山游览（公元 817 年），看到这里桃花仍然盛开而感慨不已，便写下了“人间四月芳菲尽，山寺桃花始盛开”的著名诗句。自此这里便被人们称为“白司马花径”。

---

① （北宋）苏轼：《题西林壁》，见《历代诗词曲佳句名篇大全》，178 页，长江文艺出版社，1992。

② 《中国文化遗产年鉴》编辑委员会：《中国文化遗产年鉴 2006》，91 页，北京，文物出版社，2006。

旧传径内有“万株桃林”，1953 年拓为“花径公园”[①]。出镇往西可到“西湖”（又名“花径湖”），它建成于 1961 年，面积 11 万平方米，蓄水量 100 万立方米。因湖旁原有“水声如琴”的石刻，且湖面如同一把提琴又得名“花琴湖”。湖中有湖心岛呈椭圆形，岛上有九曲桥与湖岸相联。岛四周苍松含翠，宛如一根碧绿的“项链”平铺在湖上，岛东端建有忆琴亭，西端建有一水榭。每当月色融融的夜晚，荡舟湖上，那青山、曲桥、亭台、水榭都抹上了一层淡淡的金色，仿佛进入了一个美妙的童话世界。位于花径湖外侧锦绣谷的深涧上方，两悬崖突兀对峙恰似断桥。相传当年朱元璋与陈友谅在“鄱阳湖大战”，朱元璋兵败逃上庐山，慌不择路逃上了悬崖，下临深谷，前无去路，后有追兵，危急之时突然天降金龙化作“虹桥”，朱元璋兵马刚刚过桥脱险，刹时晴天霹雳巨响，龙飞桥断，就此留下“天桥奇观”。后来朱元璋做了皇帝，为了怀念和报答这次救命之恩，他拨巨资在庐山专门修建了一座“圆佛殿”，这一美好传说流传至今。由大天池西南侧沿石阶下行数百米，便可见一座拔地千尺、下临绝壑的悬崖，孤悬空中宛如苍龙昂首飞舞天外，这就是著名景点“龙首崖”。游客若从悬崖左边的石亭上观看，龙首崖悬壁峭立，一块巨石横亘其上，恰似苍龙昂首。崖下扎根石隙的几棵虬松宛如龙须，微风吹拂恰似龙须飘飞。在龙首崖上方凭栏俯瞰石涧峡谷，可见狮子岩、方印岩、文殊岩、清凉岩、万丈梯等诸多景致，奇石累累，姿态万千。从黄龙寺沿石阶曲径上行约 20 分钟便到芦林大桥。芦林大桥高 30 米，桥坝一体拦水成湖，湖水如镜似发光的碧玉镶嵌在林荫秀谷之中，在缥缈的云烟衬托下，犹如天上神湖。两三百万年前，庐山处于“第四纪冰期”，这里是一个典型的冰窖，是当年庐山最大的囤积冰雪的谷地。1954 年在此筑坝蓄水，于是“高峡出平湖”，青山绿水，山色倒影，相映成趣，毛泽东同志曾多次于湖中游泳。五老峰地处庐山东南，因山的绝顶被

① 花径亭的石门上横书着“花径”二字，两侧有“花开山寺，咏留诗人”的石刻对联。“花径”二字相传为白居易手书。在亭左绿树婆娑，花团锦簇中，掩映着一座方形五彩石亭，称为“景白亭”，这就是当年白居易观赏桃花写诗的地方。

山坳所断，分成并列的五个山峰，仰望俨然席地而坐的五位老翁，古人们便把这原出一山的五个山峰统称为“五老峰”。它根连鄱阳湖，峰尖触天，海拔1436米，尽管高度略低于大汉阳峰，但其雄奇却有过之而无不及，为全山形势最雄伟奇险之胜景。站立山顶俯视山下峰峦，有的挺立如竿，有的壁立如屏，有的蹲踞如兽，有的飞舞如鸟，山势此起彼伏，犹如大海汹涌波涛。极目眺望，远处的城廓川原宛如盘中玉雕，鄱阳湖中来往的船帆历历在目。倘若朝夕登峰极顶，则可见朝霞喷彩，落日熔金，色彩缤纷。有时山上狂风乍起，白云四合，身埋雾中，刹时蓝天、澄湖、远树、遥山统统隐藏在云雾里；时而云消雾散，头顶露出蓝天，云海逐渐消失，蓝空下鄱阳湖好像一面巨大明镜，把扬帆的船影映照得特别清晰。阳光里几朵白云把五老峰衬托得更加雄奇，渲染得格外富有诗意。历朝历代诗人名士来到五老峰，无不为这里的瑰丽景色所迷恋，留下了不少赞美的诗篇。如唐代诗人李白的《题庐山瀑布》，就给庐山瀑布带来了极高的声誉。“日照香炉生紫烟，遥看瀑布挂前川。飞流直下三千尺，疑是银河落九天。”① 这首写庐山瀑布的短诗，采取了艺术夸张的手法气势雄伟，被后人誉为千古绝唱。庐山的瀑布最著名的当数三叠泉，被称为“庐山第一奇观”。从五老峰、大月山峰汇集而来的泉水，经过山川石阶折成三叠，全长近百米。从高高的山头凌空而下，宛如一幅水帘悬挂空中。其他著名的瀑布有开生瀑、石门涧、玉渊等。庐山的含鄱口②海拔1286米，左望扬子江，右望鄱阳湖，形势壮观，游人不可不看。这是一个巨大的壑口，大有一口吸尽鄱阳湖水之势，故名“含鄱口”，这里是庐山观日出和云海的胜地，湖天尽赤，红霞荡漾，金光闪闪，景色动人。

庐山植物园是我国建立最早的动植物园。庐山生物资源丰富，森林覆盖率达76.6%。庐山有野生植物2155种，各类高等植物近3000

---

① 李白：《题庐山瀑布》，见《唐诗鉴赏辞典》，329页，上海，上海辞书出版社，1983。

② 含鄱口海拔1286米，含鄱岭和对面的汉阳峰之间形成一个巨大壑口，大有一口吸尽山麓的鄱阳湖水之势，故得名。含鄱岭上有一座雕梁画栋的方型楼台，这就是庐山观日出的胜地“望鄱亭”。

种，首次在庐山发现或者以庐山（牯岭）命名的主要植物有40种。庐山有昆虫2000余种，鸟类171种，兽类33种。许多动植物模式标本便产在这里，首次在庐山发现或者以庐山（牯岭）命名的昆虫有33种。山麓鄱阳湖有鱼类139种，鄱阳湖候鸟保护区，发现有当代世界上最大的白鹤群以及白枕鹤、白头鹤等，总数达4000多只。[①] 世界生物基金会主席菲力浦亲王考察庐山后指出，鄱阳湖的白鹤群，是中国的“第二座万里长城”。庐山植物生长茂盛、植被丰富，放眼谷中含苞欲放的庐山芙蓉，圣洁素雅的牯岭玉兰，纯洁端庄的“多叶诗人草”，风雅华贵的庐山瑞香，五彩斑斓的杜鹃、百花遍野点缀风光，温馨漫遍整个山谷令人迷醉。至于谷中生长的“瑞香花”，《群芳谱》中称为“风流树”。明代医学家李时珍在《本草纲目》中曾作过记载：瑞香产庐山，原名睡香。相传古代有一僧侣昼寝岩下，梦中闻异香酷烈，沉而寻之而得名。后人惊奇认为是瑞祥之兆，故改名为“瑞香”。公元16世纪药物学家李时珍、地理学家徐霞客、开创中国植物志先河的吴其睿等，先后到庐山进行科学考察。庐山植物园建于1934年，它由我国著名植物学家胡先骕、秦仁昌、陈封怀所创建。“庐山植物园”是我国规模最大的一所亚高山植物园，占地4419亩，建筑面积7000多平方米，已建成12个园区，迁地保育活植物3400余种，有植物210科、735属、1720多种，已形成以松柏类植物和杜鹃花科植物为主要特色的山地园林景观，现在正与几十个国家进行着协作和种质交流。自1996年该园被江西省科委列为江西省首家科普教育基地以来，相继被湖北省委宣传部、省团委、省大学生联合会、省高校、工委联合列为湖北省大学生社会实践基地，并成为同济医科大学、华中农大、湖北中医学院、南昌大学等十余所大学的教学实习基地。1999年被授予“全国科普教育基地”和“全国青少年科技教育基地”称号，并在全国第二次科普工作会议上被授予“全国科普工作先进集体”荣誉称号，李岚清副总理亲自授牌。

---

① 参见《中国世界遗产年鉴》编纂委员会编：《中国世界遗产年鉴2004》，153页，北京，中华书局，2004。

庐山是我国著名的佛教圣地。东汉明帝时庐山就是中国佛教中心之一，当时山上寺庙多达300多处。其中，号称庐山“三大名寺”的西林寺、东林寺、大林寺和“五大丛林”的海会、秀峰、万杉、柄贤、归家等最为著名。始建于晋代的东林寺规模宏大，被称为中国佛教八大道场之一，是庐山寺院的鼻祖，花径就是庐山三大名寺之一大林寺的遗址。晋代高僧慧远（334—416），在庐山建立东林寺，首创“弥陀净土法门”，开创中国化佛教，代表佛教中国化的大趋势；禅师竺道生在庐山精舍开创“顿悟成佛说”。5世纪南朝南天师道祖师陆修静建简寂观，编撰藏道经1200余卷，是当时中国最完备的道藏经库。唐代禅宗四祖道信、五祖宏忍也曾游历庐山。唐天宝九年（公元750年）高僧鉴真东渡日本之前，至东林寺朝拜，净土教义由此东传。自唐以后临济宗、沩仰宗、曹洞宗、黄龙宗均以庐山为重要活动地区。从3世纪至13世纪，庐山宗教兴盛，寺庙、道观一度多达500处。明清两朝以后，伊斯兰教、基督教、天主教等宗教派别，也在庐山修建寺堂，弘扬教义。1933年9月在华传教士曾在庐山召开大会。经过1600多年的发展，庐山已形成了“一山兼聚五教”的罕见特色。① 庐山的“白鹿洞书院”建成于公元940年，相传是唐代李渤读书的地方②，并在此养一鹿自娱，人称白鹿先生，此地后称“白鹿洞”。它是我国最早的书院——庐山国学，南宋时经朱熹、陆九渊对它重建扩充为“白鹿洞书院”，占地面积为3000亩，建筑面积3800平方米，广收弟子弘扬“理学”，朱熹、陆象山、王阳明等都在这里讲过学，因而成为我国“四大书院之首”，代表了中国近世700年的宋学大趋势。1998年白鹿洞书院被列为“国家重点文物保护单位”③。“独爱莲之出淤泥而不染”的周敦颐，在庐山莲衣峰下，曾建立开创宋明理学成绩显著的濂溪书院。山中还有清凉寺，建于唐中宗神龙年间，历经修缮

---

① 张敏：《中国世界遗产走笔：庐山》，《新华每日电讯》2004年6月21日，第6版。

② 公元825年李渤任江州刺史后，在原读书处扩建书堂，冠名“白鹿洞”，宋初扩建为“白鹿洞书院”。

③ 《中国世界遗产年鉴》编纂委员会编：《中国世界遗产年鉴2004》，153页，北京，中华书局，2004。

今犹完好。佛阁经堂飞檐逐云，既入山门，顺回廊直入大雄宝殿，两厢及后院为游客休憩之所，凡 99 间处处相通，可容千人住宿。

中华民族源远流长的历史和数千年博大精深的文化孕育了庐山无比丰厚的内涵，使它集教育名山、文化名山、宗教名山、政治名山于一身。相传夏禹王疏浚九江来过庐山，传为大禹时所作的《禹贡》及稍后的《山海经》，均有庐山古称的记载。秦始皇南巡时，也曾登临庐山。公元前 126 年，司马迁“南登庐山”，将“庐山”载入中国第一部纪传体史书《史记·河渠书》，记录了秦始皇、汉武帝南巡时“浮江而下”以来，庐山在国家政治生活中的地位不断提高。唐玄宗建太平宫于庐山，并御书“九天使者之殿”匾。南唐中主李璟在庐山隐居读书，登基后舍宅为寺取名开先，南唐后主李煜又建圆通寺。宋太祖赐白鹿洞书院国子监印本《九经》，敕书院为“白鹿国学”，又敕额开先寺“开先华藏”。明太祖朱元璋封庐山为“庐岳”；清天祖勅开先寺御书《般若心经》等。历代帝王在庐山的文化建树以及繁荣的宗教文化，教育和“理学”圣地使庐山成为具有标本意义的地区文化的特征。历代无数名人纷纷登游庐山，如陶渊明、李白、杜甫、白居易、欧阳修、范仲淹、苏轼、王安石、陆游等历代大文豪都曾赋诗填词；岳飞、王阳明、李时珍、徐霞客、文天祥、康有为、胡适、林语堂、茅盾、郭沫若等 150 余位文学家、哲学家、政治家、艺术家、科学家曾到此游历；为庐山留下了 4000 多首歌颂庐山的诗词、400 多处摩崖题刻和浩如烟海的著述、画卷及书法作品。历代名家书法、碑刻均有很高的艺术价值，它们不仅是我国旅游文化的瑰宝，也使庐山享有“文国诗山”的雅号。自 1895 年英国传教士李德立，花 200 两白银租借牯岭长冲河一带的 800 亩土地作为避暑之所后，俄、美、英、法、德、意、日、瑞典、瑞士、丹麦、挪威、葡萄牙等 18 个国家的商贸名流和国内各界人士，都争相来此兴建度假别墅，总数达 600 多栋，有英国式、美国式、俄国式、瑞典式、瑞士式、日本式等，可称为是“世界别墅建筑艺术博物馆”。同时也是西方文化影响中国腹地的独特代表。在中国的名山中，唯有庐山有这样大规模的“国际村”。[①] 庐山上许多人文遗址至今仍笼罩着神秘的色彩，如20世纪30年代和40年代后期，庐山就曾成为南京国民政府的“夏都”。1937年周恩来代表中国共产党上庐山与蒋介石会谈，国共两党就先后在此进行过多次重要活动，蒋介石于1937年7月17日在庐山发表了有关抗日战争的重要谈话。[②] 中华人民共和国成立后，毛泽东主席三次登上庐山，在庐山主持召开了世人瞩目的1959年、1961年和1970年的中共中央会议。[③]“美庐”这座国共两党最高领导人共同居住过的别墅和“庐山会议旧址”，都被列为“国家重点文物保护单位”。“庐山会议旧址”原来为蒋介石在庐山创办军官训练团的三大建筑之一，于1937年落成，名称“庐山大礼堂”。新中国成立后改名为“人民剧院”，外表壮观内饰华丽。现在这里已经辟为“庐山会议纪念馆”[④]。庐山的历史遗迹代表了中国历史发展的大趋势，充分展示了庐山极高的历史、文化、科学和美学价值。在中国众多名山之中，庐山的文化积淀是最深厚的，庐山是中华民族的骄傲。

二

庐山符合《世界遗产公约》自然遗产的规定，同时在《执行世界遗产公约的操作准则》第24条，也对自然遗产规定了4条标准，凡符合其中一条或者几条均可以列入《世界遗产名录》。1996年12月6日，联合国教科文组织世界遗产委员会第20届会议在墨西哥的海湾城市梅里达市召开，会议根据文化遗产遴选标准C（Ⅱ）、（Ⅲ）、（Ⅳ）、（Ⅵ），将江西庐山风景名胜区（“庐山国家公园”），以“世界文化景观”列入《世界自然与文化遗产名录》（编号：200—015）。联合国教

---

① 张敏：《中国世界遗产走笔：庐山》，《新华每日电讯》2004年6月21日，第6版。

② 庐山的陈列室里陈列有蒋介石1937年在庐山发表有关抗日战争重要谈话的照片。

③ 庐山上有著名的“庐山会议旧址”，以及历次中共中央在庐山召开会议的图片和文史资料。

④ 刘耀编著：《中国绝色风景》，178页，北京，中国长安出版社，2006。

科文组织世界遗产委员会对庐山的世界性价值给予了充分的评价："江西庐山是中华文明的发祥地之一。这里的佛教和道教庙观，代表理学观念的白鹿洞书院，以其独特的方式融会在具有突出价值的自然美之中，形成了具有极高美学价值的，与中华民族精神和文化生活紧密相联的文化景观。"① 庐山的世界遗产证书上这样写道："世界遗产委员会已将庐山风景名胜区列入《世界遗产名录》，列入此名录说明此文化自然遗产景观具有特别的和世界性的价值，因而为了全人类的利益对其加以保护。"②

为庐山世界遗产减轻负担。由国内一家地理杂志社发起的"中国最美的地方"评选活动，结果华山、庐山无缘进入"新十大名山"系列。评选的标准主要有五个：一是山的相对高度，名山不能太矮；二是山的自然植物带比较多；三是山没有遭到人为破坏，原生态环境比较好；四是具有较高的科学考察价值；五是具有较高的观赏性。专家学者认为庐山之所以落选，主要是因为庐山的环境已经遭到人为破坏，自然景观算不上"最美"；尤其是与景区过度开发，原生态被破坏有直接关系。③ 近年来监察部会同江西省人民政府、建设部、国土资源部和国家林业局，对庐山风景名胜区内违规建造别墅问题进行了调查核实。经查从 1994 年开始，庐山风景名胜区莲花林场及其所属的浔庐村负责人，擅自向 80 户业主非法转让土地 152. 7 亩，其中包括林地 21. 8 亩。业主在这些土地上违规建造别墅，截至 2005 年 1 月已建别墅 48 栋。出让土地最集中的时间是 1999—2002 年这 4 年间，最近的一次土地交易是 2003 年 6 月 23 日。④ 莲花洞景区位于庐山西麓，违规建设的"莲花洞别墅"在庐山风景区 302 平方公里范围和庐山 304 平方公里的自然保护区内，同时属于庐山 500 平方公里的世界地质公园范围。莲花洞不仅是景区，还有自周朝以来的文化遗迹 100 余处。监察部有

---

① 《中国文化遗产年鉴》编辑委员会：《中国文化遗产年鉴 2006》，91 页，北京，文物出版社，2006。

② 李振湘：《世界遗产中国行》，168 页，北京，民族出版社，2004。

③ 有关资料见《京华时报》，2005 年 10 月 10 日第 A11 版。

④ 参见王永超：《庐山违规别墅何以建成》，载《法制日报》，2005 年 6 月 3 日第 5 版。

关负责人表示，庐山发生的违规建造别墅问题，是涉及庐山有关单位非法转让土地，一些业主违纪违规购买土地使用权、建造别墅，庐山区有关部门越权审批，庐山区政府严重失察的违纪违法问题，严重违反《土地管理法》、《森林法》、《风景名胜区管理暂行条例》等法律法规，破坏了庐山风景名胜区的自然景观和生态环境，在社会上造成恶劣影响。江西省人民政府对有关责任人及违规别墅做出严肃处理：对违规建造的别墅，一律予以拆除或没收，对尚未开工建造的土地一律责令退还，不得再建；对在这一事件中负有直接责任和领导责任的人员给予相应的党纪政纪处分，对非法转让土地的有关责任人员移送司法机关处理。[①] 除此之外，为了保护世界遗产庐山，避免人口居住、大气污染给风景区造成的损害，江西省九江市确定了庐山文明新城的选址方案，庐山牯岭镇上的4000多户1.2万居民将在3年内分批全部下山。[②] 减少庐山上的非游客人群，使之与风景名胜区环境的承载量相适应，最大限度地减少对世界遗产的破坏，使庐山的生态资源得以永续利用。

开发景区并不意味着用崭新的建筑代替古老的建筑，而重在挖掘它们的新内涵。申报成功以后，庐山没有陶醉在欢庆喜悦之中，而是站在一个新的起点上，重新审视资源价值、管理水平和发展速度，不断推进世界遗产的保护、管理的力度。如近几年来，庐山开发“别墅”这些新无形资产，依照“修旧如旧，外墙修整，内部设施还原或者根据建筑风格购置家具”的原则，对近20栋“名人别墅”进行了精心打造，着重在挖掘内涵、提升品位上下功夫。尤其是自2002年以来，庐山管理局党委、管理局在省市委、省市政府的正确领导下，将保护作为世界名山可持续发展的生命线的工程来抓，贯彻落实“严格

① 新华社“新华视点”栏目2006年1月17日播发了《江西：干部抢建私家别墅选址锁定庐山景区》稿件，揭露了一些干部在庐山莲花洞风景区内违规建私人别墅一事，引起中央领导和社会各界的广泛关注。记者后来再次到莲花洞采访时看到，在建别墅都已停止基建或装修，一些已经建成的别墅也多是人去楼空，建在莲花洞景点附近的一家宾馆、酒店也已关门停业。

② 参见刘建林：《为世界遗产减负》，载《人民日报》，2006年7月14日第11版。

保护、统一管理、合理开发、永续利用”的16字方针，在加强资源保护、风景区建设和管理等方面投入资金2亿多元。为保护庐山的生态环境，优化庐山的形象，庐山管理局狠抓了对有碍观瞻的建筑物的整治、拆除工作。近几年来共拆除违章和有碍观瞻建设20000多平米。20世纪90年代初，庐山曾在牯岭之巅建了高24米的观景台。实践证明这个观景台有碍观瞻，而且工程质量有隐患，庐山管理局果断地对它进行了定向爆破，彻底拆除。此事媒体纷纷予以报道，赞扬庐山整治环境的决心。庐山和其他城市一样也会涉及废气治理、垃圾处理的问题。庐山把废气废物的治理列为“三大攻坚战”：即投资7000多万元对污水进行治理；推行垃圾袋装和上门收集，收集率达100%；实施“无烟山”工程。2004年地方政府投资700多万元用于庐山地质公园内环境整治、地质遗迹的规划保护和建设；投资500万元建设了智能化安全系统。① 此外，庐山正在推行“绿色餐饮”，要求宾馆饭店为顾客提供无污染的食物，部分宾馆饭店已推出了绝对无污染的20道菜。在生活方式上，庐山大力提倡少饮酒、多喝茶。对生活排水进行严格控制和处理，防止水体和大气的污染。同时建立森林防火制度，创办森林防护专业队伍；保护森林资源，有效防止森林病虫害。

制定法规保护庐山。明成祖时钦旨“庐山禁山”，明确划定禁山范围，明清两代相沿不废。这是庐山上第一次由中央政府颁布保护政令。1895年英国传教士李德立在庐山制定《牯岭规划》，采取严格管理措施保护了建成区内的生态环境。清廷在庐山牯岭设立警察署，1908年设立清丈局，1921年国民政府将庐山列为避暑游览区域，这是中国最早由政府确立的风景区，1926年成立庐山管理局。1934年江西省政府发布《关于保护庐山森林的布告》，1936年著名植物学家秦仁昌向中央政府提出《保护庐山森林意见》，从而江西省政府进一步加强了对庐山的管理职能。中华人民共和国成立后，对千古名山庐山的生态保护进入了一个新的阶段，1949年成立庐山管理局，1959年成立

---

① 参见《中国文化遗产年鉴》编辑委员会：《中国文化遗产年鉴2006》，91页，北京，文物出版社，2006。

“庐山名胜古迹风景森林保护委员会”，进一步加强庐山的风景名胜与自然资源保护。1981 年成立“江西省庐山自然保护区”，1982 年编制《庐山风景名胜区总体规划》和小区详细规划，保护成为规划的主要内容。1992 年庐山自然保护区颁布《自然资源保护管理规定》，1996 年江西省人大常委会正式颁布《庐山风景名胜区管理条例》。省委、省政府和九江市委、市政府将其列为实施可持续发展的生命线工程来抓。首先以规划为龙头，实行分级分区保护管理，依法严格保护庐山的自然风貌。严格控制建设项目、建设规模，所有新改扩建项目均由庐山管理局上报省政府批准。其次是坚持依法管理，常抓不懈。省政府先后制订了《江西省庐山风景名胜区管理条例》、《江西省庐山风景名胜区规划建设管理办法》等法律法规。依据法规划定核心保护区和核心景区，核心景区包括生态保护区、自然景观保护区和史迹保护区。在核心景区内严格禁止与保护无关的各种工程建设。严格禁止在景区内发生一切影响生态发展和不利于环境保护的建筑行为，在庐山风景区内建立了人与自然有机相处、和谐、协调的关系。严格的法律法规使庐山的生态环境得到了有效的保护。2004 年“平安庐山”荣获全国社会治安综合治理先进单位；庐山连续两年通过 ISO14001 环境管理体系监督审核，成为全国国家级风景区唯一通过该体系监督审核的风景区。1982 年庐山经国务院批准为首批“国家重点风景名胜区”，1991 年荣获“中国旅游胜地四十佳”称号，2005 年庐山风景区被评为世界环境日暨全球绿色生态大会全球唯一的“联合国优秀生态旅游景区”。2006 年 1 月 19 日中央文明办、建设部、国家旅游局在北京联合举行全国创建文明风景旅游区工作表彰大会，又授予庐山风景名胜区等 11 个景区为“全国文明风景旅游区”。中宣部常务副部长、中央文明办主任吉炳轩到会并向 11 个文明风景旅游区颁发奖牌和证书。申报全国创建文明风景旅游区的单位，必须是全国文明风景旅游区示范点，每个省、市、自治区只能推荐一个候选单位。庐山风景区以其突出的成绩、过硬的指标、令人信服的数据，脱颖而出。

陕西西岳华山的自然与人文景观

一

华山属我国古代西部镇山，故称“西岳”、“华岳”，又因其西部有“少华山”，故称其为“太华山”，是我国著名的五岳名山之一。关于华山名称的来源，说法诸多，但多数人认为它同山峰像一朵盛开的莲花分不开，古时候“华”与“花”两字是通用的，正如北魏郦道元在《水经注》中所说“远而望之若花状”①。正由于其山峰自然排列如同莲花状，因而华山被誉为“石作莲花云作台”②。地质学认定华山属于花岗岩断块山，最高峰海拔2154.9米。险峻的奇峰峭壁俯瞰渭河平原，有壁立千仞之势。华山多地形雨，山水向岩石节理集中形成冲沟。沟谷堆积有巨大岩块，如著名的“鱼石”，即为清康熙年间（公元1662—1722年）爆发泥石流所形成。③ 自古以来就有“华山如立”之说，整个山体线条简洁，形如刀削、斧劈，奇峰突兀巍峨壮丽，因而又被誉为“天下奇险第一山”。之所以说华山“奇”，是因为它由一块巨大而完整的花岗岩构成。古人云：“山无石不奇，无纯石不大奇。”④华山是一块完整、硕大的花岗岩体，历史衍化可追溯到1.2亿年之前。

---

① 见《候选景区：陕西华山》，载《环球游报》，2006年3月9日。

② （唐）李白：《西岳云台歌送丹丘子》。

③ 有关资料见《奇险天下第一山——华山》，载《西安晚报》，2008年12月3日。

④ 转引自《攀岩探险在华山》，载《陕西日报》，2008年8月30日。

据《山海经》记载："太华之山，削成而四方，其高五千仞，其广十里。"① 确实谓之"大奇"。华山在五岳之中又以"雄险"著称，素有"华山天下雄"的盛誉。说华山"险"是由于它凌空架设的"长空栈道"，悬岩镌刻的"全真岩"，三面临空，上凸下凹的"鹞子翻身"，以及在峭壁悬岩上开凿的千尺幢、百尺峡、老君犁沟、擦耳崖、苍龙岭等处都奇险异常。之所以人们说"自古华山一条路"，是因为自古攀登华山仅有南北唯一的约 15 公里的山道，逶迤曲折，艰险崎岖，不少地方都是"一夫当关，万夫莫开"。② 华山共有 5 座主峰，其中东、西、南三峰最高且鼎峙耸立，"势飞向云外，影倒黄河里"③，素有"天外三峰"之称。

华山是全国得天独厚的自然风景名胜景观。它位于西安城东 120 公里的华阴市以南，南接秦岭，北瞰黄渭，扼守着大西北进出中原的门户，景区总面积达 148 平方公里。渭南属于暖温带半湿润大陆性季风气候，春季气候多变，夏季炎热多雨，秋季凉风送爽，冬季清冷干燥，全年平均气温为 11.5℃～13.7℃。华山属断层山，由抗风化能力特别强的花岗岩组成。大约在距今 7000 万年前的白垩纪时，秦岭一带发生强烈的地壳运动，形成一个巨大的花岗岩体的侵入"岩株"，其东西长 15 公里，南北宽 10 公里，面积近 150 平方公里。至新生代，由于华山北麓渭河地堑不断陷落，秦岭山地几经抬升，致使形成华山主体的花岗岩侵入体露出地表，并在第三纪新构造运动中大幅上升，

① 引自《山海经》。该书的作者和成书时间都还未确定，过去认为为大禹、伯益所作。现代中国学者一般认为《山海经》成书非一时，作者亦非一人，时间大约是从战国初年到汉代初年楚，巴蜀，东汉及齐地方的人所作，到西汉校书时才合编在一起。现在最早的版本是经西汉刘向、刘歆父子校刊而成。晋朝郭璞曾为《山海经》作注，考证注释者还有清朝毕沅的《山海经新校正》和郝懿行《山海经笺疏》等。全书十八卷，其中"山经"五卷，"海经"八卷，"大荒经"四卷，"海内经"一卷，共约 31000 字。记载了 100 多邦国，550 山，300 水道以及邦国山水的地理、风土物产等信息。

② （唐）李白：《蜀道难》。原文为："剑阁峥嵘而崔嵬，一夫当关，万夫莫开。所守或匪亲，化为狼与豺。朝避猛虎，夕避长蛇。磨牙吮血，杀人如麻。锦城虽云乐，不如早还家。蜀道之难，难于上青天，侧身西望长咨嗟。"

③ （唐）卫光一：《经太华》。原词为："太华五千寻，重岩合沓起。势飞白云外，影倒黄河里。上有千莲叶，服之久不死。山高采难得，叹息徒仰止。"

加上大自然的风雨雕琢，形成险拔峻秀的山势。华山地处北温带，由于夏秋雨量充沛，非常有利于动植物的繁衍生长，故华山生物资源种类繁多，主峰集南北植物于一体。譬如，峰顶有以云杉、冷杉（俗名“天门松”）为代表的寒带珍贵林木，山腰部有以松类为主的寒温带常绿叶林和以栎类、杨类为主的温带落叶阔叶林。有被称之为自然遗产中的“活化石”的“青檀树（无忧树）”、“晋柏”、“唐槐”、“将军树”，有国家优质松树种“华山松”。列入李时珍《本草纲目》的有华山菖蒲、白细辛、龟形茯苓与饮誉中外的华山“灵芝仙草”等名贵药材，以及国家一级保护动物金钱豹等珍奇动物。唐代大诗人李白在游华山时曾发出“此处最高，呼吸之气想通帝座”[①] 的感叹；宋臣相寇准也吟诵出：“只有天在上，更无山与齐，抬头红日近，俯首白云低”[②] 的诗句，形象地描绘了华山的雄险俊秀以及四周松林杂以桧柏，迤逦数里浓阴密闭，环境美如仙境的自然美。西岳华山环列山峰 70 余座，奇石 30 个，险路 14 处，洞穴 73 处，鸣潭 15 处。[③] 1982 年华山以“陕西华山风景名胜区”的冠名，列入国务院批准公布的第一批“国家级风景名胜区”名单。随后又被评定为全国旅游景区示范点和国家 4A 级风景名胜区，1992 年 12 月华山被评为“全国风景名胜 40 佳”之一，2002 年被评定为“中华十大名山”，并且被列入国家建设部申报世界自然遗产和文化遗产预备名单。

华山北麓峪口的玉泉院是攀登华山的山门和起点。玉泉院相传是宋朝道士贾得升为其师陈抟（号“稀夷”）建的一所祠。因院中泉水与华山上的玉井潜通而命名，亦名“希夷祠”。院内长廊回合，殿宇、亭台、秀石别致，溪流环绕，茂林修竹，环境幽雅，泉水清冽甘美。

---

① 转引自朱清平等：《走近华山中原入陕第一市》，载《西部时报》，2004 年 6 月 9 日第 29 版。

② 作者为宋代名相寇准。寇准（公元 961—1023 年）北宋政治家、诗人。现存《寇莱公集》7 卷，有《两宋名贤小集》本，《寇忠愍公诗集》3 卷，宋知河阳军范雍初刻、有序，清朝有圣香楼刊本及辨义堂刊本。

③ 参见朱清平等：《走近华山中原入陕第一市》，载《西部时报》，2004 年 6 月 9 日第 29 版。

康有为曾到此一游，触景生情挥笔写下诗一首：“谷口清泉引曲流，长廊回合树无忧，泉声岳色可忘世，让与希夷睡万秋。”① 从玉泉院南行2500米，有一石门挡路，这就是“五里关”，人称“第一关”。坪东有一巨石叫“回心石”，处于华山第一道险境“千尺幢”之下，石梯在悬崖峭壁上盘旋，游人需要手攀铁索，沿陡峭、狭窄的石缝垂直石级向上攀登，面对倚天峭壁令人望而生畏，因此不少游人至此胆怯而归。千尺幢为华山第一险道，凿有台阶370多级，仰望天际一线天开，俯视脚下如临深渊。石级顶端犹豫井口，倘若把“井口”用铁盖盖住，通往华山的道路便被堵塞，所以，称之为“太华咽喉”。离千尺幢不远便是百尺峡，百尺峡是登山的第二道险关，两壁高耸的夹缝中夹有一块崩落下来的巨石，人从石下过惊心动魄，抬头望上看，石上题有“惊心石”三个大字。出峡再过仙人桥、俯渭崖、车箱谷、黑虎岭等小险处，即到登山第三道险关——老君犁沟，这是夹于陡峭石壁间的一条沟状险道，沟深不见底。传说古代太上老君到此见无路可通行，就牵来青牛一夜之间犁成这条山沟作为登山通道。沟的尽头是被称为“猢狲愁”的陡峭崖壁，再向前进就到了华山的北峰。

北峰又名云台峰，是华山山峪水流的源头。北峰海拔1550米，山势峥嵘，三面悬绝，巍然独秀，有若云状恰似一座云台而得名。它的高度是最低的，却有着非常重要的地理位置，它扼守着四峰的要枢。1949年6月“智取华山”的八勇士利用岩壁上凹凸的沟缝，仅靠一根绳索攀援而上奇袭北峰守敌，留下了“神兵飞越天堑、英雄智取华山”的千古绝唱，也给我国原始的攀岩探险运动创造了典范之作。② 北峰的前方是攀登华山的第四险关——擦耳崖，因路窄且依壁临渊，游人无不贴壁擦耳而行（现临崖已筑护栏）。再经上天梯、日月崖等险道便是著名的苍龙岭。这里山势拔地而起是北峰到其他诸峰的通道，形如苍龙全长约1500米，开凿石阶246级，岭脊坡度40°，行走其上心惊目眩。它是通往华山东、南、中、西诸峰的必经险道，其长不足

① （清）康有为：《玉泉院》。

② 有关资料见《攀岩探险在华山》，载《陕西日报》，2008年8月30日。

1000 米，宽仅 1 米左右，两边是万丈深渊，游人走到如此奇险无比的岭脊，每每令人怯步。传说唐朝诗人韩愈来到此地，为此险境惊吓嚎啕大哭，把随身带的诗稿和与家人诀别的遗书一起丢下崖去，至今崖上还刻有“韩愈投书处”诸字。[①]

中峰又名玉女峰。相传当年秦穆公膝下无女，终日郁郁寡欢。一天使者献上一块宝玉，正值欣赏时宫女来报：“娘娘生下一女孩。”穆公大喜便取名“弄玉”。到 16 岁时弄玉公主就姿容丰美，聪慧过人。一天晚上弄玉公主在楼上用笙吹奏一曲“凤寻凰”，清音悠悠如泣如诉。忽然东方传来阵阵箫声，起初她以为是笙的回音，后来仔细听却是优美的箫声，吹奏的是“凰求凤”。一会儿云中飘来一位美貌少年，自称是华山明星崖的箫史，而后飘然而去。传说春秋时华山隐士箫史确实擅长吹洞箫，箫声博得秦穆公女儿弄玉的爱慕，使她放弃了奢华舒适的宫廷生活，随同箫史到此峰隐居，因而此峰故名“玉女峰”。多年后二人修炼成仙乘凤而去，山上许多名胜景观也因此得名，如有“玉女洗头盆”、“舍身树”等。“洗头盆”尽管体积不大，但容量却不小。杜甫曾经在此留下“安得仙人九节杖，拄到玉女洗头盆”[②] 的诗句。这段奇事在《东周列国志》上有“弄玉吹箫双跨凤，赵盾背秦立灵公”[③] 的详细记载。正是由于这则美丽的爱情故事，使得华山在它博大、庄严、深沉之后，又被赋予了一些浪漫与温柔的情调。

东峰又称朝阳峰。东峰山势壮丽古松参天，峰顶朝阳台是观日出的绝妙之处。每当破晓火团冉冉升起，水光相映霞光万道，身临其境颇有“江山如此多娇”之感。峰东北有巨崖直垂黄白相间，远望五指分明形如巨掌，因名“仙掌崖”。传说是古代河神巨灵劈山开河之处。过去华山和中条山是连在一起的，挡住了黄河的去路，河神巨灵手托华山、足踏中条山，劈山开河使黄河东流大海。仙掌崖为“关中八景”之一，相传这儿是古代河神巨灵为劈山放水留下手掌印的地方，

---

① 参见刘耀编著：《中国绝色风景》，370 页，北京，中国长安出版社，2006。
② （唐）杜甫：《望岳中》。
③ （明）冯梦龙：《东周列国志》，第四十七回《弄玉吹箫双跨凤赵盾背秦立灵公》。

悬崖上留有一天然图案酷似一只巨掌，这只巨掌长20余丈，五指参差不齐，中指直贯顶峰，每当日光照射五指跃然如悬图上。[①] 峰上还有甘露池、下棋亭等胜迹和鹞子翻身险径。鹞子翻身是一块三面凌空上凸下凹的巨石，上垂吊一条铁链，人们必须双手紧握铁链脚踏石窝，面壁挪步。到石崖尽头两处互不相连的石头断了去路，一根横木插在石缝中，游人要像鹞子那样翻一个身，才能迈上对面的峭壁下达博台。“博台”又叫“下棋亭”，传说是陈抟与宋太祖赵匡胤下棋的地方。自古“山不在高，有仙则名”[②]。华山是众多神仙聚居的地方，据说宋太祖赵匡胤与华山隐士陈抟老祖[③]就曾在这个孤峰下棋，“道家仙境”的棋台就是他们下棋的地方。陈抟又叫希夷先生，是一个有道行的仙人，二人经过商议，赵匡胤以华山做赌注。结果将华山输给了陈抟，按事先订立的条约，华山自此成为道家的道场且永有纳粮。[④]

南峰又名“落雁峰”。该峰有两个峰顶，分别称之为“落雁”与“松桧”，其中落雁峰海拔2200米，是华山的最高点。峰顶的老君洞相传为老子隐居之处，最高的地方刻有“真源”二字。传说陈抟道士无意于功名利禄，皇帝多次召他出仕，他在《谢诏表》上说：“一片野心都被白云锁住，九重宏诏休教丹凤衔来。”为了躲避皇帝的一再召请，他就隐居在这小山洞里，为了答使者又写诗一首：“九重特降紫施宣，才掘深居车静缘。三色满庭供画障，松岗万壑即琴弦。无心享禄登台鼎，有意学仙到洞天。轩辕浮云绝念虑，三峰只乞睡千

---

① 参见刘耀编著：《中国绝色风景》，368～369页，北京，中国长安出版社，2006。

② （唐）刘禹锡：《陋室铭》。原诗为：“山不在高，有仙则名。水不在深，有龙则灵。斯是陋室，惟吾德馨。苔痕上阶绿，草色入廉青。谈笑有鸿儒，往来无白丁。可以调素琴，阅金经。无丝竹之乱耳，无案牍之劳形。南阳诸葛庐，西蜀子云亭。孔子云：‘何陋之有？’”

③ （唐）陈抟（871—989）为五代宋初著名道教学者。字图南，自号“扶摇子”，赐号“希夷先生”。他继承汉代以来的象数学传统，并把黄老清静无为思想、道教修炼方术和儒家修养、佛教禅观会归一流，对宋代理学有较大影响。后人称其为“陈抟老祖”、“睡仙”等。根据道教徒中的说法推算，陈抟生于唐咸通十二年（公元871年）十月十日，与魏泰所说“生唐末”大体吻合。著述《易龙图序》署有“西蜀崇龛陈抟序”，仙逝于宋端拱二年（989年）七月二十二日，享年118岁。

④ 参见惠焕章等编著：《500景点游遍陕西》，231页，西安，陕西旅游出版社，2001。

年。"[①] 如今洞上还有陈抟亲笔题写的"避诏崖"三字。从这里向四处观望，真是山峦起伏苍苍莽莽，确有"西岳陵蜡书处尊，诸峰罗立似儿孙"之感。在南峰游人可以看到金天宫、仰天池、杨公亭、三公山、孝子峰等。其中，金天宫宏伟壮观，供奉华山神白帝少昊，所以，也叫"白帝祠"。金天宫后的松林中有杨公亭，是杨虎城将军于1931年上华山时所建，亭座上刻有"杨虎城华山游记"。老君洞北是太上泉，由于池水清澈终年不涸，俗称"仰天池"。池旁的石壁上镶刻着"太华绝顶"、"登峰造极"、"洗手摩天"等明清和近代诗人题词。峰上还有"炼丹炉"、"八卦池"等胜迹。[②] 再往前就是第四险关"长空栈道"。元代陇西贺元希先在华山南峰开凿朝元洞，后又在绝壁开凿贺祖洞，他用于开凿山洞和开辟"长空栈道"共花了40年时间，所以后人把他尊为华山的第一位神来供奉，并且有许许多多神话故事流传。"长空栈道"宽不盈尺，长约3~4米，悬空绝壁，下临深渊，惊险异常，是华山最险要的地方之一。当地人有"小心小心，九厘三分，要寻尸首，洛南商州"[③] 之说，没有过人胆量和坚定意志的人是不敢前行的。南峰附近还有孝子峰、谢诏崖（相传五代陈抟曾在此写过谢诏表）等胜迹。武侠小说《射雕英雄传》中描写的"华山论剑"就发生在南峰。

西峰又名莲花峰。西峰是华山最秀丽险峻的山峰，峰顶翠云宫前有巨石状如莲花，据说就是《宝莲灯》中沉香劈山救出三圣母的地方。[④] 现在翠云宫边上有一巨石中间裂开如被斧劈，名"斧劈石"，旁边还立有一柄长把大斧。峰的西北面直立如刀削，空绝万丈，人称"舍身崖"，海拔2082米。唐代诗人李白观此景后写下了"西岳峥嵘何壮哉，黄河如丝天际来"[⑤] 的美丽诗句。登西峰极目远眺，四周群山起伏云霞四披，周野屏开黄渭曲流，置身其中若入仙乡神府，万种

---

① （唐）陈抟：《答使者辞不赶召》。

② 参见惠焕章等编著：《500景点游遍陕西》，231页，西安，陕西旅游出版社，2001。

③ 梁永斌：《华山——路漫漫》，载《中国音乐报》，2007年9月26日。

④ 参见惠焕章等编著：《500景点游遍陕西》，230页，西安，陕西旅游出版社，2001。

⑤ （唐）李白：《西岳云台歌送丹丘子》。

俗念一扫而空。唐名隐士陈抟在他的《西峰》诗中就有“寄言嘉遁客，此处是仙乡”[①] 的名句。西峰上景观比比皆是，崖壁题刻遍布，工草隶篆琳琅满目。古今文人吟咏西峰的诗文很多，如有明代书画家王履的《始入华山至西峰记》[②]，唐代国子监殿试也曾以莲花峰为题。

二

华山是中华民族文化的发祥地之一。据清代著名学者章太炎考证，“中华”、“华夏”皆因华山而得名。“我国民族旧居雍梁二州之地。雍州之地东南至于华阴而止；梁州之地东北至于华阳而至，就华山以定限，名其国土曰华，则缘起如是也。其后人迹所至，遍及九州……华之名于是始广。”[③] 作为中华文化的摇篮，上古时期产生的“盘古开天”、“夸父逐日”、“巨灵劈山”、“女娲补天”等传说均源于华山脚下。史载伏羲、神农、轩辕、尧、舜、禹、汤，皆兴起于华山左右。司马迁《史记》中载有舜帝“八月，巡狩至西岳。西岳，华山也”。[④] 除此而外，历代统治者秦始皇、汉武帝、武则天、唐玄宗等十数位帝王，都曾到华山进行大规模的祭祀活动。[⑤] 自汉杨宝、杨震到明清冯从吾、顾炎武等学者隐居华山诸峪开馆授徒，一时蔚然成风。华山道教文化源远流长，道教在地上仙境包括十大洞天，三十六小洞天和七十二福地。西岳华山在“三十六小洞天”中排列第四，称之为“太极总仙洞天”（又称“第四洞天”）。山上现存七十二个半悬空洞，道教宫观20余座，玉泉院、东道院、镇岳宫，均被列为全国重点道教宫观。与宗教旅游有关的道教景观有仙姑观、纯阳观、全真观、大上方、

① （唐）陈抟：《西峰》。原诗为：“为爱西峰好，吟头尽日昂。岩花红作阵，溪水绿成行。几夜碍新月，半山无斜阳。寄言嘉遁客，此处是仙乡。”

② （明）王履（1332—1391）明初画家、医学家。字安道，号畸叟，又号抱独老人、奇翁。元末江苏昆山县人，学医于朱丹溪，是其门人，尽得朱氏之学。

③ （清）章炳麟：《中华民国解》。

④ （西汉）司马迁：《史记》，204页，长沙，岳麓书社，1988。

⑤ 有关资料见《奇险天下第一山——华山》，载《西安晚报》，2008年12月3日。

小上方、拜斗台、聚仙台、升表台、避诏崖、贺老洞、二仙龛、博台等数十处。华山同道教的渊源可上溯至被道教尊为始祖的“老子李耳”。老子骑青牛过函谷关，炼丹炉修道于华山，山上遍布这位道教始祖的仙迹胜景。道教正式形成以来，历代高道、隐逸、贤达云游集会华山，参玄论道研讨丹术。全真教兴起，华山即该教主要活动场所。南宗北祖各派仙霞羽客、神仙真人，云集华山修真养性传道阐教，证虚无之妙道，发天地之正气。“七真”中的郝大通创立的华山派①、丘处机创立的龙门派②一直在华山活动至今。在华山修炼的众多高道中，尤以吕洞宾、焦道广、寇谦之、郝大通、贺元希、王常月最为著名。古建筑是华山人文景观的重要组成部分，不论是陕西故宫西岳庙，还是北方名园玉泉院以及全国道教重点宫观镇岳宫、东道院等，都集中地体现了中国古代建筑的特色。它们在总体风格上和华山的格调气势极其和谐统一，就像自然生成的那样浑然一体。遍布全山的摩崖题刻以及丰富的碑碣，同样装点了华山的自然景观，为华山之美锦上添花。这些石刻有的是民族精神民族文化的宣示，更多的是对华山景色的渲染和说明，它们大都具有很高的审美价值。华山景观的人文部分是历代文化遗产的精华，可以说是民族文化的缩影，它们既是华山景观的重要组成部分，又是民族文化的集中代表。

华山的神仙信仰历史悠久。《山海经・海内经》载有仙人柏高“上下于此，至于天”③；《孔丛子》谓“道士登华山则长生不死”④；《列仙传》载西汉时在华山修道成仙者多达10余人，居天下之冠。如

---

① （金）郝大通（1149—1212）名璘，字太古，号恬然子，自称太古道人，法名大通。宁海（今山东牟平）人。精通老庄易学，擅长卜筮占卦。金大定七年（公元1167年）（一说大定八年，公元1168）皈依全真教，大定十五年于沃州行乞时突有所悟，于桥下苦修六年，人称“不语先生”。九转功成后，往北传教。

② （金）丘处机（1148—1227），是道教的一支全真道掌教人。字通密，号长春子。登州栖霞人（今属山东）人。全真七子随王重阳一起创立道教全真派，丘处机在王重阳去世后入磻溪穴居，历时六年，行携蓑笠，人称“蓑笠先生”。后又赴饶州龙门山（今宝鸡市）隐居潜修七年，成为全真龙门派创始人。

③ （汉）刘向、刘歆校勘整理：《山海经・海内经》卷十八，古籍善本。

④ （秦）孔鲋：《魏王求长生》，《孔丛子・陈士义》。

马鸣生从安期先生受《金液神丹方》，“乃入华阴山合金液”①。嵩山道士刘根游华山，华山仙人韩众授他《神方五篇》，其中有“还丹”、“九转丹”、“太乙金液丹”，这些都表明道教“三品”大丹经大多出自华山，标志着华山神仙道的诞生。由于该道派“明金丹之术，服用之者远升太清”，故史称“太清道”，因而华山亦成为世人公认的太清仙源。西汉桓潭《集灵宫赋》称太清仙人“周览八极，还嶂华坛”②；东汉张衡《西京赋》谓太华“总会仙倡”；曹操《秋胡行》把华山与昆仑、蓬莱并提；后来的魏晋丹鼎派、灵宝派和上清派都奉华山为宗，称之为“太清仙伯”③ 的故乡，“元始之家”、“真仙之宫第，上圣之所由”，并赋太华神王以“总领仙籍”的地位④。华山太清道以“藏形避世”求长生为要旨，“高尚素志，不事王侯”⑤，深隐洞府潜心道学。史传老子西入函关著《道德经》，道书言老子在“干西之大泽、华山颠东北之上”⑥ 得道升天。两汉之际华山多有精通道学高士，如高恢、梁鸿、李翼、河上公等。之后历代皆有高道深研玄学，如唐代李播、李淳风父子，成玄英、吴筠，宋代的陈抟、张无梦、刘海蟾，明清的刘虚中、张云峰、余明善、段高瑞等。华山亦为“金丹派”的重要基地，早在两汉之际已有韩众、马鸣生、阴长生等炼丹修真。三国魏晋时又有李仲甫、鲁女生、左慈、白羊公、介琰、薛契、戴孟、谢九晋等高道，将“太清丹法”传播至巴蜀、三吴、江北、江东，这些对于“灵宝派”、“上清派”的诞生起了重要的推动作用。葛洪承认“灵宝派”丹经及《五岳真形图》出自华山，“上清派”亦声称茅山开山祖师三茅真君是华山仙真茅蒙的曾孙，其所奉31部经皆出自华山清虚真人王褒。至唐末五代，钟离权、吕洞宾、麻衣道者、陈抟、刘海蟾等一批金丹大家，出入华山、终南山遂又形成了影响甚大的钟吕金丹派。

---

① 《周作人书话·列仙传》，初收《书房一角》，北京新民印书馆1944年5月第1版。
② （西汉）桓潭:《集灵宫赋》，北京大學出版社《全漢賦》。
③ （明）陈继儒:《香案牍》。
④ 《太平广记·女仙七》卷六十二。
⑤ （东汉）阴长生:《神仙传》卷五，古籍善本。
⑥ （明）张国祥编:《续道藏》，《太上老君开天经》。

该派著名的有张伯端、石泰、薛道光、陈楠、白玉蟾（以上称南五祖）、王重阳、马丹阳、谭处端、刘处玄、王处一、郝大通、孙不二、丘处机（以上马、谭等合称北七真）、陈致虚、李道纯、王道渊、张三丰、陆西星、李西月、伍冲虚、柳华阳、刘一明、闵小艮等人，丹法精湛各有特色，多为一门宗祖留下了数百种丹经，发展为南宗、北宗、三丰派、武当派、中派、东派、西派、伍柳派、天竺心宗等众多道门，正是由于历代高真丹士的苦心经营，使得华山拥有众多的琼宫仙宇。自西汉武帝首先在华山修建“集灵宫”和“华岳祠”后，历经汉、唐、宋、元、明、清，华山道观逐渐形成了别具一格的布局，即华麓多为华峰之下院，而在华麓华峰之间是长达20余里的华谷，谷旁险峰插天，宫观隐显；谷底精舍栉比，别有洞天，形成了华麓、华谷、华峰宫宇珠连、一线通幽的仙国胜景。

秦汉以来和道教与华山有关的神话传说传播遐迩。隋唐以来以李白、杜甫为代表的骚人墨客，咏华山的诗歌、碑记和游记不下1200余篇，摩岩石刻多达1000余处。神话传说现存200余篇。其中，以“巨灵劈山”、“吹箫引凤”影响深广久远。“劈山救母”的传说，是华山文化的一个缩影。西峰的“斧劈石”就是传说中“劈山救母”的那块巨石，石身有一条0.66米宽的裂缝，关于这条裂缝也有一个感人的传说：玉皇大帝的小女儿圣母与被玉帝打下凡世的金单玺，相爱之后结为夫妻。二郎神杨戬大骂其妹三圣母私配凡夫违反天条，于是将三圣母压在华山西峰顶的巨石下面，后来三圣母生下一个儿子取名“沉香”。沉香长大成人得知真相后来到华山，战胜杨戬并劈开了压在母亲身上的巨石救出母亲，全家得以团聚。① 从关于华山的传说、掌故中，可以看出它不但博大、精深、典雅、深沉、严肃，而且幽默、诙谐，甚至还有一丝浪漫与温柔。即使没来有到过华山的人，也或多或少地从一些有趣的神话或掌故中略知华山一二，如“华岳仙掌”、“沉

---

① 参见刘耀编著：《中国绝色风景》，370页，北京，中国长安出版社，2006。

香劈山救母”、“华山论剑”[①] 以及近代的“智取华山”等，这些美丽的神话传说和故事，体现了自古以来人们对华山的向往和崇拜。亿万年来，鬼斧神工造就了华山惊险壮丽的自然景观，千百年来，文人墨客的咏颂使华山积累了丰富的文化内涵。华山风景名胜区内古遗址星罗棋布，有建于春秋时期号称“天下第一庙”的西岳庙，国家重点文物保护单位战国魏长城遗址，西汉京师粮仓，北魏杨氏先茔古墓群遗址，以及大型仰韶文化遗址“泉护”[②] 与“横阵”遗址[③]等。山上山下自然景观与人文景观相映成辉融为一体，充分展示了华山作为中华民族与中华文化发祥地的独特神奇魅力。华山既是世界不可多得的风景名胜，又是一座规模宏大的历史博物馆和艺术展览馆。华山的景观建设凝聚了我国历代劳动人民的聪明才智，显示了高度的文化素养。在景点的总体布局上，疏密相间、错落有致，既突出了各个景点自己的特色，又考虑到总体搭配的和谐统一，不愧为华山与中华民族文化紧密相连的象征。

西岳庙是古时祭祀西岳华山神的庙宇。西岳庙在华山脚下 5 公里之岳镇东端，西距华阴市约 2.5 公里。据原华阴县志载：庙建于汉武帝时名“集灵宫”，东汉桓帝时改称“西岳庙”[④]。北周天和二年（公元 567 年）及唐开成元年（公元 836 年）曾重修。北宋建隆二年（公元 961 年）又大修，明、清两代更多次修整。因其是仿北京皇宫修建的，故有“小故宫”之称。其主体楼观殿堂都建在中轴线上，左右对称庄严肃穆。外城为明代建筑，长约四里建有角楼。正门为灏灵门，外有九龙影壁遮掩。门对面是五凤楼，五个门洞连券，白石为基，单檐式歇山顶，被 12 根大石柱高高托起，格外雄伟壮观。内城棂星三

① “华山论剑”出自金庸的武侠小说《射雕英雄传》。原意是华山比武，引申为公开的比试或学术争鸣。

② 张文绪、王辉：《甘肃庆阳遗址古载培稻的研究》，载《农业考古》，2000（3）。

③ 考古研究所体质人类学组：《陕西华阴横阵的仰韶文化人骨》，载《考古》，1977（4）。

④ 惠焕章等编著：《500 景点游遍陕西》，231 ~ 232 页，西安，陕西旅游出版社，2001。

门，为琉璃瓦单檐歇山顶门楼，其斗拱相互勾连，构成如意斗拱，在出檐当中有九龙昂首、张目暴睛，为西岳大神守护门庭。过“天威咫尺”石坊和金城门，就是西岳庙主殿灏灵殿。大殿面阔九楹、进深五间，飞檐高耸，斗拱层叠，气魄巍峨壮丽。金水桥前庭院开阔，碑石排立，苍柏挺劲，更衬托出主殿的庄严肃穆。历代帝王来陕西多在此驻跸。庙内碑石很多，现存的有北周时的华阴庙碑、北宋程琳谒祠题刻、明嘉靖重刻唐玄宗御制华山碑铭、宋刻郭宗冒书太华山记石幢、明刻华山图、明嘉靖重修西岳庙碑等石刻。其中，最著名的是《西岳华山庙碑》。该碑系东汉延熹八年（公元 165 年）郡守袁逢刻，碑文记载了汉代统治者祭山、修庙、祈天求雨的情况。明嘉靖三十四年（公元 1555 年），地震时该碑遭到毁损。“汉碑”一般极少有留书者姓名，由于此碑之末署有“遣书郎书佐新丰郭香察书”一句，后人因之而认定为郭香察书，郭香察未见史录，历来就书者颇存争议。唐徐浩《古迹记》认为主书者为蔡邕，“察书”（意即检查校对）者为郭香。但他未提出充分的证据说明何以是蔡邕所书。此说一出影响甚大，如宋洪适的《隶释》、清顾炎武的《金石文字记》、顾南原的《隶辨》以及翁方纲的《两汉金石记》等，即认同徐浩之说。明郭宗昌的《金石史》及赵崡的《石墨镌华》，开始对此说提出怀疑，认为真正的书丹者当是郭香察。近世学者基本上确认“郭赵之说”为是，尤以启功先生的文章论辩最详。《汉西岳华庙碑》传世拓本极少。原石拓本传世者有四，即“长垣本”、“华阴本”、“四明本”、“玲珑山馆本”。其“长垣本”为河北长垣王文荪旧藏，后归商邱宋荦，为宋拓的早本，后归日本中村不折氏。“华阴本”系明陕西东云驹藏，后归华阴王宏撰，今藏北京故宫博物院。“四明本”以四明丰熙旧藏而得名，尽管较其他三本略晚，但为全拓整幅，碑额及唐代刻跋均完好保留，得观全貌且为海内孤本。经宁波天一阁范氏藏，钱大昕父子、端方、李汝谦、潘复递藏，后归香港胡惠春，现亦藏故宫博物院。“玲珑山馆本”为清初马日璐、马日琯兄弟玲珑山馆所藏，后归李文田，现此拓本藏香港中文大学。陈列于扬州史公祠内的《汉西岳华庙碑》为清阮元于嘉庆十六年（公元 1811 年），按“四明本”请苏州名匠吴国宝在扬州摹刻，并将家藏欧阳修所写跋文摹刻于碑石缺字处。碑高 196 厘米、宽 98 厘米。碑座高 55 厘米，有莲瓣纹饰。碑额篆书“西岳华山庙碑”，碑文 22 行，满行 37 字。《西岳华山庙碑》为纪功铭德，庄重的“庙堂文字”整饬端庄。其结构方整匀称，气度典雅，点画俯仰有致。此碑以隶书写成，却篆意浓厚，兼有楷法，为汉碑佳品。清代隶书名家金农曾盛赞“华山片石是吾师”①。明郭宗昌《金石史》称其“结体运意乃是汉隶之壮伟者”②。清朱彝尊《金石文字跋尾》谓：“汉隶凡三种：一种方整，一种流丽，一种奇古。惟延熹《华岳碑》正变乖合，靡所不有，兼三者之长，当为汉隶第一品。”③

---

① （清）金农：《鲁中杂诗》。

② （明）郭宗昌：《金石史》，《四库总目提要》二卷，浙江汪启淑家藏本。

③ （清）朱彝尊：《金石文字跋尾》，影芋园丛书本，《石刻史料新编》第 25 册，卷四，18701 页。

浙江杭州西湖的自然与人文景观

一

杭州是一座历史悠久的文化名城，早在新石器时代，就已经有先民在这里繁衍生息。原始人在这段时间所创造的文化，史家称“良渚文化”。承续这些历史悠久的文化渊源，经过千百年的建设和发展，才形成了今天“上有天堂，下有苏杭”① 的杭州。“杭州”在周朝以前属于“扬州之域”，传说在夏禹治水时全国分为“九州”，长江以南的广阔地域均泛称“扬州”。公元前21世纪夏禹南巡，大会诸侯于“会稽山”（今浙江绍兴），曾乘舟航行经过这里并舍其“余航”，故此杭州最早称“余杭”。春秋时期吴越两国争霸，杭州开始属“吴”，越灭吴后属“越”。战国时期楚国灭越国，杭州又归入“楚国”的版图。秦统一六国后在灵隐山麓设县治，称“钱唐”属会稽郡。《史记·秦始皇本纪》中有这样的记载：“三十七年十月癸丑，始皇出游……过丹阳，至钱唐，临浙江，水波恶……”② 这是史籍最早记载“钱唐”之名。西汉承秦制，杭州仍称“钱唐”。新莽时期一度改“钱唐”为“泉亭县”，东汉复置“钱唐县”属吴郡。这时杭州农田水利兴修初具规模，并从宝石山至万松岭修筑了第一条海塘，西湖开始与海隔断而

---

① 王谨：《“上有天堂，下有苏杭”》，载《人民日报》（海外版），2004年6月16日第1版。

② （西汉）司马迁：《史记》，63页，长沙，岳麓书社，1988。

成为内湖。三国、两晋、南北朝时期，杭州为吴国的“吴兴郡”属扬州。东晋咸和元年（公元326年），印度佛教徒慧理在飞来峰下兴建灵隐寺，这不仅是西湖最古的丛林建筑，也是江南最古老的名刹。随后有方士许迈及葛洪等人在武林山下、韬光、宝石山一带进行写书、炼丹等活动，同时传播宗教。梁太清三年（公元549年）升“钱唐县”为“临江郡”。陈后主祯明元年（公元587年）又置“钱唐郡”，下辖钱唐、于潜、富阳、新城4县，属吴州。隋开皇九年（公元589年）废“郡”为“州”，“杭州”之名第一次出现，下辖钱唐、余杭、富阳、盐官、于潜、武康6县。开皇十一年（公元591年），在凤凰山依山筑城，“周三十六里九十步”，这是最早的“杭州城”。大业三年（公元607年）改置为“余杭郡”。大业六年（公元610年）杨素凿通江南运河，即从现在的江苏镇江起经苏州、嘉兴等地而达杭州，全长400多公里，自此“拱宸桥”成为大运河的起讫点。“杭州等郡，川泽沃衍，有海陆之饶，珍异所聚，故商贾并辏。”① 这时的余杭郡有居民15380户，杭州户口统计由此开始。唐代置“杭州郡”，旋即又改为“余杭郡”，治所设在钱唐。因避国号讳，于唐武德四年（公元621年），改“钱唐”为“钱塘”。太宗时属“江南道”，唐天宝元年（公元742年）复名“余杭郡”，属“江南东道”。唐乾元元年（公元758年）又改为“杭州”，归“浙江西道节度”管辖，州治在钱塘，下辖钱塘、盐官、富阳、新城、余杭、临安、于潜、唐山8县。州城的范围也随之扩大，由原来的城南沿江一带发展到今天的武林门一带。据记载，唐贞观年间（公元627—649年），杭州已有15万余人；到开元年间（公元713—741年）发展到58万人，此时的杭州已与广州、扬州并列，为我国古代三大通商口岸之一。

杭州是吴越国的国都和南宋的京城。五代十国时期吴越国偏安东南建都杭州，在吴越三代、五帝共85年的统治下，经过劳动人民的辛

① （清）杨守敬：《隋书·地理志》。杨守敬为清末民初杰出的历史地理学家、金石文字学家、目录版本学家、书法艺术家、钱币学家、藏书家。有83种著作传世，名驰中外。为写《水经注疏》，他对《水经》和《水经注》作了深入研究和考订，总结前人的得失，比前人的研究更为周详，终于赋予《水经注》生命。

勤开拓，杭州初步发展成为全国经济繁荣和文化荟萃之地。欧阳修曾作了这样的描述："钱塘自五代时，不被干戈，其人民幸福富庶安乐。十余万家，环以湖山，左右映带，而闽海商贾，风帆浪泊，出入于烟涛杳霭之间，可谓盛矣！"① 吴越王钱镠在杭州凤凰山筑"子城"，内建宫殿作为国治，又在外围筑"罗城"，周围长70里作为防御。据《吴越备史》记载，这个都城西起秦望山，沿钱塘江至江干，濒钱塘湖（西湖）到宝石山，东北面到现在的艮山门。吴越王重视兴修水利引西湖水输入城内运河，在钱塘江沿岸采用"石囤木桩法"修筑百余里的护岸海塘；还在钱塘江沿岸兴建龙山、浙江二闸，阻止咸水倒灌以减轻潮患。动用民工凿平江中的石滩使航道畅通，促进与沿海各地的水上交通，并置"撩湖兵"千人疏浚保护西湖，使之不被葑草淤塞。吴越三代五帝都笃信佛教，现在杭州西湖周围的寺庙、宝塔、经幢、石窟等文物古迹，多为那个时期的建筑成就，当时的杭州有"佛国"之称。北宋时期杭州为"两浙路"的路治；北宋大观元年（公元1107年）杭州升为"帅府"，辖钱塘、仁和、余杭、临安、于潜、昌化、富阳、新登、盐官9县，人口已达20余万户，为江南人口最多的州郡。经济繁荣，纺织、印刷、酿酒、造纸业都较发达，对外贸易进一步拓展成为全国四大商港之一。杭州历任的地方官十分重视对西湖的整治。譬如，宋元祐四年（公元1089年），苏东坡担任杭州知州时再度疏浚西湖，用所挖取的葑泥堆成横跨南北的长堤（古称"苏堤"）；随后又开通茅山、盐桥两河，再疏通"六井"② 使卤不入市，以解决杭州居民的饮水问题。经过北宋150多年的改造和发展，到南宋时期就开始了杭州的鼎盛时期。南宋建炎三年（公元1129年）置行宫于杭州，杭州为"临安府"，治所设在钱塘，下辖钱塘、仁和、

---

① （宋）欧阳修：《有美堂记》。

② 杭州自隋建州以来城市日益发展，但杭州城区是由浅海湾演变成的陆地，地下水咸苦不堪饮用。唐德宗朝（公元781年）李泌任杭州刺史后，组织民工自涌金门至钱塘门分置水闸，掘地为沟，沟内砌石槽，石槽内安装竹管（至北宋改用瓦筒），引西湖水至城内各地，并置六个出水口，即西井、金牛池、方井、白龟池、小方井、相国井，俗称"六井"。李泌此举解杭人卤饮之苦，促进了城市的进一步发展，德泽百世。

临安、余杭、于潜、昌化、富阳、新城、盐官9县。南宋绍兴八年（公元1138年）定都于此，杭州城垣因而大势扩展，当时分为内城和外城。内城即皇城方圆9里，环绕着凤凰山北起凤山门南达江干，西至万松岭东抵候潮门，在皇城之内兴建殿、堂、楼、阁，还有多处行宫及御花园。外城南边跨吴山北截武林门，右连西湖左靠钱塘江，设城门13座，城外有护城河。由于北方许多人随朝廷南迁至使临安府的人口激增，到南宋咸淳年间（公元1265—1274年），居民增至124万余人。就杭州府城所在的钱塘、仁和两县而言，人口也达43万余人，人口的增多为社会生产力的发展和商业的繁荣创造了条件。当时临安手工作坊林立，尤其是丝织业的织造技艺精良，能生产出许多精巧名贵的丝织品，在全国享有盛名。据《武林旧事》等书记载，南宋时的杭州商业有440行，各种交易甚盛，万物所聚应有尽有。对外贸易也相当发达，有日本、高丽、波斯等50多个国家和地区与之有使节往来和贸易关系，为此朝廷专设"市舶司"以主其事。南宋时期杭州是全国的文化中心，设立了最高兴府——太学，还有武学、医学、算学、史学等各科学校，临安府学及钱塘、仁和两县学的学生近千人。这里书铺林立，刻印的书籍十分精良。当时的绘画艺术甚盛，"西湖十景"就是由南宋画院题名的。

杭州历来是浙江省的省会。元代在杭州设"两浙都督府"，后改为"杭州路总管府"，为江浙行省治所（钱塘、仁和）。至正二十六年（公元1366年），明太祖朱元璋改置"浙江行省"，仍以杭州为省治。钱塘、仁和、海宁、富阳、余杭、临安、于潜、新城、昌化等州县皆属"杭州路"。随后因遭战乱，杭州城内的不少宫殿被毁，工商业曾一度衰落，西湖也渐被泥土淤塞。但由于在南宋时期打下了繁华基础，因而恢复较快。至正年间大运河全线开通，杭州水运可直达大都（即北京城），成为全国水运交通要津。所以，13世纪时意大利旅行家马可·波罗称杭州为"天城"，是"世界上最美丽华贵之城"①。明代改"杭州府"为"浙江布政使"治所，属县未变。明正德三年（公元

① 王翼奇：《杭州赋》，载《光明日报》，2007年12月17日。

1508年），郡守杨孟瑛继唐白居易、宋苏东坡后再次疏浚西湖，拓展面积达3480余亩，将苏堤增高加宽加固，修建“振鹭亭”（即今“湖心亭”），砌筑“小瀛洲”使西湖重放光彩，恢复了“湖上春来水拍天，桃花浪暖柳荫浓”① 的景色。明朝进士田汝成在《西湖游览志》中称：“西湖开浚之绩，古今尤著者，白乐天、苏子瞻、杨温甫三公而已。”② 至万历年间（公元1573—1620年），杭州又呈现出四方客商云集、游人纷至沓来的繁荣局面。清朝初年，朝廷在杭州城西沿西湖一带建造“旗营”（俗称“满城”）。城墙周围10里，南至开元路北靠法院路，东临中山中路附近，西面包括湖滨公园并辟有6座城门，总占地面积1436亩，成为杭州的“城中城”（民国初年拆除）。清雍正二年（公元1724年）、嘉庆五年（公元1800年），浙江总督李卫、巡抚阮元先后再次疏浚西湖挖起大量葑泥，使湖水加深数尺。光绪九年（公元1883年），杭州有人口62万余人；光绪二十一年（公元1895年）清廷在中日战争中失败，被迫签订《马关条约》，杭州开为日本通商商埠，拱宸桥辟为日本租界。随着资本主义的入侵和洋务运动的兴起，杭州的近代工业也逐渐发展起来。民国元年（公元1912年）废“杭州府”合并钱塘、仁和两县为“杭县”，仍为省会所在地。民国三年（公元1914年）设“道制”置“钱塘道”，道尹驻杭县，原杭州府所辖各县归“钱塘道”管辖。民国十六年（公元1927年）废“道制”析出杭县城区设“杭州市”直属浙江省，旧属诸县直属于省。从此杭州确立为市的建制，市区分为8个区。此时杭州已有少数近代工业，如在1897年创办的“通益公纱厂”（杭州第一棉纺织厂前身）规模较大；其后又陆续兴办起火柴厂、造纸厂等，传统的手工丝织行业也逐步采用机械传动。1909—1914年沪杭、杭甬铁路相继建成，全长1453米的钱塘江大桥于1937年竣工。

---

① （宋）喻良能：《登清音堂》。

② 张伟达、许静凯：《妙笔绘就杨堤六桥》，载《杭州日报》，2007年9月26日。

二

杭州西湖是举世闻名的风景名胜。西湖风景名胜区占地面积60平方公里，其中，水域面积5.6平方公里，南北长3.3公里，东西宽2.8公里，周长15公里。[①] 西湖东面临城，南、北、西三面群山环抱，湖光山色互映妩媚秀灵，1982年国务院首批公布为“国家重点风景名胜区”。西湖风景名胜区以西湖为中心，分为湖滨区、湖心区、北山区、南山区和钱塘区。西湖的美不只在于湖，而且在于山。环绕西湖西南有龙井山、理安山、南高峰、烟霞岭、大慈山、灵石山、南屏山、凤凰山、吴山等总称为“南山”。北面有灵隐山、北高峰、仙姑山、栖霞岭、宝石山等，总称为“北山”，它们像众星拱月一样捧出西湖这颗明珠。山的高度都不超过400米，但峰奇石秀林泉幽美，南北高峰遥相对峙高插云霄。在这群山中深藏着虎跑、龙井、玉泉等名泉和烟霞洞、水乐洞、石屋洞等洞壑，也给湖山平添了不少风韵。江湖、山林、洞壑、溪泉等自然胜景与古刹庙观融为一体、风韵独存。横贯湖中的“白堤”、“苏堤”等将西湖分成5个湖区，湖中有孤山、小瀛洲、湖心亭、阮公墩4岛。注入西湖的主要溪流有金沙港、龙泓涧、长桥溪。西湖引水工程“钻地穿山”，引来钱塘江清流。调节西湖水位的主要出水口，一个是“圣塘闸”，经“圣塘河”流入运河；另一个是“涌金闸”，经“浣纱河”地下管道流入武林门外的城河。西湖在远古时是与钱塘江相通的浅海湾，后来由于泥沙淤塞大海被隔断，在沙嘴内侧的海水成了一个泻湖。所以民间有谚语说：“西湖明珠从天降，龙飞凤舞到钱塘。”[②] 清漪碧波和绿云翠谷间，闪烁着无数秀丽的自然景观和璀璨夺目的历史古迹。因而民间传诵：“天下西湖三十又六，唯杭州最著。”[③] 明正统年间（公元1436—1449年）有一日本

---

① 参见山东省旅游局办公室编：《赴苏州和杭州考察旅游业的调研报告》，载《旅游信息》，2008（47）。

② 见《古韵钱塘：读不尽的书》，载《钱江晚报》，2006年11月26日。

③ （清）陆以湉：《冷庐杂识》八卷。

国使者游西湖曾题诗说："昔年曾见此湖图，不信人间有此湖。今日打从湖上过，画工还欠着工夫。"[①]"西湖十景"题名源于北宋山水画家宋迪题画的四字句，他用"平沙落雁"、"山市晴岚"、"远浦归帆"等标出自己所画的作品内容，后来山水画家竞相仿效。13世纪，南宋画家马远、陈清波在撷取西湖风景精华所作的画中，也分别标上"柳浪闻莺"、"两峰插云"、"平湖秋月"、"断桥残雪"、"三潭印月"、"雷峰夕照"、"苏堤春晓"和"南屏晚钟"，后来又画了"花港观鱼"、"曲院荷风"两幅，于是便有"西湖十景"的说法。清朝康熙帝南巡游西湖为十景题名立碑，并改"两峰插云"为"双峰插云"，"曲院荷风"为"曲院风荷"。1985年《杭州日报》社、杭州市园林文物管理局等单位发起征集新景点、新景名的活动，有5万人参加，历时8个月。遴选出"云栖竹径"、"满陇桂雨"、"虎跑梦泉"、"龙井问茶"、"九溪烟树"、"吴山天风"、"阮墩环碧"、"黄龙吐翠"、"玉皇飞云"和"宝石流霞"十景，人们称之为"新西湖十景"。[②]陈云、刘海粟、赵朴初等10位名家为之题名立碑。1956年新建的杭州植物园在西湖的西北面，地处双峰插云与玉泉观鱼之间的丘陵地带。全园占地面积250公顷，分展览区和实验区两大部分。展览部分主要有植物分类区、经济植物区、观赏植物区、竹类植物区、树木园；实验区主要包括植物引种驯化、抗性树种实验、果树实验三部分。已搜集、引种中外植物4000多种，200多科，1000多属。其中，稀有珍贵植物有我国特有树种水杉、夏腊梅、华东黄杉、澳洲梧桐、美国红杉、希腊油橄榄、比利时王莲等。园内丘陵起伏，园林布局采用自然风景式，既富有科学内容，又具有公园风貌，是西湖著名园林风景之一。西湖风景区有国家、省、市级文物保护单位60处和风景名胜点100余处。

杭州著名景观白堤与苏堤。"白堤"原名"白沙堤"，是将杭州市区与风景区相连的纽带，东起"断桥残雪"经锦带桥向西，止于"平湖秋月"，堤长2里。唐朝称"白沙堤"、"沙堤"，宋、明时期称"孤

---

① 见《西子应无恙当惊世界殊》，《都市快报》2003年9月22日。

② 参见周艺文等主编：《江南风光之旅》，90页，长沙，湖南地图出版社，2001。

山路”、“十锦塘”。唐朝为了贮蓄湖水灌溉农田而兴建白堤，以风光旖旎而著称。后来人们以为这条堤是白居易主持修筑的，故称它为“白堤”。实际上白居易任杭州刺史时曾在旧钱塘门外的石涵桥附近修筑了一条堤，时称为“白公堤”，今已经无迹可寻。白居易在任杭州刺史时有诗云：“最爱湖东行不足，绿杨荫里白沙堤。”① 说的就是这条堤。明代王稚登的《十锦塘》诗，就将当时堤上景色渲染得十分热闹：“湖边绿树映红阑，日日寻芳碧水湾。春满好怀游意懒，莺撩吟兴客情闲。波中画舫樽中酒，堤上行人岸上山。元限风怀拚一醉，醉看舞蝶绕花间。”② “苏堤”是北宋元祐五年（公元1090年），诗人苏轼任杭州知府时疏浚西湖，利用浚挖的淤泥构筑并历经后世演变而形成的，杭州人民为纪念苏东坡治理西湖的功绩，把它命名为“苏堤”。自南宋以来，“苏堤春晓”一直居西湖十景之首。长堤卧波连接了南山北山，给西湖增添了一道妩媚的风景线。元代又称之为“六桥烟柳”而列入“钱塘十景”，足见它自古就深受人们的喜爱。苏堤南起南屏山麓，北到栖霞岭下，全长近3公里、堤宽平均36米。沿堤栽植杨柳、碧桃等观赏树木以及大批花草，还建有6座单孔石拱桥，桥名自南而北依次为映波、锁澜、望山、压堤、东（束）浦、跨虹。每当春风吹拂苏堤上杨柳吐翠、碧桃吐艳，长堤延伸、六桥起伏。晨曦初露时湖波如镜，桥影照水，鸟语啁啾，柳丝舒卷飘忽，桃花笑脸相迎。置身堤上湖山胜景如画图般展开，多方神采万种风情。寒冬一过苏堤犹如一位翩翩而来的报春使者，杨柳夹岸，更有湖波如镜，映照倩影，无限柔情。最动人心的莫过于晨曦初露，月沉西山之时轻风徐徐吹来，柳丝舒卷飘忽，置身堤上确实勾魂摄魄。早在南宋时这里就形成湖中集市，《武林旧事》曾记载清明节前后游湖盛况：“苏堤一带，桃柳浓阴，红翠间错，走索，骠骑，飞钱，抛球，踢木，撒沙，吞刀，吐火，跃圈，斤斗及诸色禽虫之戏，纷然丛集。又有买卖赶集，香茶细果，

---

① （唐）白居易：《钱塘湖春行》。原诗为：“孤山寺北贾亭西，水面初平云脚低。几处早莺争暖树，谁家新燕啄春泥。乱花渐欲迷人眼，浅草才能没马蹄。最爱湖东行不足，绿杨阴里白沙堤。”

② 郑振铎主编：《古本戏曲丛刊二集〈十锦塘〉》，文学古籍刊行社1954年版。

酒中所需。而彩妆傀儡，莲船战马，饧笙和鼓，琐碎戏具，以诱悦童曹者，在在成市。"①

杭州著名景观柳浪闻莺。柳浪闻莺地处西湖东南隅湖岸，占地约21公顷。它的前身是南宋御花园"聚景园"，南起杭州旧城清波门外北至涌金门下，东靠城垣西临西湖水面，而且包括了接近湖岸的诸洲（如"柳洲"）。园中原有"柳浪桥"，沿湖遍植垂柳，密密柳丝仿佛在湖边挂起绿色帐幔。春风吹拂碧浪翻飞，浓荫深处时时传来"呖呖"莺声，因而在园西有康熙帝题的"柳浪闻莺"匾额。② 宋末元初"聚景园"成为"散景园"，其南侧地带被南下迁居杭州的回民择为墓地；其中段之地荒芜淤塞成为一片七零八落的沼泽水塘，北部地段原有的"灵芝寺"、"显应观"等显赫堂皇的寺庙，也随园景一起难逃厄运。到明代中叶，当年蔚然大观的"柳浪闻莺"胜景只剩下柳浪桥、华光亭两处破旧陈迹。清初更是一派凄凉景象，紫珊老人《少年游》词的上半阙，专写此地盛况不再的情景："蛇蟠眢井，狐窜破冢，辇路已全荒。燕子飞来，桃花不语，阅过几沧桑。"③ 到1949年"柳浪闻莺"仅存景名碑、石碑坊，石亭子和沙朴老树，"表忠观"旧屋一处、祠前的方塘两口，附近居民干脆称那里为"坟山窠"。新中国成立后，经过40多年不断的开发和建设，由当年帝王享受的御花园演变为普通老百姓的"大乐园"。它仍以青翠柳色和婉啭莺鸣为公园景观基调，在沿湖长达1000米的堤岸上和公园路主干道路，沿途栽种垂柳及狮柳、醉柳、浣沙柳等特色柳树。在园中部主景区辟"闻莺馆"，又在距"闻莺馆"不远处置巨型网笼"百鸟天堂"，营造烟花三月、柳丝飘舞、莺声清丽的氛围。"闻莺馆"东面以草坪和密林带为主形成友谊园景区，引种了一批日本樱花，草坪北侧铺石砌台，矗立着日中"不再战纪念碑"。"闻莺馆"西侧是"柳浪闻莺"，重建时填平水荡沼

---

① （南宋）周密：《武林旧事》，全书十卷，成书于元朝至元二十七年（公元1290年）以前。《武林旧事》是一部追忆南宋都城临安城市风貌的著作。

② 参见小小编著：《中国南方北方游》（北方卷），56页，北京，中国电影出版社，2005。

③ （清）徐逢吉：《少年游》（徐逢吉为钱塘诗人）。

泽而营造大草坪，大草坪北侧是迁建来此的康熙帝御题“柳浪闻莺”景亭碑；南侧种植了一片高大的乔木树林，与草坪、柳岸及湖光山色构成富于层面，角度变化的生动图景。公园北部早先的“钱王祠”改建成江南私家园林风格，布局的庭院景区，沿用“聚景园”旧称命名。园内亭台楼榭，假山泉池，小桥流水，矮墙漏窗，奇花异草，各据其位，合为胜景，全园曲径通幽，别有天地。

杭州著名景观双峰插云。双峰插云位于灵隐路上的洪春桥边，“双峰”指的是天竺山环湖南、北两支山脉中最为著名的南高峰、北高峰，两峰遥相对峙相距10余里。山雨欲来时向巍然耸立的双峰望去，浓云如远山，而远山又淡得像浮云，是云是山一片朦胧难以分辨，双峰的峰尖忽隐忽现插入云端，游人如同踏入一幅巨大的泼墨山水画，“两峰插云”由此得名。清康熙皇帝南巡时改“两峰”为“双峰”，题“双峰插云”并建“景碑亭”于洪春桥畔，其时双峰古塔毁坏已久。“插云”者，虚言也；设“景碑亭”于此实为权宜之计。“浮图对立晓崔巍，积翠浮空霁霭迷。试向凤凰山上望，南高天近北烟低”。[①] 这是南宋诗人王洧的《两峰插云》诗。明代的李流芳主张到苏堤第三桥“望山桥”上观赏此景，他在《西湖臣游图题跋·两峰罢雾图》中写道：“三桥龙王堂，望湖西诸山，颇尽其胜。烟林雾障，蚋带层叠，淡描浓抹，顷刻百态，非董、巨妙笔，不足以发其气韵。”[②] 清以后双峰已无塔影，赏景位置则移易到湖上，尽管洪春桥畔建有景碑亭，但游人到此只见林木葱蔚，“双峰”连影子也无觅处，倒不如泛舟湖上。后来钟毓龙在《说杭州》中提出：“欲雨未雨之时，四山云幂，而南、北两峰以高故犹露其巅。此本为湖中遥望之景。清初必欲求其地以立

---

① （南宋）王洧：《两峰插云》。王洧，号仙麓，闽县（今福建福州）人；南宁宝祐四年（公元1256年）入浙江帅幕，事见《洞霄诗集》卷五。

② （明）李流芳：《西湖臣游图题跋·两峰罢雾图》。李流芳（1575—1629），字茂宰，号檀园，晚号慎娱居士、泡庵道人。歙县（今属安徽）人，侨居嘉定（今属上海市）。万历三十四年（公元1606年）举孝廉，为人耿直，诗风清新自然，文品为士林翘楚。著有《檀园集》、《西湖卧游图题跋》等。

碑，乃置之行（洪）春桥畔。”① 湖中之景成了陆上之景。“双峰插云”尽管自古至今其观赏的地点和方式迭经变化，但南北两面的高峰都是西湖极富登临之胜的著名山峰却至今未变。

杭州著名景观平湖秋月。早在唐朝这里就修建了“望湖亭”；南宋时随着孤山皇家道观“四圣延祥观”的建造，这里又建“望月亭”。“望湖”、“望月”，这两“望”就为日后的“平湖秋月”定址于此埋下伏笔。明万历年间司礼太监孙隆斥巨资复建西湖旧景时，曾对“望湖亭”大加修缮。文学家张岱在《西湖寻梦》中记载道：“修葺华丽，增筑露台，可风可月，兼可肆设席，笙歌剧戏，无日无之。今变建龙王堂。”②“平湖秋月”位于白堤西端三面临水、背靠孤山，濒临外西湖。清康熙三十八年（公元1699年），改建“望湖亭”为“御书楼”，在楼前挑出水面铺筑平台立碑亭，题名为“平湖秋月”。置身平台眺望西湖景色，无论晴雨都有奇趣，尤其是皓月当空的秋夜更充满诗情画意。南宋时“平湖秋月”并无固定的景址，关于这一点从当时以及元、明两朝文人赋咏此景的诗词中不难看出。譬如，南宋的孙锐在诗中就有“月冷寒泉凝不流，棹歌何处泛舟”③ 之句。明朝洪瞻祖在诗中也写道：“秋舸人登绝浪皱，仙山楼阁镜中尘。”④ 现在的“平湖秋月”景址，实际上是康熙三十八年（公元1699年）才确定下来的。新中国成立后经重新规划和逐年翻建、扩建和新建，这里形成了一片

① （清）钟毓龙：《说杭州》。钟毓龙（1880—1970），字郁云，号庸翁，杭州人，曾在浙江高等学堂、杭州府中学堂、省立一中、宗文中学等校任教国文、历史、地理、修身等科，后任宗文中学校长，终身为教师。专长钟鼎文，能不用乌丝阑而横直井然，善诗词书法，曾任浙江通志馆副总编等职。著有《说杭州》、《浙江地理考》、《美术年鉴、姜丹书稿》、《上古神话演义》等。

② （明）张岱：《西湖寻梦》。张岱（1597—1679），又名维城，明末清初文学家，山阴（今浙江绍兴）人。著有《陶庵梦忆》、《西湖梦寻》、《三不朽图赞》、《夜航船》等文学名著。

③ （南宋）孙锐：《平湖秋月》。原诗为：“月冷寒泉凝不流，棹歌何处泛归舟。白苹红蓼西风里，一色湖光万顷秋。”

④ 张丹萍：《凭栏咏平湖秋月》，载《南方都市报》，2006年9月18日。（明）洪瞻祖（1598）进士，授兵部郎中，翰林院庶吉士，兵科给事中，都察院左都御史，巡抚江西南赣，赠少保兵部尚书等职。他回乡后四十年住西溪，别业在杭州孤山西冷桥边“巢云居”。

狭长的沿湖园林，遍植四季花木，点缀假山叠石，亭台楼阁错落其间，更加宜赏月、品茗和休闲。西湖秋夜之月自古公认为良辰美景，充满了诗情画意。“平湖秋月”高阁凌波，平台宽广，视野开阔，秋夜在此纵目远眺，湖天一碧，金风送爽，水月相溶，不知今夕何夕。现在每年农历八月十四至十六，杭州居民都要在平湖秋月举办“月是西湖明”的中秋赏月晚会。

杭州著名景观断桥残雪。断桥残雪的断桥是白堤的东起点，正处于外湖和北里湖的分水点上。“断桥”名起于唐代诗人张祜“断桥荒藓涩”[①] 之句，又因“孤山”之路到此而断，故名“断桥”。旧时石拱桥上有台阶，桥中央有小亭，冬日雪霁，桥上向阳面冰雪消融，阴面却是玉砌银铺，桥似寸断，构成了奇特的景观，故有“断桥残雪”之名。断桥是西湖中最出名的一座桥，也是西湖三大情人桥之一。它的名字与《白蛇传》中缠绵悲怆的爱情故事联系在一起。白娘子与许仙相识在此，同舟归城借伞定情；后又在此邂逅言归于好。越剧《白蛇传》历来催人泪下。明人汪珂玉《西子湖拾翠余谈》中，有一段评说西湖胜景的妙语：“西湖之胜，晴湖不如雨湖，雨湖不如月湖，月湖不如雪湖……能真正领山水之绝者，尘世有几人哉！”[②] 地处江南的杭州每年雪期短促，大雪天更是罕见。一旦银妆素裹便会营造出与常景迥然不同的雪湖胜况。明代画家李流芳《西湖卧游图题跋——断桥春望》称：“往时至湖上，从断桥一望，魂销欲死。还谓所知，湖之潋滟熹微，大约如晨光之着树，明月之入庐。盖山水映发，他处即有澄波巨浸，不及也。”由此观之，断桥观瞻可得湖山之神髓，岂独残雪！现在的断桥是1921年重建的拱形独孔环洞石桥，长8.8米，宽8.6米，单孔净跨6.1米，后来又经过大修，但古朴淡雅的风貌基本未变。桥东有康熙御题景碑亭，亭侧建水榭题额“云水光中”，青瓦朱栏飞檐翘角，与桥、亭构成西湖东北隅一幅古典风格的画图。

---

① （唐）张祜：《题杭州孤山寺》，《全唐诗》510卷，第129首。

② （明）汪珂玉：《西子湖拾翠余谈》。汪珂玉（1587—?）字玉水，号乐卿，自号乐闲外史，秀水（今浙江嘉兴）人。颜所居曰莲登草堂、韵石阁、青人巢。崇祯（1628—1644）中官山东盐运使制官。

杭州著名景观三潭印月。三潭印月在西湖三岛之一的“小瀛洲”周围。岛是苏东坡组织民工疏浚西湖时用挖出的葑泥堆筑而成的，周围环形堤埂筑于万历三十九年（公元1611年）。清雍正五年（公元1727年）南北连以曲桥，东西系以柳堤。才构成“湖中有岛，岛中有湖”，宛如“蓬莱仙岛”的绝妙佳境，因而起名为“小瀛洲”。洲上有“开网”、“亭亭”、“迎翠”、“闲放”、“我心相印”等亭、榭、楼、台，石桥曲折有致，漏窗空灵深远，花木扶疏，倒影迷离，置身其间有一步一景、步移景异之趣。在绿云荷香掩映下景观富于层次，意境深邃。小瀛洲岛南的水面上有3座造型美丽的小石塔，是当年苏东坡组织疏浚西湖时在深水处立的坐标。明代重建即今之样式。秋夜皓月当空，如在塔内点上灯烛，洞口蒙上薄纸，灯光从中透出便宛如一个个小月亮倒影水中，构成“天上月一轮，湖中影成三”的奇丽景色，“三潭印月”由此得名。“三潭印月”与“湖心亭”、“阮公墩”合称为湖上三岛，是西湖三岛中最大的一个岛，面积6万平方米。四周围是环形堤埂，岛中有湖，水面划为“田”字形，建有一座九转三回、三十个弯的九曲桥，岛上建筑精致，四时花卉扶疏，有“水上仙子”美称。岛南湖面上有三个石塔鼎足而立，塔高2米，球形塔身中空，有五个小圆孔，素有“月光映潭，塔分为三”之说。[①] 在中秋月明之夜到杭州西湖泛舟，可领略“烟笼秋水月笼纱”的美境；西湖上的三潭印月自古以来就是赏月胜地。由于三潭印月的美丽景色，人民银行将它的形象印制在人民币上。最先是20世纪70年代末的外汇兑换券1元，正面就是翠绿色的“三潭印月”图案；然后是第五套人民币一元纸币的背面，风景画也采用了几乎一样的图案——水中的三座石塔，因而使得西湖美景的名气大增。

杭州著名景观雷峰夕照。雷峰夕照位于西湖南面、净慈寺前的夕照山上。旧时的“雷峰塔”建于五代（公元975年），吴越王因庆贺黄妃得子而建，取名“黄妃塔”。因建在当时的西关外，故又称其为

① 参见小小编著：《中国南方北方游》（北方卷），56页，北京，中国电影出版社，2005。

“西关砖塔”。后人因塔在名为雷峰的小山上，故改称“雷峰塔”。夕阳西照时塔影横空，金碧辉煌，“雷峰夕照”由此而名。雷峰塔初建时为13层可以登临。明代嘉靖时倭寇入侵疑心塔内有伏兵，纵火焚塔仅存塔心。1924年9月25日下午，雷峰塔自然倒塌。倒塌原因据说一是自然风化，二是当地居民烧香挖取塔砖带回家驱鬼避邪，日久天长雷峰塔自然倒塌了，“雷峰夕照”也因此仅有美名。[①] 明末杭州名士闻启祥曾将其与湖对岸的保俶塔合在一起加以评说：“湖上两浮屠，雷峰如老衲，宝石如美人。”[②] 此说一出世人称是。清雍正年间成书的《西湖志》这样赞美雷峰夕照一景：“孤塔岿然独存，砖皆赤色，藤萝牵引，苍翠可爱，日光西照，亭台金碧，与山光倒映，如金镜初开，火珠将附。虽赤城栖霞不是过也。”[③] 国务院在批复《杭州城市总体规划》中已明确：“恢复西湖十景之一，并为民间流传极广的雷峰塔。”有关部门已将雷峰塔地宫进行了开启挖掘工作，60多件千年宝物重见天日。其中，有精美典雅的漆器、青铜佛像、玉器、丝绸、皮革等实物，反映了当时文化和工艺发达的程度。现杭州市新建雷峰塔以恢复旧时的景观。雷峰新塔建在遗址之上，保留了旧塔被烧毁之前的楼阁式结构，完全采用了南宋初年重修时的风格、设计和大小建造。这座塔兼具遗址文物保护罩的功能，它由保护罩、塔身和塔刹三部分组成，其中塔身和塔刹的高度为61米，地平线以下的保护罩为9.7米。专门为保护遗址而建的保护罩呈八角形，建筑面积3133平方米，外饰汉白玉石栏杆。保护罩分上下两层，将雷峰塔遗址完整地保护起来。塔身的设计沿袭了雷峰塔被烧毁前的平面八角形楼阁式制型，高约45米，共分5层，保留了宋塔的惯有风格。各层盖铜瓦，转角处设铜斗拱，飞檐翘角下挂铜风铃，风姿优美，古色古韵。用于装饰的塔刹高16.10米，塔顶采用贴金工艺。它的外形具有唐宋时期江南古建筑的典型风格，远处望去，金碧辉煌。雷峰新塔建成后，游人站在五层的

---

① 参见周艺文等主编：《江南风光之旅》，89页，长沙，湖南地图出版社，2001。

② （明）李流芳：《雷峰暝色图》，辑入《西湖卧游图题跋》。

③ （清）李卫修纂：《西湖志》号称“西湖第一书”，是关于古代西湖和西湖文化历史的珍贵孤本。

外观平座上，西湖美景能够尽收眼底。而站在西湖东岸的湖滨路远眺，雷峰塔敦厚典雅，保俶塔纤细俊俏，两座塔南北隔湖相望，西湖山色又回到了往日的和谐与美丽。

杭州著名景观南屏晚钟。北宋末赫赫有名的画家张择端曾经画过《南屏晚钟图》，尽管此图远不如他的《清明上河图》那么蜚声画坛，但却被记载于明人《天水冰山录》中。南屏山绵延横陈于西湖南岸，山高不过百米，山体延伸却长达千余米。山上怪石耸秀，绿树惬意。晴日满山岚翠在蓝天白云的衬托下秀色可餐，遇雨雾天云烟遮遮掩掩，山峦好像翩然起舞，缥缈空灵若即若离。后周显得元年（公元954年）吴越王为高僧永明禅师而建，原名“永明禅院”，南宋时改名为“净慈禅寺”，是西湖四大丛林寺院之一。寺内有“宗镜堂”、“慧日阁”、“济祖殿”、“运木井”等古迹，山门前有放生池。寺院原有铜钟一口，每天傍晚深沉、浑厚的钟声在苍烟暮霭中回响，山回谷鸣发人悠远的沉思，“南屏晚钟”因此得名。清康熙南巡时天将破晓，“夜气方清，万籁俱寂，钟声乍起，响入云霄，致足发人深省也”①，曾改“晚钟”为“晓钟”，由于弄巧成拙未能流传。南屏山麓另一座著名的佛刹兴教寺始建于北宋开宝五年（公元972年），它曾是佛教天台宗山派的大本营，晨钟暮鼓，香烟烛光，南屏山从此添了“佛国山”的别称。净慈寺钟楼历经毁建，大钟也废而复铸，最具规模的浇铸一次是在明洪十一年（公元1378年），用铜2万余斤铸成巨钟一口。另外一次是在1986年新铸铜钟高3米，口径2.3米，重达10吨以上。钟体内外镌铸着《妙法莲华经》七卷及铭文共计6.7万字；它采用“蒲牢雕龙”作钟钮，以八瓣莲花为钟唇，每一瓣铸有一个撞钟点，其中六处钟点上铸有梵文。每到除夕之夜，杭州市各界人士和外宾、侨胞、游客聚集在净慈寺钟楼内外，举行新年撞钟除旧迎新活动，为古老的南屏晚钟注入了新的涵义和魅力。

杭州著名景观花港观鱼。花港观鱼位于苏堤南端北倚西山，它是西湖风景区内规模最大的一级公园。古代因有小溪自花家山流经此处

---

① 转引自菲菲：《听那遥远的钟声》，《石狮子日报》2009年10月22日。

进入西湖，所以称“花港”。唐长庆年间（公元821—824年），开元寺的惠澄从长安获得一枝牡丹携回寺里栽种，杭州自此始有牡丹。宋时花家山下建有“卢园”，为南宋内侍官卢允升的私人花园，园内栽花养鱼风光如画，被宫廷画师创作“西湖十景组画”将它列入其中。清康熙三十八年（公元1699年）皇帝玄烨驾临西湖，照例题书花港观鱼景目，用石建碑于鱼池畔。后来乾隆下江南游西湖时又有诗作题刻于碑阴，诗中有句云：“花家山下流花港，花著鱼身鱼嘬花。”① 该碑的碑阳和碑阴分别由祖孙两代皇帝题写，这在全国是不多见的。传说“花港观鱼”是乾隆皇帝下江南时所题，其中的“渔”字繁体写法是四点代表火，乾隆改为三点代表水，寓意百姓生活风调雨顺。现在杭州牡丹要数花港观鱼的牡丹园最为繁盛，有“酒醉杨妃”、“娇容三变”等品种，千姿百态，绚丽多姿，别有情趣。园内植物配置精致，四季有应时之花，八节有长青之树，发展了“花”、“港”、“鱼”这一名胜的特色。这个景点原来仅有一碑、一亭、一池和三亩地，现已建成为占地20多公顷的大型公园。

杭州著名景观龙井问茶。龙井问茶的“龙井”在西湖西面的凤凰岭上。它与“玉泉”和“虎跑泉”被誉为杭州三大名泉，三国东吴赤乌年间（公元238—251年）就已经被发现。晋朝葛洪在此炼丹，大旱时井水不涸；五代此地建有“龙井寺”，北宋时龙井已成为旅游胜地。诗人苏东坡常品茗吟诗于此，曾有“人言山佳水亦佳，下有万苦蛟龙潭”② 的诗句赞美。相传龙井与海相通，因海中有龙因名“龙井”。且龙井之水，亦十分奇特，搅动时水面会出现一条分水线，仿佛游丝摆动然后慢慢消失。龙井泉水清澈甘洌，龙井茶更负盛名。清乾隆皇帝曾到此采茶种茶，老龙井还留有“十八棵御茶”遗迹。乾隆曾题“湖山第一佳”③ 五个大字，并将过溪亭、涤心池、一片云、凤凰岭、方圆庵、龙泓涧、神运石、翠峰阁定为“龙井八景”。明人陈

---

① 乾隆皇帝书写的诗：“花家山下流花港，花著鱼身鱼嘬花。最是春光萃西子，底须秋水悟南华。”

② 韩铃铃：《人间的西湖》，载《城乡导报》，2007年9月14日。

③ 刘耀编著：《中国绝色风景》，104页，北京，中国长安出版社，2006。

眉公作《试茶》诗，有“龙井源头问子瞻”，“不到兹山识不全”的佳句。龙井之西是“龙井村”，环山产茶名“西湖龙井茶”，因具有色翠、香郁、味醇、形美，赞为“四绝”而著称于世。元代虞集咏茶诗有：“烹煎黄金芽，不取谷雨后。同来二三子，三咽不忍漱。”[①]“龙井茶，虎跑水”是杭州西湖的双绝，茶圣陆羽曾把虎跑的泉水位列天下第三，可见虎跑的水质之好。苏轼在他的诗《虎跑泉》中说“金沙泉涌雪涛香，洒做醍醐大地凉”[②]，盛赞虎跑的泉水。西湖茶叶以有龙、云、狮、虎之别，狮峰、龙井地之茶为最，要知其中奥妙唯有去龙井品茗问茶方可悟出。因此，有“龙井问茶”之称。自古以来，人们以“消受山中水一杯”为最佳的享受。“龙井”既是名泉又是中国著名的龙井绿茶的产地，龙井绿茶具有色绿、香浓、形美、味甘四大特色。

三

杭州西湖蕴含着丰富的文化内涵和迷人的魅力。杭州西湖最早见于《武林水》，“武林山，武林水所到之处出。东入海，行八百三十里”[③]。一般人都认为武林山为今“灵隐”，即天竺一带群山的总称。发源于这一带的南涧、北涧等山涧汇合为“金沙涧”，东流注入西湖，是西湖最大的天然水源。从北魏郦道元的名著《水经注》中获悉，衍生出西湖较早的另外两个古称，即“明圣湖”和“金牛湖”。郦道元说，杭州的前身钱塘：“县南江侧，有明圣湖，父老传言，湖有金牛，古见之，神化不测，湖取名焉。”[④] 唐以前西湖通用的名称是“钱塘湖”。白居易在诗文中每每提到钱塘湖，如“山名天竺堆青黛，湖号

---

① （元）虞集：《次邓文原游龙井》。虞集（1272—1348），文学家，江西临川崇仁人。任大都路儒学教授，仁宗时为集贤修撰。

② （宋）苏轼：《虎跑泉》。

③ （汉）班固：《武林水》，《汉书》二十八卷。

④ （北魏）郦道元：《水经注》四十卷。

钱塘泻绿油”①。在唐代“西湖”这个称呼已经被频繁使用，白居易就经常使用“西湖”一词，如其诗《西湖晚归回望孤山寺赠诸客》、《西湖别》等。北宋大诗人苏轼在他的名篇《饮湖上初晴后雨》诗中，就有“欲把西湖比西子，淡妆浓抹总相宜”② 的千古绝唱后，于是西湖又有了“西子湖”的美名。“良渚文化遗址”位于杭州城北20公里处的良渚镇，是新石器时代晚期人类聚居的地方。出土的石器有镰、镞、矛、穿孔斧、穿孔刀等，磨制精致，特别是石犁和耘田器的使用，说明当时已进入犁耕阶段。出土的陶器以泥质灰胎磨光的黑皮陶器最具特色，采用轮制，器形规则，圈足器居多，用镂孔、竹节纹、弦纹装饰，也有彩绘。玉器发现很多，有璧、琮、璜、环、珠等，大部分出土于墓葬中。与良渚遗址同类型的遗址在长江下游的苏南，直至钱塘江以北的平原地区分布较广，考古学界统称为“良渚文化”。据对有关遗址出土文物的碳14测定，其年代距今约4700～5300年，先后延续达千年之久。③ 1986年、1987年从良渚墓葬中出土大量随葬品，其中玉器占90%以上，象征财富的玉器和象征神权的玉琮以及象征军权的玉钺，为研究阶级的起源提供了珍贵的资料，而且促使世界上许多大博物馆对旧藏玉器重新鉴定、命名，使一些原被误认为是“汉玉”（实际上是良渚玉器）的历史向前推进了2000多年。1994年又发现了超巨型建筑基址，面积超过30万平方米，确认为人工堆积的大土台，土层最厚处达10.2米，其工程之浩大举世罕见。杭州碑林是浙江省重点文物保护单位，它以原孔庙大成殿为基础扩建而成的。内有宋高宗赵构和皇后书写的《周易》、《尚书》等7种经文的碑刻86块，还有从吴越国王钱元妃吴汉月墓中发掘出来的石刻星象图碑、唐代名家吴道子画的孔子像、北宋画家李公麟画的七十二圣贤刻像和五代贯休和

---

① （唐）白居易：《答客问杭州》。原诗为：“为我踟蹰停酒盏，与君约略说杭州。山名天竺堆青黛，湖号钱唐泻绿油。大屋檐多装雁齿，小航船亦画龙头。所嗟水路无三百，官系何因得再游?”

② （宋）苏东坡：《饮湖上初晴雨后》。原诗为：“水光潋滟晴方好，山色空蒙雨亦奇。欲把西湖比西子，淡妆浓抹总相宜。”

③ 参见周艺文等主编：《江南风光之旅》，87页，长沙，湖南地图出版社，2001。

尚画的十六罗汉以及米芾、苏东坡、赵孟頫等名家的手迹碑刻，共计340多块，原孔庙大成殿经整修后重展雄姿颇为壮观。文澜阁为浙江省重点文物保护单位，前身为圣因寺藏经阁。为存放《四库全书》仿北京故宫文渊阁格式改建。清乾隆四十七年（公元1782年），《四库全书》告成全书3.6万册分抄成7部，藏于文渊、文溯、文源、文津“内廷四阁”及扬州文汇、镇江文宗、杭州文澜“江南三阁”。七阁现存4阁。其中，江南仅剩“文澜阁”。阁初建于乾隆四十七年（公元1782年），光绪六年（公元1880年）重建。系木构的六开间二层楼房，屋面重檐、筒瓦板垅，背山轩立。阁前凿水池，中有奇石耸立名“仙人峰”，并建平厅一座。东南侧有碑亭一座，碑上正面刻有清乾隆帝题诗，背面刻颁发《四库全书》上谕。东侧亦有碑亭一座，碑上刻清光绪帝题“文澜阁”三字。

杭州著名的凤凰寺。凤凰寺是我国伊斯兰教四大古寺（另三处为扬州的仙鹤寺、泉州的麒麟寺和广州的狮子寺）之一，在阿拉伯国家中也享有盛誉。凤凰寺即清真寺，以其形似凤凰而得名。该寺创建于唐朝，南宋嘉泰三年（公元1203年）毁于战乱。1281年元朝著名伊斯兰教人物阿老丁开始重修，明朝的1451—1493年期间再次扩建整修，最终形成凤凰寺的建筑群规模。宋时称凤凰寺为“文锦坊”（俗称“羊坝头港”）。因其原建筑群布局似凤凰形，故清道光十八年（公元1838年）改今名。据北宋苑祖述在南宋初年所撰《杭俗遗风》曰：“回回堂在南大街文锦坊地方，系回回教民聚众礼拜之所，故一名礼拜寺。其堂四方壁立，高五六仞，迎面彩画，有回教寺匾额。”明朝田汝成《西湖游览志》载：“真教寺在文锦坊南，元延祐间，回回大师阿老丁所建。”1646年清廷下令再次重建，成为当时中国规模最大的清真寺之一。清康熙九年（公元1670年）“重修真教寺碑”记载：“寺创自唐、毁于季宋，元代辛巳年有大师阿老丁者，来自西域，息足于杭，瞻遗址而慨然捐金，为鼎新之举，表以崇闳，缭以修庑，焕然盛矣。”1929年民国政府市政建设拆除了该寺的寺门以及门顶上加建的五层木质望月楼，极大地破坏了凤凰寺的完整形象。全寺面积约2600平方米，建筑面积2203平方米，礼拜殿570平方米，包括水房、殓房等附属设施，是伊斯兰宗教节庆活动的主要场所。现存大殿中3组并排的后窑殿，据中国建筑学家鉴别，中间一组为宋时所建，其余两组为元代增建，后由明代依原型重修。殿的面阔28.15米，以拱券门分隔成3大间，每间有半球形穹窿顶，穹顶建有3座中国式攒尖顶，中间为八角重檐，南北次间为六角单檐，筒瓦板垅，翼角起翘。殿内礼拜朝向墙砌有凹壁，壁面装有精湛的明代木雕，镌刻有书法精美的《古兰经》文。[①] 殿后墙有青砂石制“经香台”4座，两侧为雕竹节望柱，束腰刻有花草，构图洗炼，刀法遒劲，当是元代遗物。殿中间为木制“经函”，雕刻阿拉伯文，工艺精致，相传是明景泰二年（公元1451年）重修时设置，是我国伊斯兰教的艺术珍品。进正门穿门厅为1953年新建之礼堂，寺北墙内建有碑廊，保存有阿老丁墓碑，阿拉伯文碑刻、波斯文碑石24块，还有明永乐、弘治敕谕碑，以及清顺治、康熙年间重修寺碑记等文物。该寺建筑具有伊斯兰教与中国建筑风格相结合的特点，是中国和阿拉伯文化交流的历史见证。中华人民共和国成立后，人民政府曾先后三次拨款进行了全面修缮，面貌焕然一新。2001年6月25日凤凰寺作为元至清古建筑，被国务院批准列为国家重点文物保护单位，2000年1月中国伊斯兰教协会授予杭州凤凰清真寺“全国模范清真寺”的荣誉称号。

杭州的严嵩偏和岳飞词。岳飞墓为全国重点文物保护单位，坐落在西湖边栖霞岭下的岳王庙侧。南宋绍兴十一年（公元1141年）抗金名将岳飞被害后，狱卒隗顺偷偷负岳飞尸体葬于北山九曲丛祠。隆兴元年（公元1163年）宋孝宗即位后以礼改葬遗骸于此。墓在岳庙西，墓前建有墓阙。阙前照壁上嵌有明朝著名书法家洪珠[②]书写的“精忠报国”四字。过阙门有甬道至墓前，道两旁列石人、石兽。岳飞墓在正中，左侧为其子岳云墓。石栏正面望柱上镌刻“正邪自古同冰炭，毁誉于今判伪真”对联。墓阙下有4个铁铸的人反剪双手跪在

---

① 参见文刀：《寻古探幽凤凰寺》，载《中国民族报》，2006年10月24日第7版。

② 洪珠字玉方，莆田黄石林墩人，明代著名书法家。他于明正德十六年（公元1521年）进士及第，官至贵州左布政使、应天府府尹。

墓前（即陷害岳飞的秦桧等4人）。跪像背后墓阙上有楹联云："青山有幸埋忠骨，白铁无辜铸佞臣。"墓园照壁前南北两厢各有碑廊，陈列历朝石碑125块。尤以岳飞手书的《满江红》词和《送紫岩张先生北伐诗》为最。嘉定十四年（公元1221年），改墓园东侧北山智果院为岳王庙。历代屡毁屡建，现存建筑是清代以后陆续重建的，1979年全面整修，门楼重檐歇山顶，巍峨庄严。忠烈祠殿内有岳飞像，像高4.54米，身着盔甲，披紫袍，按剑而坐。上方有岳飞草书"还我山河"巨匾。[①] 启忠祠在忠烈祠西，祀岳飞父母，旁有南枝巢、正气轩等建筑。严嵩是中国历史上臭名昭著的大奸臣，明嘉靖年间当上首辅（相当于宰相）后，专横跋扈卖官鬻爵，作恶多端达15年之久。可就是这么一个卑鄙之徒，居然填了一首和南宋抗金名将岳飞《满江红》的同调词刻于石，立在"西湖岳庙"岳飞墓前："拂拭残碑，敕飞字依稀堪读。慨当初，倚飞何官，后来何酷。果是功成身合死，可怜事立言难赎。最无辜堪恨更堪怜，风波狱。岂不念，中原蹙，岂不惜，徽钦辱。但徽钦既返，此身何属。千古休谈南渡错，当时自怕中原没。关区区一桧亦何能，逢其欲。"清人严元照在记述录严嵩和《满江红》词刻石时说："西湖岳庙有严嵩和鄂王《满江红》词石刻，甚宏壮。词既慷慨，书亦瘦劲可观，末题可观，末题华盖殿在学士。后人磨去姓名，改题'夏言'。虽属可笑，然亦足以惩（贬斥）奸矣。"[②]"夏言"是严嵩的前任首辅，也是他的江西贵溪同乡，而宦途资历较严嵩深得多。当夏言大权在握时严嵩表面上对他恭顺相从，一副忠心耿耿的样子，而暗中却是静待时机，两面三刀阴谋取而代之，并终于扳倒了这位"乡先达"置之于死地。鲁迅先生在读到严元照在《蕙榜杂记》中的上述记载后写道："严嵩偏和岳飞词，有如是诈伪；后人留词改名，有如是自欺；严先生以为可笑而又许其惩奸，有如是两可。寥寥六十字（指严元照的记载），写尽三态。"[③]

---

① 参见刘耀编著：《中国绝色风景》，105页，北京，中国长安出版社，2006。

② （清）严元照：《蕙榜杂记》。

③ 鲁迅：《集外集拾遗补编》，"书苑折枝（二）"。

西湖是一个自然湖和人文湖结合的典范。西湖自然美与人文美完美结合的载体，一部西湖的历史就是一部自然变动与人类活动相伴相生的历史。西湖在本质上是一种不断演进、始终活着的文化形态，是一个以山水等物质世界为依托、以儒家审美导向为基础创造出来的美的典范。为加强对西湖风景名胜区的管理，严格保护和合理利用西湖风景名胜资源，浙江省人民代表大会第十届常务委员会第十一次会议于2004年5月28日批准了《杭州西湖风景名胜区管理条例》，杭州市先后制订了《杭州市历史文化名城保护条例》、《杭州市西湖龙井茶基地保护条例》、《杭州市文物保护管理若干规定》、《西湖水域保护管理条例》等一系列法规。明确规定西湖风景名胜区内的各项工作要遵循“科学规划、严格保护、统一管理、永续利用”的原则。杭州已拥有全国重点文物保护单位24个26处，“王星记扇子”等10个项目被列入浙江省第一批非物质文化遗产代表名录，《白蛇传》等8个项目被列入首批国家级非物质文化遗产代表名录，9处考古遗址被列入历年“全国十大考古新发现”，先后建成近50座博物馆、陈列馆、纪念馆，其中20多家公办博物馆免费向市民和游客开放。“西湖·龙井茶”、良渚遗址、京杭大运河被列入《中国世界文化遗产预备名单》。2002年建成开放西湖南线、雷峰塔、万松书院“一带两点”景区，首次推出“新西湖”；2003年建成开放杨公堤、新湖滨和梅家坞茶文化村“三大景区”，第二次推出“新西湖”；2004年建成开放“一街二馆三园四墓五景点”15景，第三次推出“新西湖”；2005年完成西湖博物馆、韩美林艺术馆等8大项目，第四次推出“新西湖”；2006年完成灵隐景区综合整治一期、吴山景区综合整治一期和“龙井八景”整治3大项目，第五次推出“新西湖”。① 湖西的综合保护工程荣获2003年度全国十大建设科技成就奖，西湖被评为“中国最美五大湖”之一，西湖风景名胜区跻身全国首批5A景区，杭州被国家旅游局命名为“中国最佳旅游城市”。

---

① 参见王国平：《当好历史文化名城的薪火传人》，载《杭州日报》，2007年6月11日第1版。

广西桂林漓江的自然与人文景观

一

桂林是中国著名的文化旅游城市和历史文化名城。夏、商、周时期，这里是百越人的居住地。秦始皇置“桂林”等三郡，这是“桂林”名称的最早起源，但当时的郡治不在现今的桂林市。汉元鼎六年（公元前111年）设“始安县”，隶属“荆州零陵郡”；东汉时改属“始安侯国”，三国时开始属于“蜀”后归于“吴”。吴甘露元年（公元265年），置“始安郡始安县”，郡县治所都在今桂林市。隋唐时属“岭南桂州总管府”，唐武德四年（公元621年），李靖修城于独秀峰南[①]。唐贞观八年（公元634年）改名“临桂县”，属“桂州始安郡”。唐光化三年（公元900年）始属“静江节度”。五代十国时期，先后属楚和南汉的“桂州”。宋朝的前期属“广南西路桂州”，后期属“静江府”。元时属广西行中书省“静江路”。明清两朝时均属“广西省桂林府”，民国时属“广西省”，1914年改名“桂林县”，1940年始设“桂林市”。现桂林市区面积565平方公里，人口72万。[②] 桂林岩溶地貌最为发育和典型，辖区内洞穴、石峰数以千计，大、小湖塘数百个，其间河谷开阔平缓，山多平地拔起，孤峰、流泉、峰丛、峰林

---

① （唐）李靖（571—649），字药师，京兆府三原（今属陕西）人，唐初杰出的军事家将领、军事理论家、民族英雄。

② 参见张武冰、晋淑兰主编：《新编实用中国地图册》，72页，北京，中国地图出版社，2006。

环布；漓江依山势流转、江中为洲，间有险滩、流泉、飞瀑，是桂林山水精华之所在，综合形成了山青、水秀、洞奇、石美的“桂林山水”四绝。[①] 桂林又是一座历史悠久的文化古城，从汉至清乃至近代，历代都在这里留下了灿烂的文化遗产，如兴安灵渠、恭城文庙等文物古迹丰富，市区范围内现有文物古迹共552处，被列为各级文物保护单位的117处，其中属于国家级的有5处、自治区级23处、市（县）级89处。“靖江王府”及“王陵”、“李宗仁故居及官邸”、“八路军桂林办事处旧址”，均被国务院批准为“国家重点文物保护单位”。桂林漓江风景区是世界上规模最大、风景最美的岩溶山水游览区。千百年来“桂林山水”不知陶醉了多少文人墨客。譬如，诗人陈毅元帅就曾写诗称叹说：“水作青罗带，山如碧玉簪。洞穴幽且深，处处呈奇观。桂林此三绝，足供一生看。春花娇且媚，夏洪波更宽。冬雪山如画，秋桂馨而丹。四时景物殊，气象真万千”；并发出了“愿作桂林人，不愿作神仙”[②] 的感慨。文史学家王力历游胜地，兴之所至欣然命笔挥就百字长联，上联为：“甲天下名不虚传，奇似黄山，幽如青岛，雅同赤壁，佳似紫金，高若鹫峰，秀仿牯岭，妙逾雁荡，古比虎丘。激荡着倜傥豪情，志奋鲲鹏，思存霄汉，目空培土娄，胸涤尘埃，心旷神怡消垒块。”下联为“冠环球人皆向往，振衣独秀，探隐七星，寄傲伏波，放歌叠彩，泛舟象鼻，品茗月牙，赏雨花桥，赋诗芦笛。引起了联翩遐想，农甘陇亩，士乐缥湘，工展鸿图，商操胜算，河清海晏庆升平”[③]。此联字字珠玑，句句菁华，旁征博引，比兴倡和，把桂林山水之奇妙，人文历史之幽深阐发得清明透彻，挥发得淋漓尽致。

桂林著名景观独秀峰。独秀峰在桂林市区王城内，这里原是明太祖朱元璋重孙朱守谦藩邸，现为广西师范大学校址。明洪武二年（公元1369年），明太祖封侄孙朱守谦为第一代“靖江王”，传十四代朱亨加被清灭。1912年孙中山先生誓师北伐，大本营就设在王城的独秀

① 参见小小编著：《中国南北方游》（南方卷），176页，北京，中国电影出版社，2005。

② 陈毅：《游桂林》。

③ 王贞桐：《王力和桂林小广寒长联》，载《广西日报》，2007年6月14日。

峰下，后人为纪念这位不屈不挠的伟大革命先驱，特在其驻扎的月牙池南畔兴建纪念塔和仰止亭。独秀峰孤峰突起、陡峭高峻、气势雄伟，与桂林著名的叠彩山、伏波山三足鼎立，是桂林最主要的山峰之一，相对高度66米。它由3.5亿年前浅海生物化学沉积的石灰岩组成，主要由三组几乎垂直的裂隙切割从山顶直劈山脚，通过水流作用形成旁无坡阜的孤峰。独秀山体扁圆，东西宽、南北窄。山上建有玄武阁、观音堂、三客庙、三神祠等。由于它在朝霞和夕阳的辉映下，犹如巨人披上紫跑、腰系金带，故又名“紫金山”。从独秀峰西麓一条曲折的石磴道上山，登上306级石阶即可到达峰顶。山顶的“独秀亭”为二层、红柱、六角、重檐、瓦顶的仿古亭，高7米、长宽各4.8米，面积23平方米。柱间有通透花窗，东西向双开门。亭侧另有方亭，高6米、长宽各4.7米，面积22平方米，原为空袭报警设施。亭前有10平方米的平台高踞悬崖之巅，在此俯瞰桂林数十里奇山秀水一览无余。故游览桂林的游客通常一般先游览独秀峰，以鸟瞰桂林全貌而先睹为快。“太平岩”（原名“西岩”）在独秀峰西麓，高2.9米、宽4.25米、长31.5米，面积140平方米，北达“雪洞”。明户露《赤雅》载：“雪洞乳石最奇。”洞壁呈白色，所悬乳石洁白如雪。洞口刻有“雪洞”二字，旁有“双凤石”。洞内有“恭惠王”朱邦宁绘的刘海蟾像，俗称“刘海洞”。明嘉靖年间（公元1522—1566年）此洞发现时，挖出一枚“太平通宝”钱币，靖江王认为“此惟兆哉，山灵告予”，“遂以太平名岩”。①“太平岩”的名称就这样被沿用下来。太平岩的岩体像一间宽敞的、地面十分平整的房子，岩顶悬挂的钟乳石，有的像整整齐齐的少女发髻，有的像色彩斑斓的龙鳞，还有形状态怪异、闪耀着金光银光的砂石，令人眼花缭乱。明藩王在岩前栽种花木，修建宝塔、庵院，在洞中塑立神像并亲自写《独秀岩记》，还邀集地方官员游宴赋诗，因而洞壁镌刻宗室诗多首，洞内还有世界文化奇观“太岁”摩崖石刻。独秀峰崖上的石刻也很多，有唐邓叔齐《独秀山

① 有关资料见《独秀峰导游词》。

新开石室记》、清黄国材题“南天一柱”[①]、清乾隆皇帝诗和慈禧太后书写的大“寿”字等。明末清初大画家石涛（原名朱若极）就诞生在这里，他是最后一代靖江王朱亨加之子，明亡时离桂流落他方。清廷将王城改建为贡院，成为广西举行乡试考取举人的地方。至今在东华门、正阳门、西华门的上方，还嵌着“状元及第”、“三元及第”、“榜眼及第”三块石牌坊，朱红大字十分醒目。清嘉庆年间（公元1796—1820年）临桂陈继昌连中三元；道光至光绪年间（公元1821—1875年），桂林龙启瑞、张建勋、刘福姚殿试第一，于建章为榜眼，“三坊”就是后人为他们分别所立的。山之北侧有一泉名叫“廉泉”，清代诗人袁枚有诗赞其曰：“来龙去脉绝无有，突然一峰插南斗。桂林山形奇八九，独秀峰尤冠其首。”[②] 独秀峰山麓还有读书岩、月牙池等景点，相传读书岩为南北朝文学家颜延之的读书处，它已经成为桂林最古老的名人胜迹。颜延之曾写下“未若独秀者，峨峨郛吧间”[③] 的佳句，“独秀峰”因此得名。最早的“桂林山水甲天下”的诗句就刻在独秀峰上，800多年来这句话一直作为点评桂林山水景色的不朽名句。但在20世纪80年代以前，此语究竟出自何人之口却悬而未决。有的说它最早起源于宋朝末年李曾伯“桂林山川甲天下”诗句的一音之转，也有的说它是来自于清代金武祥诗中的辞句。于是桂林市文物工作者对独秀峰石刻进行全面的调查清理，终于发现一块自明清以来就从来没有被人知道过的摩崖石刻，上面一字不差地刻有“桂林山水甲天下”的字句，书写者是南宋庆元、嘉泰年间担任过广西“提点刑狱”并“代理静江知府”的四明人王正功，从而结束了百年的不休争论。王正功的诗句确立了桂林作为风景旅游城市在中国乃至国际上的地位。独秀峰系“桂林古八景”之一，1996年被列为“国家重点文物保护单位”。

桂林著名景观叠彩山。叠彩山在桂林市北部面临漓江，占地面积

---

① 周艺文等主编：《南国风光之旅》，24页，长沙，湖南地图出版社，2001。

② 周艺文等主编：《南国风光之旅》，24页，长沙，湖南地图出版社，2001。

③ 见《驻足独秀峰尽览全城美景》，《信息时报》2005年7月25日。

约 2 平方公里，它由越山、四望山、明月峰和仙鹤峰组成。叠彩山横亘市区景色优美又易于攀登，为桂林山景中的一个热点。山中佳景甚多，有叠彩亭、于越阁、瞿张二公成仁碑、仰止堂、风洞、叠彩楼、望江亭和拿云亭等名胜。山上历代名人的摩崖石刻甚多，为桂林这方面文物之精华。如果登上明月峰驻足“拿云亭”，全城景色尽收眼底，真正是“一面晴风四面山，望疑仙境在人间”。[①] 叠彩山的名称是因唐朝元稹的侄子元晦，在游览了叠彩山之后写了篇《叠彩山记》，他在记中说：“按图经，山以石文横布，彩翠相间，若叠彩然，故以为名。”[②] 民间认为叠彩山山石如锦彩绸缎，层层相叠而得名。在清朝文人秦焕创建的“叠彩亭”的右角，看明月峰横断的崖壁，如同“彩翠相间”的锦缎，据说这里是摄影“叠彩”的最佳角度。“木龙古塔”是广西壮族自治区重点文物保护单位。木龙古塔位于叠彩山东麓，建于唐代呈圆形喇嘛式，高 4.34 米。塔基由 3 层鼓石叠成，鼓壁刻有仰覆莲花纹；塔身为宝瓶式，四面有龛。东西龛内镌刻佛像，南北龛内刻菩萨，均结瑜珈坐于莲瓣须弥座上。塔的颈部有 12 层相轮，上覆六角伞形盖，冠以葫芦形宝顶。伞形盖六角均有孔，原为悬挂铜铃铁马之用。此塔独具一格，对研究我国古塔建筑具有重要历史价值。“江山会景处”位于叠彩亭旁，摩崖高 233 厘米，宽 77 厘米，楷书字 43 厘米，“年、月名款”字 13 厘米。据明嘉靖十八年（公元 1539 年）田汝成《游广西诸山征》所载，这里的叠彩亭明代为“聚景亭”，“江山会景处”当是为该处风景景观而作，其字形端正庄严、健劲有力。“风洞”是“明月峰”山腰的一个奇洞，南北对穿、中间狭小仅通一人，形成前后两个洞，南北开敞呈葫芦状，全长 20 米，总面积约 140 平方米。风洞原是一条地下古河道，随着季节的变换，来风有清、和、暖、冷之别，人们往往把这里称作清凉世界。明月峰是叠彩山的主峰，位于叠彩山东北部海拔 223 米的地方，相对高度约 73 米，山体面积 1.41 公顷。清袁枚的《游风洞登仙鹤明月诸峰》诗有“仙鹤不可招，

---

① 见《叠彩山一面晴风四面山》，载《新晚报》，2004 年 8 月 17 日。

② （唐）元晦：《叠彩山记》。

明月犹堪弄”[①]；明兵部右侍郎杨芳《风洞山诗》诗有“引手欲探天上月，俯躬疑碍日边云”[②]，均是说峰高可揽月，故有“明月峰”之谓。峰顶有形如葫芦的小平台，五代马殷曾在此建台，人称“马王台”。宋“静江知府”张栻筑“尧山”、“漓水”二坛以祭祀山川，并写下了《尧山漓水二坛记》。1955年在已废的台、坛旧址上建起了“拿云亭”。

桂林著名景观伏波山。“伏波山”在桂林东北伏波门外的漓江之滨，孤峰雄峙，半枕陆地，半插江潭。伏波山的“伏波洞”有多种传说：一说为伏波将军在此试剑，故称“伏波岩”；一说有老龙在洞中玩珠，故称“玩珠洞”；再有一说是马援南征，载薏苡归，龙王疑为珠，风浪大作尽倾于此乃至，所以又叫“还珠洞”[③]。这几种称谓唐宋以来相继沿用，现刻“还珠洞”三字于南口东壁以作定名。还珠洞高2米，总长127米，洞底面积约612平方米。洞受北西向南北两组裂隙制约，沿平缓的岩层层面和裂隙经溶解与冲刷发育形成，距今约1万年。古时“还珠洞”临江东向，唯有泛舟而进的东口，因称“东岩”。自唐以来携亲结伴游人不辍，誉为“胜绝在桂林岩洞之上”者。“试剑石”在伏波山还珠洞中，明《赤雅》载：“其最奇者，有石悬空而下，状若浮柱，去地一线不合。闻昔有神人名揭谛者，试剑于此。”[④] 宋“经略安抚使”范成大曾在此举行鹿鸣宴，祝愿乡试告捷的举人。在此之前桂林地区出过两名状元，一是唐代的赵观文，一是宋代的王世则。传说还珠洞悬石若是“岩石连，出状元”，所以试剑石

---

① （清）袁枚：《游风洞登仙鹤明月诸峰》。原诗为：“泱泱天大风，谁知生此洞。古剑劈山开，千年不合缝。我身佝偻入，风迎更风送。折腰非为米，缩脰岂为冻。偶作謦咳声，一时答者众。平訇非扣钟，合郁如裂瓮。石乳挂璎珞，阴冰凝带东。游毕再登高，出洞如出梦。一笻偃又竖，两目阑复纵。远山亦献媚，横陈怪石供。仙鹤不可招，明月犹堪弄。底事急谋归，云湿衣裳重。”

② （明）杨芳：《风洞山诗》。原诗为：“两洞由来一洞分，空林石室气氤氲。悬崖几处虬蟠像，峭壁千寻鸟篆文。引手欲探天上月，俯躬疑碍日边云。偶逢老衲通灵籁，与说无生到夕曛。”

③ 刘耀编著：《中国角色风景》，252页，北京，中国长安出版社，2006。

④ （明）邝露撰：《赤雅》。全书的197条中，有140多条包含有神话、传说、故事，这些传说故事绝大部分为少数民族民间传说，少数为中原文士或官吏与南方少数民族山水风情相关的传说故事。

又名“状元石”，表达了人们对多出良才的美好愿望。宋梁安世在石旁题刻的《试剑石词》有“怪石虚悬象鼻”，也有称之为“象鼻石”的。伏波回廊在伏波山第二级平台上，为一“凵”形游廊建筑。因伏波山前的土坡形成两级平台，为使二者融为有机的整体，才建造了这样一组沿东南边缘建筑的游廊，与平台北边的挡土墙自然形成一个院落。顺游廊拾级而登达第三级平台，平台与茶室和庭院相衔，回廊曲折有致步移景换妙趣横生。“钟亭”位于伏波山南麓，为单层翘檐攒尖顶4角方亭，高4.7米、宽4.5米、长4.4米，面积19.8平方米。因亭中存放古钟而得名，钟亭方正古朴与文物协调和谐。亭内存放着重1000余公斤的“千人锅”和重2524公斤的大钟①，钟为清朝“定南王”孔有德的女儿为悼念其父所铸。古铁钟高2.5米，径1.7米，铸造于清康熙八年（公元1669年）。孔有德为明将，清兵入关有功封定南王坐镇广西，清顺治八年（公元1651年）创建“定粤禅寺”。翌年农民军领袖李定国攻克桂林城，孔有德自缢。15年后其女婿孙延龄、女儿孔四贞至桂林任广西将军和仪卫执事，扩建“定粤禅寺”并铸钟以纪战功。钟顶部有《多心经》一卷，四周各栏用“皇图巩固”、“帝道遐昌”、“佛日增辉”、“法轮常转”作铭文的引首；钟体为“本旗功德主金名”，实则是当年军事头目的名录，以宗教掩盖其政治目的。还珠洞和“千佛岩”分布着不少唐宋摩崖石刻和佛教摩崖造像，古称“伏波胜境”。伏波胜境在伏波山公园中，系三开对称、硬脊斜坡、黄琉璃瓦盖的仿古牌坊建筑，主体建筑上有楚图南书“伏波晚棹”的匾额，4根主柱上挂着张安治②撰书的264字长联。《广西通志》说：“洞中踞石有巨人迹，宛如刻纹。又紫白二蛇，蜿蜒相向，存浮石络其项，大似老龙戏珠。”③ 镇洞之宝当属北宋四大书法家之一

---

① 周艺文等主编：《南国风光之旅》，22页，长沙，湖南地图出版社，2001。

② 张安治（1911—1990）江苏扬州人，擅国画，1931年毕业于南京中央大学艺术科，曾任中央大学助教，重庆中国美术学院副研究员。1946年赴英国伦敦大学科塔艺术研究院研修，曾任南京中央大学美术系、重庆中国美术学院、北京师范大学、中央美术学院国画系和美术史系教授，博士生导师。

③ （清）金铁：《广西通志》。

米芾刻于石壁上的自画像，像高 1.2 米，其身着古衣冠，定抱大袖，右手伸二指若有所指，迈开右脚作行走之势，神态自若风度潇洒。像的上方有宋高宗的御笔像赞：“襄阳米芾，得名能书，六朝翰墨，渔猎无余，骨与气劲，妙逐神俱，风姿奕然，纵览起予。”① 米芾的墨宝流传后世的不多，这幅自画像就显得弥足珍贵。千佛岩也在伏波山腹与还珠洞相连，共 3 层，总面积约 133 平方米，可拾级盘旋而上。顶层镌刻有佛像 36 龛 239 尊，“千佛” 极言其多，这里的造像多为晚唐作品，面目清癯体态温和，服饰简朴刻工精细，有的还镌有“造像记”；“桂管监军使赐绯鱼袋宋伯康，大中六年九月二十六日镌”，距今 1140 余年，是宝贵的佛教艺术杰作，有很高的鉴赏和研究价值。“癸水亭” 在伏波山北临水之处，《广西通志》载：“宋范成大以古记‘癸水绕东城，永不见刀兵’，因作亭水上。”② 范成大职兼数十州，重任而与人民同心，建亭、赋诗，留有“愿挽江流接河汉，为君直北洗欃枪”③ 等名句。这里的“癸水” 指的就是漓江，“欃枪” 是彗星的别名指战乱。尽管癸水亭早已没有了，但象征和平与发展的癸水亭以及诗人善良、崇高的品德却永存人间。

桂林著名景观普陀山七星岩。七星岩又名“栖霞洞”、“碧虚岩”，位于桂林普陀山西侧山腰。普陀山坐落在七星公园里，由七星山西北的天枢、天璇、天玑、天权 4 峰组成。因山上有洞供奉观音菩萨，而按佛教习俗称之为“普陀山”。山的西麓有元风洞盛夏酷暑，此处却凉风习习，所以明人俞安期写诗赞道：“深洞贯阴崖，寒飙生不绝。悬泉石罅垂，炎月吹成雪。”④ 普陀门右侧有护碑亭，直立两块碑石：

---

① 彭匈：《游还珠洞神交米癫》，载《南国早报》，2009 年 1 月 20 日第 42 版。

② （清）金鉷：《广西通志》。

③ （宋）范成大：《癸水亭落成诗》。原诗为：“天将福地巩严城，形胜山川表里明。旧说桂林无瘴气，今知漓水辟刀兵。云深铜柱边声乐，月冷珠池海面平。愿挽江流接河汉，为君直北洗欃枪。”

④ （明）俞安期（1596 前后在世）字羡长，初名策，吴江人。生卒年均不详，约明神宗万历中前后在世。魁颜长身，才气蜂涌。尝以长律一百五十韵投王世贞，世贞为之延誉，名由是起，然竟以布衣终。安期有《寥寥集》四十卷，诗独占三十七卷；又有《唐类函》、《类苑琼英》、《启隽类函》等，均《四库总目》并行于世。

一书“逍遥楼”，为唐代大书法家颜真卿手笔，碑的背面是宋代李彦弼的《湘南楼记》；另一碑是明代包裕的《重修广西省城碑记》。从普陀门上山左入“超尘静境”，过拥翠亭和小蓬莱长廊便到普陀石林。唐太宗李世民曾派李靖到此采瑞石到长安，刻制欧阳询写的《九成宫酚泉铭》碑。李靖在这里修建庆林观，相传“庆林观”三字是唐太宗亲笔所题。傍山有普陀楼，楼后是供奉观音菩萨的地方。普陀楼旁就是普陀岩，岩的左壁刻有篆书“碧虚岩”，这是明代道士潘常静的错刻。碧虚岩其实就是七星岩，此三字本应刻在七星岩口，却因潘道士耳聋听不清而错刻在此。根据地质考察，七星岩原本是一条地下暗河，由于地壳运动河道上升露出地面形成岩洞。岩洞内分上、中、下三层：上层高出中层 8～12 米；下层是现代地下河常年有流水；中层距下层 10～12 米。现供人游览的正是它的中层，犹如一条地下天然画廊，游程长达 814 米，最宽处 43 米，最高处 27 米，洞内温度常年保持在 20℃左右。漫长的岁月雨水不断渗入，溶解的石灰石在洞内结晶，形成了千姿百态的石钟乳、石柱、石笋、石幔、石花等，并有许多瑰丽奇绝、妙趣横生的景致，被人们誉为“神仙洞府”。洞内主要景点有石索悬锦鲤、大象卷鼻、狮子戏球、仙人晒网、海水浴金山、南天门、银河鹊桥、女娲殿等，景物奇幻多姿绚丽夺目。依据岩洞内明代桂林画家张文熙所题“第一洞天”之义，此景观定名为“七星洞天”。七星岩早在晋代已有文字记载。唐代著名书法家李邕曾慕名到此一游，写下了著名的《端州石室记》，镌刻在石室洞口石壁上。[1] 宋人罗大经在《游南中岩洞记》中，对游七星岩有这样一段记述：“列矩数百，随以鼓吹，市人从之者计以千数。”[2] 七星岩旖旎多姿，集“桂林之同，杭州之水”于一地，自古以来就有“峰险、石异、洞奇、庙古”之说，重点游览区有“七岩、八洞、五湖、六岗”，可供观赏之景点

---

① （唐）李邕（678—747），即李北海，唐代书法家。字泰和，广陵江都（今江苏省扬州市）人。善行书，变王羲之法，笔法一新；并继李世民《晋祠铭》后以行书书写碑文，名重一时。其书风豪挺，结体茂密，笔画雄劲。传世作品有《端州石室记》、《麓山寺碑》、《法华寺碑》、《云麾将军李思训碑》、《云麾将军李秀碑》等。

② 有关资料见《华南篇——七星岩》，《中国产经新闻》2007 年 2 月 12 日。

达80余处。譬如，龙岩洞最奇洞中有洞，素有“千年诗廊”之美誉。石峒古庙最古，洞中有庙。月牙山由七星山南面七座山峰组成，因山腰有一月牙岩石，远眺如一弯新月而得名。再向前不远即可达月牙岩和“襟江阁”，顺山势南下便进入龙隐洞。洞顶上有条天然蜿蜒的龙形石槽，洞口书有“破壁而飞”四个大字，传说此处为蛟龙腾空而去所留下的“神龙遗迹”，古人由此而留下“飞腾不记几千载，至今点点龙鳞存”[①]的诗句。“桂海碑林龙隐洞”以及“龙隐岩”内的碑刻共有220多件，形式有诗、文、歌、赋、对联、图等，书体有楷、草、隶、篆等，具有极高的史料价值和书法艺术欣赏价值。在众多骚人墨客留下的诸多石刻中，以宋代范成大的《碧虚铭》最负盛名[②]。“骆驼山”又称“驼峰山”，位于普陀山后，其状酷似一只蹲在地上的骆驼。明代末年有江南名士隐居于此遍种桃花，每年春天这里桃花繁盛，花开如红霞一片，仿佛给骆驼山披上赤霞，景色极其优美，古人称之为“驼峰赤霞”的景观，是“桂林十景”之一。1998年7月美国总统克林顿在山旁的盆景艺苑内与中国民间人士举行环保座谈会后，就在骆驼山前的草坪上发表了环保演说，他诙谐地称此处为“节能空调”。

桂林著名景观芦笛岩。“芦笛岩”位于桂林市西北7千米处的光明山上，因洞口长有芦荻草，其可制牧笛而命名。它是一个地下溶洞，深230米，长约500米，短处约90米，其景色比七星岩更奇。原来半山腰只有一个小洞口仅容一人进出，山坡上又长满芦荻草并不引起人们的注意。明代的大旅行家徐霞客，尽管详细考察过桂林的山水地貌，却没有发现芦笛岩。《临桂县志》记载了光明山，但是没有说“山腰有岩洞”。洞内保存有自唐贞元八年（公元792年）以来的壁画77余则[③]，其中唐代5则、宋代11则、元代1则、明代4则、民国4则、年代无考者52则，大部分是用墨笔在洞壁上书写的题名纪游。附近的村民早就知道这个灵巧之洞，但人们长期以来秘而不宣。“芦笛岩头

① （明）周进隆题诗刻碑的原文为“相传此地神龙源，桂水汪洋鲁土天。飞腾不记几千载，至今点点龙鳞存。”

② 周艺文等主编：《南国风光之旅》，25页，长沙，湖南地图出版社，2001。

③ 周艺文等主编：《南国风光之旅》，26页，长沙，湖南地图出版社，2001。

枷锁破，桃花源内仙灵唱。”① 新中国成立后，人们生活安定用不着避难，便道出了芦笛岩的秘密。经过1959年的勘测建设，1962年正式对外开放。“芦笛岩”内有钟乳石，石笋、石柱、石幔，石花玲珑多姿景象万千，由此所组成的雄伟“宫殿”、高峻“山峰”、擎天“玉柱”、无边“林海”无不雄奇瑰丽耀眼夺目，因此，芦笛岩享有“天然艺术宫”之美称，与七星岩并列为“桂林两大奇洞”。芦笛洞内景点有“狮岭朝霞”、“石乳罗帐”、“青松翠柏”、“盘龙宝塔”、“云台揽胜”、“帘外云山”、“原始森林”、“琉璃宫灯”、“远望山城”、“幽景留听”等。岩洞是70余万年前地下水沿着岩石的破碎带流动溶蚀而形成的。它的特点是洞中滴水多，石钟乳、石笋、石柱发育成为洞中的填塞物也特别多。游人进洞在林立的石柱缝隙中间转来转去，再加上彩色灯光的照耀如同置身仙境一般。熊瑾玎的《赞芦笛洞》诗对其作了生动的描写：“桂林岩洞多灵巧，芦笛新开巧不同。异彩缤纷今古自，奇踪探索忘西东。初临绝壁悬崖上，似入琼楼玉宇中。莫怪吾华常自傲，世间那有此仙宫。”② 它的景观不仅精致美观，而且珠联璧合。满洞的石钟乳、石笋、石柱等，好似象牙雕刻，又仿佛黄杨木雕，美观异常，被誉为“大自然艺术之宫”。“芦笛岩”年接待游客量居世界岩溶景区之首，自开放以来已接待过3000多万游客。1982年11月国务院颁布为第一批国家重点风景名胜区，2000年12月芦笛景区经国家旅游局评定首批5A级景区，2001年6月导游班荣获“全国杰出青年文明号”，2002年6月正式通过了ISO9001质量管理体系和ISO14001环境管理体系认证，2003年“五一”前夕景区管理处获得了全国“五一劳动奖状”。

---

① 郭沫若：《满江红·咏芦笛岩》。

② 熊瑾玎：《赞芦笛洞》。熊瑾玎（1886—1973）又名熊楚雄，湖南长沙人。早年在长沙从事教育工作。1918年秋加入革命团体新民学会。1919年参加长沙五四运动，后在通俗书报编辑所任事。1922年起先后任湖南自修大学教务主任和湘江学校董事，协助毛泽东培养革命人材。

二

漓江是举世公认的世界第一流风景胜地。到桂林不能不游漓江，漓江是桂林的绿色血脉，更是展示桂林山水的天然画廊。漓江风景区是世界上规模最大、风景最美的岩溶山水游览区，千百年来它不知陶醉了多少文人墨客。它是中国锦绣河山的一颗明珠，桂林风光的精华，也是桂林风光的灵魂，更是桂林风光的精髓。新版人民币20元背面的图案，就是漓江山水中的一段美景。漓江属珠江水系，发源于“华南第一峰”桂北越城岭的猫儿山，那是个空气清新、生态环境极佳的地方。阳朔的峰林被《中国国家地理》“选美中国”活动评选为“中国最佳的五大峰林”第一名。阳朔的自然风光，古朴清秀的田园景致，惊绝天下的溶洞奇观，使阳朔不能不以92分的高分征服评委、征服大众，而且荣登最美峰林之榜首。[①] 漓江上游主流称“六峒河”，南流至兴安县司门前附近，东纳入黄柏江，西受川江，合流称“溶江”；由溶江镇汇灵渠水流经灵川、桂林、阳朔至平乐，最终汇入西江，全长437公里。[②] 漓江两岸的山峰伟岸挺拔形态万千，石峰上多长有茸茸的灌木和小花，远远看去若美女身上的衣衫。江岸的堤坝上终年碧绿的凤尾竹，似少女的裙裾随风摇曳婀娜多姿。最可爱是山峰倒影，几分朦胧、几分清晰。百里漓江的每一处景致，都是一幅典型的中国水墨画。漓江是广西东北部喀斯特地形发育最典型的地段，人称“翡翠之路”的漓江游起于桂林的象鼻山，止于阳朔的碧莲峰，人们主要是从桂林乘船顺流而下至阳朔，沿途观赏这83公里水路两旁的自然美景。两岸群峰挺拔多姿，似人状物千姿百态，而瞬息万变更使人应接不暇。一江流水碧波回环，时而清波涟漪，山光树影相映成趣；时而水流湍急，惊涛拍岸卷起千堆雪。青山、绿水，怪石、险滩，深潭、飞瀑，

---

① 参见《最美中国自助游》编委会：《最美中国自助游》，90页，北京，中国林业出版社，2006。

② 周艺文等主编：《南国风光之旅》，28页，长沙，湖南地图出版社，2001。

构成了长达百里的雄奇瑰丽。荡舟其中，仿佛“人在画中”。时当晴日蓝天白云，山光水色共徘徊，古树翠竹葱郁繁茂，石壁危峰色彩斑斓，“分明看见青山顶，船在青山顶上行”[①] 奇妙景象更醉人心魄。而当霁雨初歇，如烟如霰的雨雾中，“烟波迷万壑，雾海隐千峰”[②]，群山若隐若现。雨过天青，从云环雾锁中探出头来的山峰洗刷得分外洁净，滋润得分外沁人心脾，那景色就像墨迹未干的水墨丹青。漓江之游四季皆宜：春天桃红满江绿草如茵；夏季江风送爽澄江碧透；金秋枫林尽染丹桂飘香；冬日银装素裹江山妖娆。世人感叹“阳川百里尽是画，碧莲峰里住人家”。[③] 现代大诗人郭沫若也以“玉带蜿蜒画卷雄，漓江秀丽复深宏”[④] 的诗句来歌颂漓江。沿途的主要景点有象鼻山、穿山、斗鸡山、净瓶山、磨盘山、冠山 、绣山、仙人推磨、画山、黄山倒影、螺蛳山、碧连峰，书童山等。譬如，诸山之中的“画山”是漓江的名山，它峭壁面江而立，由于长年风雨剥蚀岩石轮廓明显地出现许多层次，这些轮廓线条层次的明暗及色彩的变化，仿佛壁上有很多骏马，游人至此都会悉心品味。游漓江就数斗米滩这个地方滩多水急，在有些人看来是一个非常惊心动魄的险滩，古人有诗为证：“浪花飞雪卷万瓦，船下高滩疾如马。”[⑤] 在斗米滩右面的山上就是望夫石之景。传说有一对撑船为生的夫妻，正值数九寒冬，他俩逆水行船倍受辛劳。傍晚夫妻俩泊船江边，遇到一个老妇人拖儿带女的来向他们讨米。夫妻俩见她们实在可怜，就把仅有的一斗米送给了老妇人。夫妻俩断粮后，盼望上下游有船往来接济。可那几天偏偏没有往来船只，正是屋漏更遭连夜雨。于是丈夫便天天爬上山去瞭望船只。有一天妻子见丈夫久不下山，就上山去找，结果发现丈夫已被大雪冻僵饿死在山上。妻子一急也死在丈夫身边。人们为了纪念这一对好心肠的

---

① （清）袁枚：《由桂林溯漓江至兴安》。原诗为“江到兴安水最清，青山簇簇水中生。分明看见青山顶，船在青山顶上行。”

② 见《漓江，请不要离开!》，《大众旅游》2006 年 12 月 18 日。

③ 见《漓江精华》，《扬子晚报》2006 年 1 月 19 日。

④ 周艺文等主编：《南国风光之旅》，29 页，长沙，湖南地图出版社，2001。

⑤ 周艺文等主编：《南国风光之旅》，30 页，长沙，湖南地图出版社，2001。

夫妇，就把他们泊船的地方称作“斗米滩”。后来夫妻俩化为石头，人们便称丈夫为“仙人石”，妻子为“望夫石”。兴坪为漓江畔的古镇，此处绝壁碧水湾湾，青水逶迤景色如画，镇前有深潭清澈而不见底，故有“阳朔美景在兴坪”之说。镇后山上有株古榕干粗数围，枝丫婆娑浓荫如盖，别有一番情趣。依据沿途各地景色的不同，大体可分为三个景区：第一景区是自桂林市区至黄牛峡；第二景区是自黄牛峡至水落村；第三景区是自水落村至阳朔，三个景区的这一段水路被誉为百里画廊。漓江风景区誉满华夏，古今中外不知多少骚人墨客为漓江的绮丽风光写下了脍炙人口的赞美诗句。譬如，唐太宗李世民曾写道：“爽气澄兰沼，香风动桂林。”杜甫写有“五岭皆炎热，宜人度桂林”①；白居易写有“桂林无瘴气，柏署有清风”②。韩愈写有“江作青罗带，山如碧玉簪”③；宋朝的范成大在文章中写有：“桂山之奇，宜为天下第一”④。这里的景色无比秀美，单是那江里的倒影就别有一番情趣。那水里的山比岸上的山更清晰，因为水的流动山也仿佛流动起来，山的姿态也随着船的位置不断变化。漓江景色之奇还在山光水色之变化，在清晨、中午、黄昏，各有其姿变化万千。尤其是在春雨迷蒙的早晨，江面就像浮动一层轻纱般的白蒙蒙的雨丝，这时的山水就更具有一种朦胧之美，活像一幅幅千姿百态的泼墨水彩画。正是“桂林山水甲天下，绝妙漓江泛秋图”⑤。

阳朔素有“山水甲天下”之称。阳朔县位于桂林市区东南面，屹立于风景秀丽的漓江西岸，建城达1400多年的历史。公元前221年秦

---

① （唐）杜甫：《寄杨五桂州谭》。原诗为：“五岭皆炎热，宜人度桂林。梅花万里外，雪片一冬深。闻此宽相忆，为邦复好音。江边送孙楚，远附白头吟。”

② （唐）白居易：《送严大夫赴桂州》。原诗为：“地压坤方重，官兼宪府雄。桂林无瘴气，柏署有清风。山水衙门外，旌旗艛艓中。大夫应绝席，诗酒与谁同？”

③ （唐）韩愈：《漓江》。原诗为：“苍苍森八桂，兹地在湘南。江作青罗带，山如碧玉簪。”

④ （宋）范成大：《桂山之奇，宜为天下第一》。他说：“余尝评桂山之奇，宜为天下第一，士大夫落南者少，往往不知，而闻者亦不能信。……山皆中空，故峰下多佳岩洞，有名可纪者三十余所，皆去城不过七八里，一日可以遍至。”

⑤ （清）金武祥：《遍游桂林山岩》。原诗为：“未暇骖鸾信不诬，玉簪罗带路萦纡。桂林山水甲天下，绝妙漓江泛秋图。”

始皇统一中国置郡县，阳朔属于“桂林郡”管辖。西汉设“始安县”，三国时期吴国在此设尚安县，到西晋秦始年间（公元265—274年），撤销“尚安县”并入“熙平县”，属“始安郡”辖。熙平县的范围基本是现在的阳朔县的范围，县城设在今“兴坪镇”附近。到隋开皇十年（公元590年），将“熙平县”名改名为“阳朔县”，县城也迁到现在这个地方。阳朔县城距桂林市区65公里，距自治区首府南宁445公里，全县总面积1428.38平方公里，辖6镇3乡，114个行政村（居）委，总人口30万，居住着汉、壮、瑶、回等13个民族。“桂林山水甲天下，阳朔堪称甲桂林”①，这句话高度概括了阳朔的自然风光在世界上所占有的重要位置。阳朔地处中亚热带季风区，气候温和四季宜人，属典型的喀斯特岩溶地貌，境内山峰林立平地拔起，千姿百态，如人物、似走兽、若器皿、类飞禽，另具情趣，令人回味无穷。这种奇特的山峰，在阳朔有大大小小的2万多座，难怪有人说：“到了阳朔，便是到了碧莲玉笋的世界。”② 阳朔山上竹木繁茂四季常青，山山有洞洞洞奇美，洞中乳石遍布晶莹剔透，如艺术长廊，似天然迷宫。阳朔的碧莲峰东瞰漓江，山腰有“风景道”、“迎江阁”、“鉴山楼”等游览点。沿风景道可观远山近水以及历代摩崖石刻；登“迎江阁”的画窗，一窗一画，窗窗皆景；登上“鉴山楼”即可饱览阳朔的奇山秀水。“鉴山楼”附近崖壁石刻很多，其中清代王元仁手书一笔写成的“带”字特别引人瞩目，它宽约3米、高6米，笔法苍劲气呵成，有如行云流水。据说它内含“一带山河，少年努力”等笔意。在阳朔县城7公里处有一个“榕荫古渡”，这里的一株千年古榕树大数围，盘根错节，浓荫蔽天，蔚然壮观。“渔村”是漓江沿岸著名古村之一，始建于明代正德年间（公元1056—1521年）。该村以清代为鼎盛期，出官宦、财主多人，现存建筑多为明代建筑至今仍保存较好。该村依山傍水，风光秀丽，曾有两位大国总统访问过该村。1921年时任中华民国

① 吴迈：《桂林山水》。原诗为：“桂林山水甲天下，阳朔堪称甲桂林；群峰倒影山浮水，无水无山不入神。”

② 周艺文等主编：《南国风光之旅》，35页，长沙，湖南地图出版社，2001。

大总统的孙中山在率师北伐时，途中特意安排访问了渔村；1978 年 7 月时任美国总统克林顿访华时专程访问了渔村。历代名流如康有为等也曾到渔村做客，现在慕名前往渔村的人络绎不绝。“木山村”又名“八卦村”，约建于公元 13 世纪，村舍为明末清初建筑且布局奇特。全村古屋围绕一口圆形池塘而建构成八卦形，以塘中活鱼为太极图，如此巧妙的构思实属罕见。村周围有漓江著名景点“雪狮双岭”、“仙人坐车”、“书童山”等。“朗梓村”是阳朔县内以文化著称的壮族古村，始建于公元 16 世纪，现尚存的覃氏祠堂和覃氏古宅均为清代建筑，以规模宏大和工艺精美，吸引着许多国内外游人来此观光。“龙潭村”建于明代，该村不仅以古村风貌著称，由环列四周的奇峰构成的“龙潭八景”更是引人入胜。自对外开放以来平均每年到阳朔旅游观光的游客达 180 万人次，被誉为“中国的旅游名县”。诸多伟人政要在阳朔留下了音容足迹，孙中山、周恩来、邓小平、江泽民等领袖人物都曾在阳朔指点江山，使阳朔更臻完美；胡志明、克林顿等 150 多个国家的 200 多位首脑人物，曾在这里流连忘返使阳朔更富盛名。

海南三亚热带海滨的自然与人文景观

一

三亚市古称“崖州”，是海南省南部的中心城市和交通通信枢纽。它既是我国东南沿海对外开放黄金海岸线上最南端的对外贸易重要口岸，又是正在建设中的国际热带海滨风景旅游新城。三亚市地处海南岛的最南端，全境北靠高山，南临大海，地势自北向南逐渐倾斜，形成一个狭长状的多角形。东西长91.6公里，南北宽51公里，全市面积1919.58平方公里；位于北纬18°09′~18°37′，东经108°56′~109°48′。境内海岸线长209.1公里，有大小海湾19个，主要海湾有三亚湾、海棠湾、亚龙湾、崖州湾、大东海湾、月亮湾等；主要港口有三亚港、榆林港、南山港、铁炉港、六道港等。[①] 有大小岛屿40个，面积较大的有西瑁洲岛2.12平方公里，蜈岐洲岛1.05平方公里。2005年底三亚市总人口50万人，聚居着汉族、黎族、苗族、回族等10个民族，少数民族人口占总人口的44%。[②] 三亚在国际经济关系中具有独特的区位优势，从三亚向东经菲律宾至西太平洋，向南经澳大利亚至南太平洋，向西南经中南半岛至印度洋以及大西洋，比在广州出发近900公里左右，是祖国真正的“南大门”。早在秦始皇时期设置的

---

① 参见小小编著：《中国南方北方游》（南方卷），215页，北京，中国电影出版社，2005。

② 参见张武冰、晋淑兰主编：《新编实用中国地图册》，74页，北京，中国地图出版社，2006。

“南方三郡”，“崖州”就是其中之一的“象郡”。汉代在三亚崖城设立了“珠崖郡治”，隋朝设“临振郡”，唐代改为“振州”，宋代成为我国最南端的地级规模的州郡。因其远离帝京孤悬海外，自古以来三亚就一直被称为“天涯海角”。公元1912年崖州改为崖县，1950年4月崖县解放成立县人民政府，1954年10月中共崖县县委、县政府及直属机关从崖城搬到三亚。1958年与保亭、陵水及万宁兴隆合并为崖县，1959年、1961年又先后分开，设置保亭县、陵水县，崖县保留现辖区域。1984年5月19日经国务院批准撤销崖县设立三亚市（县级市），1987年9月26日国务院批准三亚市升格为地级市。

三亚市是三亚热带海滨风景名胜区的所在地。三亚热带海滨风景名胜区占地面积212平方公里，阳光、海水、沙滩、河流、森林、动物、温泉、岩洞等独具特色的热带植物景观以及曲折多变的海岸线构成了典型的热带海滨风光。明媚的阳光、洁白的沙滩、碧蓝的海水是人们日光浴、海水浴、沙浴的理想场所，也是冬泳避寒的绝佳场地。即使是冬季，这里的最低水温也在20℃左右。三亚又是一个充满神奇色彩的国际性避寒胜地，它由海棠湙、亚龙湾、榆林湾、落笔洞、天涯海角、小洞天等景区组成。三亚南面的“大东海”为一处新月形的海湾，海面宽阔千顷清波，海沙光洁细软，阳光灿烂和煦。三亚受海洋性气候影响较大，属热带海洋季风气候，年平均气温25.4℃。气温最高的7月，平均气温为28.4℃；气温最低的1月，平均气温为21℃。全年日照时间2563小时，年平均降雨1279毫米。据世界环保组织1999年对48个国家158座城市大气环境质量的监测，三亚市的大气质量位居中国第一、世界第二。① 三亚热带海滨风景名胜区由陆域和海域两部分组成，汇集了阳光、海水、沙滩、气候、森林、动物、温泉、岩洞、田园、风情10大风景资源和丰富的历史文化资源，是中国热带海滨风景旅游资源密集的地区。三亚环境极为独特，山、海、河三种自然美景集中一地，构成了三亚市特有的自然景观。市区三面

---

① 资料见《世界第二中国第一，三亚空气质量如何测出?》，载《三亚晨报》，2007年8月8日。

环山形成环抱之势，北有抱坡岭，东有大会岭、虎豹岭和海拔 393 米的高岭，南有南边岭，山岭绵延起伏、层次分明。山脉的延伸将市区分成若干青山围成的空间，为城市不同地区提供了各具特色的空间景观环境。处于市区的大东海、小东海、三亚湾与市民生活的关系最为密切。海上的东、西二岛仿佛是面向南海的两扇大门，为宽阔的海面增加了层次感。三亚有东、西两条河穿过市区，两条河交叉南汇于南边海，北汇于中岛端，自然岸线曲折多变，上游水网纵横交错，两岸自然生长的红树林绿影婆娑，时有水鸟飞翔，鱼跃锦鳞，景致优美，生机盎然。三亚周围各市县著名的旅游景点主要有：陵水县的南湾猴岛，万宁市境内的兴隆温泉和东山岭，保亭县的七仙岭和石林风景区，通什市的太平山度假村和民俗文化村，琼中县的五指山，乐东县的毛公山和尖峰岭国家热带原始森林保护区。这些著名的旅游景区景点，均隶属于海南省“三亚大旅游圈”的范畴。国家旅游局按照“奇、绝、美、胜”四个系列在全国评选 35 个王牌景点，三亚热带海滨风景名胜景观列为“美”景之首。1994 年 1 月 10 日三亚热带海滨以“海南省三亚热带海滨风景名胜区”的名义，被国务院批准为第三批国家级风景名胜区。在我国目前已经确认的 187 个“国家重点风景名胜区”当中，它是唯一地处热带海滨的国家级风景名胜区。①

三亚堪称中国“钻石级”热带雨林景区。海南省已确定各类自然保护区 73 处，其中，国家级 5 处，省级 19 处。现有陆栖脊椎动物 561 种，其中两栖动物 102 种，一类有 15 种，二类 87 种。已发现各类木本植物 259 科、1347 属、4200 种，约占全国的 1/7。其中，630 多种为海南独有，20 多种为世界珍稀树木。全岛资源植物 2900 多种，药用植物占 2500 多种，入药典 500 多种，有抗癌植物 13 种，海南有着“天然药库”之称，是我国南药重要产地之一。特别是地处海南中部山区核心区域的黎苗少数民族，祖祖辈辈长期处在一个封闭、几乎与世隔绝的环境中生活、栖息、劳作，形成了独特的生活习俗和风土人

① 参见《浪漫天涯期待更美变身——规划师解析三亚热带海滨风景名胜区总规》，载《海南日报》，2007 年 4 月 9 日。

情，他们既保留本民族特有的文化，又创造出与热带雨林、与深山峡谷相适应的文化，充分反映了人与自然、人与雨林那种和谐而又神秘的关系。位于三亚市郊的“呀诺达热带雨林”被誉为“热带香巴拉”，是一个“神秘、神奇、神圣”的地方。它以热带雨林为舞台，集山奇、林茂、水秀、谷深于一体，气候舒适，生态绝佳，环境幽雅，空气清新，各种植物散发出的植物杀菌素不但杀菌，而且刺激人们的植物神经，改善人体的健康状况。它是一个得天独厚的、巨大的“天然氧吧”和负氧离子发生器，是“森林浴”最理想、最优良的生态之地。“呀诺达热带雨林”占地面积 35 公里，景区内有电瓶车、生态栈道、飞瀑索道等设施。园内有空中花篮、老茎生花、高板根、藤本攀附、根抱石、雨林湿地等热带雨林六大奇迹，密林深处给人的感觉是静怡、神奇、震撼、新奇。如果把分布在美洲、亚洲、非洲三大块上的热带雨林，比喻为环绕地球赤道周边的翡翠项链，那么，三亚的热带雨林则是这条翡翠项链上的最闪耀的宝石。“呀诺达热带雨林”文化旅游区是这条闪耀宝石链当中璀璨的一颗，它是海南五大热带雨林精品的浓缩，是目前海南保护、开发、利用热带雨林，最具观赏价值的热带雨林博览馆。在地球上所有现存生物中，有近半数的种类生活于仅占大陆表面 3% 的温暖、潮湿的热带雨林之中。我国的热带雨林仅存于云南的西双版纳和海南岛，属于印度至马来西亚雨林群系的一部分，也是世界热带雨林分布的北缘，因而在纬度分布上有其独特的代表性。海南省的森林覆盖率达 51.5%，其中热带雨林就占全省面积的 17.3%，它由五指山森林区、坝王岭森林区、尖峰岭森林区、吊罗山森林区和黎母山森林区组成的五大热带雨林、季雨林原始森林区，蕴含着极为丰富的热带雨林生物资源。始建于 1957 年的兴隆热带植物园地处海南岛的东南部，北纬 18°1′，东经 110°13′，占地 600 亩，植物品种 1200 多个。汇集有咖啡、胡椒、香草兰、可可等热带经济作物和榴莲、山竹等名优稀特果树；保存有植物中“杀人秘密武器”（俗称“见血封喉”）等野生植物资源和珍稀物种以及国内外名贵的热带植物种类。[①] 兴隆热带植物园是我国热带地区十分重要的热带作物科研教育基地，试验、示范基地和物种基因库，它填补了海南观光农业及生态旅游的空白，成为我国热带农业考察重点单位。同时它也是海南最早对外开放参观的热带植物园，20 世纪 80 年代就已成为海南著名的游览景点，1998 年被国家旅游协会等 4 家单位评选为我国“著名风景名胜点”、“海南优秀旅游景点”。兴隆热带植物园作为海南高档次、高文化附加值的旅游景点，是我国热带农业科学院热带香料饮料作物研究所 40 多年建设的成果。江泽民、李鹏、朱镕基、杨尚昆等中央领导人，多次参观视察并给予高度的评价和勉励。兴隆热带植物园已被国家旅游局评为“国家 4A 级旅游区（点）”，首批“全国农业旅游示范点”。被国家旅游局、共青团中央联合命名为首批旅游景区（点）全国“青年文明号”，被共青团中央命名为“全国青少年教育基地”，被中国科协命名为“全国农村科普示范基地”；被海南省委命名为“海南文明风景旅游区示范点”，被海南省旅游局评为“海南省优秀旅游景区（点）”，“海南省十佳旅游景（区）点”等荣誉称号。

亚龙湾不愧“东方夏威夷”美誉之称。亚龙湾又称“牙龙湾”，位于北纬 18°12′，东经 109°41′，距三亚市区约 25 公里。[②] 据清光绪二十七年（公元 1901 年）续编的《崖州志》记载，“琊琅湾，在榆林港东五十里”[③]。由此分析“亚龙湾”即古称“琊琅湾”。据说“琊琅湾”出自当地的黎语，与这里海湾的沙子有关，“琊”或“琅”意为白玉、洁白，形容沙子洁白如玉。因为这里的海湾呈月牙形，故后来又被人们称之为“牙龙湾”。亚龙湾是由洁白沙滩切割成的一弯新月海湾，三面环山一面临水，形成了群峰环抱的大海湾，远望是一碧湛蓝无垠的大海；近观是绵长宽阔而晶莹的沙滩，如果说它是“澄清的玉宇世界”再贴切不过。张爱萍就曾填词《如梦令》以赞亚龙湾：

① 参见周艺文等主编：《椰岛风韵之旅》，56 页，长沙，湖南地图出版社，2002。

② 参见小小编著：《中国南方北方游》（南方卷），217 页，北京，中国电影出版社，2005。

③ 引自张敏：《三亚亚龙湾》，载《城市建筑》，2006（1）。清康熙三十三年（公元 1694 年）编成、光绪二十七年（1901 年）续修的《崖州志》。

“大海长天一色，椰岸银带莹洁。借问弄潮人，碧水冬暖心悦。澄澈、澄澈、牙龙湾好似新月。”① 亚龙湾景区景观资源丰富，拥有“一溪二排三岛四湾五湖十岭”及不胜枚举的奇石、怪滩、悬崖、绝壁。沙滩长7公里，海水透明度达7米，海水年均温度为22℃，终年可以游泳②。亚龙湾已建成“亚龙湾中心广场”、“贝壳馆”、“蝴蝶谷”等浏览景点，以及海滨风光游览和海底潜水等浏览内容。亚龙湾中心广场有高达27米的“图腾柱”，围绕图腾柱是三圈反映中国古代神话传说和文化的雕塑群。广场上四个白色风帆式的尖顶帐篷，给具有古老文化意蕴的广场增添了现代气息。亚龙湾是1992年经国务院批准的国家级旅游度假区，与“大东海”一起被评为“全国旅游胜地40佳”之一，凡到过亚龙湾的人无不被这里的美景所陶醉。全国政协副主席、香港著名实业家霍英东先生曾这样评价：“亚龙湾美丽的海滩，香港没有，日本没有，印尼的巴厘岛不及，只有夏威夷同属休闲型，但亚龙湾的阳光、海水、沙滩、高山、空气五大旅游要素优于夏威夷，亚龙湾可以建成亚洲最理想的度假胜地。”1994年夏前联合国世界旅游组织秘书长萨维尼亚克先生到亚龙湾考察后兴奋地挥笔赞誉：“亚龙湾具有得天独厚的自然条件，银色的沙滩，清澈的海水，绵延优美的海滨，未被破坏的山峰和海岛上原始粗犷的植被，这是一个真正的天堂。”③ 海内外游客无不盛赞“亚龙湾不是夏威夷，胜似夏威夷”。④

二

崖州古城即现海南省三亚市崖城镇，自南北朝起建制崖州，宋朝以来历代的州、郡、县治均设在这里。据史载，古崖州城在宋朝以前为土城，南宋宁宗庆元四年（公元1198年）始砌砖墙，后经元、明、

---

① 1985年时任国务院副总理兼国防部长的张爱萍将军，在游览牙龙湾时与夫人联袂创作词一首：《如梦令·游琼崖牙龙湾》。

② 周艺文等主编：《椰岛风韵之旅》，69页，长沙，湖南地图出版社，2002。

③ 均转引自陈培栋：《长夏无冬亚龙湾》，载《珠江环境报》，2009年9月30日。

④ 刘耀编著：《中国绝色风景》，266页，北京，中国长安出版社，2006。

清三代扩建，使之成为海南岛规模较大的一座坚固的城池，[①] 现已修复了城门部分。历代文人墨客、圣贤学者、达官名流的流配谪居，广东、浙江、福建等发达地区的商贾留居落籍，对崖州城的兴盛具有重要的影响。自唐朝不少官僚名仁被奸臣陷害，曾被“流放”崖州城。仅副宰相以上的高官重臣就有 14 人之多，如唐朝的韦执宜、唐瑗；宋朝的丁谓、赵鼎、卢多逊、胡铨；元朝的王仕熙；明朝的赵谦等。著名的唐高僧鉴真和尚于唐玄宗天宝七年（公元 748 年），第五次东渡日本遭遇强台风袭击，所乘坐的帆船漂流至崖州城，他在这里帮助修建了大云寺，留下了一批准备带去日本的佛教经典。元朝女棉纺织革新家黄道婆，曾居住在崖城的水南村近 40 年之久。到了明代，崖州已具有“弦诵声黎民物庶，宦游都道小苏杭”[②] 的盛况。在崖城还有闻名海内外的风景区大小洞天，其形如巨鳌，枕海壁立，峰峦竞秀，林木重叠，山奇石怪，千姿百态，绿榕垂荫，红豆如星，泉清似醴。明朝曾在此建有“鳌山书院”，鳌门西南麓海滨便是“大小洞天”。南宁淳熙年间吉阳知军周康，游此地时曾撰写《摩崖》、《石痕记》等名著。“钩台”下面是幽曲径深的崖洞，“小洞天”三个醒目大字就刻在洞口上方。东边是迷人的“海山奇观”，还有直指云天、叠石峥嵘的“试剑峰”和层层叠石形成的“天梯”等；尤其是那离奇莫测“景犹奇绝而深秘”的“大洞天”更加吸引游人。古城现存的古建筑有 100 多处，多数为明清建筑。据《三亚市志》记载，乾隆二十年（公元 1755 年），崖州已设有东关市、西关市，老街上有布店、酒店、首饰店、书店等 30 多间。崖州古城自古以来就是一个重要的军事和商埠港口，驻有水师，设有炮台。崖城镇是三亚唯一的历史文化名镇，[③] 该镇现存的历史文化遗产众多，有省级文物保护单位 1 个（中国最南端的孔庙——崖城学宫），市级文物保护单位 13 个（盛德堂、广济桥、迎旺塔等），书院、公馆、会馆、庙宇、名人故居和重要古名居 50 多

① 周艺文等主编：《椰岛风韵之旅》，78 页，长沙，湖南地图出版社，2002。

② 袁锋：《海南拟打造三大特色文化旅游圈》，载《海南日报》，2009 年 6 月 17 日。

③ 孙嘉夏：《入选“历史文化名镇”三亚崖城镇榜上有名》，载《南国都市报》，2007 年 6 月 27 日。

座（鳌山书院、何秉礼故居、廖永瑜故居、孙氏宗祠等），新石器遗址 7 个（河头遗址、卡巴岭遗址等），古城墙和历史文化遗迹地 20 个（钟芳故里、相公厅、鉴真和尚登陆地、黄道婆崖城居住地等），民国时期历史骑楼街区（轿夫、牌坊骑楼街区等），红色历史纪念地（崖城革命历史纪念碑等）①。崖州古城这些宝贵的历史文化遗产，是 2000 多年三亚文化的符号和反映，更是异常宝贵的旅游资源。

落笔洞旅游风景区位于三亚市荔枝沟镇东北方向约 7 公里处的奇特的小山峰——印岭，属“三亚市八景”之一。在绿林遮空，花草盖地，鸟鸣山林，猿啼峭壁，蝉噪蜂蝶忙的印岭，大小“石灰岩熔洞”形状千奇百怪。其中，最出名的要属山的东面三个洞——落笔洞、仙朗洞、仙女洞。落笔洞在印岭东面的悬崖下，洞外古树参天，荫翳蔽日，蝉翼惊秋，鸟鸣山幽，依稀中似有股仙气缭绕。传说古时有高僧看中这清静宝地，于功德圆满后在此禅化。又说有真经入祠，封于岩层深处，日后“遇主”自开；还说有巨人足迹进出山洞，而未见其形状等，真乃鬼斧神工天地造化。山洞口高约 12 米、宽 8 米多、深 18 米。洞顶往里逐长高到 20 米，在极高处有两根向下垂吊的钟乳石，形似两枝悬吊的笔，“落笔洞”由此而得名。主洞内留下众多诗人题刻，并发现约一万年以前的动物遗骨和旧石器时代末期的古人类牙齿遗骨。明《正德琼台志》对此洞记载：“其中有：石形如悬笔，笔尖滴水不断。”② 可知此洞在古代早已知名于世。落笔洞至今流传着一个善恶报应泾渭分明的故事：古时文曲星君双手握着神笔在彩云上撰著天经仙典，经年不息因神疲力不乏，神笔脱手落于印岭，变成洞顶垂伸的两枝巨大的石笔，笔尖不断地滴下仙水。仙人定下禁言：仙水只给诚实勤劳的人以发家致富，延年益寿；而对权贵恶劳者，滴水不赐。附近有位贪婪十足的财主，手捧金盆进洞，看到巨笔尖下仙水连珠，满以

---

① 参见廖民生：《保护和开发三亚崖州古城已迫在眉睫》，载《三亚晨报》，2006 年 12 月 14 日。

② 精装影印本：《天一阁藏明代方志选刊正德琼台志（广东省）》（全二册），上海古籍书店 1982 年重印，转引自《三亚落笔洞将全封闭管理保护规划年底出台》，载《海南日报》，2008 年 8 月 7 日。

为此生天赐福分无边，可当他双手捧金盆接水时，笔尖滴水顿停。他一连站了几个时辰也未见仙水滴下，可当他无奈地转身时，笔尖又滴水连珠。财主恼怒至极带家丁打手，用大锤打断笔尖。从此石笔无锋，仙水消歇。财主回家后家道年年衰落，并在穷困潦倒中一命呜呼。不知过了多少年，仙人为了辅助诚善勤劳的百姓，又使已断的两截“悬笔”长年滴水至今。① 仙朗洞在落笔洞东20余步的峭壁底下，洞口宽3米、高近2米；洞里宽16米、深11米；洞底平坦，洞顶更平整如板。《崖州志》称之为“仙姑洞房”。洞内有一悬石，远远望去形似仙女头像，“仙姑洞房”由此而得名。此洞流传着一个爱情故事：古时有一位不甘寂寞的仙女羡慕人间七彩生活，遂从天宫降落此地与一位黎族青年结为夫妻，以洞为家，男耕女织恩恩爱爱，日子过得幸福美满。这个神奇的故事，使附近的黎族群众视此为洞天福地。不知从何时起，每逢大年初一至初三，男女老少身着盛装，聚集在此赛歌、跳舞、摔跤。姑娘和小伙子还以此为择偶佳地缔结良缘，成为世代相传的“游洞节”，一直沿袭至今。仙女洞位于印岭头半山腰，从仙朗洞再往东沿着弯弯小径攀藤而上。洞中奇石千姿百态，洞底有石床形似芭蕉树，称“芭蕉床”。洞顶有众多钟乳石条纹，流光溢彩形如蚊帐，传说这是仙女的卧床和纱帐。② 溶洞深处有许多洞穴，洞连洞、洞套洞。据说洞底有暗井、暗流，能钓上大鱼；洞顶有幽洞通天，能直见阳光，海天相通，奇妙异常。明《正德琼台志》记载：“极处有井深不可侧，昔人刻上记号的椰子投入井中，后于大海得之。”③ 落笔洞现已成为三亚市的又一旅游胜地。

天涯海角是封建王朝“流放逆臣”之地。宋朝名臣胡铨曾哀叹：

---

① 参见刘耀编著：《中国绝色风景》，265页，北京，中国长安出版社，2006。

② 参见程范淦：《三亚落笔洞将全封闭管理保护规划年底出台》，载《海南日报》，2008年8月7日。

③ 明正德十六年（公元1506年）唐胄编纂：《正德琼台志》。转引自程范淦：《三亚落笔洞将全封闭管理保护规划年底出台》，《海南日报》2008年8月7日。

“区区万里天涯路，野草若烟正断魂。”[①] 唐代宰相要德裕用“一去一万里，千之千不还”[②] 的诗句倾吐了贬谪的际遇。这里记载着历史上贬官逆臣的悲剧人生，经历代文人墨客的题咏描绘，成为我国富有神奇色彩的著名游览胜地。“天涯海角风景区”依山傍海，碧海、青山、白沙、巨磊、礁盘浑然一体，椰林、波涛、渔帆、鸥燕、云层辉映点衬，形成南国特有的“椰风海韵”。唐吕岩有《绝句》：“天涯海角人求我，行到天涯不见人。”[③] 南朝陈徐陵《武皇帝作相时与岭南酋豪书》曰：“天涯藐藐，地角悠悠了，言面无由，但以情企。”[④] 宋张世南《游宦记闻》卷六曰：“今之远宦及远服贾者，皆曰天涯海角。”[⑤] 为什么古人都把这里定为“天涯海角”呢？经过多方考证，这一历史之谜终究被揭开。清代康熙盛世时期曾进行了第一次全国性版图《皇舆全览图》的测绘活动，位于海南岛南端的天涯海角景区所在地，成为这次测绘中国陆地版图南极点的标志。负责主持测绘的钦差官员，在此处剖石刻碑镌书“海判南天”四个大字，作为标志并永久保存。据清光绪二十六年（公元1900年）州牧钟元棣开局纂修《崖州志》的卷二十二、杂志类金石目中记载：“‘海判南天’石刻：在下马岭海滨巨石上，字大三尺许。康熙五十三年十一月，钦差苗曹汤巡边至此，镌。见宋《志》。”[⑥] 由此“海判南天”便成为天涯海角游览区内最早的石刻。清代雍正年间，崖州知府程哲在此镌刻了“天涯”二字；1938年琼崖守备司令王毅又在另一块巨石上题刻“海角”二字；“南天一柱”系清宣统年间崖州知府范云榜所书。[⑦] 从此以后，这里就成

① 转引自达金波、任明超：《追随温暖到天涯海角》，载《中国青年报》2005年2月12日。

② 转引自达金波、任明超：《追随温暖到天涯海角》，载《中国青年报》2005年2月12日。

③ （唐）吕岩有：《绝句》。转引自王卫科：《南国风情美无限》，《新浪财经》，2009年4月7日。

④ （南朝陈）徐陵：《武皇帝作相时与岭南酋豪书》。

⑤ （宋）张世南：《游宦记闻》卷六。

⑥ 转引自杨其元：《揭开天涯海角石刻群的历史面纱》，载《光明日报》，2006年9月27日第11版。

⑦ 参见周艺文等主编：《椰岛风韵之旅》，77页，长沙，湖南地图出版社，2002。

为一处“天下闻名”的景点。沙滩上那一对拔地而起高10多米，长60多米的青灰色巨石赫然入目，两石分别刻有“天涯”和“海角”四字，寓意为天之边缘，海之尽头。天涯海角主要景观有“天涯石刻”、“日出日落奇观”、“历史名人雕塑园”、“黎族风情园”、“神龟探海”、“钓鱼台”以及“望海阁”、“环苏亭”和其他石刻。自然景观与人文情感的融合，正是天涯海角的独特魅力所在。天涯海角景区资源丰富集中，具有典型的南海热带风光，蓝天碧海白沙、烟波浩瀚，海湾奇石青山、椰林田园、摩崖石刻和深厚的文化内涵。“南天一柱”石景，因被绘制成2元人民币的背景图案而声名远播。

鹿回头位于三亚市南3公里处的海边小山上，主峰海拔275.1米，是海南岛最南端的山头。这座山三面临海，状似坡鹿，登上鹿回头山顶三亚市全景尽收眼底。鹿回头山顶建有一座美丽的鹿回头“山顶公园”，并根据美丽的传说在山上雕塑了一座高12米、长9米，宽4.9米的巨型雕像，三亚市也因此被人们称之为鹿城。鹿回头实际上是一伸向南海的小山头，名叫“鹿回头岭”，高约270米。它原是一个孤立的海中小岛，后来因地壳不断抬升，又被大量的珊瑚碎骨等堆积而成。“鹿回头”地名有一段有趣的故事：很久以前，有一个残暴的峒主想取一副名贵的鹿茸，强迫黎族青年阿黑上山打鹿。有一次阿黑上山打猎时看见一只美丽的花鹿正被一只斑豹紧追，阿黑用箭射死了斑豹，然后对花鹿穷追不舍，一直追了9天9夜，翻过了99座山，追到三亚湾南边的珊瑚崖上，花鹿面对烟波浩瀚的南海前无去路。此时青年猎手正欲搭箭射猎，花鹿突然回头含情凝望，变成一位美丽的少女向他走来，于是他们结为夫妻。鹿姑娘请来了一帮鹿兄弟打败了峒主，他们便在石崖上定居男耕女织，经过子孙繁衍便把这座珊瑚崖建成了美丽的黎族庄园。[①] 从此这座岭就叫“鹿回头岭”，这个村就叫“鹿回头村”，半岛就叫“鹿回头半岛”。鹿回头公园是定位为情爱文化和生态展示并重的主题公园，鹿回头让你对爱情产生无限的甜蜜憧憬。其

---

① 参见小小编著：《中国南方北方游》（南方卷），216~217页，北京，中国电影出版社，2005。

他情爱文化景点，还有“爱”字摩崖石刻、“永结同心”台、“连心锁”、“夫妻树”、“仙鹿树”、“海枯不烂石”、“月老”雕像、“爱心永恒”石刻等，每年天涯海角国际婚庆节期间，情侣们必定要到这里海誓山盟、定情终生。

南山—海山奇观景区位于三亚市区以西约40公里处，它融佛教文化、民俗风情、热带海滨风光和历史古迹为一体，是进行旅游观光、度假休闲、学术交流及文化考察的全方位、多层次的大型景区。南山古称“鳌山”，山上祥云缭绕，山势迤逦苍郁，左丘右陵环抱，面朝万顷碧波。唐天宝年间鉴真法师五次东渡日本遇险登陆此地并传法布道一年半之久，后经南海观音之护持第六次东渡日本成功，南山因而有深厚的佛学文化底蕴。南山文化旅游区已建成开放的景点，包括南山海上观音、南山寺、不二法门、如意吉祥、龙砚、长寿谷、南山佛教文化苑、南山文宝院等。在这里人们既能领略热带滨海阳光、碧海、沙滩、鲜花、绿树的美景，更能获得佛教文化带来的心灵慰籍，体味回归自然、天人合一的乐趣。海山奇观景区位于崖州湾畔，鳌山南麓。“海山”古称“鳌山大小洞天”，奇观景区因宋代著名神仙道士、南宗五祖白玉蟾曾归隐于此，修建道观传播道家文化哲学思想，有着浓厚的道教文化和奇特的海景、山景、石景、洞景而闻名。海山奇观是以传统的中国道家文化为主题，融热带海滨风光、民俗风情、休闲度假为一体，聚道家养生、道家人文景观、道家文化艺术为一体的风景区。已有的景点有“小洞天”、“试剑峰”、“海山奇观”、“仙梯”、“仙人足”、“石船”和“钓台”、“小月湾”以及“鉴真和尚及其弟子群雕像”等历代诗文摩崖石刻。① 南山文化旅游区是经国家有关部门批准建设的一个融中国民族民俗文化、生态环境保护、热带海洋风光和佛教文化为一体的国际性文化旅游园，还是国务院授予的“三亚热带海滨国家重点风景名胜区”中的一个著名景区，是国家首批4A级旅游区。荣获中央文明办、建设部、国家旅游局授予的“全国文明风景旅游区示范点”，建设部授予的“中国人居环境范例奖”，中国质量协会

---

① 参见周艺文等主编：《椰岛风韵之旅》，74～75页，长沙，湖南地图出版社，2002。

授予的“全国用户满意企业”，海南省授予其“海南省质量奖”、“海南省十佳旅游景区”、“海南省生态环境恢复与保护示范工程”、“海南省生态旅游区”等荣誉称号。

湖北东湖风景名胜区的文化景观

一

“东湖”雅号“白云黄鹤”，是中国最大的城中湖。东湖位于武昌古城的东部，故称之为“东湖”。东湖风景名胜区东起王青公路，南至来望山和喻家山一线，西临东湖路，北抵北洋桥一带，面积为73.24平方公里。东湖风景名胜区的外围保护地带，面积为14.95平方公里。① 整个东湖风景名胜区湖岸蜿蜒曲折，素有“99湾”之称。东湖风景名胜区的水域面积约33平方公里，为杭州西湖的6倍。据测量数据显示，东湖最高水位为20米，最大水深为4.66米，湖平均深度为2米多。据史料记载与民间口述，早在100多年前，东湖属沙湖水系，东湖、沙湖及白洋湖原本相通并与长江相连。当时整个长江南岸的湖泊面积广大，江和湖互相联通，也无人工堤防防御水患。每年夏季长江涨水或者春天水势稍猛，江水将沙湖、郭郑湖（今东湖）连成一片，自江岸直抵磨盘诸山一带尽成泽国。光绪二十五年（1899年）至光绪二十八年（1902年），湖广总督张之洞在长江与东湖之间修建了南北两段堤防——“武金堤”和“武青堤”，并在南北堤防上修建了“武泰闸”和“武丰闸”。从此，白洋湖逐渐淤积成小港，东

① 东湖风景名胜区的面积范围由《武汉东湖风景名胜区管理条例》第2条规定。《武汉东湖风景名胜区管理条例》，1997年11月20日武汉市第九届人民代表大会常务委员会第三十六次会议通过，1998年1月10日湖北省第八届人民代表大会常务委员会第三十二次会议通过。

湖便与沙湖分离，变成了由人工控制的内陆湖。尽管民国以后随着私家园林的崛起，东湖之滨相继出现了一些别墅山庄。但是直到1949年，东湖基本上仍然是一片荒湖，自20世纪50年代开始，才进行大规模的建设。譬如，东湖听涛景区就是在实业家周苍柏创建的海光农圃的基础上发展而来的。1949年把海光农圃改名为“东湖公园”，1950年中南军政委员会将“海光农圃”再次改名为“东湖风景区”。先后修建干道4万多米、湖岸和护坡3万多米，亭、台、楼、阁和各种建筑设施70多处，种植法桐、樟树、池杉、水杉、雪杉等树木50余种，栽培200多万株金柑、蜜橘等果树，绿化荒山1.3万多亩。朱德元帅生前喜爱兰花，曾鼓励并帮助东湖培育兰花。现在东湖四周已有亭、台、楼、阁和各种建筑设施70多处，种植各种树木200多万株。依其自然环境，东湖风景名胜区可以分为听涛、落雁、白马、磨山、吹笛、珞洪6个景区。[①] 在磨山端顶部的“朱碑亭”为两层亭榭式建筑，亭上悬挂着郭沫若题“朱碑亭”匾额，亭前立红色的天然石碑，上面镌刻着朱德元帅1954年参观游览武汉东湖时题写的“东湖暂让西湖好，今后将比西湖强”的题词。[②]

听涛风景区的著名景点是黄鹂湾听涛轩[③]和“行吟阁”。黄鹂湾来源于杜甫的《绝句》：“两个黄鹂鸣翠柳，一行白鹭上青天。窗含西岭千秋雪，门泊东吴万里船。”[④] 这里沿湖垂柳拂岸，湖岸绿树成荫。这些树木是被称为活化石的第四纪冰川时期的古老植物水杉，在300万年以前，它们曾广泛分布于北半球的各个地区。水杉曾一度被世界各地的植物学家认为已经灭绝了。1945年我国森林工作者在湖北省利川市发现了水杉林区，当即成为轰动一时的世界新闻。为纪念这一古老

---

① 参见宋才发：《湖北东湖风景名胜区的文化景观及法律保护》，载《湖北民族学院学报》，2008（4）。

② 张勇军、文艺辉：《东湖有“五症”》，载《湖北日报》，2000年2月15日第C2版；《东湖风景区纪念朱德为东湖题辞50周年》，《人民网》，2004年4月23日。

③ 听涛轩是指进东湖大门不远的一片楼台亭榭，因面对碧波荡漾的东湖，昼夜可以听到湖水的“哗哗”涛声，因而得名“听涛轩”。

④ （唐）杜甫：《绝句》（其三），见《唐诗鉴赏辞典》，554页，上海，上海辞书出版社，1983。

树种在湖北省首次被发现，武汉市决定将水杉定为“市树”，以其刚毅坚强、刚直不阿来象征英雄的武汉人民。“听涛风景区”始建于1988年，听涛轩周围种有翠竹、苍松，在迎湖面石砌的护坡上，嵌有东坡居士书写的“松坡”二字的青石坡，石板上方有几株苍翠的劲松，挺立在陡峭的岩石岸边，为这里的景色增添了一些神韵。听涛轩的斜对面是水云乡，有一座三层绿瓦圆柱的楼阁耸立在“荷风”与“落羽”两桥之间的湖岛上，它就是听涛风景区的中心行吟阁。行吟阁是为纪念伟大的爱国诗人屈原被放逐行吟东湖泽畔而建的。阁上悬有郭沫若先生所题的“行吟阁”三个大字。屈原名平（公元前340—前278年），战国时期楚国秭归人，他是一位杰出的政治家、伟大的爱国诗人。楚怀王开始十分信任他，做过“三闾大夫”。因此，他也常向楚怀王提出一些治国方针，对内实行“举贤授能”的政策，对外实行“联齐抗秦”的战略，由于实施他这一套正确的方针，使得楚国一度强盛。后来屈原受到排挤并被放逐到江北，在楚襄王继位后，他又被放逐到更远的江南，永远不得过问朝政。公元前278年，秦国攻破楚国都城，在江南度过20年流亡生活的屈原目睹国家的沦亡，于农历五月初五在湖南省汨罗江抱石投江，以身殉国。[①] 后人为了纪念屈原而保留了一个民族特色十分浓郁的“端午节”。武汉人民也为了纪念这位伟大的诗人，特意为他修建了这座“行吟阁”。高22.5米的行吟阁是钢筋混凝土仿木结构，平面为一正方形；行吟阁前耸立着屈原高达6.8米的塑像，艺术地再现了屈原昂首视天、举步欲行吟颂《天问》的神态，流露出爱国诗人被放逐后悲愤郁结的心情。“行吟阁”这个名字则是出自《楚辞·渔父》中的“屈原既放，游于江潭，行吟泽畔。”行吟阁南边黑瓦飞檐的“沧浪亭”，其名也是出自《渔父》里

① 参见吴海林、李延沛编：《中国历史人物辞典》30页，哈尔滨，黑龙江人民出版社，1983，皮明庥主编：《湖北历史人物辞典》，58页，武汉，湖北人民出版社，1984。

的“沧浪之水清兮，可以濯吾缨；沧浪之水浊兮，可以濯吾足”①。1979年叶剑英委员长曾题诗《泽畔行吟》：“泽畔行吟放屈原，为伊太息有婵娟。行廉志洁泥无滓，一读骚经一萧然。”②

碧潭观鱼是一组具有民族特色的建筑。这里的小桥甚多，号称“九曲十八弯”。东湖以盛产淡水鱼而著称，其中又以武昌鱼最为名贵。武昌鱼是鳊鱼的一种，这种鱼是鄂城梁子湖的特产，古时鄂城称武昌，今武昌古时称“江夏”，所以又称“武昌鱼”。三国时吴王孙皓想从建业迁都武昌（即现在的“鄂州”），陆凯上书以童谣“宁饮建业水，不食武昌鱼；宁还建业死，不止武昌居”③来加以劝阻。以后元朝的马祖常，也有“南游莫忘武昌鱼”④的诗句，这就足以说明武昌鱼的历史悠久。新中国成立后，毛泽东多次到武汉视察，通常都住在东湖风景名胜区内，他曾在当时的“听涛酒家”吃过武昌鱼，1956年他的《水调歌头·游泳》中就留下了“才饮长沙水，又食武昌鱼”⑤的名句。从“碧潭观鱼”可到“长天楼”和“落霞水榭”。长天楼建于1956年，为砖木水泥结构，翠瓦飞檐。二楼正面设有宽敞的外廊，游人凭窗远眺碧波万顷，很有“落霞与孤鹜齐飞，秋水共长天一色”⑥之感。楼下两端有宽广的走廊可通往两座方亭，楼前开阔碧草如茵。楼后有一小院，毛泽东、周恩来等中央领导人曾在此休息，也是接待

---

① 见《楚辞》（卷七）《渔父》。屈原既放，游于江潭，行吟泽畔，颜色憔悴，形容枯槁。渔父见而问之怪屈原也。曰：“子非三闾大夫与？何故至于斯？”屈原曰：“举世皆浊我独清，众人皆醉我独醒，是以见放。”渔父曰：“圣人不凝滞于物，而能与世推移。世人皆浊，何不淈其泥而扬其波？众人皆醉，何不馆其糟而歠其醨？何故深思高举，自令放为?”屈原曰：“吾闻之，新沐者必弹冠，新浴者必振衣。安能以身之察察，受物之汶汶者乎？宁赴湘流，葬于江鱼之腹中。安能以皓皓之白，而蒙世俗之尘埃乎？”渔父莞尔而笑，鼓枻而去，歌曰：“沧浪之水清兮，可以濯吾缨；沧浪之水浊兮，可以濯吾足。”遂去，不复与言。

② 叶剑英：《泽畔行吟》。见《东湖风景区》，《武汉建设网》2004年10月20日。

③ 转引自王佳伟：《“宁饮建业水，不食武昌鱼”语出何时何地?》，载《中华读书报》，2009年12月9日第10版。

④ 查竹生：《南游莫忘武昌鱼——介绍鄂州市著名水产“武昌鱼”》，载《武汉金融》，1985（9）。

⑤ 毛泽东：《水调歌头·游泳》，见《毛主席语录、毛主席的五篇著作、毛主席诗词》，38页，北京，人民出版社，1969。

⑥ 取自唐代诗人王勃：《腾王阁序》“落霞与孤鹭齐飞，秋水共长天一色”。

国际友人的主要场所。落霞水榭在长天楼的左前方，其榭呈石舫形，主亭分两层。绿瓦飞檐，雕梁画栋，三面临水波光粼粼，置身其间飘摇似动，犹如在画舫中。落霞水榭前有鲁迅广场，在松柏环绕下立有鲁迅半身雕像，是青少年举行各种活动的场所。

楚文化景点是东湖风景名胜区的绝妙佳作。湖北在古楚国属荆楚区域，武汉自古是楚国腹地，武汉市人民政府于1987年在磨山北部开辟楚文化游览区，建有“楚城”、“楚市”、“楚天台”、“祝融观星”、“离骚碑”、“惟楚有才”等景点，展示了800年楚文化的博大与辉煌。楚文化是我国周代（公元前11世纪晚期—公元前223年），楚人在荆楚大地上经过近千年的历史所创立的特色地域文化，是长江文化的重要组成部分，更是中国古代文明史上的一朵奇葩。楚人发明了包括青铜冶炼工艺、丝织、刺绣工艺、漆器、文学、美术、乐舞等灿烂的古代文明成果，为中华民族的进步做出了巨大的贡献。“凤”是楚国先民的图腾和吉祥物，他们把鹰、鹤、燕、孔雀等许多鸟的美好特征集合起来，创造了他们理想中的神鸟。武汉市雕“凤标”建筑物净高7.2米，用15.8吨黄铜铸造，两凤站在百兽之王老虎的背上，威猛而华美。由“凤标”抬头望去，是磨山第二主峰上巍峨的楚天台。楚天台是楚文化游览区的标志性建筑，外5层内6层，高35.26米，建筑面积2260平方米，层阶巨殿高台耸立，从“凤标”登上楚天台要步行345级台阶，绝对可与江南三大名楼媲美。磨山脚下的“离骚碑”用红色岩石砌成，高14.8米，宽8米，比号称“天下第一碑”的泰山“御京碑”还要高出1.3米，宽出3米，碑文选用毛泽东青年时代手书的《离骚》全文手迹，诗书双绝。[①]“惟楚有才”用浮雕和圆雕的艺术手法，以故事形式表现出楚国名君、名臣、名人的功绩和成就。圆雕有鬻熊、次非斩蛟、熊绎[②]守镣、卞和抱璞、甘德观星、庄王出兵、武王与邓曼、成王主盟、共王拔箭、吴起伏尸、怀王不屈、虎乳子文

---

① 资料来源于2005年《武汉东湖风景区导游词》；作者实地考察期间请讲解员作过详细的讲解。

② 皮明庥主编：《湖北历史人物辞典》，4页，武汉，湖北人民出版社，1984。

等12座。浮雕长300余米，反映了青铜冶炼、丝织刺绣、编钟乐舞、许行讲学、叔敖治水等24组楚国文化、艺术、政治、军事上的一些成就及名人故事。“祝融观星”的祝融是楚国始祖，传说中的火神，其社会职责一是观象授时，以令农耕；二是保存火种。祝融面向东方双目远瞻，左手持斗柄，右手持甲骨，脚踏日月，脚两侧射出熊熊火焰，背部与头髻构成一只展翅高翔的大凤。相传在西周时期，鄂王熊红[①]曾在东湖边筑池饮马；三国时东湖周边曾是刘备、孙权、曹操进行军事、政治活动的重要场所，今有刘备郊天台、吴主庙、曹操庙、卓刀泉、鲁肃马冢等遗址。落雁区北面是白马洲，洲的南面有三国时鲁肃的马冢，相传赤壁大战鲁肃协助周瑜破曹后，骑一匹白马路过此洲，马陷入泥中而死，遂称“白马洲”。卓刀泉在东湖之西南伏虎山麓，相传三国时期，蜀汉大将关羽屯兵伏虎山，时值三伏将士酷暑难当，因无水关羽即卓刀于地，水涌成泉故名“卓刀泉”。[②]卓刀泉深约10米，泉水淡碧，冬暖夏凉，味甘如醴。宋时依泉建寺，取名御泉寺；明初楚昭王朱桢为泉建台加栏，亲书“卓刀泉”3字；明末寺毁，清咸丰八年（公元1858年）重建，以泉为中心构成四合院式寺庙，殿左侧有桃园阁，内塑有刘备、关羽、张飞像，殿前两侧有禅堂和客堂，山门背面墙上嵌有《御泉寺记》、《卓刀泉记》等石碑。唐宋时在洪山修建宝通禅寺、洪山宝塔寺等古建筑。湖北又是太平天国运动的重要活动地区，太平军曾三次攻克武昌，四次攻克汉口、汉阳。太平天国提倡男女平等，实行妇女解放的政策。太平军设女营，妇女可以当女兵、女将。在东湖的西北沿一座小山冈上，耸立着“九女墩”纪念碑。相传1855年前后清军攻陷城郊，有太平军女兵9人在此英勇抗击壮烈牺牲。乡人对她们极为钦佩将其遗骸合葬于此，为躲避清廷迫害而称墩。百年来英烈长埋荒丘，英名未彰。1952年武汉市人民政府在

① 皮明庥主编：《湖北历史人物辞典》，5页，武汉，湖北人民出版社，1984。

② 据《湖北通志》载：“关公行军于此，以刀卓地得泉。”泉在一古庙中，明初楚藩昭王为之筑台、置栏、并建亭盖护。今亭已倾废，井台井栏犹存。《卓刀泉记》中载：“昔汉寿亭侯关公治兵江陵时卓刀，以此故名。斯泉之水冬温而夏冽，其色淡碧，味甘如醴，饮之可以疗疾。”寺庙周围松柏繁茂，环境雅静。

此建基立碑追念女英雄。碑上刻着董必武、宋庆龄、郭沫若等人的题词。[①] 董必武题词为："自求解放入天军，巾帼英雄著义声。荀灌秦良玉相比，有名曷若此无名。埋玉深深未敢传，万千幽愤欲回天。清朝覆后来袁蒋，寂寞荒坟已百年。湖光山色各悠悠，共伴块然土一丘。群众最怜英烈女，口碑传出足千秋。人民咸庆大翻身，国势峥嵘气象新。九女有灵如不昧，亦当含笑享明堙。"[②] 碑顶悬吊 6 个铜铃，风振铃鸣和以拍岸怒涛，颇具当年女英雄们金戈铁马奔驰战场的意境。碑后是一座芳草铺覆的圆坟，四周栽植着松柏。1956 年湖北省人民政府将九女墩定为省级文物保护单位。

磨山植物园景区是东湖风景名胜区一道靓丽的风景线。磨山三面环水六峰逶迤，总面积 14.37 平方公里。其中，水面 2.7 平方公里，尤如一座美丽的半岛，素有"十里长湖，八里磨山"之称。磨山植物专类园内花木品种繁多，尤以春兰、夏荷、秋桂和冬梅最为著名。经过几十年的建设与开发，逐步建成并开放有集科普、观赏、游览于一体的 13 个植物专类园，即梅园、水生花卉园、盆景园、杜鹃园、樱花园、荷花园、桂花园、蔷薇园、松柏园、山茶园、竹类园等。据统计，这里有雪松、水杉、樟树共 250 种，300 余万株，被人们称为绿色宝库。这里又是鲜花的海洋，一年四季香飘不断，最具有东湖特色的花卉有梅花、荷花、桂花等十几种。其中梅花建有专门观赏园林，面积 500 亩，养育梅树品种 300 个、5000 余株。磨山景区的梅园创建于 1952 年，与南京梅花山、无锡南浒山、上海淀山湖并称为"江南四大梅园"。[③] 梅园占地面积 33.5 公顷，三面临水，回环错落，自成一体，周围有劲松修竹掩映，自然成为"岁寒三友"的景观，"一枝春馆"还展出梅花书画摄影作品和梅花盆景。园内还有冷艳亭、暗香桥、小清桥等园林建筑。每年早春东湖"红梅万树一齐开"，赏梅者纷至沓

---

① 参见宋才发：《湖北东湖风景名胜区的文化景观及法律保护》，载《湖北民族学院学报》2008（4）。

② 武汉市志编辑室：《九女墩》，《文物志》，见《东湖风景区》，《武汉建设网》2004 年 10 月 20 日。

③ 刘耀编著：《中国绝色风景》，215 页，北京，中国长安出版社，2006。

来，赏梅、咏梅、画梅、摄梅者络绎不绝。郭沫若先生闻知于1954年1月东湖举办梅花展览会后，欣然作《咏东湖梅》："东湖昔曾居，至尽犹向往。闻有梅花数十株，其形如狮或如象。亦有如僧正膜拜，亦有如兔捣玉霜。神猿仙鹤差可拟，麒麟龙虾纷潜藏。罗汉醉如泥，老人寿而昌。孩提戏对梅花鹿，牛头米鼠亦低昂。相隔几千里，空中闻异香。叹惜盆栽太拘束，花如有识宜潜伤。当为谋解放，栽遍东湖边。栽遍珞珈山之山麓，栽遍流芳岭之阳。使千株万株齐啸傲，迎接大同世界之春光。"① 1999年世界梅花品种进行了首批登录，共登录60个品种，其中东湖梅园就占了45个。东湖养育梅花、荷花品种的科研成果及观赏价值都居全国领先地位，故中国花卉协会将"中国梅花研究中心"与"中国荷花研究中心"设在东湖。1979年东湖开辟了友谊林，20多年来先后有日本大分、美国匹兹堡、德国杜伊斯堡、英国曼彻斯特、罗马尼亚加拉茨等武汉姐妹城市的友好使者来到这里，与武汉人民一道种下了象征团结、友谊、进步的雪松、笔柏、桂花、红枫等树百余株。

与磨山景区隔湖相望的落雁景区，占地面积10.24平方公里，其中水域面积4.29平方公里，湖面广阔，湖岸曲折，港叉交错，山水相依，孤岛星罗，湖草茵茵，芦苇密集，水鸟聚集。落雁岛上常常有雁、野鸭、獐鸡等水鸟出没于芦苇间。它们时而聚集成群，时而成排盘旋湖面，当临近傍晚，映着晚霞形成一幅"落霞与归雁齐飞"的奇妙画面。这里植被丰富，树木繁茂，载培着百年以上的古树名木如雪松、银杏、广玉兰、女贞、三角枫等100余株，其中树龄最长的达800余年。② 在磨山南麓面积约4公顷的桂花圆，品种约数十个，有金桂、丹桂、银桂、四季桂等，每当秋叶红时，数万株桂花齐放，形成"十里磨山，十里飘香"的佳境。与桂园相毗邻有面积约1.4公顷的杜鹃园。园内以栽培杜鹃为主，其品种约40余种，数量为5000余株，它是武汉市最大的杜鹃观景园。樱花园在杜鹃园西隅与东湖湖畔接壤的

---

① 郭沫若：《咏东湖梅》，见《东湖风景区》，《武汉建设网》2004年10月20日。
② 参见刘耀编著：《中国绝色风景》，216页，北京，中国长安出版社，2006。

约3公顷坡地上，植有日本前首相田中角荣送给邓颖超的“78株樱花”和数百株自培樱花，一是纪念1978年中日和平友好条约的签订；二是为纪念周恩来总理的78岁寿龄，1985年在园中建有“七十八樱花亭”。每当春露樱花怒放之时，观赏者络绎不绝。东湖樱花园是中国最大的樱花园，5000株樱花竞吐芬芳，给人幻境般的感觉。盆景园在樱花园和梅园之间，面积4.56公顷。全园分成展览区和温室生产区。展览区居西面积1.33公顷，1983年建成，投资64万余元，构成一组具有江南风格古典园林建筑群体。温室生产区居东面积3.23公顷，有山石盆景近100盆，树桩盆景1000余盆，还培植一株300多年的榔榆盆景，堪称中国榆树盆景之最。雁栖水榭坐落于磨山西端湖畔，相传这里曾是芦苇浩荡、群雁栖息的地方，为召唤群雁回归而建。水榭是一座连接主厅、亭廊、水院于一体的组景。飞檐翘角，宛如水上行宫。宫内设有茶座，游人在此品茶，临波远眺，湖鸥翔集，渔舟晚唱，使人感慨万千。①

二

依法整治东湖风景名胜区内的违法建筑和非法经营摊点。新中国成立后的前50年间，东湖的自然景观一直保存完好。自2000年武汉市有关部门在中心城区大规模拆除违章建筑的同时，一些单位和个人受经济利益的驱使，公然违反国家有关风景区管理规定，在景区深处大兴土木竞相盖起了小洋楼。在国务院批复的东湖风景名胜区总体规划中，桥梁村和磨山村均处于一级保护区范围内。依照相关规定，一级保护区内的居民只能外迁不得扩建房屋。但是依山而建的各式各样的3层别墅式建筑，一栋连一栋的拔地而起，严重地破坏了景区的生态环境。根据武汉市有关部门的调查显示，近年来在磨山村已建成的总面积超过11万平方米的414栋建筑中，有一半未办任何审批手续；

---

① 参见宋才发：《湖北东湖风景名胜区的文化景观及法律保护》，载《湖北民族学院学报》，2008（4）。

在桥梁村已建成的总面积 8.3 万平方米的近 400 栋建筑中，未办理审批手续的超过了 160 栋。由于这些违法建筑一直得不到有效的整治，私搭乱盖以及非法经营餐饮之风又在东湖风景名胜区及周边地区蔓延。中国科学院武汉植物园的园林景观开始被周边的违法建设分割和包围，紧挨着园区的外墙有 90 多栋用红心砖修筑的 3 层小楼拔地而起，各式各样的违法建筑在园区周边星罗棋布，一些非法餐饮服务业也应运而生。譬如，在关山二路与鲁磨路交汇的公路两旁，新搭建的各式各样的“农家菜”餐馆，由最初的 7 家迅速发展到 21 家，未经过任何批准的“荷香楼”等也在东湖边擅自违法经营。① 在东湖这座国家级重点风景区的土地在惨遭蚕食的同时，也开始受到污染的严重威胁。2004 年 6 月东湖国家风景区惨遭蚕食的问题在新华社一份内部刊物上披露后，引起了中共中央政治局委员、湖北省委书记俞正声的高度重视。武汉市迅速抽调公安、城管、工商、土地规划和纪检、监察部门的干部组成工作专班，下大气力依法对东湖风景名胜区内的违法建筑进行了整治。对违法违规建筑大规模拆除工作自 2005 年春正式启动。②

对东湖风景名胜区的规划建设实施依法管理。1982 年 11 月 8 日东湖风景名胜区被国务院审定为第一批国家级重点风景名胜区。1983 年 4 月 13 日武汉市将“东湖风景区管理处”升格为事业性质的“东湖风景区管理局”；1996 年 12 月 5 日武汉市将东湖风景区管理局由事业局调整为行政局。原东湖局所辖 9 个单位，长期沿袭事业体制，既管理又经营，缺乏应有的风险和压力，以及独立参与市场竞争的内在动力，阻碍了外来资金、技术、人才的有效进入。《武汉东湖风景名胜区管理条例》第 3 条规定：“东湖风景名胜区及其外围保护地带的保护、开发、建设和利用等管理工作，必须遵守《武汉东湖风景名胜区总体规划》以及有关法律、法规和本条例。”第 5—6 条规定：“东湖风景区管理局是市人民政府的派出机构，负责东湖风景名胜区内风

---

① 参见熊金超、戴劲松：《武汉东湖风景遭遇“谋杀”》，载《经济参考报》，2004 年 8 月 16 日第 9 版。

② 参见王丹妮：《东湖拆违声浪日高，违建别墅里的日子寝食难安》，载《武汉晚报》，2005 年 1 月 25 日。

景资源的保护、开发、建设、利用等统一管理。东湖管理局下设的监察大队，按本条例的规定，负责查处违反本条例有关规定的行为。”第9条还规定：“市人民政府应根据经批准的总体规划和建设、发展的需要，适时领导编制控制性详细规划。东湖风景名胜区内的土地利用和各项建设，必须符合规划要求，必须服从规划管理。规划确需调整与变更的，必须按法定程序报审批。市人民政府应根据总体规划，对东湖风景名胜区外围保护地带的景观特色、自然环境、生态平衡和防止污染等提出环境要求，由有关区人民政府负责实施。”[①]《武汉市东湖水域保护管理办法》第20条也规定：“严禁在东湖水域搭建任何经营性餐饮或者其他可能污染东湖水体的设施。”[②] 任何单位和个人必须保护东湖风景名胜区的景物、林木植被、水生资源、设施和环境；在东湖风景名胜区内的单位个人及游览者都应当遵守各项规定，服从统一管理。为此武汉市政府做出决定：按照《武汉东湖风景名胜区管理条例》重新调整东湖管委会的管辖范围；以《武汉东湖风景名胜区管理条例》的规定为基本依据，对东湖生态旅游风景区管委会的管理面积重新进行调整，原则上将原东湖风景名胜区规划范围内的面积和与之相连的部分面积，一次性划归东湖管委会托管；加大产业推进力度，打“大东湖”旅游牌对东湖生态旅游风景区托管区域内的旅游资源进行调查，运用市场机制，精心打造“生态休闲游”、“历史文化游”、“高校科技游”、“名人遗址游”等特色旅游线路，逐步推进“大东湖”旅游圈建设。同时要按照《武汉东湖风景名胜区总体规划》中把磨山景区建设成为“以楚文化游览区为中心，植物专类园为特色内容的观光游览区”的要求，根据“严格保护、统一管理、合理开发、永续利用”的原则，并采取统一规划、分步实施的步骤，力避利益驱动，克服短期行为，压缩生产土地，真正把东湖磨山景区宝贵的土地资源管

---

① 《武汉东湖风景名胜区管理条例》，1997年11月20日武汉市第九届人民代表大会常务委员会第三十六次会议通过，1998年1月10日湖北省第八届人民代表大会常务委员会第三十二次会议通过。

② 《武汉市东湖水域保护管理办法》，2000年3月6日由武汉市人民政府第25次常委会议通过，武汉市人民政府令（第114号）颁布。

好、用好。[1] 必须按照朱德元帅生前的遗愿[2]把东湖建设成国内一流的旅游胜地。1999 年中央文明办、建设部、国家旅游局联合授予东湖风景名胜区“全国文明风景旅游区示范点”，2000 年又成为国家首批 4A 级旅游景区。2001 年 3 月国家建设部和国家环保总局选定东湖、西湖、鼓浪屿等 10 个国家重点风景名胜区创建 ISO14000 国家示范区。2002 年初东湖终于通过了 ISO14001 环境质量认证单位。东湖风景名胜区正在成为代表华中最大都会、历史名城武汉形象的国内一流、世界知名的旅游品牌。

---

① 参见宋才发：《湖北东湖风景名胜区的文化景观及法律保护》，载《湖北民族学院学报》，2008（4）。

② 朱德元帅 1954 年参观游览武汉东湖时题词：“东湖暂让西湖好，今后将比西湖强”。

长江三峡自然风景名胜区的文化景观

一

长江三峡是中国第一大河流——长江上最神奇壮观的一段峡谷。长江三峡风景名胜区地跨重庆东部和湖北省西部，由三部分组成：一部分是从重庆忠县到奉节，它是三峡的前奏；一部分是从奉节到湖北省宜昌，它是三峡的主体；而三峡的深处包括大宁河小三峡、香溪昭君故里和屈原故里，这些都是风景名胜向纵深发展的延伸部分。长江三峡不仅有早已经建成发电的葛洲坝水电枢纽工程，还有刚刚建成的世界上最大的水电站工程——三峡工程，这两项新兴的人文景观和原有的自然景观交相辉映，构成了长江三峡蔚为壮观的自然文化新景观。长江三峡是著名的瞿塘峡、巫峡、西陵峡的总称。它西起重庆奉节县的白帝城，东起湖北省宜昌市的南津关，跨越奉节、巫山、巴东、秭归、宜昌5县市，全长193公里。① 长江三峡各具特色各显奇妙，如瞿塘峡雄、巫峡秀、西陵峡险，它们共同构成了一幅壮观瑰丽的山水画卷，故长江三峡素有“山水画廊”之称。《中国国家地理》“选美中国”活动，将它评为“中国最美的十大峡谷”的第三名。②

瞿塘峡雄就“雄”在山势上。瞿塘峡长约8公里，是整个三峡中

---

① 参见《中国文化遗产年鉴》编辑委员会：《中国文化遗产年鉴2006》，160页，北京，文物出版社，2006。

② 参见《最美中国自助游》编委会编：《最美中国自助游》，165页，北京，中国林业出版社，2006。

最短的一个峡，两岸悬崖峭壁如同刀劈斧削，夹江峭壁甚为逼仄，江宽不过百米，最窄处仅几十米，有的峰高1500米，把滔滔大江束缚得像一条沟壑，蜿蜒于深谷之中，而此处通过的流量往往多达每秒五六万立方米。天开一线、峡张一门，故称“夔门”（又名“瞿塘关”）[①]。夔门的两岸高山凌江夹峙，是长江从四川盆地进入三峡的大门。宋代诗人苏东坡曾描写了他路过此处心惊胆战的真实情景：“舟行瞿塘口，两耳风鸣号；扁舟落中流，活如一叶飘。”[②] 夔门山势雄奇堪称天下雄关，因而有“夔门天下雄”五字镌于崖壁；临江石壁上刻的抗日名将孙元良的“夔门天下雄，舰机轻轻过”[③] 以及李端浩的“巍哉夔门”和行书“夔门·瞿塘”的雕刻历历在目。[④] 除了山势雄伟之外，瞿塘水势亦雄，因为它“锁全川之水，扼巴蜀咽喉”，江水至此水急涛吼蔚为大观。郭沫若路过此地，就曾发出了“若言风景异，三峡此为魁”[⑤] 的赞叹。夔门南侧的高山名为白盐山，北侧的高山名曰赤甲山，均拔地而起高耸入云。白盐山系因粘附在岩石上的水溶液主要含钙质色似白盐而得名；赤甲山因含有氧化铁的水溶液粘附在风化的岩层表面呈红色，如人袒背，故名“赤甲山”。隔江相望，一个红装，一个素裹，谓为奇景。两座山都是石灰岩，长期的风剥雨蚀，使两岸岩壁好似刀削斧砍一般，形成十分秀丽的片段景观：赤甲晴晖、白盐曙色和夔门秋月等胜景。瞿塘峡的名胜古迹多而集中，如峡口的上游有奉节古城、八阵图、鱼腹塔；峡内北岸山顶有文物珍藏甚多的白帝城、惊险万状的古栈道、神秘莫测的风箱峡；南岸有题刻满壁的粉壁墙、富于传说的孟良梯、倒吊和尚、盔甲洞、洞幽泉甘的凤凰饮泉等。

巫峡秀就“秀”在幽深上。巫峡从巫山县城东大宁河起至巴东县

---

① 夔门与四川峨眉山、青城山、剑门关并称蜀地四大名胜。

② 转引自《最美中国自助游》编委会编：《最美中国自助游》，166页，北京，中国林业出版社，2006。

③ 记者：《三峡：135米后水淹12城》，载《南方都市报》，2003年6月2日。

④ 参见《最美中国自助游》编委会编：《最美中国自助游》，165页，北京，中国林业出版社，2006。

⑤ 郭沫若：《过瞿塘峡》，见《三峡大观》（第2版），32页，北京，中国水利水电出版社，1986。

官渡口止，全长约46公里。“万峰磅礴一江通，锁钥荆襄气势雄。”①清代诗人傅家瑜的这两句诗，十分恰妙地道出了巫山的地理位置。巫峡是三峡中最连贯、整齐的峡谷，它分为东西两段：西段由金盔银甲峡、箭穿峡组成；东段由铁棺峡、门扇峡组成。巫峡两岸峰峦挺秀山色如黛，古树青藤繁生于岩间，飞瀑溢泉悬泻于峭壁。峡中江回路转九曲回肠，船行其间颇有“曲水通幽”之感。巫峡中最享盛名者要算“巫山十二峰”，即圣泉峰、登龙峰、朝云峰、神女峰、松峦峰、飞凤峰、翠屏峰、聚鹤峰、净云峰、起云峰、上升峰、聚仙峰。② 在12峰最东的聚仙峰临江绝壁上，刻有6个苍劲大字“重崖叠嶂巫峰”③，相传为诸葛亮所书，故称“孔明碑”。在12峰中又以神女峰最富魅力，正所谓“放舟下巫峡，心在十二峰”。神女峰位于巫山县城东约15公里处的大江北岸，一根巨石突兀于青峰云霞之中，宛若一个亭亭玉立、美丽动人的少女，故名“神女峰”。每当云烟缭绕峰顶，那人形石柱像披上薄纱似的，更显得脉脉含情妩媚动人。每天她第一个迎来灿烂的朝霞，又最后一个送走绚丽的晚霞，因而又故名“望霞峰”。神女峰耸立在江边云雨中的青峰绝壁上，宛若一幅浓淡相宜的山水国画。古人早就说过：“秀峰岂止十二座，更有零星百万峰。”④ 除此之外，还有陆游古洞、大禹授书台、神女庙遗址、孔明石碑以及那悬崖绝壁上的夔巫栈道、川鄂边界边域溪及“楚蜀鸿沟”题刻，以及那刻在江岸岩石上的累累纤痕等，无不充满诗情画意。总之，众多的险峰异壑令人目不暇接，实在是苍峡连彩霞，出峡复入峡。巫峡谷狭深长，日照时短，峡中湿汽难散，容易成云致雾，在阳光的照耀下形成“巫峡佛光”。只因巫山云雨之妙，便留下了唐代诗人元稹“曾经沧海难为

① 转引自莫虎：《江陵千里汇巴蜀浩荡水万峰磅礴锁荆襄气势雄长江三峡》，载《神州学人》，2002（5）。

② 参见《中国文化遗产年鉴》编辑委员会：《中国文化遗产年鉴2006》，160页，北京，文物出版社，2006。

③ 参见小小编著：《中国南方北方游》（南方卷），305页，北京，中国电影出版社，2005。

④ 转引自《“中国国家名片”人民币背后的风景》，载《信息时报》，2007年1月30日。

水，除却巫山不是云”① 的千古绝唱。

西陵峡险就“险”在滩多水急上。西陵峡西起秭归县香溪口，东止宜昌市南津关，全长约66公里，是长江三峡中最长的一个峡谷。西陵峡也分东西两段，中间被长约31公里的庙南（庙河至南沱）宽谷所分割；西段包括兵书宝剑峡、牛肝马肺峡和崆岭峡；东段包括灯影峡和黄猫峡（又称宜昌峡）。西陵峡峡中有峡、大峡套小峡；滩中有滩、大滩含小滩，其中的泄滩、青滩、崆岭滩为三峡著名的三大险滩。过去船行其间险象环生，舟毁人亡时有所闻。新中国成立后，航道经多年整治，加之葛洲坝工程蓄水之后，回水百里水位上升，险滩礁石沉入江底已不复为害，从而结束了“三峡千古不夜航”的历史。崆岭滩在崆岭峡中，两岸悬崖壁立，以往这里滩险流急，礁石密布，著名者即有“二十四珠”，其中“大珠”石梁长约220米，宽40余米，高约15米，突露水面如猛虎卧伏江心，与邻近的“二珠”、“三珠”一起号称三石联珠。其下乱石暗礁犬牙交错，锋利如剑，致使航道弯曲狭窄恶浪汹涌，行船稍有不慎就会触礁沉没。当地一直流传着“青滩、泄滩不算滩，崆岭才是鬼门关”；“西陵峡中行节稠，滩滩都是鬼见愁”② 的民谚，因而人们称此段为“长江三峡险滩之冠”。

“五岳归来不看山，宁河归来不看峡”。这是游人们对大宁河“小三峡”的由衷地赞美之称。这里无处不苍翠，有水尽飞泉，游船行驶在峡江中，仿佛荡漾在百里画廊之中。大宁河发源于大巴山南麓，流经四川巫溪、巫山两县，在巫峡的西口注入长江。它从2000多米高的崇山峻岭中奔腾而下，沿途形成了许多峡谷胜景。“小三峡”只是其中的一段，即从巫山至大昌全长约60公里，是整个长江支流中最大、

---

① （唐）元稹：《离思五首（其四）》，见《唐诗鉴赏辞典》，959页，上海，上海辞书出版社，1983。

② 《长江三峡》，见《最美中国自助游》编委会编：《最美中国自助游》，167页，北京，中国林业出版社，2006。

最美的一条支流。大宁河小三峡是龙门峡[①]、巴雾峡、铁棺峡和滴翠峡的统称，更有千年悬棺之谜，它不是三峡胜似三峡。因而它一经发现就成为绝妙的旅游圣地，被人们誉为“中华奇观”、天下绝景。

长江三峡的名胜古迹源远流长。散落其间的涪陵周易园、丰都鬼城、江上明珠石宝寨、文藻胜地张飞庙、三国遗迹白帝城、屈原祠、古黄陵庙、“三游洞”等多不胜数。在它们当中，白帝城、屈原故里、昭君故里和“三游洞”等，好像把人带进一座灿烂的历史迷宫。古往今来，长江三峡曾唤起无数游客的感情共鸣，激励起对中华民族锦绣河山的无比热爱。譬如，巫山春秋时为夔子之国，战国时是楚国的巫郡。据晋代郭璞《巫咸山赋》载，唐尧时有一御医巫咸深得尧心，生前封于此山，死后葬于此山，故以巫为地名。巫山县城大街小巷 12 条，分别以巫山 12 峰命名，别有一番情趣；巫山名胜号称“三台、八景、十二峰”[②]。“白帝城”史称“刘备托孤”之地。它坐落在紫色的白帝山上（原名紫阳城），距离奉节城东 8 公里。西汉末年王莽篡位时，他手下的大将公孙述割据四川筑城为王。他后来听说城中有口白鹤井常冒白气，犹如白龙飞升，直上九霄。公孙述借机说这是他成龙登基之兆，于公元 25 年自称白帝，所建城池取城名为“白帝城”。公元 36 年公孙述与刘秀争天下被刘秀所灭，“白帝城”也在战火中化为灰烬（后重建）。[③] 唐代大诗人李白经过这里留下了优美的诗句：“朝辞白帝彩云间，千里江陵一日还。两岸猿声啼不住，轻舟已过万重山。”[④] 三国时相传刘备未听诸葛亮的劝告，亲自率兵征伐东吴为义弟关羽、张飞报仇，不料被东吴的大将陆逊杀得大败而回。刘备退到白

---

① 从龙门峡口至银窝滩，主峡区 3 公里。雄壮巍峨，两山对峙，峭壁如削，天开一线，形若一门，素有“雄哉，龙门峡”之誉。峡中有传为我国最长的古栈道遗迹的起点处及龙门桥、龙门泉、青狮卫门、九龙柱、灵芝峰等胜景。出峡口便是急流惊险的银窝滩，船行其间有着“巴水急如箭，巴船去如飞”之感。

② 长江水利委员会编：《三峡大观》（第 2 版），32 页，北京，中国水利水电出版社，1986。

③ 参见刘耀编著：《中国绝色风景》，294 页，北京，中国长安出版社，2006。

④ （唐）李白：《早发白帝城》，见《唐诗鉴赏辞典》，336 页，上海，上海辞书出版社，1983。

帝城无颜回见群臣，于是在白帝城修了永安宫安居，不久郁闷而死。临死前刘备把政权和儿子刘禅托付给丞相诸葛亮，史称“刘备托孤”。现白帝城内的白帝庙中塑有刘备托孤的彩色群像，其艺术地再现了当时刘备托孤之情景。明嘉靖十二年（公元 1533 年）庙内立刘备、诸葛亮像，冠名“正义祠”，而后又添关羽、张飞像，遂形成至今白帝庙内无白帝，而长祭蜀汉人物的格局。① 因为有这段故事，白帝城成了历代文人喜欢游历的地方，李白、杜甫、刘禹锡等著名诗人，都在这里留下了优美的诗篇。杜甫还在这里住了将近 2 年，写诗 400 余篇。在绿水悠悠的香溪之滨，历史上曾出现过两位著名人物：一位是伟大的爱国诗人屈原，一位是汉代的王昭君。“屈原故里”就在秭归东平里村，今秭归县城东二三公里处的江边建有屈原祠，城东门外有屈原故里牌坊和三闾大夫屈原故里的石碑。屈原（约公元前 340—278）是一位正直、无私、具有远见卓识的政治家、伟大的爱国诗人，他曾在楚国做过左徒和三闾大夫，他忧国忧民留下了《离骚》、《九章》、《九歌》等光辉诗篇，受到全世界人民的敬仰。香溪上游兴山县的宝坪村是汉明妃王昭君的故乡。王昭君名嫱，汉元帝时入宫为妃，封为昭君。晋朝避明帝司马昭讳，改称明君、明妃。近年这里修复了她的故宅，宅门外耸立着由内蒙古送来的汉白玉昭君雕像，寄寓“昭君自有千秋在，胡汉和亲见识高”之意。再譬如，被誉为长江三峡洞景之冠的“三游洞”，是我国唐代大诗人白居易在唐元和十四年（公元 819 年 3 月 12 日）由江州改任忠州刺史的赴任途中，与其弟白行简途经夷陵（宜昌古称），在此又遇到大诗人元稹，3 人结伴到西陵山一游，发现的一个“天生一洞”。于是 3 位诗人每人在洞中各赋诗一首于石壁，并由白居易“序而记之”。《三游洞序》曰：“以吾三人始游，故曰为三游洞。”② 后来人们就把此洞叫做“三游洞”（史称“前三游”）。100 多年后的北宋嘉祐年间（公元 1059 年）冬，宋代著名文学家苏

① 参见《白帝城》，见长江水利委员会编：《三峡大观》（第 2 版），47～48 页，北京，中国水利水电出版社，1986。

② 参见《三游洞》，见长江水利委员会编：《三峡大观》（第 2 版），167 页，北京，中国水利水电出版社，1986。

洵、苏轼（苏东坡）和苏辙父子3人赴汴州（开封）应试途中也慕名而来畅游，3人同样在洞中各赋诗一首留于洞壁，人们把他们父子之游叫做“后三游”。[①]“三游洞”属石灰岩洞，洞内有许多天然的石笋、石柱、石床等，有的用石击打发出钟声或者鼓声，因而有“天钟、地鼓、旁磬”三绝景观。明代文人将白居易的《三游洞序》重新刻在洞内石碑上，至今仍留存在那里。丰都城古为“巴子别都”。东汉和帝永元二年（公元90年）建制设平都县；公元618年更名丰都县。丰都素以“鬼国京都”、“阴曹地府”闻名于世，是传说中人们亡灵的归宿之地，堪称集儒、道、佛文化为一体的民俗文化艺术宝库，被誉为中国的《神曲之乡》。丰都鬼城拥有长江三峡风景名胜区国家级风景名胜古迹“丰都名山”，全国最大的民俗文化动态人文景观“鬼国神宫”和国家级森林公园“双桂山”。

三峡重镇宜昌市古称夷陵，是三国古战场、楚文化的发祥地之一，素有“川鄂咽喉”、“三峡门户”之称。汉朝开始设置夷陵县，随着历史的变迁，后来又设置过宜都郡、西陵郡；宋代开始设宜昌县，尔后又曾改为宜州、拓州、陕州和峡州；清雍正十三年（公元1735年）再改为宜昌府并设置东湖县，1921年又将东湖县更名为宜昌县至新中国成立。宜昌1949年设市，市域面积21083.58平方公里，人口415万，其中城区面积4249平方公里，建成区面积61.53平方公里，城区人口120万。[②] 宜昌是世界最大的水电基地，有静态总投资为954.6亿元，总装机量1820万千瓦，建成后将年均发电847亿度的三峡水利枢纽工程；有投入资金48.48亿元，总装机量271.5万千瓦，实现年均发电量157亿度的葛洲坝水利枢纽工程；有装机量120万千瓦，年均发电量30.4亿度的清江隔河岩电站。随着三峡工程的建设和宜昌被批准为沿江开放城市，宜昌的战略地位得到进一步地提升。毛泽东、邓小平、江泽民、李鹏、朱镕基等历届党和国家领导人以及胡锦涛总书

---

① 参见刘耀编著：《中国绝色风景》，294～295页，北京，中国长安出版社，2006。

② 参见张武冰、晋淑兰主编：《新编实用中国地图册》，60页，北京，中国地图出版社，2006。

记、温家宝总理均多次视察宜昌城市建设。把宜昌建成环境优美的现代化大城市，建成世界级城市，既是中央三代领导人的殷切期望，也是服务三峡工程、促进西部大开发和宜昌自身发展的需要。长江葛洲坝和三峡工程雄踞市内，城市东、北、西三面青山环绕，树木葱茏，城南的大片森林与江汉平原相接，优美的自然环境使宜昌市成为最佳的宜居城市之一。目前宜昌市区绿地面积已达2302.48公顷，绿化覆盖率40.08%，人均公共绿地面积10.60平方米。这里也是我国珍稀濒危植物最集中的城区之一。宜昌境内建立了2个国家级的自然保护区，4个省级自然保护区和5个国家级森林公园，地域内有各类高等植物3000多种，有国家级珍稀植物43种，国家一、二级保护动物42种。得天独厚的自然环境和人文景观为宜昌市创建园林城和旅游城提供了优越的条件，宜昌市相继被授予全国城市环境综合整治先进城市、全国园林绿化先进城市、全国卫生城市、全国生态建设先进城市、全国文明城市、国家优秀旅游城市等荣誉称号。1982年长江三峡被国务院公布为第一批国家重点风景名胜区；长江三峡后来又被评为全国十大风景名胜区之一，中国40佳旅游景观之首，宜昌市还连续两届以全省第一名的成绩夺得湖北省城市规划建设管理“楚天杯”。①

举世瞩目的长江三峡水利枢纽工程坐落于宜昌市的西陵峡区域。三峡大坝于1994年12月14日正式动工兴建，工程采用“一级开发，一次建成，分期蓄水，连续移民”的方案。大坝为混凝土重力坝，坝顶总长3035米，坝顶高程185米，正常蓄水位175米，总库容393亿立方米，其中，防洪库容221.5亿立方米。每秒排沙流量为2460立方米，排沙孔分散布置于混凝土重力坝段和电站底部。泄洪坝段每秒泄洪能力为11万立方米。水电站厂房位于泄洪坝段左、右两侧，共装机26台，单机容量70万千瓦，总容量1820万千瓦，年均发电量847亿度。左岸的通航建筑物年单向通过能力5000万吨；双线五级船闸可通过万吨级船队；单线一级垂直升船机可快速通过3000吨级的客货轮。

---

① 参见宋才发：《长江三峡自然风景名胜区的文化景观及法律保护》，载《湖北民族学院学报》，2007（1）。

工程竣工后将发挥防洪、发电、航运、养殖、旅游、保护生态、净化环境、开发性移民、南水北调、供水灌溉等十大效益，是世界上任何巨型电站都无法比拟的。诚如国外媒体所描绘：长江是世界第三大河，仅次于非洲的尼罗河和南美洲的亚马逊河。三峡工程建设总工期为17年，分为三个阶段。在1997年顺利实现大江截流后，第一阶段工程便宣告结束。第二阶段是从1998—2003年，目标是首批4台机组发电，永久船闸建成。需要特别指出的是，每台水轮发电机主机的重量是70万吨，相当于一座埃菲尔铁塔的重量。工程最终建成后，长江上将出现一个巨无霸般的水电站，它可以向中国的7个省市供应充足的电力，缓解这一地区能源紧张的状况。在航运方面，它可以让长江成为中国乃至世界的一条最重要的运输通道，长江沿岸将出现40个新港口，其年运输量将是欧洲多瑙河水系的好几倍。目前世界上最大的水电站巴西伊泰普电站，总装机1260万千瓦，总投资为250亿美元；而总装机为1820万千瓦的三峡工程预计总投资仅为240亿美元。此外，三峡工程在防洪、航运和环保方面的效益也将远远高于伊泰普工程。也有一些外国科学家担心在三峡水库下闸蓄水后，有可能诱发大地震给中国造成巨大的灾难。中国国家地震局的专家们在经过30多年的研究后认为，这种可能性的确存在，但是震级不会很大，而且三峡工程已经建立了很先进的水库地震监测系统。三峡工程是一项有多种效益的庞大工程，但中国兴建三峡工程的最主要目的是为了解决防洪问题。从有历史记载的中国汉王朝到现在，长江曾发生大洪灾215次，夺走了数百万人的生命，造成的经济损失难以计数。因此，如何防治长江中下游的洪水，不仅是现在中国政府工作的一个重点，也是几千年来困扰中国人的一大难题。[①] 三峡工程的兴建则可以在很大程度上解决这一难题。当洪水发生时三峡工程可以大量削减下泄洪量，使广袤、富庶的长江中下游地区不再受洪水的威胁，曾经桀骜不驯的世界第三大河长江将被中国人牢牢地控制住。毛泽东1956年6月提出的“更立西江

① 参见宋才发：《长江三峡自然风景名胜区的文化景观及法律保护》，载《湖北民族学院学报》，2007（1）。

石壁，截断巫山云雨，高峡出平湖。神女应无恙，当惊世界殊”① 的构想，在21世纪初的今天终于变成了现实。值得称道的是，三峡工程位于举世闻名的长江三峡名胜风景区内，中国人为了避免破坏周围环境，他们把工程建设与环境保护、旅游资源开发三者紧密地结合起来。三峡工程的主体建筑物将突出其结构美和整体美，并采用先进的灯光技术，衬托出三峡工程磅礴的气势，使人工奇迹与天然美景、历史遗迹融为一体。三峡工程不仅已经成为现代化中国的象征，而且必将是一幅举世罕见的美丽画卷。②

二

把长江三峡风景名胜区纳入《保护世界文化和自然遗产公约》保护的范畴。《保护世界文化和自然遗产公约》是在保护世界遗产方面最为重要的一个公约，该公约缔约国要充分尊重文化遗产和自然遗产所在国的主权。在对《世界遗产目录》的规定中也体现了要尊重他国的主权，即把一项财产列入《世界遗产目录》需要征得有关国家同意；当几个国家对某一领土的主权或者管辖权均提出要求时，将该领土内的一项财产列入《目录》不得损害争端各方的权利。国家主权原则不仅有利于确立世界各国所要担负的保护世界遗产的责任，而且有利于解决一些历史遗留问题。在返还历史文物方面，一些发展中国家强烈要求返还在第二次世界大战中被掠夺的文物，这个问题一直没有得到有效的解决。国家主权原则虽然不能从根本上解决这一问题，但至少可以在法律上找到解决这一问题的依据。尽管各国对本国的文化遗产和自然遗产享有主权，但是由于文化遗产和自然遗产对于人类的特殊意义，因此应该把文化遗产和自然遗产作为全人类的共同遗产。资源共享原则，就是指处在任何国家管辖领土之外的自然环境资源为

---

① 毛泽东：《水调歌头·游泳》，见长江水利委员会编：《三峡大观》（第2版），30页，北京，中国水利水电出版社，1986。

② 资料来源见《环球时报》2001年5月11日，作者［南斯拉夫］佩塔尔·米奇科维奇，谢戎彬译，原载南斯拉夫《政治报》。

全人类所共有，任何国家不得独占。世界遗产对于人类的生存与发展具有特殊意义，保护世界遗产适用资源共享原则符合人类社会的福祉。长江三峡风景名胜区是一个集体概念，如三峡界内奔腾不息的滚滚长江、三峡两岸的地形地貌、自然风光等，它们构成了长江三峡风景名胜区的自然景观，属于《保护世界文化和自然遗产公约》中自然遗产保护的范畴；而长江三峡两岸的民风民俗、名胜古迹、人文典故、三峡大坝和葛洲坝工程等，则构成了长江三峡风景名胜区的文化景观，属于《保护世界文化和自然遗产公约》中文化遗产保护的范畴。《保护世界文化和自然遗产公约》第 4 条规定："本公约缔约国均承认，保证第 1 条和第 2 条中提及的、本国领土内的文化和自然遗产的确定、保护、保存、展出和遗传后代，主要是有关国家的责任。该国将为此目的竭尽全力，最大限度地利用本国资源，必要时利用所能获得的国际援助和合作，特别是财政、艺术、科学及技术方面的援助和合作。"该公约第 6 条第 1 款还规定："本公约缔约国，在充分尊重第 1 条和第 2 条中提及的文化和自然遗产的所在国的主权，并不使国家立法规定的财产权受到损害的同时，承认这类遗产是世界遗产的一部分，因此，整个国际社会有责任合作予以保护。"① 所以，我们必须把长江三峡自然风景名胜及文化景观一并纳入遗产保护范畴，按照《保护世界文化和自然遗产公约》规定的要求进行开发和保护，在条例成熟的时候适时申报世界遗产。

对长江三峡风景名胜区的开发利用必须坚持可持续发展原则。可持续发展原则是国际环境法的一个重要原则，也是保护世界文化遗产与自然遗产的重要原则之一。可持续发展的概念最初起源于挪威前首相布伦特兰夫人领导的联合国环境与发展委员会完成的一份著名报告——《我们共同的未来》。可持续发展是指"既满足当代人需要，又不损害后代人满足其需要的能力的发展"②。世界文化遗产与自然遗产

---

① 《保护世界文化和自然遗产公约》，见《中国世界遗产年鉴》编纂委员会编：《中国世界遗产年鉴 2004》，303 ~ 304 页，北京，中华书局，2004。

② 宋才发：《社会主义经济建设历史经验研究》，251 页，华中师范大学出版社，1997。

不仅对当代人来说是宝贵的财富，而且对后代人的发展也起着不可忽略的作用。文化资源和自然遗产特别是文化资源与后代人的福祉密切相关，它能让后代人感受到社会的进程，获得利用自然遗产的机会并在艺术上得到享受，在当代人留下的宝贵财富的基础上建设和发展他们的未来。因此，在保护世界遗产时必须坚持可持续发展原则。可持续发展原则是一项要求实现代内公平、代际公平、对世界遗产的可持续利用的原则。1994 年 10 月 9 日颁布实施的《中华人民共和国自然保护区条例》第 2 条规定：自然保护区“是指对有代表性的自然生态系统、珍稀濒危野生动植物物种的天然集中分布区、有特殊意义的自然遗迹等保护对象所在的陆地、陆地水体或者海域，依法划出一定面积予以特殊保护和管理的区域。”该条例第 10 条第 4 款对“具有重大科学文化价值的地质构造、著名溶洞、化石分布区、冰川、火山、温泉等自然遗迹”应当设立自然保护区①予以特殊的保护。1985 年 6 月 7 日颁布实施的《风景名胜区管理暂行条例》第 2 条规定的所要保护的风景名胜区，是指依照法律规定的条件和标准，从环境中特别划定并加以特别保护的“具有观赏、文化或科学价值，自然景物、人文景物比较集中，环境优美，具有一定规模和范围，可供人们游览、休息或进行科学、文化活动的地区”②。风景名胜区按其形成的原因、性质和构成要素可以分为天然风景名胜区和人工风景名胜区。天然风景名胜区是指主要景观是由自然环境组成的风景区，包括地貌动植物、化石、特殊地质等，如长江三峡风景名胜区、黄果树风景名胜区等。人工风景名胜区是指主要由人工建筑组成的风景区，包括文物古迹、历史遗址、园林、建筑等，如三峡大坝和葛洲坝工程等。2002 年 10 月 28 日修订通过的《中华人民共和国文物保护法》对我国的文化遗产和自然遗产的保护作了更加详细具体的规定。该法第 2 条规定所要保护的自然、历史遗产的范围是：“（1）具有历史、艺术、科学价值的文化遗址、古墓葬、古

---

① 《中华人民共和国自然保护区条例》，载《人民日报》，1994 年 11 月 13 日。

② 《风景名胜区管理暂行条例》，《中华人民共和国司法解释大全》（第 4 卷），3782 页，北京，中国法律年鉴出版社，1997。

建筑、石窟寺和石刻、壁画；（2）与重大历史事件、革命运动或者著名人物有关的以及具有重要纪念意义、教育意义或者史料价值的近代现代重要史迹、实物、代表性建筑；（3）历史上各时代珍贵的艺术品、工艺美术品；（4）历史上各时代重要的文献资料以及具有历史、艺术、科学价值的手稿和图书资料等；（5）反映历史上各时代、各民族社会制度、社会生产、社会生活的代表性实物。”① 上述法律法规的规定，综合地体现了我国所要保护的文化遗产和自然遗产所涉及的范围，对于像长江三峡这样既包括丰富自然遗产又包括深厚文化遗产的风景名胜区的开发利用，必须坚持可持续发展的原则。

对长江三峡风景名胜区必须依法实施科学管理。我国对文化遗产和自然遗产实行分级审定和管理并确立相关的行政主管部门，文化遗产和自然遗产所在的县级以上人民政府全面负责这类遗产的保护、利用和建设。《风景名胜区管理暂行条例》第5~8条规定：“风景名胜区依法设立人民政府，全面负责风景名胜区的保护、利用、规划和建设。风景名胜区没有设立人民政府的，应当设立管理机构，在所属人民政府领导下，主持风景名胜区的管理工作。设在风景名胜区内的所有单位，除各自业务受上级主管部门领导外，必须服从管理机构对风景名胜区的统一规划和管理。”“各级风景名胜区都应当制定包括下列内容的规划：（1）确定风景名胜区性质；（2）划定风景名胜区范围及其外围保护地带；（3）划分景区和其他功能区；（4）确定保护和开发利用风景名胜资源的措施；（5）确定游览接待容量和旅游活动的组织管理措施；（6）统筹安排公用、服务及其他设施；（7）估算投资和效益；（8）其他需要规划的事项。”“风景名胜区内的一切景物和自然环境，必须严格保护，不得破坏或随意改变。在风景名胜区及其外围保护地带内的各项建设，都应当与景观相协调，不得建设破坏景观、污染环境、妨碍游览的设施。在游人集中的旅游区内，不得建设宾馆、招待所以及休养、疗养机构。在珍贵景物周围和重要景点上，除必须

---

① 《中华人民共和国文物保护法》，载《国务院公报》，2002年第33期第8页。

的保护和附属设施外，不得增建其他工程设施。”[①] 因此，在长江三峡文化遗产和自然遗产保护区内进行科学研究、观测、调查活动，开展参观、旅游等活动必须经主管部门审查后，报请当地的人民政府审批，并报上级主管部门备案。1992 年随着三峡工程的正式上马，国家的文物保护工作随即正式启动，1993—1995 年上半年完成了坝区抢救性考古发掘工作；1996 年编制完成了《长江三峡工程淹没区及移民迁建区文物古迹保护规划报告》，规划调查确定文物点 1282 处并报国务院三峡建设工程委员会审批；最终确定三峡库区共有文物保护项目 1087 项。[②] 为了保持长江三峡文化遗产和自然遗产原形，主管部门可以依法行使自己的职权，对一些违法行为进行处罚。若违法行为严重触犯刑法的，所在地司法机关应当追究违法者的刑事责任；在保护区内进行违章建设的，当地管理机构可以责令其退出所占土地，拆除违章建筑，并且可根据情节处以罚款；对保护区内的景观、文物等进行破坏行为的，由有关部门或者管理机构责令停止破坏活动，赔偿经济损失并根据情节处以罚款。如果妨碍保护区管理人员执法公务的，可由公安机关依法处罚。以上违法行为如果情节严重，触犯刑法构成犯罪的，应当交由司法机关追究刑事责任。不仅如此，如果执法者在保护文化遗产和自然遗产中有滥用职权、玩忽职守、徇私舞弊构成犯罪的，要依法追究当事人的刑事责任；情节轻微尚不构成犯罪的，应当由其所在单位或者上级机关给予行政处分。尽管以上措施在一定程度上能够保护长江三峡的文化遗产和自然遗产，但是最根本的举措要靠社会公众自觉保护长江三峡的文化遗产和自然遗产，自觉提高环境保护的意识。目前，长江三峡国家地质公园（湖北）总体规划已经正式出台，它标志着三峡古地质遗产进入全面保护期。根据规划该公园的地质遗产保护将沿着长江三峡和宜巴公路两条地质遗迹走廊带展开，共分成秭归元古代园、西陵峡震旦纪园、晓峰寒武纪园、黄花奥陶纪园等 9

① 《风景名胜区管理暂行条例》，《中华人民共和国司法解释大全》（第 4 卷），3782 页，北京，中国法律年鉴出版社，1997。

② 参见《中国文化遗产年鉴》编辑委员会：《中国文化遗产年鉴 2006》，270 页，北京，文物出版社，2006。

个园区。在这9个园区中，有4个园区分布在屈原故里湖北省秭归县境内，秭归许多地质奇景被列入地质遗迹保护点。[①]

① 参见《长江三峡国家地质公园为屈原故里添奇景》，载《中国文化报》，2006年8月21日第3版。

云南大理风景名胜区的自然遗产景观

一

大理的全称为云南省大理白族自治州。大理位于东经98°52′~101°03′，北纬24°41′~26°42′，东邻楚雄彝族自治州，南靠思茅、临沧地区，西与保山地区、怒江傈僳族自治州相连，北接丽江地区。自治州州府设在大理市下关，距省会城市昆明400公里。①大理白族自治州（以下简称大理州）总面积为29 459平方公里，山区面积占总面积的83.7%，坝区面积占16.3%；东西最大横距320多公里，南北最大纵距270多公里。大理是滇缅、滇藏公路的交汇地，滇西的交通枢纽；在历史上是我国与东南亚各国文化交流、通商贸易的重要门户，也是唐代"南诏"和宋代"大理国"500年都邑所在地，素称"文献名邦"②。大理州辖1市11县，是一个居住着汉、白、彝、回、傈僳、藏、纳西等26个民族的地区，1999年末，总人口326.09万人，少数民族人口约占50%。其中，白族人口为108.53万人，是电影《五朵金花》的故乡。大理自然资源富集，拥有罕见的地质多样性、气候多

① 参见刘耀编著：《中国绝色风景》，330页，北京，中国长安出版社，2006。

② 清康熙十九年（公元1680年），汉军白旗人偏图，以督标别将身份随云南总督赵良栋征讨吴三桂。因屡建战功，偏图被提升为云南随军总兵。康熙三十年（公元1691年）云南平定，偏图又被提升为云南提督，提督衙门就设在大理古城。偏图在大理为官15年，深感大理的人文兴盛，所以向朝廷申请了"文献名邦"匾额。这一块匾如今高悬在文献楼上，斗大的绿字，黑底，苍劲醒目，是提督偏图亲笔所写。

样性特征。譬如，苍山上有3000多种植物，俨然一个巨大的生物基因库。[①] 一半土地都被森林覆盖着的大理，遍地都是宝藏，各种库藏资源达55种。其中，最著名的有苍山大理石和金宝山铂钯矿。大理石上一幅幅鬼斧神工、自然天成的水墨画，历来是珍贵的建筑饰材和藏品。金沙江、澜沧江、怒江、红河四大水系纵贯大理，可开发利用的水能资源达1000万瓦。大理州地处金沙江、澜沧江、怒江流域，水力资源充裕。“三江”成矿带地质构造复杂、矿产资源丰富，已部分开发利用的有鹤庆锰矿、铅矿，云龙锡矿、银铜矿，巍山、漾濞的锑矿，永平的铜钴矿等；尚待开发的有铂、钯、金、铜、铁、铅、锌、钨、镍等金属矿床矿点。在14种非金属矿中，大理石颇享盛名，硅藻土、石英砂、花岗石等储量丰富。州内多样的生态环境形成极其复杂的植被类型，贮存着品种繁多的动植物资源。仅就苍山调查的数据看，发现有高等植物3000多种，列入国家保护的有31种；全州已知达到国家和省级保护的珍稀鸟兽有27种。农业盛产水稻、玉米、小麦、蚕豆，经济作物主产烤烟、茶叶、甘庶、香叶油、核桃、中药材等。大理市“滇榆一号”水稻，单产曾创世界粳稻之冠；盛产的云南烤烟年产近百万担，中、上等烟叶占85%左右。1983年10月经国务院批准，由原来的大理县和下关市合并组建成为大理市。1987年大理市被列为全国首批对外开放城市和云南省经济体制综合改革试点城市之一，云南省政府批准大理市实行省内计划单列。1994年6月国家体改委、国家科委批准大理市为全国科技体制改革试点城市。

大理是中国西南边陲的文化发祥地之一。据考古发掘的史料记载，新石器时代遗址广泛分布在以洱海为中心的高原湖泊群周围。白族、彝族等少数民族的先民，在这块美丽、富饶的土地上种植水稻、驯养家畜，从事采集、渔猎，创造了大理地区的远古文明。汉元初二年（公元前109年），汉王朝在大理地区设置了叶榆、云南、邪龙、比苏4县，隶属于益州郡管辖，从此大理地区正式纳入了汉王朝的版图。东汉时期大理地区属永昌郡，蜀汉时期分属永昌、云南2郡；晋朝时

① 参见刘耀编著：《中国绝色风景》，331页，北京，中国长安出版社，2006。

期分属“宁州”的永昌、云南2郡，南齐时期分属“宁州”的云南郡、东河阳郡、西河阳郡、永昌郡；隋朝属“昆州”；唐武德四年（公元621年），洱海地区置有“八州十七县”，麟德元年（公元664年），改属姚州都督府。8世纪30年代，洱海地区属“六诏”① 中的“南诏”，唐朝时期实现了合六诏为一，洱海地区始建“南诏国”。唐天复二年（公元902年），南诏权臣郑买嗣发动宫廷政变，建立了“大长和国”，南诏亡。② 后唐天成二年（公元927年），又先后建立了“大天兴国”和“大义宁国”。后晋天福二年（公元937年），通海节度段思平联合滇东37部进军大理，推翻了大义宁国建立“大理国”。南宋宝祐元年（公元1253年），元世祖忽必烈率大军灭“大理国”而建立“云南行省”。“南诏”、“大理国”历唐宋两朝达500余年，使云南形成了一个稳定的政治统一体，奠定了祖国西南稳定的边疆，推动了经济文化的迅速发展。元代云南政治中心东移至昆明，元朝在大理地区设立了上下“二万户府”。元至元十一年（公元1274年），改设路、府、州、县，大理地区分属大理路、鹤庆路、威楚路和“云龙甸军民府”。明代大理地区分属大理府、鹤庆府、蒙化府、永昌府、楚雄府。清代大理地区分属大理府、丽江府、永昌府、蒙化直隶厅；1913年大理地区属“滇西道”。1929年国民政府实行省、县两级建制，大理地区设祥云、弥渡、宾川、凤仪、蒙化、大理、永平、云龙、漾濞、邓川、洱源、剑川、鹤庆13县。20世纪40年代后期，云南省政府在大理、蒙化、鹤庆设置行政督察专员公署。1950年2月1日大理专员公署建立，辖下关、大理、凤仪、邓川、宾川、祥云、弥渡、蒙化、云县、缅宁、顺宁（凤庆）、永平、漾濞、云龙、洱源15县

---

① 唐初洱海地区出现了六个较大的部落，史称“六诏”。“六诏”即蒙舍诏（今巍山东南部、因在六诏之南，又称南诏），蒙嶲诏（今巍山北部漾濞一带），邓赕诏（今洱源邓川），浪穹诏（今洱源剑川一带），施浪诏（在浪穹诏东北），越析诏（今宾川）。

② （唐）郑买嗣（？—910）大长和国建立者，郑回七世孙。世为南诏清平官（即宰相），历官侍中、相。末昭宗李晔（唐乾），他以南诏蒙氏之近臣杨登，杀死南诏王隆舜。唐天福二年（公元902年），又杀死隆舜之子舜化贞及王室800人，并夺取政权，建立大长和国，自称国王，后梁开平四年（公元910年）卒，在位9年。

市。1956年云县、缅宁、顺宁3县划归临沧专区，丽江专区的鹤庆、剑川2县划归大理专区。同年11月22日建立大理白族自治州，下关定为自治州首府。自建立云南行省以来，大理一直为滇西第一大城沿袭至今。

大理古城是全国首批公布的历史文化名城。大理古城位居风光靓丽的苍山脚下，距大理市下关13公里。大理城在唐、宋500多年间，是云南政治、经济、文化的中心，古城楼高两层，雕梁画栋，气势雄伟，彰显大理古国曾经的王者之风和霸气。① 现存的大理古城始建于明洪武年间（公元1368—1398年），是历代“滇西治府”和屯军所在地。大理古城东临洱海，西枕苍山，城楼雄伟，风光优美；古城的规模壮阔，方圆12里，原城墙高7.5米厚6米，东、西、南、北原有四座城门，城门上面都设有城楼（后来被毁）。南北门楼已于1983年修复，城楼上“文献名邦”四个大字，格外引人注目。大理古城简称“榆城”（古称“阳苴咩城”），曾经是南诏王异牟寻迁都后的都城，也是大理国的古城。大理的街道是棋盘式格局，素有“九街十八巷”之称。街道的古房屋多用大理石砌成，清淡的颜色给人一种朴素的感觉。大理是白色的，女人的上衣和裤子是白色的，民居也是白色的，因为白族人喜好白色，喜欢一切纯洁的东西，就如同他们的爱情一样。大理四季如春，年平均气温在15℃左右，年平均日照时数2474小时，无霜期为305天，是全国少有的旅游胜地之一。大理被评为最适宜人类居住的地区之一，誉为“风花雪月大花园”、“东方日内瓦”；因而吸引了来自国外的自助旅游者，在城内护国路内形成了一条有名的“洋人街”。古城大理是全国44个重点风景区之一，全国首批优秀旅游城市之一，最近又荣获“最佳中国魅力城市”称号，同时也是1982年2月国务院批准的第一批24座“历史文化名城”之一。

《元世祖平云南碑》是大理的一座历史丰碑。在城西苍山和峰麓的“三月街”场上，竖有一块大石碑《元世祖平云南碑》。它记载着公元1253年元蒙哥命其弟忽必烈率领10万大军，从宁夏出发经甘肃

---

① 参见朱兵：《恬淡的大理》，载《中国文物报》，2009年2月27日第4版。

再入四川，分兵三路进攻大理的历史概况。其间曾用皮筏渡过了天险金沙江，这就是昆明大观楼长联所指的“元跨革囊”。忽必烈征服云南后，又以此为根据地挥戈东进，一举灭了南宋政权完成了统一祖国的大业。《元世祖平云南碑》就是在元军攻占大理之后竖立的，这是云南历史上具有划时代意义的一块记功碑。它立于元大德八年（公元1304年）元成宗铁穆耳时期，由云南行省平章政事（最高行政长官）也速答儿议碑文，由“翰林院臣”程文海撰文刻碑。《元世祖平云南碑》高4.44米、宽1.65米，由上下两块青石相接而成，碑座为一石雕赑屃。碑行文50行，上石30行，每行20字；下石28行，每行25字，共1300字。因岁月摩娑，现存1000余字，详细叙述了元世祖的彪炳武功和盛赞其“止杀令”的招抚策略。据称这段翔实的记载，为后人校正《元史》之错讹，提供了准确的第一手资料。此碑以正楷大字书丹，劲瘦工严谨，有欧柳遗风。《书史会要》一书，也称其“矩夫字体纯正，下笔暗合书法，亦工大字”。该碑是云南元碑中的精品，面洱海而屏苍山，颇有碑中帝王之姿；碑历元、明、清三代至今已700余年，一直较好地保存在原地。1965年云南省人民委员会公布其为第一批重点文物保护单位，并在碑南侧立高1米，宽0.65米的大理石说明碑①。由于在1975年重立碑体时，用混凝土修补碑身的做法不符合文物保护的要求，所筑麻石拱券加固边框掩盖了原碑外貌；现在石碑保护区范围狭小，游客可直接触摸碑体不利于碑体保护。依据《中华人民共和国文物保护法》、《云南省实施〈中华人民共和国文物保护法〉细则》、《大理市历史文化名城保护规划》中的原则和规定，制订了《元世祖平云南碑保护维修方案》，并逐级上报省文物局和国家文物局审批。方案依据文物维修原则和碑体现状，提出了清理、拆除原有不合理的碑身填修补物和影响碑体原貌加固边框，用同样质地大理青石修补碑体还碑体以历史原貌，建筑石木结构碑亭以保护碑体，使碑体免遭风吹日晒雨淋等自然损坏。同时提出增加征地面积3180平方米，拓宽保护范围，以碑亭为中心，东侧建大门，西侧建展厅，南

① 有关资料源于《云南导游解说词》。

北及大门两侧建筑内廊式功能用房，廊内设释文碑及元世祖平云南历史事件文字介绍或画卷，碑亭周边用麻石铺设“视廊广场”，进行环境绿化、美化，将其建成文化旅游景观的规划。2001 年 6 月 25 日《元世祖平云南碑》被国务院批准列入第五批“全国重点文物保护单位”；2003 年国家文物局批准了所报方案，并下拨维修经费 70 万元，由大理市文物保护管理所具体负责工程的实施和管理，2005 年 10 月至 2006 年 5 月完成了碑体加固维修和碑亭修建。

周城是云南省富有民族特色的最大的自然村。周城位于大理古城北 23 公里处，面积 4.7 平方公里，有 1500 余户、人口 8868 人，几乎全是白族居民。“家家门外石板路，户户门前有流水”，是周城白族村庄的显著特点。① 密如蛛网的石板路，汩汩的泉水顺着七拐八弯的巷道流淌，古朴而又幽静。巷道两侧一幢幢白墙青瓦楼房是周城白族的传统石墙土木结构建筑，“大理有三宝，石头砌墙不会倒”，就是这种建筑特征的真实写照。周城民居通常为“三坊一照壁”、“四合五天井”。“三坊一照壁”是由一幢二层楼的正房两侧各配一座厢房以及正房对面的一堵墙壁共同围成的一座封闭式院落。“四合五天井”是指四面都是楼房，四个角的交接处分别有 4 个小天井，加上中央 1 个大天井的院落式建筑。主房都背依苍山，座西朝东。清光绪二十一年（公元 1895 年），修建的古戏台以其建筑宏大和工艺精湛，堪称周城白族建筑的精品。戏台为单檐歇山顶抬梁式建筑，是周城居民节日歌舞娱乐的公共场所。古戏台前广场上南北相对的两棵大青树是周城村的“风水树”。傍晚时分周城的“晚街”便在大青树下举行。周城的女子衣着色彩鲜艳、明快大方，尤其是她们的绣花包头，体现了大理的“风花雪月”四景。周城不仅因为其境内的“蝴蝶泉”而闻名遐迩，而且还因为这里至今仍十分完好地保留着白族的各种传统习俗，被誉为“白族民俗的活化石”。已有 300 余年历史的扎染手工艺，在新时期大放异彩。“扎染”又称绞缬染，俗称“扎花布”，是将白布按

---

① 参见星岛：《大理白族扎染：以板蓝根为原料的民间艺术》，载《中国特产报》，2008 年 12 月 12 日。

绘制好的图案用线缝扎起来，染以天然的植物染料，经漂洗拆线后即呈现图案，美丽古朴。白族扎染取材广泛，以当地的山川风物作为创作素材，其图案或苍山彩云、或洱海浪花、或塔荫蝶影、或神话传说、或民族风情，或花鸟鱼虫妙趣天成。但很少有人知道这样的世间珍品，是以板蓝根为原料制作而成的。板蓝根是一种清热消炎的药材，令人意外的是，在明末清初，云南社会经济大规模发展的年月里，大理的白族人将它用作了染料。起初只是将白布染蓝，后来学着扎布染出一些简单花样，装饰日常生活中需要的用品，如手帕、头巾、窗帘、门帘之类。扎染俗称“印花布”或“扎花布”，始于公元前 2 世纪。据《实仪录》载：“汉年间有染缬色法，不知何人所造。”从《南诏国传》和《张胜温画卷》中人物的衣着服饰来看，早在 1000 多年前，白族先民就懂得了“染采纹秀”。特别在盛唐时期，扎染已在白族地区成为民间时尚，扎染制品也成了向皇帝进献的贡品。[①] 染到今天，它已经成了一项蜚声世界的民间传统工艺，而且将文化、艺术和市场融为为一体，形成了颇为壮观的民族文化产业。今日的周城扎染产品已有 250 余种，远销到欧美和东南亚各国，每年为国家创汇 200 多万美元。在周城从 10 多岁的小女孩到年逾花甲的老奶奶，人人都会绘制、扎布，因而周城被文化部命名为“白族扎染艺术之乡”。另外，周城的传统白族手工刺绣产品，也深受国内外游客的青睐，产品远销世界各国。周城的白族群众主要信奉佛教，境内有银相寺、龙泉寺等佛教寺院。与其他白族村庄一样，周城也有本主崇拜。周城有两座本主庙：灵帝庙供奉的本主是蝴蝶泉边的斩蟒英雄杜朝选；景帝庙供奉的本主则是开辟周城的始祖赵木郎岗。他们都是传说中的英雄和祖先，是本村本地的保护神。在周城至今仍能看到白族婚礼中，古老而典雅的新娘装束。新娘头上戴的花冠以红色为主，配以黄绿色的许多小绒球组成，像一座高高的小花山。类似旗袍的大红长袍，在进婆家门之前要被扯去前衣襟的下半块，以示此后将为人妻人母。胸前用红毛线拴挂

① 参见星岛：《大理白族扎染：以板蓝根为原料的民间艺术》，载《中国特产报》，2008 年 12 月 12 日。

的小镜子，表示与新郎“心心相印”，据说还是驱邪的“照妖镜”。新娘还有戴墨镜的习俗，相传也是为了“避邪”。周城白族除与汉族过相同的春节、端午节、中秋节之外，还有传统的“三月街”、“绕三灵”、“火把节”等民族节日。周城白族的火把节在大理坝区白族村庄里特别引人注目，以火把多和火把大而著称。①

云南驿是现今唯一集中了马帮运输、公路运输、铁路运输与航空运输等各个不同时代运输方式的地方，被称之为“人类交通发展史的活化石”。“云南驿”属大理州祥云县云南驿镇管辖，是通往大理、丽江、香格里拉、保山、瑞丽以及西藏、缅甸和印度的交通要道。公元前109年，由于该地是古道的咽喉要地，因而云南县的县城就设在云南驿，从此该地进入西汉版图。蜀汉时朝廷增设“云南郡”，郡府设在云南驿。唐代时云南驿是“南诏国”与唐朝对峙的前沿军事要塞，故“南诏”在此设置了第一个节度使。宋代“大理国”时期，国王段氏在大理境内设十赕，“云南驿”为“云南赕”；元朝廷设置云南行中书省。从此，云南便成为一省之称并延续至今，当时在云南驿设“云南州”，同时在此地设“马站”（据称有驿马50匹）。明代云南县城从云南驿迁往今天的祥云县城，结束了云南驿从西汉到明朝初期，长达1500年作为县、郡、州、赕和节度使所在地的历史，“云南驿”仅仅作为驿站保留下来，该地的名称也一直沿用至今。故有“村名当省名，先有云南驿，后有云南省，此地乃是小云南”之称。② 据称在清代，云南驿就是茶马古道上最重要和最繁华的集散地。每天从云南驿经过的大小马帮有二三十起，大马帮有300多匹马，最小的马帮也有五六匹马。这些东来西往的马帮往东驮运皮革和药材，而往西驮运茶叶、布匹、食盐和百货等。为供给这些马帮的歇息或者住宿，云南驿当时有20多家马店，最大的马店可接待300多匹马，一天就必须供给几千斤草料。这些马店主要分布在古驿道的东西两端，而在古驿道的

① 参见周艺文等主编：《西南民情之旅》，19页、22页，长沙，湖南地图出版社，2001。

② 有关资料源于《云南导游解说词》。

中间商铺林立，大多是为过往马帮置办各种货物。清代时林则徐到云南处理“大理杜文秀起义”之事[①]，据说就住在云南驿。到近代特别是在“第二次世界大战”期间，云南驿更是成为中缅战区的重要军事基地，举世闻名的“滇缅公路”由此通过，“云南驿机场”是著名的“驼峰航线”的航空转运站，亦是国民党空军第38站驻地和从杭州迁来的国民党中央航空军官学校校址。当时驻云南驿美军最高长官为上校。因此，这里也云集了美军军人、盟军军人和来自全国各地的人员，蒋经国前往云南视察时也曾在这里住宿过。“云南驿机场”至今还保留着一条60多年前修建的跑道以及许多当时美军飞机停放的机窝和当年修建机场时使用过的大石碾子。[②] 这里长达1公里的青石板铺就的古驿道仍然保存完好，古驿道两边的古老民居，仍为今天已不多见的云南汉族传统的一门一窗一铺台的式样。已有2000多年历史的云南驿，于2003年12月1日被云南省人民政府命名为“云南省历史文化名村”，同时被祥云县政府列为“历史文化保护区”，现在的云南驿在古驿道上（创于清初的最大马店旧址里），建立了《云南省马帮文化博物馆》和《二战中缅战区交通史纪念馆》，丰富的展品和再现的历史场景，使人们亲身体验云南从古至今交通发展的历程。

二

蝴蝶泉，又名“蛱蝶泉”，位于苍山最北的云弄峰下。蝴蝶泉距

---

① 鸦片战争后，云南的汉、回地主、商人，因争夺矿权和绅权的矛盾加剧，汉、回两族间仇杀不断发生。清廷采取“汉强则助汉杀回，回强则助回杀汉”的反动政策，有意制造和扩大民族矛盾。1856年5月冲突进一步扩大，楚雄一带无家可归的回民进入昆明。云南巡抚阿密令屠杀全省回民，各地回民纷纷组织起来反抗。不久全省回民起义队伍汇合成两大支，以杜文秀为首的一支就是活动在云南西部的回民起义军。1856年春回民起义军攻占大理，推举杜文秀为“总统兵马大元帅”，建立了大理政权并曾在1867年派20万大军围攻昆明。1872年12月清军围攻大理，杜文秀被迫服毒身亡，以杜文秀为首的大理政权坚持斗争16年而告终。

② 有关资料来源于云南“二战中印缅战区交通线纪念馆”，笔者实地参观考察时由该馆提供。

大理古城30公里，是一个藏在苍山绿林丛中的50平方米的泉池。池中清冽的泉水从泉底鹅卵石和白沙中涌出，池的周围有大理石栏杆，上方三块大理石上有郭沫若题写的“蝴蝶泉”三个大字。有人说蝴蝶泉是因为《五朵金花》而闻名，其实不然。早在300多年前，明朝著名旅行家、地理学家徐霞客，就在他的“游记”中记载：“蛱蝶泉之异，余闻之已久。”[①] 徐霞客闻之已久的“蛱蝶泉”，概括起来有“三绝”：泉、蝶、树。他在《滇游日记》中这样写道：“泉上大树，当四月初花如蝴蝶，与生蝶无异，又有真蝶万千连须勾足，自树颠倒悬挂而下及泉面，缤纷络绎，五色焕然。”[②] 蝴蝶泉的水是从岩缝沙层中浸透出来的，水质特别清冽，一出地表便汇聚成潭，没有任何污染。蝴蝶泉由过去的一潭变为现在的四潭，这是蝴蝶泉公园内最耀眼的景观。蝴蝶泉内的蝴蝶种类繁多，每年阳春三月到五月间，蝴蝶大的大如巴掌，小的小如蜜蜂，成串悬挂于泉边的合欢树上，五彩缤纷盛况最空前，每年农历四月十五日这一天，被白族群众定为“蝴蝶泉会”。[③] 蝴蝶泉以南建有蝴蝶馆，真实地再现了蝴蝶泉边蝴蝶的生态、品种以及与蝴蝶有关的“蝴蝶文化”，为不能亲临蝴蝶会的游客，提供了解蝴蝶泉奇观的珍贵资料。蝴蝶泉公园内还有“蝶泉之美在于绿，请君爱护花和木”的环境标语牌。这句话一点也不虚假地说出蝴蝶泉之美，不仅得益于沿途我们所见到的凤尾竹、圣诞树等夹道迎客的新栽林木，泉后满山遍野的松林、柏林、棕榈林、茶林、杜鹃林、毛竹林，还得益于蝴蝶泉边合欢树、酸香树、黄连木等本地特有的芳香树种。譬如，蝴蝶泉边的那株夜合欢树，每当4月初开花时节，白天花瓣张开如一只只蝴蝶，夜晚又花瓣合拢吐出阵阵扑鼻清香。诗人形象地赞美蝴蝶是“会飞的花朵”，这合欢树的花朵则是“静止的蝴蝶”。蝴蝶会期间花与蝴蝶共舞，真假难辨是蝴蝶泉的一大奇观。在白族居民的心中，

---

① 魏向阳：《蝴蝶与蝴蝶泉（人与动物·茶亭）》，载《人民日报》（海外版），2000年8月4日，第3版。

② 参见赵锐明：《大理蝴蝶泉再现缤纷飞蝶》，载《人民日报》（海外版），2004年6月19日第5版。

③ 树枫主编：《西部民族风情千解》，160页，北京，中央民族大学出版社，2003。

蝴蝶泉是一个象征爱情和忠贞的泉。据说每年举行“蝴蝶会”，四方八面的白族青年男女都要到这里“丢个石头试水深”，用歌声找到自己的意中人。

洱海因其状酷似人耳故名“洱海”。洱海是一个风光明媚的高原淡水湖泊，早在汉代就已经名载史册。在古代文献中，洱海被称为“叶榆泽”、“昆弥川”、“西洱河”、“西二河”等。洱海南北长42公里，东西宽3～9公里，湖岸线长117公里，面积250多平方公里；平均水深10.5米，最深处为21.5米，湖面海拔1966米，蓄水量为28.8亿立方米，面积与蓄水量均列云南湖泊第二，在全国淡水湖中居第七位。洱海是燕山造山运动时昆明凹陷地区产生的断层湖泊。它北起洱源县江尾乡，南止于大理市下关镇，形如一弯新月。洱海属澜沧江水系，北有弥苴河和弥茨河注入，东南汇波罗江、西纳苍山18条溪水，水源丰富，汇水面积2565平方公里，平均容水量为28.2亿立方米。湖水从西洱河流出与漾濞江汇合注入澜沧江，素有“银苍玉洱”、“高原明珠”之称。[①] 在关外花树村有一棵名为“十里香”的花树，传说为仙人吕洞宾所种，花大如莲，每年开12瓣，闰年开13瓣，花色黄白相间美丽诱人。花后之果壳又黑又硬可做朝珠，因而又叫“朝珠花”。到清代晚期由于游观的人太多，特别是官府的达官贵人到此赏花，都要当地白族群众招待，人民忍受不了这种白吃负担，于是把“上关花”砍了。据考证“上关花”就是“木莲花”。古往今来，不知有多少名人韵士，写下了对洱海赞美不绝的诗文。譬如，南诏清平官杨奇鲲在其被收入《全唐诗》的诗作中，就有一首描写洱海“风里浪花吹又白，雨中岚影洗还清”；元代郭松年《大理行记》又称它“浩荡汪洋，烟波无际”。洱海气候温和湿润，风光绮丽，景色宜人，古人将其高度概括为“三岛、四洲、五湖、九曲。”[②]

苍山又名“点苍山”，是云南著名的自然保护区和风景名胜区。

---

① 资料见《湖光山色景如画屏银苍玉洱引人入胜》，载《生态经济》，2007年第11期第41页。

② 参见朱亚菲：《每周一景：苍山风景区》，央视国际，2005年4月11日。

苍山位于洱海之西，是云岭山脉南端的主峰，属横断山脉云南端余脉，北起洱源邓川，南至下关天生桥。苍山共有 19 座山峰，19 峰巍峨雄壮与秀丽的洱海风光形成强烈对照，其峰自北而南依次为云卉、沧浪、五台、莲花、白云、鹤云、三阳、兰峰、雪人、应乐、观音、中和、龙泉、玉局、马龙、圣应、佛顶、马耳、斜阳峰。这些山峰海拔一般均在 3500 米以上，有 7 座山峰海拔高达 4000 米以上，最高的马龙峰海拔 4122 米。① 苍山 19 峰每两峰之间，就有一条溪水奔泻而下流入洱海，形成了著名的 18 溪，依次为霞移、万花、阳溪、茫涌、锦溪、灵泉、白石、双鸳、隐仙、梅溪、桃溪、中溪、绿玉、龙溪、清碧、莫残、葶溟和阳南溪。苍山应乐峰下有唐代南诏时的一组佛教寺庙，现寺毁三塔犹存并卓然挺秀，是大理突出的文化象征，为全国第一批文物保护单位。三塔的主塔名为“千层塔”，高 69. 13 米，为方形 16 层密檐式的大砖塔，塔顶有铜质覆体上置塔利，造型与西安小雁塔相似，为唐代的典型塔式之一。主塔上方有“永镇山川”四个大字，庄重雄严。分列在主塔稍后的南北两塔建筑时间稍晚，两塔相距 97. 5 米，与主塔相距 70 米，呈鼎足之势，两塔均为十层密檐式八角形砖塔，各高 42. 19 米。1978 年当地政府对三塔进行了一次大的修缮，在大塔顶和塔基内，清理出大理国时期的文物 600 余件，其中的经卷、金银器、佛像、塔模等具有重要的历史和艺术价值。② 从自然景观看，苍山云景变幻万千，最著名的有“望夫云”和“玉带云”。“望夫云”每年冬春季节常出现于玉局峰顶，每当这些云出现后洱海随即狂风大作掀起阵阵惊涛骇浪，渔船不能出海，因此望夫云又被称为“无渡云”。“玉带云”不仅妩媚动人，而且按白族农谚所说它是丰收的预兆：“苍山系玉带，饿狗吃白米。”③ 经夏不消的苍山雪是素负盛名的大理“风花雪月”四景之一，也是苍山景观中的一绝。寒冬时节白雪皑皑，阳春

① 参见刘耀编著：《中国绝色风景》，331 页，北京，中国长安出版社，2006。

② 参见小小编著：《中国南方北方游》（南方卷），240 ~ 241 页，北京，中国电影出版社，2005；周艺文等主编：《西南民情之旅》，21 页，长沙，湖南地图出版社，2001。三塔寺在大理中和镇应乐峰下，距大理约 1. 5 公里的地方，是云南省现存最古老的建筑。

③ 《每周一景：苍山风景区》，央视国际，2005 年 04 月 11 日 13：38。

三月雪线以上仍堆银垒玉。最高峰马龙峰的积雪终年不化，盛夏时节山腰以上苍翠欲滴，而峰巅仍萦云载雪。苍山这座四季苍翠的山体，自下而上形成幼林草地带、松林栎林带、冷杉杂木带、高山草地带，具有层次分明的高山景观和变化有致的季相景观。云南有八大名花，即山茶花、杜鹃花、玉兰花、报春花、百合花、龙胆花、兰花、绿绒蒿，所有这些在苍山都能够寻找到踪迹。仅杜鹃花品种就有 41 种，从山脚直到海拔 4100 米的积雪地带，层层叠叠、成片成簇，植株主者达 15 米以上，呈大树状（如棕背杜鹃、马缨杜鹃）；最矮者只有 10 厘米，呈匍匐状贴地而生，形成地毯状景观（如密枝杜鹃）。花的形状更是千姿百态，花色有红、白、黄、紫、蔷薇等 16 种不同颜色。在苍山群溪中，清碧溪、七龙女池素享盛名，古今骚人墨客有不少精妙的描写。苍山还是野生动物的乐园，至今在这里生活着的有鹿、麂、岩羊、野牛、山驴、野猪、狐、雉鸡以及少数的珍稀动物“四不像”。在大理苍山背后的江边有两座高数百米的断崖峡谷，形如两扇巨大的石门，清流飞瀑奔泻而出，是一处神奇的景观。周围巉岩壁立，峡谷深邃，谷地溪流湍急。石门关异境开天，具有“一夫当关，万夫莫开”之势。最令人惊叹的是在附近的松林村后山，于 1994 年 10 月发现一处面积约 16 平方米的大型崖画，有动物、人物、果树、手掌银、房屋、追猎、圈舞等 200 余图，最大的画面约有 1 平方米，最小的约 5 平方厘米。经专家鉴定为青铜器时代的作品，并定名为“漾濞苍山崖画”，为研究两三千年前的社会、民族、宗教、艺术、生产生活等提供了翔实的资料，1995 年 4 月 27 日漾濞彝族自治县人民政府将其公布为第二批县级文物保护单位。

三

鸡足山又名“九曲岩”，是我国的佛教名山。鸡足山位于大理州宾川县西北隅，距大理市 80 公里，距昆明 400 公里。鸡足山与我国四大佛教名山峨眉山、五台山、九华山、普陀山齐名。鸡足山西与大理、洱海毗邻，北与鹤庆相连，东西长 7 公里，南北宽 6 公里，总面积

2822公顷，因山势前列三峰后拖一岭，宛如鸡足而得名。鸡足山前临苍山洱海，后靠金沙江，全山共有37座奇岭、13座险峰、34座崖壁、45个幽洞和泉潭100余处。冈岭壑涧林谷峡，构成鸡足山雄、秀、幽、奇的自然景观。明代地理学家徐霞客曾两次登山览胜，赞叹鸡足山"奇观尽收古今胜"[①]。鸡足山主峰天柱峰海拔3240米，登上山顶可东看日出，南观祥云，西望苍洱，北眺玉龙雪山，徐霞客为一座峰顶而集中了日、海、云、雪"四观"而感叹不已。除了"四观"之外，鸡足山还有"天柱佛光"、"华首晴雷"、"洱海回岚"、"苍山积雪"、"万壑松涛"、"飞瀑穿云"、"悬岩夕照"、"塔院秋月"8景，为历代骚人墨客所吟咏。鸡足山不仅风景奇秀，而且是我国著名的佛教圣地。相传这里是释迦牟尼十大弟子之一的迦叶，抱金缕袈裟、携舍利佛牙来这里设置宣讲佛法的道场。鸡足山上的佛教建筑始于唐，继于宋、元，盛于明、清，直至民国仍有增修。清康熙时鸡足山上有大小寺42座，庵院65个，静室170余所，寺僧5000余人。[②] 鸡足山寺庙中最负盛名、保存最好的寺是祝圣寺，它是清代高僧虚云和尚得到慈禧资助建盖的，光绪皇帝赐名为"护国祝圣禅寺"。鸡足山海拔最高的寺是金顶寺，位于鸡足山主峰天柱峰顶，寺内楞严塔是公元1929年云南省主席龙云登山游览时应僧人请求拨巨资兴建的，龙云为楞严塔题词"法相庄严"。鸡足山目前修复规模最大的寺是迦叶殿，它由四川文殊院宽霖会长发起，由大弟子宏道法师主持重建并于1994年竣工，殿有四重，迦叶殿中供奉香檀木雕迦叶坐像，高3.3米，重1.6吨。鸡足山被三条较大的断裂所切割，中部地区属断裂形成的山间凹陷地带，悉檀河纵贯其中，沿河两岸的尊胜塔院、悉檀寺、祝圣寺、寂光寺、石钟寺、大觉寺等大型寺院建筑群以及无数的庵、阁、亭、楼、堂自下而上，像佛线穿珠，一直延伸到天柱峰脚的慧灯庵，为游览鸡足山的主游道。山中寺庙多依山临岩而筑，高下布置错落有致，隐映在苍松翠柏之中，有涵有露的建筑布局手法形成独特的景观。

---

① 马晨：《鸡年赏鸡景游趣添情趣》，载《新民晚报》，2005年3月14日。

② 鲍利辉：《灵山鸡足》，《云南日报》2008年1月18日。

鸡足山这座中国第五大佛教名山，是东南亚最著名的佛教圣地，众多海外华人不惜千里越洋前来朝拜。1983 年国务院公布的汉地重点佛寺云南就有 5 座，其中祝圣寺、铜瓦殿就在鸡足山上。①

巍山古名“邪龙”，是南诏古国的发祥地。唐代初年巍山为南诏开国国王细奴逻（彝族）耕牧和发迹之地，方圆数十里。现存清代建筑，多分布于巍山的前山（东面）和后山（西面）。前山有甘露亭、巡山殿、龙潭殿、玉皇阁等 9 处；斗姥阁位于山巅，后山有三清殿、培鹤楼、长春洞等 8 处。其中，巡山殿始建于第三代南诏王盛罗皮，后殿为清光绪年间（公元 1875—1908 年）重修，现殿内供奉着身穿着彝族服装的细奴逻塑像；龙潭殿（文昌宫）是巍山风景区的中心，寺院宽敞建筑宏伟，有水池、亭榭、大殿等建筑，在水池上的石拱桥侧壁上，有清人绘制的一幅《踏歌舞》，形象地反映了当时彝族传统歌——“打歌”的盛况。山上诸景各具特色，是滇西著名的道观胜地。1988 年公布为云南省文物保护单位。巍山是国家级大理风景名胜区的重要组成部分，面积 19.4 平方公里，主峰海拔 2569 米。青霞观又名老君殿，是巍宝山的主要道观。根据《重修巍山青霞观碑记》记载，庙宇始建于清康熙二十二年（公元 1633 年），为一进三院，由山门、二殿及大殿两厢组成。入山门后层层迭升，二殿为过厅，两侧祀四天君。老君殿为单檐山顶，五开间，面阔 22 米，进深 14 米，殿宇巍峨，殿内祀太上老君像，殿上悬挂有“片石含青”的匾额。两厢东祀财神，过厅塑四天君，西厢立古碑有《重修巍山青霞观碑记》等。院内松柏常青，为巍山的重要寺观。巍山南依太极顶，西邻阳瓜江，东连五道河，北与大理点苍山遥望，峰峦起伏，绵延数十里。因山势挺俊满山古树葱茏，山中地涌青霞花放异彩，古人认为山中有宝气故名“巍宝山”。巍山与其他高大的山脉相比并不算高，但“山不在高，有仙则灵”。巍山是我国 14 个道教名山之一，又是历史上显赫一时的南诏国发祥地，这里的彝族同胞至今还流传着与南诏有关的传说——

① 参见刘耀编著：《中国绝色风景》，332 页，北京，中国长安出版社，2006；小小编著：《中国南方北方游》（南方卷），243～244 页，北京，中国电影出版社，2005。

“老君点化细奴逻”，更使巍山增添了神秘的宗教气氛，成为云南的道教中心和著名的风景旅游地。巍山的道教有两大特征：一是以道教为主，兼容佛教的特点。唐初源于四川鹤鸣山汉代张陵（俗称“张天师”），创立的道教“五斗米教”传入巍山，成为当地土著民族的宗教信仰之一。唐代中期南诏国极力倡导佛教，尽管巍山仍是大理地区的主要道场，但佛教成分已渗透到巍山，有观音殿、甘露亭等佛教寺院，形成了佛道两种教派相互吸收，相互融合的特点。明清之际，道教在巍山进入鼎盛时期，四川鹤鸣山、青城山和湖北武当山的道士长年云游巍山，广建宫观设置道场，其间曾建盖了准提阁、文昌宫、青霞观、长春洞等共20余所道观。这些道观分布于前山和后山，前山绵亘叠嶂，宫观多藏于密林之中，以建筑规模宏大而著称。后山险峻陡峭，庙宇多依山势显露于岩壁之间。这种有藏有露的建筑布局，体现了道家思想“道德自然”的特点。这些尚保存完好的古建筑群，1987年被列为云南省重点文物保护单位，成为研究南方道教思想和建筑艺术的重要实物。二是道教在巍山还兼收了土著民族的原始宗教的成分。巡山殿就是这一特征的代表。相传南诏始祖细奴逻受老君点化后成为南诏王，死后被封为巡山土主神，成为云南道教特有的一尊神，和当地土著彝族的祖先崇拜之神。这就说明道教在巍山传播发展的过程中，根植于当地民族宗教是其长盛不衰的重要原因之一。巍山古城又称蒙化城，距大理市61公里，现存的巍山古城建于明洪武二十二年（公元1389年），已有600多年的历史，古城形状方如巨印，中间的文笔楼为印柄，方方有四里三分。楼上悬匾题有“魁雄六诏”、“万里瞻天”，以昭示南诏王皮罗阁统一六诏，雄踞西南的威严。在古城附近还有数十处古建筑和名胜古迹。经国务院批准，巍山被定为第三批中国历史文化名城。①

石宝山又名“剑川石窟”、“石钟山石窟”，是一座被人格化的神山。石宝山位于剑川县城西南25公里处，距大理140多公里，为滇西

---

① 参见刘耀编著：《中国绝色风景》，333页，北京，中国长安出版社，2006；小小编著：《中国南方北方游》（南方卷），244页，北京，中国电影出版社，2005。

北的名山。石钟山则是石宝山南部的一座支峰，因山上有一巨石形如倒扣的巨钟，故称“石钟山”。这里峭壁磷峋、交错矗立着奇岩异石，有如狮蹲象定，又有如蛙跳鱼游，既险且怪，被当地人称为“活不耐烦松”的扭松，遍布于山间幽谷。南山坡上翠竹环抱着一群古色古香的屋宇——石钟寺，素有南国瑰宝之称的石钟山石窟群就雕凿于此。石雕共 16 窟，全部雕凿于石钟寺附近方圆十几里内的悬崖峭壁上。石窟造像的题材大致有如下几类：一类是佛像。这类石刻数量多、艺术水平高，反映了南诏大理国时期佛教在白族地区盛行的情况。这些佛像大多是禅宗风格的如来、阿难、迦叶、文殊、普贤、观音和地藏王等，也有密宗格调的八大明王等；而八大明王造像作为佛教密宗艺术珍品，在全国是独一无二的。这些佛像或正襟危坐、或亭亭玉立，或竖眉瞪目、或妩媚多姿，有笑有愁、有哀有怒，雕得有性有灵，充满了人间社会的生活气息。仿佛“人”化了的神，展现了南诏文化渊源及白族雕刻艺术之精湛。石钟寺区第五窟的“愁面观音”性格特征颇为突出，俨然鬼斧神工使然。在雕有佛龛、佛塔以及小径、持杖者、抱琴乐师、上山樵夫、入山修道的苦行增、童子、仙鹤、猴子等寓意深山苦修的背景下，观音身躯前倾，面目瘦削而凄苦，苍眉俯视，好似愁肠万断，流露出内心深处对苦难众生的慈悯。第七窟的甘露观音又雅得玉肌丰腴、端庄使美，与其说是慈悲为怀的菩萨，不如说是绝代佳人。有趣的是观音的胸口有个缺洞，传说那是因为她虔心修行，用甘露为人间降福，可有人不信，于是她毅然剖开胸口掏出赤心，将其捧在钵内以示心诚，表现出一种执著、坦白、勇敢的精神，所以，人们又誉称她为“剖腹观音”。另一类是南诏王者造像。石钟山石窟有三窟南诏王的雕像，其中第二窟“阁逻凤议政图”最为突出。此窟人物众多场面壮观，极富民族特色。全窟凿成一座宫廷大厅，上檐雕着花纹、连珠纹、垂帐纹三种花纹，还雕着高卷的人字形幔帐，富丽堂皇。厅堂中央坐着南诏风云人物阁逻凤，两旁簇拥着文武大臣及侍从。他们或拿仪杖、或举旗帜、或揣宫扇、或捧宝瓶、或握宝剑、或执曲柄伞，姿态各异；人物精神饱满，每个人物的外表和性格都不尽相同。侍者所持的八面旗帜向不同方向飘舞，产生一种静中有动的效果。全窟高1.45米、宽1.50米，人物多达16人。构图尽管复杂却在有限的空间内把人物雕得栩栩如生，连人物衣褶的线条也层层折皱细致如真。整个石窟主题突出而和谐，表现了高超的雕刻技艺。这些王者造像就像一面镜子，反映了南诏社会政治生活的若干侧面，成为了解和研究南诏历史的珍贵资料。石窟还有一类题材是深目高鼻、挽螺髻、披氅、束腰带、穿长靴的外国人像。在狮子关的第三窟就是这类人像，旁边还刻有"波斯国人"字样。此外在石钟山石窟中，还有一座很特别的雕刻，即在石钟寺区第八窟佛龛正中莲花座上，雕着一具巨大的女性生殖器，当地白族语称之为"阿盎白"。"阿盎白"两侧壁上分别还雕着造形生动、构图独到的毗卢佛和多宝佛。为什么女性生殖器会赫然雕刻于佛像之中呢？其实这并不奇怪，这是母性生殖崇拜的象征。当地白族妇女中至今还残留着向"阿盎白"祈祷、跪拜、抹香油以求子嗣的习俗。像这样的石刻在我国其他石窟中是绝无仅有的。剑川石钟山石窟是南诏大理国时期数百年间开凿的，距今已有1000余年历史了。云南是古代石窟文化并不发达的地区，然而在南诏到大理国时期竟有如此辉煌卓越的艺术品，凝聚了劳动人民的智慧，显示了白族人民高超的艺术创造力，这千年无价之宝堪称民族文化的奇葩。以剑川石钟寺石窟露天崖画为代表的《菩萨图》、《南诏图传》（现藏于日本京都有邻馆）、《张胜温画卷》（现藏于台湾省台北故宫博物院），1961年该石窟被国务院列为全国第一批重点文物保护单位①。

---

① 小小编著：《中国南方北方游》（南方卷），243页，北京，中国电影出版社，2005。

云南石林风景名胜区的自然遗产景观

一

石林（又名“路南石林”）自然遗产风景名胜区，位于云南省石林彝族自治县境内，距昆明市80多公里。石林历史悠久，汉朝时设立淡藁县，唐朝设立陇堤县，宋朝为路甸县，元、明、清为“路南州”，民国又改“路南州”为“路南县”。“路南”是彝族的音译，含义是“黑色的石头”，1956年云南省报经国务院批准建立“路南彝族自治县”。1983年路南彝族自治县划归昆明市管辖，1998年12月更名为“石林彝族自治县”。石林彝族自治县（俗称“李子箐”）是我国岩溶地貌比较集中的地区，全县共有石林面积400平方公里①，平均海拔1750米。远望石林只见茫茫苍苍的一片拔地而起，巍然挺立的岩石汇成的浩瀚“森林”。据地质学家考察，石林在3亿年前的古生代时为“滇黔古海”的一部分，在地质学上称为“岩溶地貌”，又称“喀斯特地貌”。据科学鉴定距今2.7亿年前，这里还是一片汪洋，海底沉积有厚厚的石灰岩，经中生代地壳的运动，海底上升露出水面形成陆地。②200万年来在高温多雨的环境中，在强烈的溶蚀和日复一日的风化作用下，海水和雨水沿着构造裂隙运动，使溶沟不断地扩大和加深，久而久之先成为“石芽”，继而形成众多的石柱、石笋连片成群。厚层

① 参见刘耀编著：《中国绝色风景》，326页、328页，北京，中国长安出版社，2006。

② 见《云南石林风景名胜》，载《中国民族报》，2007年6月20日。

的石灰岩在经历了漫长历史时期的高温多雨气候，以及异常丰富的地下水作用后，逐渐溶蚀而发育成巨大石柱与深切石沟相间的喀斯特地貌形态——“石林”。石林最高峰达 30～40 余米，一般石峰为 10～20 米，低者仅为 3～5 米。在石林彝族自治县境内这种奇峰异石参差峥嵘，千姿百态巧夺天工，是云南省著名的旅游胜地，享有“天下第一奇观”[①] 之誉。云南石林以其“幽”、“奇”在世界自然遗产景观中堪称一绝，是世界上最壮观的石林景区之一，素有“造型地貌天然博物馆”之称，也是中国的四大自然景观之一。[②] 据记载，早在 300 多年前，就有人前往石林游览。譬如，清康熙四十二年（公元 1703 年），任路南学正的李汝相游石林作《石林歌》，尽情地赞颂石林奇景：“何处飞来怪石丛，盘根窦窍郁玲珑。森林棱棱铁骑列，千门万户曲洞通。崖窟层层锁玉关，羊肠鸟道苦难攀。恍疑紫云天上落，五丁把住留人间。危磴高峰真鬼斧，球琳琅轩奚足数。中有一线清泉流，老藤穿壁苔痕古。”[③] 诗中所说的“一线清泉”，即是指距“且住为佳”石室不远处的“剑峰池”。池周石峰高耸层层叠叠，密如刀丛；池中一峰突起如利剑刺天，池色澄碧如翡翠镶嵌山间，池上游廊迂回石桥横跨。天光云影，群峰秀色，尽纳湖中。由池边小道攀延而上提心吊胆，历尽艰险手足并用，可达“莲花峰”顶。这朵莲花雄踞于剑池之滨，高出水面 30 余米。“清水出芙蓉，天然去雕饰”[④]，优雅素洁的石莲花终年不败，其生命力远非水中芙蓉可比。国内外旅游者素有“不到石林，等于未到过云南”的说法。1982 年经国务院批准定为第一批“国家级重点风景名胜区”，2001 年 3 月获国土资源部授予的首批“国家地质公园”称号。

石林自然遗产风景名胜区由大石林、小石林、乃古石林、大叠水瀑布、长湖、芝云洞等风景片区组成。在路南广达 400 平方公里的区

---

① 游迅：《赏云南石林奇观》，载《西部开发报》，2004 年 7 月 15 日第 12 版。

② 参见小小编著：《中国南方北方游》（南方卷），232 页，北京，中国电影出版社，2005。

③ 转引自阳举文：《石林感怀》，载《中国花卉报》，2004 年 9 月 11 日。

④ （唐）李白：《经乱离后天恩流夜郎忆旧游书怀赠江夏韦太守良宰》。

域内，遍布着上百个黑色大森林一般的巨石群。它们是大自然鬼斧神工的杰作，不仅是中国而且是世界罕见的自然遗产风景名胜。路南石林精华的游览区约80公顷，旅游路线长约5000余米。在石门右侧石峰上用隶书体镌刻的“石林”两个大字，与拔地而起的石柱、石峰相辉映，引人入胜。进入石林区就如同进入迷宫，有的如利剑刺空，有的如一柱擎天，有的如古塔群立，有的如灵芝菌集，有的如高墙壁立，景致都异常壮观和奇特。在众多观光景观之中，尤以“莲花峰”、“剑峰池”、“望峰亭”、“石林湖”、“母子偕游”、“万年灵芝”等景观的景色最佳。

李子箐石林是石林风景名胜区的主要景观。路南石林的入口处有一“石林湖”，湖中有几个柱石峰宛如少女出浴，名曰“出水观音”。“李子菁石林”又称“石林公园”，包括大石林、小石林、外石林，面积达12平方公里，景区游览面积约1200亩。“幽兰深谷”是大石林石峰高差最大的地方，高达50余米；“步哨山”为石林的最高点，海拔1875米。无数的石径、石廊、石门、石洞、石桥贯串其间，将它连成一个有机的整体。[①] 石壁上有“石林”、“天造奇观”、“彩云深处”等31处题刻，游人漫步其中只觉得奇景迭出、险象环生，峰回路转异境天开，常使人心旷神驰乐而忘返。“且住为佳”为一异常清静幽雅的崖洞，是游人消停纳凉之处。距崖洞不远就是“剑峰池”，一池碧水深藏于石峰之间，崖峰间有桥相连，池中有一峰突起就像一把宝剑笔立于水中，此乃“剑峰”，此池名为“剑峰池”。[②] 由池边小道攀援而上过天桥可达莲花峰顶。峰顶巨石横卧石片上翘，簇拥如一朵盛开的莲花，环顾四周游人，如坐刀山剑丛之上。从莲花峰扶壁而下，石径曲折起伏景象变幻无穷。沿途有“鸳鸯戏水”、“象踞石台”等象形石，漫步其中奇景迭出妙趣横生。由“象踞石台”往北攀援“天梯”步步昂首、步步惊叹，几经曲折即可达“望峰亭”。在此环顾远近石林，层层峰林尽入眼底。“小石林”景区与大石林紧密相连又自成一

① 参见游迅：《赏云南石林奇观》，载《西部开发报》，2004年7月15日第12版。

② 参见周艺文等主编：《西南民情之旅》，38页，长沙，湖南地图出版社，2001。

体。这里的石“林”相对疏朗绿草如茵，最令人神往的是“阿诗玛石峰”，它不时的使人想起那个古老的传说。其他奇峰怪石还有“咏梅石”、“石簇擎天”等景点。每年农历六月二十四日的火把节，石林周边的彝、汉等各族群众，都要从四面八方汇集到石林欢庆佳节。人们在白天举行摔跤、爬杆、斗牛等比赛活动，夜晚则燃起熊熊篝火，耍龙、舞狮、表演民族歌舞。“阿细跳月”、“大三弦舞”则是最受欢迎的传统节日。外石林主要是指位于大小石林之外的周围风景区。石林湖及其以南的狮子山、狮子亭、五老峰等都属于外石林。外石林风景区方圆数十里，坐落在野岭荒山鲜花绿树丛中。这里分布着许多奇峰异石，千姿百态景色离奇，有的异石个体庞大形象生动，加上周围环境生机勃勃视野也较为开阔，游览又别有一种情趣和感受。尤其是环石林公路西南的“万年灵芝”高达11.5米，令人叹为观止。环石林公路东南地形略有起伏，景观宽广而粗狂颇有野趣。主要景观有“望夫石”、“观音石”、“骆驼骑象”、“母子偕游”等，可以说这里就是一座造型生动的天然雕塑博物馆。①

乃古石林又称“新石林”、“摩寨石林”。清康熙《陆良州志》说：“石门峰，沿西四十里地名石门哨。”最早叫“石门”，因俯视时像一片苍翠的松林而得名“黑松岩”，又因“黑”在当地彝语中称“乃古”，故又叫“乃古石林”。“乃古石林”是在石林东北部新近发现的一座状如蘑菇的“灵芝”林，位于石林区以北12公里处，占地5000多亩。景区面积约10平方公里，由石林景观、白云湖、白云洞、石峰山、幽谷仙瀑组成，贯穿西区和东区，已命名的景观有96处。登上峰顶可以饱览一片黑色石海，特别有气势。如有兴趣可以漫步林中，感受一下蛮荒的氛围。乃古石林与石林区相比较有其另外一种特色和风格，它一望无涯气势磅礴，石质黝黑如林墙；远眺似巨大的古城堡，石林内最惹眼的景观是梁祝“十八相送”、“孔雀开屏”、“仙猴戏桃”、“猪八戒背媳妇”等，万峰夕照中依依不舍，缠绵无尽。② 进入乃古石

① 参见刘耀编著：《中国绝色风景》，328页，北京，中国长安出版社，2006。

② 参见周艺文等主编：《西南民情之旅》，38页，长沙，湖南地图出版社，2001。

林只见黑森森的一片怪石，犹如大海怒涛冲天而起气势磅礴；又像壁垒森严的古代战场令人思绪万千。更令人叫绝的是乃古石林地下处处有溶洞，已经探明的大小溶洞就有9个。用“峰上望、林中游、地下钻”来形容乃古石林的特点，十分贴切。进入乃古石林的大门，必须从白云湖畔通过，白云湖湖水非常清澈，湖中有两座小岛，被称为“蓬莱”、“瀛洲”。白云洞位于乃古石林景区的中部，洞内石钟乳造型多变，令人称奇的是洞内时常听到波涛的声音，但始终找不到水源。乃古石林外围的孤山上，耸立着许多被风化了的石柱，有的像战马、有的像碉堡，因而这一片石林便被称为古战场。

大叠水瀑布又名“飞龙瀑”，位于云南省石林县西南25公里处，为南盘江支流的巴江跌落而形成。河水流到这里突然被巨大的岩石阻断，水流绕过三迭岩石，流入崖底下的深潭中。因水流巨大跌落时激起阵阵轰鸣声，形成“叠水喷霞”的自然奇观。路南县城南有公路直达水断层，江两岸山势狭窄险峻，嶙峋石峰令人心悚。江北岸沿陡峭石壁盘旋而下，山路崎岖，水花四溅，一步一惊。大叠水瀑布落差88米，宽30米，为云南最大的瀑布。瀑布从高崖顶上翻落下来，气势恢宏如从天降，那巨量的水体轰然跌下激起水雾阵阵，瀑下被笼罩得一片迷梦。此时此景令人不禁想起李白的诗句：“飞流直下三千尺，疑是银河落九天。”① 旱季飞瀑两侧如白练下垂，中间如薄纱遮盖；雨季犹如一条咆哮巨龙。在阳光照射下水雾化为彩虹，与山岩水光相映景色十分迷人。瀑布下所形成的深潭清澈见底，是人们休闲的好去处。大叠水瀑布旁的清水峡谷里，树木苍翠欲滴蝴蝶纷飞，点点繁花掩映在浓荫之中。溪流蜿蜒曲折，巨石千姿百态，有的像狮子，有的像乌龟。溪水清澈无比，不时变换着姿态，有时汇成急急的一股流水，有时又从台阶般的巨石上一泻而下。确实是个山水相映成趣，花草藤蔓叠映生辉的人间仙境。

长湖位于李子箐石林26公里处的维则村，距离路南县城以东15公里。长湖系岩溶湖泊，湖水由地下水供给，水质清澈无污染。四面

---

① （唐）李白：《望庐山瀑布》。

青山环抱，植物覆盖率达95%以上。空气清新洁净，透明度好，湖中有小岛，湖岸是以云南松为主的森林，地势平缓，环境清净幽美。湖长约5公里，平均深度24米，宽仅300米，周长10余公里，因之而得名“长湖”。又因其深藏丛山密林之中，又称“藏湖”。长湖的主要景观有独石山、大尖山、二尖山、三尖山、磨盘山、蓬莱岛、圆湖等，面积3.94平方公里，是野营、度假、疗养、水上活动、射箭射弩、欣赏并参加民族舞蹈表演的娱乐、休闲胜地。长湖的景色多变，雨天蝉翼般的轻雾使她像披上轻纱的撒尼少女，娇羞的面容难以看得真切；晴天阳光笼罩仿佛到处都泼上一层淡淡的蓝光，晚上在幽静的丛林里，一对对撒尼青年男女，在这里弹琴、吹箫、唱歌。如果遇上火把节之夜，无数的火把连成一条条火龙，烧红了天、映红了湖，水天辉映，长湖就显得更加迷人。①“独石山”也在维则村，陡峻奇险，清咸丰年间彝族义军领袖赵发在此安营扎寨数年之久。现存有房屋遗址，石水井、石监狱、石城墙等物，营盘石垒拱门至今巍然挺立。

芝云洞景观包括芝云洞、小芝云洞、祭白龙洞等几个溶洞，位于大小石林西北6公里处，总面积约2.55平方公里，是观赏喀斯特溶洞景观为主的溶洞群落。康熙《澄江府志》、《路南州志》都有记载：“芝云洞，硐门石似芝与云，故名。芝云初入，磅礴空敞，可容千人；再入葫芦口内更宽广。四壁乳窟，击之有钟鼓声。又有石坪、石床、石田、石浪，奇怪不可名状。古号仙迹。”芝云洞是明万历四十二年（公元1614年）二月十九日，由路南州知州汪良（一说叫汪良明）发现并立碑题记，派人修整的。“芝云洞碑”高1.6米，宽60厘米，厚30厘米，青石质有纹饰；碑额呈半圆形上刻“芝云洞”三个大字，碑边沿饰长卷草花纹。碑文题为“芝云洞记并诗”，全碑正文12行，每行41个字，共501个字，均为楷书体。《芝云洞记》详细描绘了洞内500米长的景致以及发现和开发“芝云洞景观”的经过，是最早记述石林景观和开发建设的实物文献，这是现在吟咏石林岩溶景观最早的诗作。1986年6月2日“芝云洞碑”被公布为县级重点文物保护单

---

① 参见刘耀编著：《中国绝色风景》，328页，北京，中国长安出版社，2006。

位。该碑完整的保存于芝云洞右侧的小洞里，芝云洞洞口大厅有该碑的复制品。洞内多石钟乳、石笋、石柱等溶洞景观，形态多样异彩纷呈。明代以后称“仙迹胜景”，以“石洞仙踪”之名独居“石林八景”之首。从洞口至洞尾共20多个主要景点，分别是灵芝仙草、玉象撑天、倒挂金鸡、葡萄满园、云中坐佛、礼貌洞、钻山骆驼、双狮恋、悟空取宝、东西龙宫、蛟龙升腾、千年玉树、太白金星、神牛寻母、水帘洞、龙虎斗、寿星摘桃、水漫金山寺等。祭白龙洞位于天生桥村祭白龙山下，距大小石林4公里，距芝云洞2公里。全长450米，高10～20米，宽5～10米。洞内除常见的石笋、石柱、石钟乳之外，还有石花、卷曲石、方解石晶体、鹅卵石、石井等，形态奇美。和其他溶洞不同的地方，是该洞溶石光滑透明、亮如水晶、洁白纯净，在灯光映照下美不胜收。中国和斯洛文尼亚洞穴专家联合考察后证实，在这样的小洞中有如此玲珑奇巧的碳酸钙沉淀，世界上并不多见。祭白龙洞共有宫灯迎客、银河叠水、龙宫宝殿、巨龙护宝等30个命名景点。小芝云洞又名叠云岩，在芝云洞对面数百米处，洞长200米，最高30米，宽8米。特点是石钟乳、石笋较集中，洞内曲折陡峭，已命名的景点有23处，它们是红莲仙境、青蛙王子、莲花公主、大青杈、火把山、叠云峰、斩巨龙、蚌壳花、山崩地裂、倒挂莲花、血染红岩、龙宫水母、黑山峡谷、吊死鬼、相思泪泉等。奇风洞位于李子箐石林东北5公里处。它由间歇喷风洞、虹吸泉和暗河三部分组成。每年8—11月时有大风从大小数十厘米的喷风洞排出，安静的大地顿时呼呼作响尘土飞扬并伴有隆隆的流水声。2～3分钟后又一切复原，数分钟后又再次喷风。雨季间隔15～30分钟喷一次风，旱季约隔一小时喷一次风。如此守时的“信风”人间确不多见。①

二

石林风景名胜区流传着撒尼族著名爱情故事《阿诗玛》美妙、动

① 参见刘耀编著：《中国绝色风景》，326页，中国长安出版社，2006。

人的传说故事。石城中心的金鱼池畔有一座石峰宛如头戴头巾、身背背篓亭亭玉立的彝族少女，体态修长，眼鼻清晰神情迷人，当地人认为这尊石峰就是彝族传说中的阿诗玛的化身，这个山峰便被命名为“阿诗玛”。[①] 阿诗玛是传说中善良、聪明、美丽的彝族支系撒尼族的姑娘，她的爱情故事优美动人，在当地流传了千百年。阿诗玛又是撒尼人古老的叙事史诗中的女主人公，美丽倔强的阿诗玛与青年阿黑相爱。头人热布巴拉之子阿支贪恋阿诗玛的姿色，心存歹念。一次青年人集会时阿支戏弄阿诗玛，遭到斥责并拒嫁给恶霸热布巴拉的儿子。于是阿支趁阿黑去远方牧羊之机，派人将阿诗玛劫走。阿诗玛乘隙将与阿黑定情的山茶花掷入溪中，溪水立即倒流，阿黑获信立即赶回援救。阿支使尽百般手段都无法使阿诗玛屈服，当阿支恼羞成怒正要鞭打阿诗玛的时候，阿黑及时赶到。阿支提出要和阿黑赛歌一决胜负。阿支赛输企图暗箭杀害阿黑。阿黑愤怒地用神箭射穿寨门和大厅的柱子，箭射在神主的牌位上，阿支命令众家丁用力拔箭却纹丝不动，阿支只得释放阿诗玛。阿诗玛和阿黑喜悦地同乘一骑回家，途中他俩来到溪边下马休息。不料阿支带人偷走了阿黑的神箭，放洪水将阿诗玛淹死。在阿黑悲愤地呼唤声中阿诗玛化成了一座巨大的石峰。[②] 撒尼人民怀念阿诗玛，世世代代都在呼唤她。至今只要你对着石崖喊一声“阿诗玛”，就会传回同样的呼喊声。来到石林的游人一面观赏这座美丽的山峰，一面听导游进述阿诗玛的故事，确实是一种很好的艺术享受。游石林既要远眺其壮丽的景色，又要身历其境钻进石林的深处，才能领略石林的妙处。因为这些奇峰怪石既是个别的独立体，又有不可分割的联系。在它们之间有无数的曲径、石廊、石窟、石洞、天桥、亭台相通，迂回曲折，忽上忽下、忽左忽右使人如入迷宫。更有明净清冽的泉水湖泊错落其间，峰水相映景色佳绝。

石林传说中流传最广的要数“哥自天神”的传说。看石林不是在看一个死去千万年的标本，而在于看一个活了千万年的生命。环顾四

① 游迅：《赏云南石林奇观》，载《西部开发报》，2004 年 7 月 15 日第 12 版。
② 参见刘耀编著：《中国绝色风景》，326 页，北京，中国长安出版社，2006。

周这些巨大怪异的石头屹立在田间地头村前村后，早已成为当地乡亲熟悉的风景，成为他们日常生活中必不可少的家常便饭。这石林从哪里来又将到哪里去，早已成为他们流传了千万年的神话传说。有了神奇的故事，那冰冷的石头就不再僵硬，尖厉的棱角不再划手，一切都开始变得血脉畅通呼吸均匀，这便是它永恒至今的根本原因。相传在很古的时候哥自天神来到路南，看到彝族地方穷山恶水，彝家吃的是苦荞粑粑苞谷饭，穿的是羊皮褂子，一天三顿吃不饱肚，即使过年过节也难得见到白花花的大米饭。哥自天神看后感慨地说："哎呀，撒尼、阿细太可怜了，让他们种上谷子，吃上大米吧！"哥自天神回到天上后，在一天晚上赶着一大群石头，挑着一担土又来了。他打算把长湖的水堵起来淤成平坝，让这里的高山变良田，让苦难的撒尼人吃上大米饭。恰好这天晚上有个老太太半夜起来磨豆腐，听到大石头轰隆隆……轰隆隆……的滚动声，把她吓坏了。她的姑娘到公房唱歌又没回来，更使她心急如焚。慌忙中她想起了姑娘临走时说过："只要大公鸡一拍翅膀我就回家了。"但现在还未到大公鸡拍翅膀的时辰。她急中生智用大簸箕在地上使劲拍打起来。她家的大公鸡误以为别的公鸡扇翅膀了，也就扇扇翅膀叫了起来。"一鸡引来百鸡鸣"，附近人家的大公鸡也接二连三的叫开了。大公鸡一叫就破了哥自天神的法术，大石头只到李子箐一带就不再滚动了。哥自天神气得火冒三丈，挥起他的长鞭用力抽打石头（那些大青石腰间至今还留着鞭痕）。但任他怎样发火也无济于事，最后连哥自肩上的扁担也断了，两筐土变成了现在的"双肩山"和"石林"永远留在了路南。①

为保护和合理开发利用石林风景资源发展旅游事业，促进地方经济、科技和社会发展，昆明市根据国务院发布的《风景名胜区管理暂行条例》和有关法律法规的规定，1991 年 2 月 7 日颁布了《路南石林风景名胜区保护条例》。《路南石林风景名胜区保护条例》明确规定，石林风景名胜区是国家重点风景名胜区，必须围绕风景资源制定全面保护开发利用规划，采取综合保护措施和手段，保持和突出原有的峰

① 有关资料源于《云南导游解说词》。

林型岩溶地貌和地方民族风情特色。保护石林风景区原有的自然风貌，防止人工化和城市化倾向。在一级保护区内，除按规划统一设置必要的游览设施外，不得新建其他设施；在二级保护区内不得新建与风景和游览无关或者破坏景观、污染环境的建设项目和设施。原有设施不符合上述规定，应当按照规划要求进行改造或者拆除。《条例》严格保护石林风景区的地质地貌和自然景观，禁止随意题字和刻画石景；禁止损坏和销售石峰、石芽和石笋、石钟乳、石柱及其他石景。在一、二级保护区内，禁止开山采石、挖沙取土、开垦荒地。严格保护石林风景区的花草树木和自然植被。不得砍伐、攀折、刻画树木；不得践踏、采摘花草；不得在一级保护区内放牧和野炊。在石林风景区内的所有树木，依法划定的权属不变，确需砍伐的，必须先经石林风景区管理机构同意，再报县林业管理部门办理砍伐手续，并按规定补种树木和交纳育林基金。严格保护石林风景区的野生动物，不得伤害和捕杀。严格保护石林风景区的人文景观，不得刻划、涂抹、损坏或者破坏摩崖石刻等文物古迹和革命遗址、园林建筑；不得进行有损本地区民族风情的活动。严格保护石林风景区公用工程设施、游览设施、生活服务设施，不得损坏和破坏。石林风景区的文物古迹、革命遗址、古树名木指定专人负责，定期维护，制定防火、避雷、防震、防蛀等专项措施。石林风景区管理机构应当搞好花卉树木的抚育管理，并建立健全植树绿化、封山育林、护林防火和防治病虫害的制度。①

---

① 《路南石林风景名胜区保护条例》第28～40条，1990年11月20日昆明市第八届人民代表大会常务委员会第三十三次会议通过，1991年2月7日云南省第七届人民代表大会常务委员会第十六次会议批准。

云南三江并流保护区的自然遗产景观

一

三江并流自然遗产景观位于云南省西北部的崇山峻岭中，跨越云南省的怒江傈僳族自治州、丽江纳西族自治县及迪庆藏族自治州，东经98°00′~100°31′，北纬25°30′~29°00′，总面积约4万平方公里，核心中心区面积约1万平方公里。“三江并流”不是一个景点，而是指云南省西北部一片广阔的区域。（1）怒江发源于唐古拉山南麓，上游是黑水河，从潞西县进入缅甸后称“萨尔温江”；怒江在中国境内全长2013公里，在云南境内干流达650公里。怒江峡谷是世界有名的大峡谷之一，平均深度约2000米，汛期呈“U”型，旱期呈“V”型，享有“东方大峡谷”之誉。在怒江大峡谷中5000米以上的高山顶部有永久性积雪，形成奇异雄伟的山岳冰川地貌。（2）澜沧江发源于唐古拉山东北坡，经西藏东部从德钦县进入云南，从勐腊县出国境称为湄公河，流经缅甸、老挝、泰国、柬埔寨，在越南南部入海，素有“东方多瑙河”之称。澜沧江全长4688公里，在中国境内长达2354公里，在云南干流全长1247公里。（3）金沙江位于长江上游，发源于唐古拉山山脉中段，自古以盛产“金沙”而得名。上游称“通天河”，从青海玉树县巴塘河口至四川宜宾岷江口叫“金沙江”，全长2308公里，有世界最长的大江峡谷之称。金沙江流经四川宜宾，宜宾以下称“长江”，经西藏东部进入云南德钦县，在云南干流长1560公里。其中的金沙江虎跳峡峡谷，在玉龙雪山与哈巴雪山之间，两侧山岭矗立于3000米宽的江面上，谷深达3500米，为世界上最深的峡谷，该峡谷长15公里，江面最窄处仅有30～60米。[①] 金沙江流至丽江石鼓时，突然来了一个大拐弯折向北流，形成了著名的“长江第一湾”。因此，“三江并流”就是指金沙江、澜沧江和怒江这三条发源于青藏高原的大江，在云南省境内自北向南平行奔流近170公里，形成世界上罕见的“江水并流而不交汇”的奇特自然地理景观。[②] 其间澜沧江与金沙江最短直线距离为66公里，澜沧江与怒江的最短直线距离不到19公里。景区范围包括位于云南省的丽江市、迪庆藏族自治州、怒江傈僳族自治州的9个自然保护区和10个风景名胜区。[③] 在景区居住的80多万人当中，少数民族占86.6%，有14个世居少数民族与自然环境和谐共处，主要是藏、怒、傈僳等兄弟民族的聚居地，形成了世界罕见的多种民族、多种文化宗教信仰、多种民风民俗并存的汇聚区，民族文化多样性特色鲜明。

三江并流地区是世界上蕴藏最丰富的地质地貌博物馆。4000万年前印度次大陆板块与欧亚大陆板块大碰撞，引发了横断山脉的急剧挤压、隆升、切割，高山与大江交替展布，形成了世界上独有的三江并行奔流170公里的自然奇观。三江并流景区内高山雪峰横亘，海拔变化呈垂直分布，从760米的怒江干热河谷到6740米的卡瓦格博峰，汇集了高山峡谷、雪峰冰川、高原湿地、森林草甸、淡水湖泊、稀有动物、珍贵植物等奇观异景。景区有118座海拔5000米以上、造型奇异的雪山。与雪山相伴的是静立的原始森林和星罗棋布的424个冰蚀湖泊。梅里雪山主峰卡瓦格博峰上覆盖着万年冰川，晶莹剔透的冰川从峰顶一直延伸至海拔2700米的明永村森林地带，这是目前世界上最为

---

① 参见小小编著：《中国南方北方游》（南方卷），247页，北京，中国电影出版社，2005。

② 参见《中国世界遗产年鉴》编纂委员会编：《中国世界遗产年鉴2004》，223～224页，北京，中华书局，2004；《中国文化遗产年鉴》编辑委员会：《中国文化遗产年鉴2006》，86页，北京，文物出版社，2006。

③ 参见《中国文化遗产年鉴》编辑委员会：《中国文化遗产年鉴2006》，86页，北京，文物出版社，2006。

壮观且稀有的低纬度低海拔季风海洋性现代冰川。① 20 世纪 30 年代，探游过世界许多名山大川的美国学者洛克博把梅里雪山称之为“世界上最美之山”；美国《国家地理》杂志把它列为世界上 5 片“最后的净土”之一；《中国国家地理》“选美中国”活动，将它评为“中国最美的十大名山”的第四名。② 千百年来藏族人民一直把梅里雪山视为神山，每年都要对它进行最虔诚的朝拜，恪守着登山者不得擅入的禁忌。丽江老君山分布着中国面积最大、发育最完整的丹霞地貌奇观，它镶嵌在莽莽原始森林的万绿丛中，璀璨夺目。有不少红色岩石表面风化形成龟裂状构造，其中一座山坡形如千万只小龟又组成一只大龟，排列自然而有序，仿佛向着太阳升起的东方行进。

三江并流地区被誉为世界生物基因库③。三江并流地区是全球生态景观类型、生物多样性最为丰富的地区之一，也是中国 3 大特有物种起源、分化的中心和中国原生生态系统保留最完整、全球温带生态系统最具有代表性的地区之一，名列中国生物多样性保护 17 个“关键地区”的第一位，是欧亚大陆主要的动植物分化中心和起源中心。④由于三江并流地区特殊的地质构造，欧亚大陆最集中的生物多样性、丰富的人文资源、美丽神奇的自然景观使该地区成为唯一的、独特的世界奇观。三江并流地区未受到第四纪冰期大陆冰川的覆盖，加之区域内山脉为南北走向，这里实际上成为欧亚大陆生物物种南来北往的主要通道和避难所，是欧亚大陆生物群落最富集的地区。这一地区具有特殊的地形多样性和气候多样性，正好处于东亚、东南亚和西藏高原的生物地理界的交汇处，一直都是动植物迁徙的南北走廊（特别是在冰河时期），这些因素的共存，使这一地区形成了独特的景观。尽

---

① 参见《中国世界遗产年鉴》编纂委员会编：《中国世界遗产年鉴 2004》，225 页，北京，中华书局，2004。

② 参见《最美中国自助游》编委会编：《最美中国自助游》，19 页，北京，中国林业出版社，2006。

③ 参见《中国文化遗产年鉴》编辑委员会：《中国文化遗产年鉴 2006》，86 页，北京，文物出版社，2006。

④ 参见《中国世界遗产年鉴》编纂委员会编：《中国世界遗产年鉴 2004》，224 页，北京，中华书局，2004。

管这一地区占我国国土面积不到0.4%，但它却拥有高等植物6000种以上、脊椎动物品种500多种，全国20%以上的高等植物和全国25%的动物种数在这里都有。目前这一区域内栖息着珍稀濒危动物滇金丝猴、羚羊、雪豹、孟加拉虎、黑颈鹤等77种国家级保护动物以及秃杉、桫椤、红豆杉等34种国家级保护植物；这里有云南松林、干香柏林、常绿阔叶林、乔松林、秃杉林、高山松林、高山栎类林、云南铁杉林、丽江云杉林、怒江冷杉林、苍山冷杉林、红杉林、大果红杉林等，树种丰富，用材树种达300余种，它是中国主要的天然林保护区；有药用植物约500种，盛产雪上一枝蒿、冬虫夏草、麻黄、贝母、独一味、绿绒蒿、胡黄连、草血竭、金铁锁、大黄、红景天、雪莲花和雪茶等；菌类植物和地衣植物的分布也非常广泛，如这里有举世闻名的冬虫夏草和松茸等，地衣植物如雪茶和桫椤等随处可见。这里还生存着哺乳动物173种、鸟类417种、爬行类59种、两栖类36种、淡水鱼76种、凤蝶类昆虫31种，这些动物总数均达到中国总数的25%以上；① 保护区的动物有140余种，鸟类近300种，因而保护区有“哺乳动物祖先分化的发源地”、“云南雉鹊的乐园”、“南北动物的走廊”和“第四纪冰川活动时期原生动物的避难所”之誉。在三江并流风景区内海拔3800多米的丽江老君山林区，有国家一级珍稀濒危保护动物滇金丝猴，现仅存1000只左右，弥足珍贵。每年春暖花开的季节，这里绿毯般的草甸上、幽静的林中、湛蓝的湖边，到处是花的海洋，可以观赏到200多种杜鹃、近百种龙胆、报春及绿绒马先蒿、杓兰、百合等野生花卉。三江并流地区是世界生物多样性最丰富的地区之一，是北半球生物景观的缩影。因此，三江并流地区是世界级物种基因库，中国三大生态物种中心之一，植物学界将三江并流地区称为“天然的高山花园”，长期以来三江并流区域一直是科学家、探险家和旅游者的向往之地，他们对此区域显著的科学价值、美学意义和少数民族独特文化给予了高度的评价。

---

① 《中国世界遗产年鉴》编纂委员会编：《中国世界遗产年鉴2004》，225页，北京，中华书局，2004。

三江并流是经国务院批准的国家第二批重点风景名胜区。三江并流风景区位于滇西横断山脉纵谷，南比走向的高黎贡山、碧罗雪山和云岭山脉之间。三江并流风景名胜区是以三江并流为奇景，集高山雪峰、峡谷冰川、湖泊温泉、地质遗迹、森林草甸、珍稀动植物和丰富多彩的民族风情为主要特色，以科考、探险、生态旅游为主要功能的国家级著名风景名胜区，也是世界第一大面积的国家重点风景名胜区。从观赏三江并流景观的角度看，最主要的是地处云南省西北部滇藏交界处的梅里雪山。梅里雪山主峰卡瓦格博峰海拔6740米，峰下冰川、冰碛遍布，其中的明永恰冰川长约8公里，是国内目前发现的海拔最低（海拔2700米）、纬度最低的现代海洋性冰川，它深入到森林地带，具有极高的观赏与探险价值。① 梅里雪山脚下的明永村藏族风情浓郁、民风淳朴，在这里还可以观赏到三江并流的壮美景观。景区具有景点多、容量大、质量高的特点。譬如，景区内有怒江、澜沧江、金沙江3个风景片区，8个中心景区，60多个风景点，总面积3500多平方公里。景观主要有三江并流、高山雪峰、峡谷险滩、林海雪原、冰蚀湖泊；广阔美丽的雪山花甸、丰富的珍稀动植物、壮丽的白水台、独特的民族风情等，构成了雄、险、秀、奇、幽、奥、犷等特色。海拔4000米高的高黎贡山与碧罗雪山所挟持，形成了地势险峻的怒江大峡谷，峡谷全长310公里，平均深度为3000米，是世界第二大峡谷。怒江大峡谷以原始的风光与民族、宗教文化多样性而著称于世，早在20世纪20年代奥籍美国人约瑟夫·洛克，在这一地区为美国《国家地理》杂志撰稿、摄影、收集物种20多年；英国小说家詹姆斯·希尔顿1933年创作的《消失的地平线》将“香格里拉”播向了整个世界；②《中国国家地理》“选美中国”活动，将怒江大峡谷评为“中国

---

① 参见《中国世界遗产年鉴》编纂委员会编：《中国世界遗产年鉴2004》，225页，北京，中华书局，2004。

② 刘谨、侯大伟：《这就是香格里拉》，载《经济参考报》，2004年11月12日第8版。“香格里拉”一词源于藏经中的香巴拉王国，在藏传佛教的发展历史上，它一直作为“净土”的最高境界而被广泛提及，在现代汉语词汇中它又是“伊甸园、理想园、世外桃园、乌托邦”的代名词。

最美的十大峡谷”的第四名①；静卧在雪山峡谷中的数百架飞机残骸，在阳光的照耀下闪耀着悲壮的银光，这里便是第二次世界大战历史上著名的“驼峰航线”。虎跳峡是一个令人可畏、震撼的名字，无数中外探险家、漂流者为此献出了征服者悲壮的生命。《中国国家地理》“选美中国”活动，将虎跳峡评为“中国最美的十大峡谷”的第二名。② 哈巴雪山自然保护区位于迪庆藏族自治州香格里拉县境内，哈巴雪山主峰海拔5396米，以高山峡谷地貌为特色，1984年4月被云南省列为省级自然保护区。玉龙雪山是横断山系云岭山脉的主峰，也是我国纬度最高的山峰，有大小山峰70座，主峰扇子陡海拔5596米，属年轻的石灰岩断块褶皱山，1984年4月也被云南省列为省级自然保护区。梅里雪山（又称“太子雪山”）是现今世界上尚未被人类登山活动所征服的处女峰，被誉为“雪山女神”。③ 自1987—1996年，日本、美国、中国登山队相继试图攀登太子雪山，但屡次都未成功；1990年11月至1991年1月，中日联合登山队又一次进行攀登，结果17名队员全体罹难，酿成世界登山史上的第二大惨案。1996年11—12月，中日双方再次组成联合登山队，最终也以失败退下山来，人类的脚印至今没能踏上山顶，太子雪山更加充满着诱惑与神秘。泸沽湖自然保护区位于滇西北的川滇交界处，它是我国第三深水湖泊，属金沙江水系，1986年3月被云南列为省级自然保护区。让泸沽湖名声远播的是它所孕育的儿女——摩梭人，“摩梭”意为“西边来的人”和“人丁兴旺”。根据历史资料记载，从秦、汉时代开始，摩梭人便居住在泸沽湖畔。这是一个生活在特殊地区的特殊社会群体，由于历史、民族、社会等原因，他们至今仍保留着母系家庭的鲜明特征，是不可

① 《最美中国自助游》编委会编：《最美中国自助游》，170页，北京，中国林业出版社，2006。

② 参见《最美中国自助游》编委会编：《最美中国自助游》，160页，北京，中国林业出版社，2006。

③ 参见小小编著：《中国南方北方游》（南方卷），249～250页，北京，中国电影出版社，2005。

多得的“母系社会活化石”①。这里还是中国著名的国际古商道茶马古道的发祥地，16 个少数民族千百年来和睦相处、生息与共。

三江并流孕育了灿烂多姿的民族文化。民歌被傈僳族视为第二语言，傈僳族民歌自成风格，大体可分为古歌、情歌、祭歌、赛歌、颂歌、葬歌等形式。听傈僳族唱歌，会使人感觉到有一种内在的深厚力量，这与傈僳民歌演唱的独特技巧有关，唱短音符时常大量应用颤音，唱长音则唱得平直朴素，音色浑厚低沉，仿佛每一个音符都在演唱着这个大山民族的生命。傈僳族民歌飘过一个时代又一个时代，传唱在高黎贡山和怒江峡谷。基督教于 20 世纪初传入怒江地区，唱赞美诗与唱傈僳民歌有着异曲同工之妙，这大概是促进基督教在怒江地区，特别是在广大傈僳族地区传播的一个因素，随着信教民众的增多，演唱时把傈僳族民歌的曲韵进行了艺术加工，配以赞美诗作歌词并用民族乐器伴奏，在人们面前呈现了一种新的艺术演唱形式，注入了傈僳族对精神文化的新的追求。在香格里拉县城北边 5 公里处，依山耸立着一片布达拉宫式的建筑群，这就是远近闻名的噶丹松赞林寺。“松赞林”意为“天界三神游戏之地”，1679 年兴建，1681 年落成，是经五世达赖阿旺洛桑嘉措，向康熙皇帝奏请敕建的“十三林”之一。“噶丹”表示黄教创始人宗喀巴所建的第一座黄教寺院噶丹寺的传承。七世达赖格桑嘉措支持松赞林寺扩建，特意从布达拉宫库内请出精致无比的释迦牟尼铜像一尊以及金银供器全套和唐卡、锦缎法饰等，布施给了松赞林寺。这座寺院自建成以后，一直是迪庆高原特别是中甸地区藏族民众精神生活的中心。噶丹松赞林寺为云南藏传佛教寺院之首，全寺占地 500 亩，筑有坚固、厚实的城垣，开设有扎雅、独克、东旺、龙巴、鲁古五道城门。扎仓、吉康两大主寺建于最高点，居全寺中央。大寺坐北朝南，为 5 层藏式雕楼建筑。主殿上层镀金铜瓦，楼宇屋角兽吻飞檐，又具汉式寺庙建筑风格。大殿可容纳 1600 人趺坐念经，左右墙壁为藏经“万卷橱”。松赞林寺内有众多历代珍品，有五世达赖

---

① 参见小小编著：《中国南方北方游》（南方卷），250 页，北京，中国电影出版社，2005。

和七世达赖时期的八尊包金释迦佛像、牟尼贝叶经、五彩金制精绘唐卡、黄金灯等。全寺收藏有《甘珠尔》10部，其中两部为金汁手书以及各种精美的鎏金或银质香炉、万年灯等。三坝白地为纳西东巴文化发祥地之一。白地峡谷三面环山，东临金沙江，自从兴起东巴教之后，相继出现了一大批文武兼全的大东巴，他们不仅继承了东巴教，还运用自己的学识使东巴发扬光大，纳西有句名言："没到过白地，不算真东巴。"朝拜白地圣地、学习白地经典为东巴教徒所向往。"东巴"义为"智者"，是纳西族自古传承下来的巫师和祭司，东巴本身往往是多才多艺的人，集写、唱、画、舞、医、匠为一身，是纳西族原始古代文化的创造者和传播者。白地还盛产供制造硬面草纸的植物，东巴们剥去皮煮纸浆，便能生产硬挺洁白的纸，又有专制削笔的毛竹，为东巴经文的书写和传播提供了优越的条件。白地还有白水台地理奇观，其成因是由于水中的碳酸氢钙经阳光照射反应，在地表形成千姿百态的岩溶地貌。纳西语称为"拜卜芝"，意为"慢慢长大的花"。这处占地约3平方公里的地方，随山势自然高下，有"仙人遗田"的美称。根据传说，纳西族东巴教的第一圣祖丁巴什罗从西藏学习佛经回来，途经白水台，被这里的美景迷住，便留在此设坛传教，白水台由此成为东巴教徒的神圣之地。现在白地仍然是人们朝拜、学经和采风之地。著名的茶马古道南起滇茶的集散加工地普洱，途经澜沧江过大理、丽江，一条通过中甸藏区，翻白马雪山，沿澜沧江进入西藏，最终到拉萨、印度、尼泊尔；另一条道从维西翻越碧罗雪山进入怒江，然后沿着雪山峡谷北上进入西藏察隅等地。茶叶为藏区人民生活的必需品，历来有"腥肉之食，非茶不消，青稞之热，非茶不解"之说。滇茶是滇藏贸易的主要商品，早在唐代时便已传入藏区。宋代期间战乱导致中原需要大量战马，边关民众赶马匹换茶，当时有人主张设立茶市以换取马匹，宋神宗采纳此举设立了"茶马司"，专门管理边茶与马匹的互市交易。藏区人民把茶马贸易视为"金路"，它解决了藏族人民所需要的茶叶，也为自己的牲畜等土特产品找到了出路，由此促进了藏区同内地交通的发展。当时沿着茶马古道经营滇茶藏销的，大多数是丽江纳西族和中甸藏族，最初仅在乡城、稻城一带贩运；清朝初叶，有的已取道昌都西下拉萨营业。滇藏交通十分险恶，在漫长的崎岖驿道中行走，经常有马翻人坠的事情，在一般情况下，从丽江到拉萨全程需要110天，每年仅能够作一次运转。酥油茶是藏区民众日常生活须臾离不开的食品。酥油是用“高原之舟”的牦牛和犏牛的奶汁提炼而成的，藏民用以配茶，既可抵抗寒冷又能增强体质，还是藏族少食菜蔬又不缺欠维生素的一个主要来源。

二

依据世界自然遗产公约的规定保护三江并流地区遗产资源。三江并流的英文名称为：“Three Parallel Rivers of Yunnan Protected Areas。”1998年2月5日云南省建设厅向省政府递交了《关于滇西北“三江并流”申报世界自然遗产工作的报告》，正式启动世界遗产申报工作。1999年10月8日—29日，云南省又组织省内外有关专家及新闻工作者6人组成的科考队，对“三江并流”风景区范围内的丽江、维西、香格里拉、德钦、兰坪风景区进行秋季补充考察；1999年12月27日云南省政府发布实施《云南省三江并流国家重点风景区管理规定》。2002年10月20日联合国IUCN（国际自然保护联盟）吉姆桑塞尔和莱斯莫洛依两位专家抵达昆明，分别对迪庆、怒江、丽江“三江并流”国家重点风景名胜区申报世界自然遗产区域进行实地评估考察。根据《保护世界文化和自然遗产公约》第2条第2款中对于自然遗产的说明：“从科学或保护角度看具有突出的普遍价值的地质和自然地理结构以及明确划为受威胁的动物和植物生境区”[①]，三江并流不仅具有举世奇特的自然地理景观，还具有各种类型的地貌景观，而且在动植物资源分布的多样性以及珍惜程度上，也具有突出的自然价值和科学价值，符合《公约》中对于自然遗产的定义。三江并流所独具的“江水并流而不交汇”的自然地理现象是举世罕见的，而且位于东亚、

① 《保护世界文化和自然遗产公约》，见《中国世界遗产年鉴》编纂委员会编：《中国世界遗产年鉴2004》，303页，北京，中华书局，2004。

南亚和青藏高原三大地理区域的交汇处这样一个特殊的位置，因此，造就了地貌类型和动植物资源的多样变化性，这在中国乃至世界自然保护区中都是难得的。所以，三江并流符合自然遗产的真实性标准。另外，三江并流作为一个独立的自然保护区，涵盖了各种各样的地理要素和生态要素，在构成上比较完整，无论在质量上，还是在数量上都具有较高等级。三江并流地区作为无人进入区，长期以来保存完好，如千百年来藏族人民把梅里雪山视为神山，恪守着登山者不得擅入的禁忌。“三江并流”区域完全符合自然遗产地质多样性、生物多样性和景观多样性、完整性的标准。2003 年 7 月 2 日在法国巴黎召开的联合国教科文组织第 27 届世界遗产大会上，根据世界自然遗产遴选标准进行投票表决，三江并流依据自然遗产遴选标准的第 I、II、III、IV 条标准入选《世界遗产名录》。世界遗产委员会的评价是：三江并流自然景观位于青藏高原南延部分的横断山脉纵谷地区，整个区域达 4.1 万平方公里。“三江并流保护区范围由八个地理保护区域组成。在中国云南省西北的多山地区中，亚洲三条大江的上游部分，即：长江（金沙江）、湄公河（澜沧江）以及萨尔温江（怒江）在这 1.7 万平方公里的土地上自北向南平行奔流，穿越高差 3000 米的险峻峡谷，流经海拔超过 6000 米的冰峰高山。她不仅是中国生物多样性的中心，也是世界生物多样性最丰富的地区之一。”① 同时该地区还是 16 个民族的聚居地，是世界上罕见的多民族、多语言、多种宗教信仰和风俗习惯并存的地区。获得了世界自然遗产的称号，就必须履行申遗时的承诺，严格依据《保护世界文化和自然遗产公约》的具体规定②，采取切实可行和行之有效的措施，为子孙后代和全人类保护好这份珍贵的自然遗产资源。

三江并流地区遗产资源的开发利用必须坚持“保护第一”的原则。三江并流的特殊地理结构造成水流湍急、河床落差大，是修筑世

---

① 《中国世界遗产年鉴》编纂委员会编：《中国世界遗产年鉴 2004》，226 页，北京，中华书局，2004。

② 《保护世界文化和自然遗产公约》，见《中国世界遗产年鉴》编纂委员会编：《中国世界遗产年鉴 2004》，303～307 页，北京，中华书局，2004。

界一流电站的理想之处。云南水能资源 82.5% 蕴藏在金沙江、澜沧江、怒江三大水系，金沙江占云南水能资源总量的 38.9%。云南水能资源理论蕴藏量为 10364 万千瓦，占全国总蕴藏量的 15.3%，仅次于西藏、四川，居全国第 3 位。可开发的装机容量为 9000 多万千瓦，年发电量为 3944.5 亿度，占全国开发装机容量的 20.5%，居全国第 2 位。然而三江并流自 2003 年进入《世界遗产名录》，已经接受了两次评估。第一次受到评估的原因，是世界遗产中心认为当地对旅游开发过热；第二次评估报告称，怒江上将建 13 座大型水电站，其中有 1 座正在保护区内，另外 12 座尽管不在保护区内也距离不远。世界遗产中心认为三江并流地区是中国生物物种的发源地，集中了 6000 种植物种类和超过全中国一半的动物物种，三江并流地区不仅是中国保持生物多样性最丰富的生态系统，可能也是世界之最。然而有人要在金沙江中段的虎跳峡等地建 8 个梯级电站，在仅有的生态河流——怒江上也要筑起座座高坝。这些浩大工程的兴建，对三江并流遗产地会有灾难性的影响。西南林学院杨宇明教授的研究表明，在三江并流区域怒江流域的鱼类有 50 多种，其中 40% 是特有种类，梯级水坝会造成许多适应急流的和洄游水生物种的消失，其中包括世界上最大的洄游距离长达 1500 公里的鳗鱼——云纹鳗鲡。一些社会学者对此也表示担忧，认为建坝造成的地理地貌的变化加之大量的水库移民，会对当地的文化多样性带来不可弥补的破坏，如金沙江和澜沧江上已建和在建的其他大型水电工程，已经构成了严重的地质、环境和社会的不可预测的长期影响。第 28 届联合国世界遗产委员会会议于 2004 年 6 月 28 日至 7 月 7 日在苏州举行。世界遗产大会对“中国三江并流”进行评估，认为怒江是东南亚唯一的一条大型“自由流动河流”，如果在江上大量建造水坝不仅会影响物种生存，还将对该处自然遗产的原生态造成破坏。世界遗产中心要求中国在 2005 年 2 月 1 日前递交整改报告，提供给下届大会审议。国务院和地方政府已经制定了对三江并流地区遗产资源进行严格保护、合理开发、统一管理、永续利用的指导方针。近年来中央政府及地方政府已投入数十亿资金，在该地区内开展“天然林保护工程”、“水土保持工程”、“山区居民异地搬迁脱贫工程”、

“珍稀野生动植物保护工程”等大型环保项目，[1]预计在10年内完成并取得成效。

对三江并流地区的遗产资源依法进行管理和维护。云南省十届人大常委会第十六次会议审议通过了《云南省三江并流世界自然遗产地保护条例》，该条例自2005年7月1日起施行。《条例》共30条，内容包括三江并流遗产地的范围界定、管理机构的设置、规划的编制和审批、区域划定、保护管理措施和合理开发利用等方面。三江并流遗产地包括自然保护区和风景名胜区，其中自然保护区分为核心区、缓冲区和实验区；核心区禁止任何单位和个人擅自进入；缓冲区经有关行政主管部门批准方可进入从事科学研究或者观测活动。三江并流遗产地中的风景名胜区实行三级保护：一级保护区内除必要的基础设施外，禁止建设其他设施；二级保护区内禁止建设与风景和游览无关的设施；三级保护区内的建设项目不得破坏景观、污染环境。在三江并流遗产地风景名胜区一级保护区内，对保护三江并流遗产地确有不利影响的居民点，有关县人民政府应当拟定搬迁计划，按照审批权限报县级以上人民政府批准后逐步实施搬迁。三江并流遗产地内的风景名胜资源依法实行有偿使用。三江并流遗产地风景名胜区内的经营项目、经营位置和经营规模，由三江并流风景名胜区管理机构根据风景名胜区详细规划确定，并采取招标投标、拍卖等方式明确经营权。取得经营权的单位和个人不得擅自变更经营项目、经营位置和扩大经营规模。三江并流国家风景名胜区的保护目标是通过风景名胜区域保护规划和保护建设，将三江区域建成具有现代保护以及管理模式的风景名胜区，其保护和管理水平达到世界自然遗产公约规定的要求。保护的对象主要有具有原始生态系统的森林和湿地，濒危野生动物栖息地或活动范围，具有丰富植物物种的地区或稀有植物的生长地，重要的水源保护地，具有美学价值的自然及人文景观的地区，具有特殊地质地貌的地区。

---

① 《中国文化遗产年鉴》编辑委员会：《中国文化遗产年鉴2006》，86页，北京，文物出版社，2006。

贵州黄果树的自然与人文景观

一

黄果树国家重点风景名胜区距贵州省贵阳市128公里。省会贵阳地处东经106°07′~107°17′，北纬26°11′~27°22′，冬无严寒，夏无酷暑，年平均气温在15.2℃，最冷的1月平均气温4.9℃，最热的7月平均气温22.4℃，历来有“上有天堂，下有苏杭，气候宜人是贵阳”之说，2007年被中国气象学会评定为“中国避暑之都”。[①] 明隆庆三年（公元1569年），朝廷改“程番府”为“贵阳府”，自此“贵阳”之名一直沿用至今，已有400多年的历史。中国古代以山北为“阴”，山南为“阳”，“贵阳”就因城区位于境内贵山之南而得名。贵阳是我国首个“国家森林城市”，因而“绿”是这座美丽城市的基调。古人云：“非常之景，多在于险远。”[②] 而贵阳的绝色美景却往往“贵在边城”，自然“贵不可言”。[③] 苍莽深处有苗族、布依族等少数民族世代劳作于此，守候着祖辈留存下来的家园。贵阳严格地说是一座移民城市，多元文化兼容并进，使得这座城市的性格，多了一些宽厚接纳的心态，充溢着满满的人情味。所以，贵阳被称之为“人类疲惫心灵的

---

① 参见胡晓刚：《中国贵阳·避暑之都·休闲胜地》，4页、6页，贵阳，贵州人民出版社，2007。

② 刘书芝：《别有洞天——天河潭》，载《郑州晚报》，2008年7月29日。

③ 袁周：《贵阳的邀请》，见胡晓刚：《中国贵阳·避暑之都·休闲胜地》，2页，贵阳，贵州人民出版社，2007。

最后家园”，并且是联合国确定的人类“返璞归真，回归自然”[①] 旅游的首选地之一。

黄果树瀑布是驰名国内外的大型瀑布。黄果树瀑布是一个巨大的瀑布群，它由18个地面瀑布和4个地下瀑布共同组成[②]。黄果树瀑布高77.8米、宽101米，气势磅礴宏大壮观，是我国最大的瀑布，也是世界著名的瀑布之一。涨水季节它如银河倒泻奔流直下，声若雷鸣震颤山谷，十里之外犹闻其声。瀑布溅起的雾珠升腾百米之高，在阳光的照射下数道彩虹时隐时现，令人身临其境如梦如幻。古人曾撰联赞美其妙：“白水如棉不用弓弹花自散；红霞似锦何须梭织天生成。”[③]枯水季节数道清流从悬崖缓缓坠落，如同少女秀发披肩妩媚娟秀。更令人叹为观止的是大瀑布后有一水帘洞，长134米贯穿全瀑，万幅娇俏掩罩6个洞窗，瀑声盈耳惊心动魄，瀑布珠帘伸手可及，被称为“天下第一奇洞”。周边分布着雄、奇、险、秀，风格各异的大小18个瀑布，如有落差高达410米的滴水滩瀑布，有面宽110米的陡坡塘瀑布，有滩面长达350米的螺丝滩瀑布，以及形态秀美的银练坠潭瀑布等，构成一个庞大的瀑布“家族”，可以说这里就是一个天然的“瀑布博物馆”。因而它被世界吉尼斯总部评为世界上最大的瀑布群，列入世界吉尼斯记录。黄果树大瀑布是黄果树瀑布群中最为壮观的瀑布，也是世界上唯一可以从上、下、前、后、左、右6个方位进行观赏的瀑布，同时还是世界上有水帘洞自然贯通且能从洞内外听、观、摸的瀑布。[④] 黄果树瀑布古称白水河瀑布，亦称黄桷树瀑布、黄葛树瀑布或黄葛墅瀑布。早在明朝弘治年间的《贵州图经新志》中，就有黄果树瀑布的文字记载，之后在嘉靖年间的《贵州通志》、《贵州山泉

---

① 孙先洪：《返璞归真回归自然》，载《时代文学》（下半月），2009（6）。

② 参见小小编著：《中国南方北方游》（南方卷），253页，北京，中国电影出版社，2005。

③ 《最美中国自助游》编委会编：《最美中国自助游》，263页，北京，中国林业出版社，2006。

④ 有关资料见《中国第一大瀑布——黄果树》，载《人民日报》，2006年1月12日第16版。

志》和《贵州名胜志》中均有记载。明朝伟大的旅行家徐霞客，更是对黄果树瀑布作了生动而详细地描述，并在考察了大瀑布之后赞叹道："捣珠崩玉，飞沫反涌，如烟雾腾空，势甚雄伟；所谓'珠帘钩不卷，匹练挂遥峰'，俱不足以拟其壮也，高峻数倍者有之，而从无此阔而大者。"① 最新研究成果表明，黄果树瀑布前的箱形峡谷原为一落水溶洞，后来随着洞穴的发育，水流的侵蚀使洞顶坍落而形成瀑布，它由落水洞坍塌而形成了黄果树瀑布。由于一个瀑布的形成过程是与瀑布所在的河流的发育过程紧密相关的，故黄果树瀑布的形成过程，须与白水河的演化发育历史结合起来考虑。这样黄果树瀑布的发育过程大体可分成七个阶段：即前者斗期、后者斗期、老龙洞期、白水河期、黄果树伏流期、黄果树瀑布期和近代切割期。其形成时代大约从距今2700～1000万年的第三纪中新世开始，一直延续至今，经历了一个从地表到底下再回到地表的循环演变过程。黄果树景区风景秀丽、环境优美、空气清新（每立方厘米空气中有负氧离子2.8万个以上）、气候宜人（每年平均气温16℃左右），是休闲、度假、观光、疗养的理想胜地。黄果树风景名胜区是全国第一批国家重点风景名胜区和首批获得国家评定的5A级旅游区，景区先后被评为全国科普教育基地、"全国文明风景区"示范点、"西部最具魅力旅游景区"。2005年被《中国国家地理》杂志社评为"中国最美丽的地方"，黄果树瀑布被评定为"中国最美的六大瀑布"之一；② 被《人民日报》社评为"中国风景名胜区顾客十大满意品牌"，并荣获"欧洲游客最喜爱的中国十大景区"等荣誉称号。

黄果树大瀑布周边的滴水滩瀑布与陡坡塘瀑布景观。滴水滩瀑布位于坝陵河上游距关岭城东约5公里，又称"关岭大瀑布"，以落差最大的瀑布而著称。它是由坝陵河上的一个支流突然坠落而成的。它共由7级组成，总高度达410米，最后一级为宽63米、高达130米的

---

① 转引自《中国第一大瀑布——黄果树》，载《人民日报》，2006年1月12日第16版。

② 《最美中国自助游》编委会编：《最美中国自助游》，263页，北京，中国林业出版社，2006。

“高滩瀑布”，它是黄果树瀑布群内最高的瀑布。这里有2条对峙的险峻山岭——关索岭和大坡顶，构成了一个深达700余米的大峡谷。滴水滩瀑布由3个瀑布组成，最上面的瀑布叫“连天瀑布”，中间的瀑布称为“冲坑瀑布”，最下面的瀑布称为“高潭瀑布”，它们是集高、大、美、秀著称的瀑布群。譬如，首先就其“高”而言，瀑布总高316米，其中的“冲坑瀑布”高160米，“高潭瀑布”高130米，无论总高度或者个体高度，都是黄果树瀑布群中的居高者。其次就其“大”而言，瀑布气势雄伟磅礴，最高一层波涌连天，中间数层腾空涌雪，最下一层震荡群山。再次就其“美”而言，远远望去，它那美丽多变的姿态，宛如一位天仙般的白衣女郎，提着雪白的衣裙轻捷地从高岩上奔跑而来；忽而将裙子收拢束紧，妖媚窈窕；忽而又将裙子随意撒开，显得落落大方。最后就其“奇”而言，瀑布的形态多有奇特之处，最上一级瀑布的顶部仅仅是一个3.5米宽的峡谷岩道，而最下一级瀑布顶部则宽达45米。由于它深切于峡谷之中，多处为山崖遮掩时隐时现，有的地方只闻其声不见其形，实难窥其全貌，使人愈觉神秘奇妙。① 陡坡塘瀑布位于黄果树瀑布上游1公里处，瀑顶宽105米、高21米，是黄果树瀑布群当中瀑布顶部最宽的瀑布。陡坡塘瀑布顶上是一个面积达1.5万平方的巨大溶潭，瀑布则形成于逶迤100多米长的钙化滩坝上。“遥闻水声轰轰，从陇隙北望，忽有水自东北山腋泻崖而下，捣入重渊，但见其上横白阔数丈，翻空涌雪，而不见其下截，盖为对崖所隔也。”这是徐霞客在《徐霞客游记》中对陡坡塘瀑布的具体描述。② 平水季节白水河流量不大但水流清澈，“陡坡塘瀑布”显得十分清秀妩媚。瀑布水层沿着和缓的瀑布面均匀地撒开，在已经钙华的滩面上轻盈地飞舞着，既如一层薄薄的、半透明的面纱，又如一面面张开的素绢扇面在阳光下泛着银光，故有人戏称它为“新娘面纱”。一到洪水季节白水河的水，由于携带了大量由洪水冲下来

① 有关资料见《中国第一大瀑布——黄果树》，载《人民日报》，2006年1月12日第16版。

② 转引自《中国第一大瀑布——黄果树》，载《人民日报》，2006年1月12日第16版。

的上游泥沙而呈黄色的浊流，陡坡塘瀑布便消失了往日平水时的秀色，而变得异常凶猛雄壮。黄浊的河水翻坝跌落，就像一匹脱缰的野马。瀑布左侧的钙华堆积而成的洞穴，在巨量洪水经过时会产生奇特的汽笛效应，发出低沉浑厚的吼叫声，故陡坡塘瀑布又称为吼瀑。[①] 在陡坡塘瀑布的东侧山崖上，有一条小瀑布从芦苇丛中飞泻而下，还不等水流至地面瀑布已散成层层水雾，人从小瀑旁经过只见晴空飘雨，在阳光下折射成美丽的彩虹。修长清秀的小瀑布与宽阔雄壮的陡坡塘主瀑布形成一种强烈的反差对比，但似乎又和谐地组合在一起，這种瀑布组合通常是不可多见的。

黄果树大瀑布周边的天星桥景观。距黄果树大瀑布7公里处的天星景区，可谓一步一景、三步一画，山、石、水、林、洞、瀑无不奇妙绝伦，整个景区游览面积4.5平方公里。四围青山如画植被茂盛，清流密布，树奇形怪状、石奇异多姿，难怪“有水皆成瀑，是石总盘根”[②]。譬如，“天然盆景区”是“天星景区”较大的一片天生桥上石林。这里有大大小小的水盆和漫水坝，以及一个个大大小小天然的山石、水石盆景。弯弯曲曲的石板小道，穿行于石壁、石壕、石缝之中，蜿蜒于盆景边石之上。沿小道游览抬头是景，低头也是景，前后左右处处皆成景，仿佛就像到了天上的仙境、地下的迷宫。其著名的景观有数生步、响水洞、天水一线、空灵、仙鹰回巢、八面景、天星照影、长青峡、大肚难过、歪梳石、寻根岩、鸳鸯藤、美女榕、人生百态、天星湖等。“天星洞景区”在天星景区中段，主要景观“天星洞”位于“冒水潭”旁的河岸上。洞内形成若干大厅且自有特色，最大一厅高50米，直径150米，面积约1.8万平方米。在五光十色、变幻无穷的奇峰异石之中，4根雕花大柱直抵天穹，每根石柱高度都在20米以上。柱上石花丛生，如雕龙刻凤，色泽艳丽。洞中的许多奇景是在别的溶洞中无法见到的。“水上石林区”在景区的下段，沿“天星洞景区”往下走1公里的石板石梯小路即可到达。小路沿河而建，有栈道

① 刘耀编著：《中国绝色风景》，311页，北京，中国长安出版社，2006。

② 转引自《贵州的骄傲：黄果树瀑布》，载《经济信息时报》2001年7月20日。

和跌水可观赏。小路两旁有许多天然的榕树盆景，盆景边有石条、石凳供游人休息。石林间长着大片的仙人掌和小灌木丛以及各种花草，终年点缀着绿荫。所谓“石上流水，水上有石，石上又长树”，如果不是亲眼所见，实在难以置信。① 主要景观有“藤条奇观”、“三树一身”、“群榕聚会”、“根王”、“天星桥石芽林”、“水上石林”等。其中有一处奇特景观，那就是“美女榕”。“美女榕”乃是一棵榕树的分枝缠绕而成，乍一看就像一个倒立着的裸女刚刚出浴，为了躲避游人的目光害羞地用手遮住脸，不让别人看到她的真面目。“天星洞”幽深宁静，形态万千，扑朔迷离。“银练坠潭”瀑布如千万条银练，串流入潭，潇洒秀美璀璨夺目。

黄果树大瀑布周边的红崖古迹景观。“红崖古迹”又名“红岩碑”，地处贵州关岭布依族苗族自治县龙枣树村的“晒甲山”上。距黄果树瀑布7.5公里，距安顺市约50公里。“红岩碑”是一块长约百米，高30多米的红色天然石壁。在红崖偏北的一块平整的地方有形如古文字，即非镌非刻、非篆非隶的铁红色神秘符号呈现于浅红岩面。字不成行且排列不整齐，错落参差、大小不一，共有19字。字大者有一米见方，字小者只有十几厘米。尽管经风雨剥蚀但其色历久不退，因年代久远神秘玄奥，被称为“南中第一奇迹”。《永宁州续志》载：“在红岩晒甲山悬岩上。约二十余字。大者如斗，小者如升。非篆非隶，不可辨认。字若朱画，并非镌刻。”当地人称之“红岩天书”。② 据说在清光绪二十七年（公元1901年），永宁州官想得拓本，因字非镌刻无法拓取，便派工匠架脚手架用桐油石灰填糊字画四周，成其阴文拓取。后被地方人士知晓群起谴责，州官令人将桐油石灰铲平，致岩面铲脱一层。即使如此，字形尽管有所改变，但字迹的本来面目仍在。现存字体与《安顺府志》、《永宁州志》、《永宁州续志》等原载不同，数目亦有差异。民国《贵州通志》载字体三种，其中一种是最后

---

① 刘耀编著：《中国绝色风景》，311页，北京，中国长安出版社，2006。

② 参见小小编著：《中国南方北方游》（南方卷），254～255页，北京，中国电影出版社，2005。

的字体。明嘉靖年间，邵元善的《红岩诗》是最早对红岩碑的记载。清道光年间潘祖荫首倡研究红崖碑，道光、咸丰年间对红岩碑的研究盛兴。先后有拓本、摹本、缩刻本多种问世，并被收入全国性的碑刻著录；记游考证之作甚多，邹汉勋、刘心源还分别著有释文。光绪年间日本学者德丸作藏和法国学者雷柏如与弗南海尔等人，均前来考证但都未获结果。雷柏如说："此碑含有绝对之神秘性，谁也无法窥破其中的奥秘。"① 百年以来对红崖碑的研究一直没有间断，主要有四种说法：一说认为这是"殷高宗伐鬼方纪功碑"的刻石；二说是"三危禹迹"，即大禹治水时留下的遗迹；三说认为是"诸葛碑"，即诸葛亮南征时当地少数民族所作的图谱；四说认为是"少数民族文字"，疑为古牂牁文或古彝文或古夜郎文等。② 现代史学界有认为与夜郎文化有关。近时有认为是岩石风化的自然花纹，后经有关部门对岩石和字迹作科学鉴定，认为确系人为所致并非石花。尽管尚未揭开"红崖碑"的真实面目，因年代久远作为文物古迹是无疑的。考虑到既不是碑，也无斧凿钻刻痕迹，故称之为"红崖古迹"。红崖山前景色雄奇，放眼四顾群山重叠，莽莽苍苍。"关索岭"自北而南气势磅礴，坝陵河深藏谷底，曲折南流波光闪耀。

二

黄果树的由来和晒甲山的传说。传说吴三桂在败退时将 18 抬金银丢入"犀牛潭"中，从此当地人都想获得这些被抛遗的宝物。过了若干年之后，这里率先搬来了只有老两口的一户人家。有一天一个洋人来到犀牛潭边，用他的魔法看到潭中的财富，然而无法避开潭水捞取，故在潭边徘徊了整整 3 天。一天他突然发现瀑布上方侧面的悬崖上，长着的一棵树上结了一个仙果，此果实是吸干潭水的神物，但时日不

---

① 王鸿儒：《夜郎还有多少谜?》，载《中国民族报》，2006 年 11 月 17 日。

② 参见小小编著：《中国南方北方游》（南方卷），255 页，北京，中国电影出版社，2005。

到神功尚差，必须养足百天才行。于是他付钱请二老看守仙果，便回去准备取宝的工具。3 个月过去了仙果越长越大形如升斗，然而未见洋人回来取果。到了 99 天仍不见洋人来，二老摘下仙果抛入潭中试探。仙果入潭后只见光华四射吸水有声，瀑水停落潭水下跌。不到一个时辰潭水全无，果见潭底金银财宝。正当他们惊喜无比之时，突然潭中响起天崩地裂似的巨声，吓得二老魂飞魄散。顷刻之间瀑水下落，潭水涨满，一切又恢复了原样。第二天洋人到此不见树上仙果，追问原因才知情由，于是悔叹道："仙果尚欠一日之功，可惜！可惜！"[①]后来到这个地方居住的人多了，为了纪念这棵古老的黄果仙树，便把这个地方取名为"黄果树"。在关岭县的"打邦河"与"坝陵河"之间，耸立着一座山名叫"晒甲山"。在"晒甲山"东侧相传三国时的诸葛亮南征屯兵，关羽的儿子关索打败叛军之后，千军万马在打邦河中洗涤征尘，然后在山坡上休整、歇息，其部下在这里晾晒盔甲而得名。[②] 清道光《永宁州志》载："晒甲山即红岩后一山也，崔巍百丈……俗传武侯南征晒甲于此。"与晒甲山对峙而立的关索岭，峰峦叠嶂、气势巍峨、地势险要，自古就是兵家重地。关索岭景观在关岭布依族苗族自治县城东 22 公里，与"鸡公背"相对峙。路如"之"字盘旋而上，须经 43 盘方能抵山顶。至 16 盘处佳木葱茏、石洞清幽。有"龙泉寺"，祀三国"蜀汉寿亭侯关羽"；有"马刨泉"水味甘冽，被誉为琼浆玉液。俗传诸葛亮南征，关羽第三子关索为前锋，统兵至此渴甚，俄而乘骑刨地出水，故名"马刨泉"。右边一泉深尺许，大旱不消、大水不涨，传人饮此水者必哑，故《三国演义》将其描述为"哑泉"。徐霞客谓二泉"相去不数步，何良（木加苦）之异如此！"古人无从解答，如是长期盖以巨石并立禁碑，榜曰"亘古哑泉"。[③] 山顶高出云表，茫茫雾海，气象万千。御书楼矗立其间，上有康熙二年（公元 1663 年）玄烨亲题书的"滇黔锁钥"匾额。楼侧有一庙，庙内

---

① 刘耀编著：《中国绝色风景》，308～309 页，北京，中国长安出版社，2006。

② 刘耀编著：《中国绝色风景》，309 页，北京，中国长安出版社，2006。

③ 刘耀编著：《中国绝色风景》，311 页，北京，中国长安出版社，2006。

供奉关索的塑像，传说中的关索忠勇爱民，有功于黔。黔人非常崇敬关羽，各地多有关庙，且以其名名山。

黄果树大瀑布周边的织金洞景观。织金洞原名“打鸡洞”、“乾宏洞”、“织金天宫”，位于贵州织金县城东北面23公里官寨乡东街口，距省城贵阳120公里。织金洞属亚热带湿润季风气候区域，地处我国乌江上游缔结河峡谷南岸，系受新构造运动影响地块隆升，河流下切溶蚀岩体而形成的高位旱溶洞，地质形成约50万年。由于地质构造复杂多变，使得该洞具有多格局、多阶段、多类型发育充分的特点。1980年4月织金县人民政府组织的旅游资源勘察队发现此洞。它是一个多层次、多类型的溶洞，洞长6.6公里，最宽处175米，相对高差150多米，全洞容积达500万立方米；空间宽阔，有上、中、下三层，洞内有石笋、石柱、石芽、钟旗等40多种岩溶堆积物，显示了溶洞的一些主要形态、特征类别。根据不同的景观特点，该洞具体分为迎宾厅、讲经堂、雪香宫、寿星宫、广寒宫、灵霄殿、十万大山、塔林洞、金鼠宫、望山湖、水乡泽国等景区，共有47个厅堂、150多个景点。洞内有各种奇形怪状的石柱、石幔、石花等，组成奇特景观，身临其境如同进入神话中的奇幻世界。最大的洞厅面积达3万多平方米，每座厅堂都有琳琅满目的钟乳石，大的有数十丈，小的如嫩竹笋，千姿百态；还有玲珑剔透、洁如冰花的卷曲石。“霸王盔”、“玉玲珑”、“双鱼赴广寒”、“水母石”、“碧眼金鼠”等景观，形态逼真五彩缤纷。特别是高17米的“银雨树”挺拔秀丽，亭亭玉立于白玉盘中。织金洞不但有很高的旅游、美学价值，而且对于研究中国古地理、古气象学等都具有极高的科学价值。洞外有地面岩溶、峡谷、溪流、瀑布等自然景观与布依、苗、彝族村寨。织金城建于公元1382年，三面环山，一水贯穿全城，城内有71处清泉，庵堂寺庙50余处，有结构奇特的财神庙、“洞庙”相结合的“保安寺”等。① 织金洞之所以被人们称为“溶洞之王”，就在于它在世界溶洞中具有多项世界之最。譬如，整个洞已开发部分就达35万平方米；洞内堆积物的多品类、高品位为

---

① 刘耀编著：《中国绝色风景》，316页，北京，中国长安出版社，2006。

世间少有；洞厅的最高、最宽跨度属于至极；神奇的银雨树、精巧的卷曲石举世罕见。最大的景物是金塔宫内的“塔林世界”，在1.6万平方米的洞厅内，耸立着100多重金塔银塔，而且隔成11个厅堂。金塔银塔之间，石笋、石藤、石幔、石帏、钟旗、石鼓、石柱遍布，与塔群遥相呼应。从洞的体积和堆积物的高度上讲，它比一直誉冠全球并列为世界旅游溶洞前6名的法国、南斯拉夫等欧洲国家的溶洞要大2~3倍，被国际知名的地貌学家威廉姆称为“世界第一流的喀斯特景观”。凡游览过织金洞的人都说：“看了织金洞，不再看岩洞。”① 织金洞既是一座天然的地下艺术宝库，又是一座岩溶博物馆，堪称“世界奇观”。织金洞风景名胜景观以织金洞为主体，包括织金洞景区、织金古城区、洪家渡高原平湖景区等，总面积307平方公里。织金洞是我国著名的喀斯特风景名胜区，“中国旅游胜地40佳”之一。1988年国务院审定公布的第二批“国家级重点风景名胜区”，与红枫湖、龙宫、黄果树大瀑布三个国家级风景区共同形成旅游黄金环线。

黄果树大瀑布周边的龙宫景观。龙宫位于贵州省安顺市南郊与黄果树风景区毗邻，距安顺市区西南27公里，距省会贵阳市116公里。龙宫总体面积达60平方公里，从整体上可分为中心景区、漩塘景区、油菜河景区、蚂蟥箐景区四个分景区，融瀑布、峡谷、峰丛、绝壁、湖泊、溪河、民族风情、宗教文化于一体，景色奇美堪称一幅怡然自得的人间仙境画图。景区内有全国最长、最美丽的水溶洞，还有着多类型的喀斯特景观，被游客赞誉为“大自然的奇迹”。中心景区方圆10平方公里的范围内，星罗棋布的大大小小的水、旱溶洞90余个，是全世界水旱溶洞最多、最集中的地方，获得世界吉尼斯记录。龙宫景区以水溶洞、洞穴瀑布和“旱溶洞”为景观主体，并有山野风光、石林奇趣、田园村寨等其他景观，可谓旅游景观丰富多彩。龙宫全长3000多米，由暗河连接五组溶洞组成，当地人习惯称为“五进龙宫”。一进龙宫由宫门到蚌壳岩；二进龙宫由“蚌壳岩”到“花鱼塘”；三

① 参见小小编著：《中国南方北方游》（南方卷），255页，北京，中国电影出版社，2005。

进龙宫由“花鱼塘”到“青鱼洞”；四进龙宫由“青鱼洞”到“枫树洞”；五进龙宫由“旋塘”经“观音洞”到“小菜花湖”。暗河水最深处达28米，最宽处30多米，最窄处只能容一条小船出入。龙宫与一般旱洞不同，它浸在一泓碧水中，泛舟穿行于溶洞间宛如荡舟“龙王水晶宫”。面积约8平方公里的龙宫风景区里，还有因岩溶发育形成的大小旱洞20多个，有“新寨洞”、“龙旗洞”、“天剑洞”和“虎穴洞”。四洞中以“新寨洞”（又名“玉柱洞”）最大，洞深1公里许，有7个洞厅和奇丽多姿的岩溶景观。景区除龙宫外还有“龙门瀑布”、“蚌岩飞燕”、“花鱼桃源”、“云山石林”、“卧龙池”、“坝上桥”等景点。龙门瀑布在龙宫宫门近旁，是由天池水通过洞窗直泻而下形成，瀑布宽约25米，高达34米。瀑声如雪崩雷鸣，当地群众称此景为“白龙出巢”。1988年龙宫风景名胜区被国务院公布为第二批国家级风景名胜区，2007年5月8日龙宫景区又经国家旅游局正式批准为国家5A级旅游景区。

贵州著名的蜡染之乡石头寨。在世界上最大的喀斯特地区、贵州省中部的镇宁布依族苗族自治县是布依族人聚居区，有一座用石头修筑的布依族山寨冠名“石头寨”。高大的石头垒起的寨门上刻着“石头寨”三个十分引人注目的大字，跨入寨门之后，就好像是走进了一个石头的世界。石头寨是具有典型石头建筑风格的布依族村寨，南距黄果树大瀑布约6公里。传说600年前有一姓伍的布依人到此开发并逐步繁衍而成寨子的。布依族是一个有着悠久历史的古老民族，他们的祖先是当地的土著民族，至今他们仍然保持着以地域宗族为基础的氏族公社的历史痕迹。自然村寨往往是同宗姓人的聚居点，石头寨中的220户人家、1000多口人都姓伍，全寨人按辈分用叔伯、兄弟、姐妹互相称呼。① 寨内无婚姻关系，他们必须与外村寨的异姓人联姻。石头寨街道是石块铺就的，院墙房屋是用石头垒就的，屋顶上盖的是薄石板，就连家中使用的桌、凳、盆、磨、灶等也都是石头造就的。

---

① 有关资料见《中国第一大瀑布——黄果树》，载《人民日报》，2006年1月12日第16版。

在寨内参观处处与石头相亲：登石级、穿石门、进石屋、坐石凳。这个村寨里的男子人人都会石工活，手艺代代相传，如果有一家盖房子全寨人都来帮忙。他们砌的几米甚至十几米的石头墙壁，不用黏土剂也垒砌得很稳固。屋顶的薄石片铺盖成菱形或鱼形，结构严谨，富有装饰性。在工艺要求高的地方，由著名的老石匠施工，有的地方还要雕龙刻凤。石屋的主人大都是布依族，整个村寨的房屋不见一砖一瓦，院落的墙垣、寨中的通道、村前的小桥，就连梯田的坎也都用石头修筑，到了这里就仿佛进入了“石头王国”。石头寨依山傍水，四周有秀丽挺拔的群山，寨前田连阡陌，寨后绿树成荫，寨边有宽阔的石头河，河水清澈见底，常见游鱼成群，互相追逐。河上有座 30 多米长、5 米宽的五孔石桥，弧形石拱与倒影连成一个个圆的洞门，对岸绿水青山分别映在圆洞里，正如五幅不同画面的山水彩屏。竹林、果树相间的岸边石屋村寨，在阳光的辉映下如片片白云，散落在青山绿水间，形成一派独特的山村美景。石头寨的石屋建筑极有特色，石屋一般沿着一座岩石嶙峋的山坡自上而下修建，石屋层层叠叠，鳞次栉比，依山林立、布局井然有序。有的石屋房门朝向一致，一排排参差并列；有的组成一正两厢院落，一幢幢纵横交错；有的石屋是石砌围墙，由一石拱门进出的单独院落。村头寨边的竹林柳荫下，还安置了许多的石凳、石椅。房屋为木石结构，仅用木料穿榫作屋架，屋架有 7 柱、9 柱、11 柱不等，无论是三间或五间一幢，中间多作堂屋，下为实地地面；左右两边多作卧室上铺地板，下为“地下室”关牲口用。在建房时首先用石头砌好两个较高的屋基，一般在 2 米以上，然后将木柱房架立在上边。正因为屋基较高，家家都砌石阶进门。房架立好后再砌石墙四面封上，用薄石板盖房，有的用石料间隔。这些房屋的墙，有的用块石、垫石垒砌或浆砌，有的用锤钎剔平的料石安砌，有的用乱石堆砌再用石灰或混凝土在墙面勾缝成虎皮墙。砌石接缝紧密，线条层次匀称，工艺精湛，房屋造型美观大方。石头寨的妇女心灵手巧，个个都会飞针走线。做蜡染、织锦是她们的特长。全寨约 80% 的成年妇女都会做蜡染，有一半以上的人家设有染缸，约 1/3 的农户从事织锦生产。石头寨的蜡染和织锦素以古朴、典雅的风韵著称，工艺精湛、制品精美，锦面鲜艳夺目，蜡花冰纹清秀。近年来随着黄果树风景区的不断发展，石头寨以优美的自然景色和传统精湛的蜡染、织锦等民族工艺，吸引了不少国内外游客前来观光。①

全国第一个布依族保护村滑石哨。滑石哨属贵州省关岭布依族苗族自治县的白水乡，“滑石哨”在布依语中意为“一块大的扁石板”，因寨子建在大小不等的扁石板上而得名。其地处河谷地带，为海拔900米的亚热带气候，整个寨子呈蜂腰形，坐西向东背靠小米坡，面向红岩山，寨前白水河由北向南流过。从寨子向南看是白虎山，北面是青龙山，整个寨子就坐落在青山环抱之中。传说明洪武年间贵州一带战争连绵，朱元璋“调北征南”的士兵聚在这里打仗，战后不准回乡，他们便留在了贵州。其中的一支就在滑石哨定居下来，至今寨子里一户伍姓人家，还保存着一张乾隆十四年（公元1749年）的契约，上面“滑石哨”三字清晰可辨。滑石哨寨子不大，共有三四十幢民居建筑。这些民居建筑很有特色，其内部为传统的穿斗式木构架，但从地基、墙体直到屋面都是用石头建成，这些石屋终年呈灰白色，在绿树丛中格外醒目。滑石哨周围瀑布成群、石林满山，既有文物古迹，也有名胜景致。寨子前面的“螺丝滩瀑布”是白水河中一段独特的乱石滩瀑布，这里水面宽、落差大、坡度长，涨水季节瀑布高达50多米，宽有15米。由于距黄果树瀑布很近，盛水季节可以人坐在寨中，耳听大瀑布水流的轰鸣声。枯水季节河水退尽，白水河又成了观石滩地。在河的一处，有一酷似螺丝的石窝，惟妙惟肖，此地河滩因此而得名“螺丝滩”。螺丝滩前的“螺丝滩瀑布”，布依语的意思是“悬挂的马尾巴”，想来就是形容螺丝滩瀑布之形的，一语双关，意味深长。滑石哨自然环境十分清幽，寨子周围是近百亩翠绿山林，其间有参天的树木，还杂有许多灌木。绿树掩隐了村寨，行人往往要走进寨子才能看到房屋和院落。进入寨子家家房前屋后，都有一丛丛的竹子，既有粗的壮的斑竹，也有挺拔翠绿的绵竹，还有纤巧的金竹。寨内还有

---

① 有关资料见《中国第一大瀑布——黄果树》，载《人民日报》，2006年1月12日第16版。

十多株伞状的大榕树，最大的一株覆盖约一亩多土地。滑石哨人将榕树称作黄桷树，黄桷树是村民的保寨树、风水树，也就是滑石哨人崇拜的神树。[①] 这里的榕树确实有些奇怪，一年中有 11 个月不掉树叶，只是在 2 月落叶，好像是要换上一身新装似的。落叶后便发出像毛笔一样的枝条，先黄后绿才长出嫩叶，到了 3 月又是绿叶满树了。寨子内还种有不少柚子树、黄果树、柿子树，入秋以后果实累累，整个村寨一派瓜果飘香的丰收景象。滑石哨因其优美的自然风光和传统的民族风情，引起了有关方面的关注和重视，《良家妇女》、《芦笙恋情》等电影、电视节目都在这里拍过外景，《人民中国》杂志还曾刊登过滑石哨的风光照片。滑石哨已被列为黄果树风景区的重点景观之一，文物部门正在这里筹建露天民俗博物馆。

---

① 参见刘耀编著：《中国绝色风景》，312 页，北京，中国长安出版社，2006。

贵州荔波樟江的自然与人文景观

一

荔波是中国南方著名的喀斯特地形和风景名胜区之一。荔波位于贵州省黔南布依族苗族自治州的荔波县，是贵州省的一个旅游资源富裕县，风景区面积占全县总面积的1/4，拥有国家级樟江风景名胜区和被联合国教科文组织纳入“国际人与生物圈保护网络”的茂兰喀斯特原始森林自然保护区，现已开发景点76处，其中一级景点17处、二级景点24处、三级景点35处。荔波地处高原，平均海拔约800米，属雨量充沛的亚热带气候，年均气温15℃左右，气候宜人，四季如春。在地球北纬25℃这条“腰带”上，黔南荔波茂兰喀斯特原始森林自然保护区，有保护完好的200多公里郁郁葱葱的原始森林，而同纬度的其他喀斯特地区已纷纷石漠化了。这里山峻、水澈、石奇、洞幽，茂兰喀斯特森林自然保护区和风光秀丽的荔波樟江风景名胜区，层峦叠嶂一派翠绿葱茏，被誉为“地球腰带上的绿宝石”。[①] 荔波喀斯特是典型的贵州高原和广西盆地过渡地带锥状喀斯特地貌，荔波完好的生态系统被公认为是“中国南方喀斯特”的典型代表。荔波喀斯特最醒目的景观就是锥状喀斯特，最典型的类型是峰丛喀斯特和峰林喀斯特。

① 参见《最美中国自助游》编委会编：《最美中国自助游》，338～339页，北京，中国林业出版社，2006。

“峰丛景观”与“峰林景观”呈有序排列，展示了相互地貌演化与递变；[①] 具有特殊的喀斯特森林生态系统与显著的生物多样性，包含了众多特有和濒危动植物及其栖息地；代表了大陆型热带——亚热带锥状喀斯特的地质演化和生物生态过程，是研究裸露锥状喀斯特发育区喀斯特森林植被的自然“本底”以及森林生态系统结构、功能、平衡的理想地和天然试验场所。黔南是贵州少数民族聚居的地区之一，这里的布依族、水族、苗族、瑶族民俗文化古朴多彩，各具特色。区域内 90% 的人口是少数民族，其中主要的是水族、瑶族和布依族。这些山地民族的民情、习俗、服饰节日与喀斯特原始森林的自然风光交相辉映，染出一幅浓郁醇厚的少数民族风情画卷。尤其值得自豪的是，千百年来，荔波茂兰人与自然的和谐共存，从而保存了世界上面积最大的喀斯特原始森林以及自然保护区的生物多样性。茂兰国家级自然保护区地处云贵高原向广西丘陵盆地过渡的斜坡地带上，地处中亚热带南缘，加之喀斯特地貌生境复杂多样，森林生态空间广阔，蕴含着丰富的动植物种类及遗传种质资源。各种森林植物、各类动物及部分大型真菌，共有 4000 余种。[②] 除有大量的国家重点保护的珍稀濒危动植物之外，由于岛屿状的喀斯特地貌和特殊生境，产生了许多新的特有物种，从而决定了它是亚热带喀斯特地貌上生物多样性保存完好的突出地位。

茂兰喀斯特森林自然保护区是一个巨大的生物资源基因库。茂兰有植物 154 科 514 属 1203 种；种子植物 143 科 494 属 1172 种；裸子植物 6 科 12 属 17 种；被子植物 137 科 482 属 1155 种。珍稀濒危植物有国家一级保护植物 8 种：单性木兰、掌叶木、红豆杉、南方红豆杉、硬叶兜兰、小花兜兰、白花兜兰和麻栗坡兜兰；二级保护植物 139 种：翠柏、广东松、八角莲、秋海棠等 20 种以及兰科植物的 119 种（如春兰、墨兰、建兰、虾脊兰、鹤顶兰等）。古老孑遗植物——有起源古

① 陈小方等：《加强保护：南方喀斯特申遗的目的》，载《光明日报》，2007 年 6 月 28 日。

② 参见向永东等：《走近世界自然遗产提名地荔波》，载《贵州日报》，2006 年 8 月 10 日。

老的裸子植物，如罗汉松、三尖杉、穗花杉及被子植物中的“四药门花”等。一些濒临灭绝的孑遗物种，在这里也基本保存完好。譬如，被誉为植物界“大熊猫”的单性木兰，在全世界几乎灭绝的情形下，在茂兰仍保存着2万余株。特种植物41种，如荔波大节竹、荔波鹅尔枥、荔波球兰、荔波唇柱苣苔等。钙生性植物——特殊的钙质生境，使茂兰植物大多具有钙生性的特点。其中，习惯钙的植物达155种，占该地区植物总数的12%，如石山木莲、黄枝油杉、掌叶木、贵州悬竹等。在动物多样性方面，由于茂兰水文地质条件特殊，气候温暖湿润，森林保存完好，洞穴资源异常丰富，为野生动物提供了良好的生存和栖息环境。保护区现有脊椎动物334种，其中，鸟类15目40科143种，兽类8目24科61种，爬行类3目10科39种，两栖类2目8科34种，鱼类5目10科39种，昆虫1468种。此外，还有大量的环节动物、软体动物和其他节肢动物。珍稀濒危动物在茂兰动物中，属国家一级保护动物的有云豹、蟒、白颈长尾雉、林麝、中华秋沙鸭5种；二级保护动物有猕猴、黑熊、穿山甲、白鹇、虎纹蛙等100余种。[①]“洞栖”和“岩栖”动物——喀斯特地貌典型发育，在茂兰地区动物中的“洞栖”和“岩栖”种类所占比例较大，如翼手目、啮齿目的鼯鼠科等种类。特别是由于大量洞穴的存在，为诸如蝙蝠、洞穴鱼、洞穴蜘蛛等提供了非常好的栖息场所。一些特有的动物，由于特殊的植物多样性、食物链结构、栖息环境等原因，也产生了许多动物新种和特有种类。到目前为止，已经发现茂兰地区动物特有种类达200余种。譬如，荔波壁虎、荔波盲条鳅，长须金线鲃、大鳞金线鲃等，其余的大多均为昆虫和其他无脊椎动物。茂兰喀斯特森林是罕见的中亚热带喀斯特原生性残存森林，它位于荔波东南30公里处，是国家级自然保护区。这里保存有200多平方公里的茂密森林，覆盖率达到92%，拥有乔木类500多种，其中有很多珍贵的稀有保护植物；还拥

① 参见向永东等：《走近世界自然遗产提名地荔波》，载《贵州日报》，2006年8月10日。

有许多名贵药材，药用植物达350多种。[①] 这里既有岩石裸露、气候变化大的石芽、崩塌的大石块干旱生境，也有土层相对深厚、营养元素丰富、有机质含量较高、气候变幅小的石沟、石缝湿润肥沃生境；既有阳光充足的明亮生境，也有直射光难以到达的阴暗生境。小生境的多样性，导致植物群落物种丰富及生态系统结构的复杂性。在区系成份上，动植物处于过渡交错地带，因而资源丰富。茂兰喀斯特森林在相当程度上超越了喀斯特风景的固定模式，把千姿百态的山光水景、地下溶洞与碧绿的森林景色完美的糅合在一起。

长期的生产生活孕育和造就了灿烂的民族文化。独特的茂兰喀斯特地形地貌，形成了神秘古朴和独具特色的自然和人文景观。譬如，“水书”是水族人民千百年来的精神信仰、伦理道德、哲学思想，以及生产生活经验诸多方面的累积，是古代水族先民用类似甲骨文和金文的一种古老文字符号，记载水族古代天文、地理、民俗、宗教、伦理、哲学、美学、法学、人类学等的古老文化典籍，它所涵盖的内容充分展示了水族人民的智慧，至今都深深地影响着现代水族人生产生活的各个方面。2002年3月“水书”被纳入首批“中国档案文献遗产名录”[②]。在茂兰保护区水族文化和水书传承至今依然保存相当完好，逢年过节或重大择日活动，当地的水家人都要请水书先生设祭，祈求获得保佑。在打开水书之前，人们会用五谷、鸡、鸭、鱼、肉祭水书祖先，然后才开始翻阅以消灾避祸，祈求平安。在茂兰这块神秘的土地上，还有着众多为之惊叹的民族民间文化，譬如，有着悠久历史的“布依古法造纸”就是其代表之一。从保护区尧古寨的纸坊中可以看到，在直径约5米的石圆台上，被牵引的一头水牛在石台外转着圈，与牛脊以绳相连的18角石碾研磨土黄色的竹渣。不远处有人正把水池中泡过的竹段砍碎，有人在一旁用方形网筛从纸浆池里“舀”纸。半米宽的网筛入池，左右摇晃两下轻轻提起，池中淡黄色的纸浆薄薄地

① 有关资料见《荔波如诗如画》，《贵州都市报》，2001年9月25日。

② 参见有关资料见《3000元买“水书”注碗被专家鉴定为无价国宝》，载《扬州时报》，2008年12月9日。

附在筛底。随后将竹筛倒扣在木板上，揭起竹筛一张湿漉漉的“纸”便展现在人们面前。据当地居民讲布依造纸有10多道工序，先把从山上砍下来的泡竹，截成半米多长捶烂，放进石灰池浸泡4～5个月，捞出用清水漂一个月，再把泡好的竹材剁碎并用碾子磨细，入池加入切碎的糯叶（一种有粘性的树叶）搅拌均匀，然后“舀”纸，压榨、晾干、压平，最后再切成合适的尺寸。[①] 到这里游览的客人如果亲身体验这布依造纸，心里一定会有种别样的感受。在荔波的布依族、苗族、水族、瑶族村寨中，几乎每家都用一台木质的织布机，各寨沿用的纺织工艺大体相近，而其中属布依族村寨水平最高。布是用纯棉线织成的，纯棉线是用自家地里种的棉花纺成的，布依族的女人们坐在织机后，娴熟地操作着磨砺得光滑无比的线梭。种棉、采棉、纺线、染线、织布，都由织布者独立完成，连染线、染布用的蓝靛（从当地一种植物中提取的颜料）都是这些织布者亲手加工的。纯蓝色土布是为做衣服，花格的床单用，格子的花样由不同颜色的棉线织成的，雅致美观做工也精细。在当地寨子里家家户户屋檐下、房顶上，都能见到晾着的“扎染布”和染色漂洗后的土布。水书、造纸、织布，都在以它们浓烈、古朴、神秘的方式向人们讲述悠久灿烂的历史。

荔波喀斯特地貌满足了世界自然遗产的多个标准。1995年荔波县开始申报世界自然遗产工作，2003年11月30日贵州省建设厅申报世界遗产办公室在贵阳组织召开“荔波喀斯特森林”申报世界自然遗产初审会，2004年9月20日荔波县参加在云南昆明召开的中国世界遗产生物多样性保护国际研讨会暨建设部申报世界遗产工作会议。这次会议确定了“中国喀斯特”的提名，名称定为“中国南方喀斯特”。2006年3月1日“中国南方喀斯特”申报世界自然遗产项目通过联合国教科文组织世界遗产中心的筛选，成功地进入预选评估名录。2006年9月8—10日国际自然保护联盟（IUCN）专家吉米·桑塞尔博士，在对荔波提名地进行实地考察评估后评价说：“这里是世界同纬度上最后一块绿宝石。”荔波地处贵州南部，位于贵州与广西两省（区）

---

① 向永东等：《走近世界自然遗产提名地荔波》，载《贵州日报》2006年8月10日。

交界处，森林覆盖率53.96%，总人口16.68万人。其中少数民族人口14.51万人，人口较多的少数民族有布依族、水族、瑶族、苗族等。2007年4月10日荔波“中国南方喀斯特”世界自然遗产展示中心开工建设。荔波旅游资源十分丰富，以茂兰国家级喀斯特森林自然保护区和风光秀丽的荔波樟江国家级风景名胜区最为著名，茂兰占荔波全县1/6的面积，它忠实地记录了地球演化的过程。生物多样性的突出，生态系统的完善，水系、地质地貌、生物种群等要素和谐共生，具有很高的地理价值和美学价值，是世界上仅有的研究裸露型锥状喀斯特发育区喀斯特森林植被的自然“底本”，被联合国教科文组织纳入“国际人与生物圈保护区网络”。[①] 荔波被称作是“喀斯特地貌的博物馆”。2007年6月24日第31届世界遗产大会在新西兰基督城开幕，大会对由贵州荔波、云南石林、重庆武隆捆绑申报的“中国南方喀斯特”世界自然遗产项目进行表决。6月27日由云南石林、贵州荔波、重庆武隆共同组成的“中国南方喀斯特”申报世界自然遗产，在第31届世界遗产大会上获得全票通过，贵州荔波被列入《世界自然遗产名录》，它是贵州唯一的世界遗产。荔波喀斯特既满足了突出普遍价值的要求，又满足了世界自然遗产标准的（Ⅷ）条，同时还满足了世界自然遗产标准的（Ⅶ）和（Ⅸ）、（Ⅹ）条，荔波喀斯特从整体上反映出中国南方喀斯特的普遍意义。此外，荔波喀斯特还分别满足了世界文化遗产标准的（Ⅲ）、（Ⅵ）和（Ⅲ）、（Ⅴ）条，为将来拓展为双遗产做好了铺垫。大会对喀斯特的评价是：“由云南石林、贵州荔波、重庆武隆组成的中国南方喀斯特，其拥有的多样化的喀斯特地形和风景，是世界上独一无二的、其他地方都无可比拟的。”[②] 荔波是贵州省首批优先发展的重点旅游区、国家第三批生态示范县、国家级卫生县城。2005年荔波成为由《中国国家地理》杂志社主办的“中国最美的地方”中的一员，荣获首届“中国最美的地方”、“中国最美十大森

---

① 参见《最美中国自助游》编委会编：《最美中国自助游》，338页，北京，中国林业出版社，2006。

② 李莎：《中国喀斯特首次“捆绑”申报》，载《法制晚报》，2007年6月28日第A28版。

林”的殊荣。①

二

荔波最著名的风景名胜景观小七孔桥。小七孔桥景区位于荔波县西南部的漳州区，距荔波县城28公里。景区北首有一座建于道光十五年（公元1836年）的小七孔古桥，景观由此得名。小七孔桥景观在宽1公里、长7公里的狭长幽谷里，玲珑秀丽令游客耳目一新，素有“超级盆景”的美誉。现已经向游客开放的景点有铜鼓桥、小七孔古桥、涵碧潭、拉雅瀑布、68级跌水瀑布、野鸭池、龟背山、一龙戏九珠、飞云洞、野猪林、水上森林、天钟洞、鸳鸯湖、幽龙潭、卧龙河生态长廊漂游等。小七孔古桥横跨在美丽的响水河上，是古代黔南通往广西的交通要道。整个小七孔桥风景区融山、水、林、洞、湖泊和瀑布为一体，有柔美恬静的涵碧潭、飞流狂泻的拉雅瀑布、潭瀑交错的68级瀑布、盘根错节的龟背山、林溪穿插的水上森林、密林镶嵌的鸳鸯湖、悠蓝深邃的卧龙潭，妩媚而迷人的响水河贯穿了整个风景区，它静如娴花照水，动似蛟龙出海。② 尤其是68级瀑布水面时宽时窄，水流时而急促狂泻，时而又平坦舒缓，水的颜色也随着不同的状态而变化。“水上森林”是荔波小七孔景区的一个著名的景观，它属于罕见的岩溶地貌水上森林区。在这千百株树木当中包括珍奇树木十多种，全都植根于水中的顽石上，又透过顽石扎根于水底的河床。水中有石、石上有树、树植水中，这种水、石、树相偎相依的奇景令人叹为观止，远远望去宛如漂在水面上。这座漂亮的古石桥有四个美丽的神话故事。其中的一个故事说，远古时候有一个名叫阿吉的瑶族小伙子，他的右手只有一个指头，但是这个“独指”却有着神奇的威力，能把坚硬如钢的岩石戳成烂泥一般绵软，更奇特的是过上一夜岩石又能恢复其坚

---

① 参见《最美中国自助游》编委会编：《最美中国自助游》，338页，北京，中国林业出版社，2006。

② 参见周艺文等：《西南民情之旅——云南、贵州、四川》，95页，长沙，湖南地图出版社，2001。

硬的本性。阿吉的寨子有7位天仙一般美丽的姑娘。阿吉和7位姑娘看见乡亲们为涵碧潭所阻，非常艰难地到对岸去赶场和耕种，便决心在涵碧潭上合力修建一座石桥。他们来到板崤山下，阿吉用“独指”戳石头，姑娘们便用变软的石头捏砌成桥，一个姑娘负责砌一孔。他们戳呀、堆呀、捏呀，一口气干了“七七四十九天”，终于堆捏成了一座“七孔石桥”。因为5里之外另有一座大七孔石桥，故这座桥被命名为“小七孔桥”。[①] 又因这座桥是由7位姑娘捏、砌而成的，所以，它还有一个美丽的别称叫“七姑桥”。卧龙潭是小七孔景区的第一个美丽景点，其实这是一条隶属樟江河流，河水是湛蓝和碧绿色的，相交递呈变换颜色，经水坝而形成的瀑布潭，将水流倾泻到下一级河道。据说如此湛蓝的河水，是由于水内含有化学物质硫酸铜所致。尽管这尚不足与九寨沟的五彩湖相媲美，但却令人觉得幽静恬适。小七孔已列入世界遗产名录——中国南方喀斯特地质地貌的典型代表。

荔波著名的风景名胜景观大七孔桥。大七孔以进入荔波景区的一座大七孔古桥而得名。进入大七孔景区沿着河谷上游而上，这里的水位尽管不是很高，但是那一条碧绿的河水在峡谷间特别美丽，走在河岸约10米高的栈道上，往峡谷深处望去特别神奇。这里被视为恐怖峡，它以怪石多、险滩多而闻名。传说峡谷内若是高声呼叫，必引来山中飞沙走石，因而栈道时有“小心飞石”的警告牌。峡谷里异常寂静，时有奇怪的飞鸟鸣叫；走在峡谷中时不时令人倒吸一口凉气。水神河内见不着鱼虾的影子，因为“水太清则无鱼”[②] 也。“天生桥”顾名思义非人工建造，是千万年前火山溶岩沉积堆砌而成的一条天然石桥，延伸于河面之上，人们无不感叹大自然之神奇。再往神秘峡谷深处走去就到了妖风洞（又名“风神洞”），喀斯特地貌形成的巨大崖岩凹陷，往那巨大山洞喊去，传闻能听见令人毛骨悚然之风声。[③] 大七孔桥又名双溪桥，位于荔波王蒙乡附近的孟塘河，有横跨东西的7个

---

① 参见罗世槐：《第一节小七孔风景区》，见荔波县人民政府：《荔波景物景观篇》第五章“荔波樟江国家重点风景名胜区”。

② （汉）班固：《汉书·东方朔传》卷六十五。

③ 参见安心：《黔南之旅——拥抱大自然》，载《新闻晚报》，2007年6月13日。

桥孔，高 7 米、宽 4.5 米、长 35 米。大七孔桥修建于清道光二十年（公元 1840 年），落成于三十年（公元 1850 年），后因桥被洪水冲毁一孔，致使交通中断。清光绪三年（公元 1877 年）重修复改名“双溪桥”。它是解放前荔波县境内第一大石拱桥，现今通向小七孔的公路经过桥上，是大七孔旅游区的重要桥梁和景物之一。大七孔景观以原始森林、峡谷、伏流、地下湖为主体景区。景观峻险神奇、气势雄峻磅礴，山高谷深、水流湍急，洞中有瀑、瀑下有湖、湖上有天窗，阳光投下形如日月星斗。人们都说贵州黄果树的瀑布很美，实际上荔波不仅喀斯特地貌的风景优美，而且水景也很美，且与树木和奇特山景相互呼应，确实令人流连忘返。

荔波风景名胜区的其他景观。位于小七孔景区东大门的铜鼓桥横跨樟江河，始建于 1993 年，重建于 2001 年。铜鼓桥长 126 米，净跨 60 米，宽 2.4 米，高 25 米，桥身两端采用瑶山铜鼓造型，故称此桥为“铜鼓桥”。[①] 瑶山的瑶族将铜鼓视为神赐的镇寨之宝，具有权力的象征。桥头设立的图腾柱，象征着瑶族的尊严以及对祖先、神灵的崇敬，征服自然的信心和力量；柱身上的浮雕图案展示了瑶族传统、独特而古老的民族文化，具有浓郁的地方民族特色。过小七孔桥百米许即可到拉雅瀑布，该瀑布宽 10 米、落差 30 米，逼近仰视，只见瀑布首端悬于蓝天旁缀白云，疑似天河自空而降。瀑布腾空喷泻横向坠落，同响水河纵向错落的 68 级跌水瀑布，构成一幅绝妙的立体交叉瀑布群景观。由于该瀑布就在路侧，人在瀑布下行走倍觉兴趣和亲切。由瀑布喷溅而激起的水雾飘飘洒洒、纷纷扬扬，给游客以扑面凉爽和美的享受，可一洗征尘的暑热和劳乏。在涵碧潭上游长 1.6 公里的狭窄山谷里，沿高高低低的河床错落 68 级瀑布和跌水。专家们考证后认为，如此众多而密集的瀑布、跌水实属全国罕见。千姿百态的瀑布跌水竞领风骚争奇斗妍，构成风情万种的动态水景，令游客目不暇接。沿河谷伴着梯级瀑布而上，一路高山流水、绿树红花，但闻泉鸣瀑响、鸟

---

① 风管处：《第一节小七孔风景区》，见荔波县人民政府：《荔波景物景观篇》第五章“荔波樟江国家重点风景名胜区”。

啾虫吟，便油然想起伯牙、子期的知音逸事，更觉眼前诗意盎然，美不胜收。遂为文人墨客冠以“知音谷”的雅号。“知音谷”不仅谷秀、瀑美，而且还是娃娃鱼的极乐世界。[①] 每到夜间，娃娃鱼便从河里爬出，欣赏月光和瀑声；盖因68级瀑布的源头系地下泉，故四季恒温，珍贵的娃娃鱼就喜欢栖息生活在这种恒温的河流里。“龟背山原始森林”因漫山遍野生长着无数龟背竹而得名。[②] 山上岩石峥嵘，怪石嶙峋，古木参天，藤萝缠绕。此山有三绝：一是林中的古藤缠绕，恰似人工搓绞的麻绳，殊为奇特；二是山林上端入口处有一条树根碗口粗，沿路伸延数十米如游动的巨蟒；三是林中有一块巨石悬空，巨石下面由三根石柱支撑着。就在这块悬空的巨石上，竟长着一棵十几米高的国家二级保护植物榉树，它居然长得葱葱郁郁。龟背山上随处可见不屈的树根如蛇蟒、似蚯蚓，执著地在岩石上寻找土壤和水分。它们或盘根错节，插入深深浅浅的裂隙孔窍；或抱着巨石生长，硬是把顽石拱出地面；或把岩山挤破，达到石破天惊的地步，令人惊奇和叹服。“飞云瀑布”瀑高近40米，宽20余米，驻足仰视，眼前浪花飞舞，脚下龙潭生烟，洪波怒号。“飞云洞”从“一龙戏九珠景点”拾级登攀去野猪林，须穿过一溶洞，洞顶石壁多浅凹，经洞口光线照射，宛如凌云乱飞而得名。洞长不过100米，然而洞中的钟乳石形如禽兽，逆光而立甚是鲜活生动。“野猪林”是一片典型的喀斯特漏斗森林。从漏斗的底部到天边的山沿，重重叠叠密布丛林。漏斗的下部，几百亩翠竹杂生在树丛中。整个漏斗就像一个绿色的旋涡，旋漂于林海之上。漏斗底部的小沟两岸，树木全部都朝着沟的中部倾斜。更绝的是所有的树木全身披满絮状松萝，远望如浑身绒毛的野人，游人来到这里疑似回到了远古时代。昔日野猪奔突林间以竹笋根为食，野猪林之名由是得之。“醉林”是“野猪林”中的一个重要景点，这里到处都是藤萝枝蔓，分不清哪是树哪是藤，也不知是“藤缠树”抑或是“树缠

---

① 参见陈洁莹：《荔波山水清凉“夏宫”》，载《广州日报》，2008年7月8日第15版。

② 参见黑子：《趁着春光游山玩水》，载《南国今报》，2009年2月26日。

藤”，层层叠叠的树枝从树梢一直垂落到地面，那些缠满藤萝的树木，就像喝醉了酒的老汉一样歪歪斜斜站立不稳。

黑龙江牡丹江镜泊湖自然与人文景观

一

中国北方的西湖——镜泊湖。[①] 镜泊湖地处东经128°307′～129°10′，北纬43°467′～46°487′，是我国最大的火山熔岩堰塞湖，仅次于瑞士的日内瓦湖，名列世界第二位。镜泊湖位于黑龙江省东南部张广才岭与老爷岭之间的宁安市西南50公里处，距牡丹江市110公里，是我国北方著名的风景区和避暑胜地。相传在很久以前，牡丹江畔居住着一位美丽善良的红罗女，她有一面宝镜，哪里的人们有苦难，只要用它一照便可以消灾弥祸，给那里带来幸福吉祥。这件事传到天庭引起了王母娘娘的嫉妒，她派天神下凡盗走了宝镜，红罗女追到天庭索取，与王母娘娘发生争执，两人在拉拉扯扯的过程中，宝镜不幸失手，从天而降落入群山之中，变成了水平如镜的镜泊湖。[②] 最早的《汉书·地理志》称镜泊湖为“湄沱河”。唐永徽二年（公元651年），称镜泊湖为“阿卜河”，又名“阿卜隆湖”，后来又称“呼尔海金”。唐开元元年（公元713年），称镜泊湖为“忽汗海”。自明代始称“镜泊湖”，清朝时又称为“毕尔腾湖”。新中国成立后一直沿用明代的称呼“镜泊湖”，意为清平如镜。[③] 在很古的时候，镜泊湖底曾是牡丹江上

---

① 参见朱敏：《“北方的西湖”——镜泊湖》，载《老年日报》，2007年8月7日。

② 参见文心：《不变的湖光山色》，载《人民日报》，2008年4月28日第16版。

③ 参见李剑飞：《北国风光胜江南———镜泊湖游记》，载《农民日报》，2008年12月7日第8版。

游的古河道，为新生代第三纪中期形成的断陷谷地，第四纪晚期（大约在一万年前）先后5次发生火山爆发，湖盆北部发生断裂，断块陷落的部分奠定了湖盆基础，玄武岩浆堵塞牡丹江河道托起了一泓碧水，这就是闻名遐迩的火山熔岩堰塞湖——镜泊湖。① 镜泊湖湖面海拔350米，湖水南浅北深，南北长近50公里，最宽处9公里，湖区面积90.3平方公里，水面面积为89.7平方公里，平均水深40米，最深处达62米，最浅处只有1米。湖区周围有火山群、熔岩台地等景点，风景名胜区、自然保护区总面积为1214平方公里。在湖北岸的半岛上有建筑别致的小别墅和旅游设施，它就是镜泊湖的游览中心“镜泊山庄”。整个湖区周围很少有其他建筑物，只有山峦和葱郁的树林，一片恬静秀丽的大自然风光，这正是镜泊湖的诱人之处。在百里长湖的镜泊湖之中，山中有湖、湖中有岛。譬如，有气势轩昂的大孤山、小孤山，有精巧别致的珍珠门，有形神兼备的道士山，等等。整个景区还有吊水楼瀑布、城墙砬子、老鸹砬子、地下熔岩隧道、“地下森林”、唐代渤海国上京龙泉府的遗址等景观。② 乘着飞驰的游艇，从镜泊山庄出发向南疾驶，镜泊湖的清雅淡泊，就如同一条玉带缥缈在千山万壑之中。这座高山堰塞湖源远流长，比太湖及西子湖水更深、更清、更自然、姿容更秀美、韵味更隽永。怪不得陈叔通吟诗称赞曰：“西湖吾故乡，呈露无隐藏。富饶逊镜泊，源远自流长。”③ 镜泊湖又是一个天然的大水库，它蕴藏着丰富的水力资源，控制流域面积达12万平方公里，总库容量16亿立方。这里已建立起两座采用压力隧道引水的发电站，被当地的人们誉为“地下明珠”。镜泊湖水域辽阔，为各种鱼类的繁殖提供了有利的天然条件，湖中除鲫鱼驰名中外，还盛产鲤鱼、

---

① 参见董伟：《一湖碧水　映衬文明——镜泊湖抓环保巧梳妆》，载《人民日报》，2001年10月8日第4版。

② 参见黑龙江镜泊湖风景名胜自然保护区管理委员会：《中国最大的火山堰塞湖——黑龙江省镜泊湖地质公园》，载《中国公众科技》，2008年12月14日。

③ 见《燕赵晚报》2006年7月26日。陈叔通（1876—1966），中国政治活动家、爱国民主人士，浙江杭州人。清末翰林。辛亥革命后，任第一届国会众议院议员。此后长期担任上海商务印书馆董事、浙江兴业银行董事等职。1949年9月出席中国人民政治协商会议第一届全体会议。

红尾、鳌花、大白鱼等多达40余种，据说冬季在冰上捕捞，每网都能够收获万斤以上。镜泊湖以其别具一格的湖光山色和朴素无华的自然之美著称于世，因而邓小平为其题书“镜泊胜景”①；叶剑英也作“山上平湖水上山，北国风光胜江南”② 的赞誉。镜泊湖的珍珠门、道士山、大孤山、小孤山等八景现为国家重点风景名胜区。20多年来镜泊湖累计接待中外游客1200多万人次③，2001年9月镜泊湖被中央文明委、建设部、国家旅游局评定为文明风景旅游示范点，2002年8月被国家旅游局评定为4A级风景旅游区。

镜泊湖享有得天独厚的优美自然环境。由于镜泊湖区气候温和湿润，年平均降水量589.6毫米，有利于林木生长，因而森林资源十分丰富。植物生长期一般在150天左右，加之冬季雪被厚、黑土层深，腐殖质含量高，树木生长迅速。镜泊湖区森林总面积为60万公顷，据估计可采伐100年以上。该区属温带阔叶混交林域，典型植被是红松林、红松阔叶混交林和落叶阔叶林。在阳坡或较干燥的生境处分布着蒙古栎；在背阴湿境则分布着槭、椴、水曲柳、榆、桦等阔叶树种，还混有五味子、山葡萄、狗枣、猕猴桃和辽东冷杉、杜松等树种。除地带性植被外，在低湿谷地还分布着落叶松林、蒙古栎林遭破坏后形成的次生榛子、胡枝子灌丛及蒙古栎灌丛。④ 镜泊湖西部小北湖林场，分布着大面积的原始森林。林区面积46766公顷，其中，针阔叶混交林27875公顷，主要分布于林场北部，占林场总面积的57.47%，占风景区面积的22.14%。其余是阔叶林及火山熔岩地区的稀树草原。火山口附近分布着120 000公顷的落叶松林，“大干泡”附近有少量红松原始林。针阔叶混交林中常绿乔木以针叶树为主，有红松、云冷杉、

---

① 教帅章：《赞镜泊胜景》，载《共产党员》，1998（9）。邓小平同志于1983年8月7日至11日在镜泊湖风景区视察期间游览了镜泊湖的湖光山色，即兴挥毫题写“镜泊胜景”，赞美了祖国的大好河山。

② 刘耀编著：《中国绝色风景》，78页，北京，中国长安出版社，2006。

③ 董伟：《一湖碧水　映衬文明——镜泊湖抓环保巧梳妆》，载《人民日报》，2001年10月8日第4版。

④ 参见黑龙江镜泊湖风景名胜自然保护区管理委员会：《中国最大的火山堰塞湖——黑龙江省镜泊湖地质公园》，载《中国公众科技》，2008年12月14日。

沙松并伴有偃松、杜松等树种。阔叶林中乔木以蒙古栎为主，林下灌木有兴安杜鹃、榛子、阿穆尔小蘖、北五味子、溲疏、绣线菊、花楸、悬钩子、欧李、卫矛、刺五加等。地被植物有铃兰、玉竹、桔梗、羊胡子草、马蔺等。“熔岩台地”及“钻心湖”附近土层较薄，生长着蒙古栎、椴、槭、榛子、胡枝子灌丛以及百合、山芍药、野亚麻等多种野生花卉及牧草。镜泊湖西岸老黑山岭地区，主要树种是蒙古栎，森林覆盖率达87.1%，其余为沼泽地或者农田，土壤肥沃农作物生长良好。湖东岸自镜泊山庄至北湖头“迎湖坡”土层较薄，多为裸露岩石，仅部分山坡生长着蒙古栎灌丛之外，其余的基本上是荒山。北湖头至小龙头一带以红松、落叶松林为主，林相色彩层次丰富。湖区森林面积6000平方公里，山产品种类繁多，如葡萄、棘梅果、山桃、松籽、元枣等，年产量均可达25万吨；还有畅销国内外的元蘑、冬蘑、青蘑、榛蘑以及珍贵的猴头蘑、木耳等。药用植物除山参、黄芪、沙参、手掌参、细辛之外，还特产天麻。湖区更是一座天然的动物园，这里的野生动物及鸟类不下200余种。其中，有东北虎、熊、鹿等珍稀野生动物50余种，爬行类动物100多种，天鹅、鹭鸶等珍禽40多种。1980年镜泊湖被黑龙江省人民政府批准为省级自然保护区，1982年被国务院公布为首批国家级44个重点风景名胜之一。镜泊湖国家地质公园在2005年9月29日开园揭牌后，又积极申报世界地质公园，经联合国教科文组织专家进行实地考察，于2006年9月16日正式批准为世界地质公园。

二

国家级自然保护区火山口原始森林。火山口原始森林位于镜泊湖西北约50公里处，坐落在张广才岭东南坡的深山内，海拔1000米左右，面积66900多公顷，是一座天然的绿色宝库。由于年代久远环境适宜，使火山碎屑风化成土壤，逐渐从火山口潮湿的底部和悬崖峭壁裂隙中，生长出了茂密的参天大树，年复一年便形成了今日“地下原始森林”。从上往下看，简直就是一座巨大的“天坑森林”。在“天坑”方圆20公里的范围内，有内岩壁陡峭、形状不同的7个火山口连在一起，在火山口内生长出了森森古木，树种繁多。由于坑底气温偏于寒冷，树木生长缓慢，因而有的树龄高达600年以上，平均树龄一般在300年左右。平均树高为25米，最大的树高30米有余，森林郁闭度为90%。在这7个火山口当中，“3号火山口”最为典型，呈不规则的椭圆形，直径约300米、深100米，口内有红松、紫椴、水曲柳等多种珍贵树种，而且在“3号火山口”与“4号火山口”之间有一条熔岩隧道相通。据科学家实地考察得知，这些火山口由东北向西南分布，在长40公里、宽5公里的狭长形地带上，实际上共有10个火山口。它们的直径在400～550米之间，深在100～200米之间。其中以“3号火山口”为最大，直径达550米，深度达200米。[①] 游人站在火山口顶向下一望，只见陡峭的内壁上林木郁郁葱葱，青翠欲滴。地下森林中蕴藏着丰富的林木资源，有红松、黄花落叶松、紫椴、水曲柳、黄菠萝等名贵木材；有人参、黄芪、三七、五味子等名贵药材；有木耳、榛蘑、蕨菜等名贵山珍。[②] 关于地下森林的成因，众说不一，至今尚难定论，但是有一说颇近情理。此说认为火山口的内壁岩石经过长期风化剥蚀，早与火山灰等物质一起变为肥沃的土壤，而口衔植物种子飞越火山口的群鸟，则成为天坑的播种者，如此天长地久火山口的内壁上终于长满了树，形成了原始森林。现在游人不只是可以站在火山口顶端，俯视地下森林所构成的奇观，还可以踩着峭壁间的人造石径，小心翼翼地进入地下森林，亲身去体验它的神奇。地下森林中不乏小动物，游人拾级而下时常见到林间有鸟飞、蛇爬、兔跳、鼠穿，一片生机盎然。这里不仅有上述小动物出没，而且有马鹿、野猪、黑熊等大动物出没，甚至还有举世罕见的国家保护动物青羊出没，堪称“地下动物园”。游人下到石级尽头，即至火山口底。火山口底陆地比较平坦，似乎无奇可赏。然而稍加留意就不难发现，这里暗藏着

---

① 参见小小编著：《中国南方北方游》（北方卷），181页，北京，中国电影出版社，2005。

② 参见黑龙江镜泊湖风景名胜自然保护区管理委员会：《中国最大的火山堰塞湖——黑龙江省镜泊湖地质公园》，载《中国公众科技》，2008年12月14日。

火山熔洞。熔洞内气温反常，酷夏有薄冰，严冬有清泉，十分奇特。游人进入熔洞，即使酷暑也会暑意全消，感到异常舒适。但越向里行却越觉阴冷，仿佛走进冰窖一般，最后不得不赶快出洞。地下原始森林幽邃深远奥秘神奇，具有独特的魅力。地下原始森林东南约 13 公里的地方，有几条神秘的“熔岩隧道”。由于镜泊火山爆发的是休眠火山，因而附近处有小北湖、鸳鸯池及熔岩洞等景观，构成奇特的熔岩风光。1958 年森林调查队给它命名为“火山口地下森林”①，1993 年林业部批准为“国家级森林公园”。

镜泊山庄周边诸多寓意深刻的自然景观。“大孤山”卓立湖中如牛浮水露出脊背，故称“浮牛山”。大孤山系镜泊湖中最大的岛屿，山高 150 米、周长 2 华里，它是火山爆发后因地壳断陷而留下的美丽景象。岛上针阔叶混交林浓荫蔽日，树下花草繁茂，故亦被人们称之为“花山”。抗日战争期间，它是周保中将军率领的抗日联军的革命根据地。② 每年春暖花开时节，大孤山一展葱茏俊美之貌，环境怡人生机盎然。因游人皆乘船驶过从来不登岛，故岛上花草树木未遭破坏，始终保持着完整的自然状态，植被覆盖率达 100%。山上树木葱郁，岸边青草漫漫，湖山相映格外清丽。“小孤山”近观却像披着绿锦袍的少女，那黄、蓝、红、白、紫色的山花则是锦袍上的绣花。小孤山位于镜泊湖的中湖，距北湖头 60 余华里，也是由地壳断裂后留下的残块。小孤山高出水面 19 米，小巧玲珑，面积为大孤山的五分之一。山形似雄狮斜卧湖心，崖岸陡峭孤悬湖面。岛上各种树木葱郁，幽曲小径数条。山峦东部有棵古老的红松高达 20 余米，直径约为 30 厘米。③ 崖上布满瓦松、卷柏等耐旱树木，还有崩松和栎树。岛上以山杨、白桦等阔叶林居多，还有山梨、李子、元枣等果树。春深时节，枣树映红、梨花带雨点缀着小小孤岛，使小岛流满无限生机。孤岛石壁上一处生长着一种苔藓类植物，冬夏常青称为“石花”，游人多采集置于

---

① 刘铮：《镜泊湖火山口地下森林》，载《黑龙江日报》（生活报），2008 年 9 月 23 日。

② 参见刘耀编著：《中国绝色风景》，80 页，北京，中国长安出版社，2006。

③ 参见刘耀编著：《中国绝色风景》，80 页，北京，中国长安出版社，2006。

鱼缸中留做纪念。它比水草别致，既有草的嫩绿，又有花的姿容。“城墙砬子”位于宁安市镜泊湖中部西岸的山顶，为唐代渤海时期的山城遗址，是“镜泊湖八大景”之一。乘舟游览到此仰望城墙，山城高耸入云，站在山城之上可向北远眺小孤山；向南俯视珍珠门，山城与碧波相映，文物古迹与自然风光浑然一体。山城依山势走向用石块筑就，城北和东侧为峭壁借助天险为屏，低矮地段间以石砌城墙衔接，城西和南侧为陡坡顺势筑墙。城墙周长4里许，呈不规则方形，城南与东北各有一瓮门可与山下相通。城垣除部分塌陷外其余大部完好，城墙叠砌清晰，尽管时越千年，仍巍然屹立保持着当年挺拔峻伟的历史风貌。该城为渤海时代屯兵重地，据初步考证当为渤海上京湖州故城。唐朝渤海时期，为防御契丹民族的侵袭在此筑有古城一座，它为1200多年前的湖州城池旧址，至今十里城垣犹存，城西门完好，尚存10米城基。对岸山崖的石洞中，有座渤海时期留下的墓葬。相传大约在100余年前这座古城就已沦为废墟，古城彼岸有一老翁名叫姜儒隐居此地，故有人称此地为“姜家窑洞”。盛夏的一天傍晚姜儒之侄路经此地，叔侄偶然相遇甚为欣喜。老人劝其侄放弃戎马生涯，与他一同在湖滨仙洞中共享人间之乐，夜里聆听对岸的仙乐钟鼓之声，并言称崖下尚有一渤海之陵墓，金银财宝应有尽有，但因自己年迈未敢近前。说话间夜幕尽退已是翌日凌晨，这位年轻人为好奇心驱使，忘记军务之急，随其叔父由西南沿山径盘旋而下，绕道回转来到崖底，拨开荆棘灌木，在一块巨大石屏后面果然有个深邃的洞口。二人步入其中，见大厅正中灯火辉煌，一尊朱红灵柩停放在中间，大厅周围未见有路可循。忽然石壁间两扇石门豁然大开，石门内奇峰林立，一潭碧水环绕村落拦住了去路。潭水清澈波光粼粼，叔侄二人正愁不知去向，忽见一位渔翁垂钓水边便趋前借问。渔翁笑着推出岸边小舟示答，叔侄登舟驶入山洞深处，发现更是花红柳绿，到处呈现一派鼓乐升平的繁荣景象。① 尽管人们现在已找到不到仙洞之所在，但此地仙境般的风景足以激发人的情思，开阔人的胸怀，使游人获得美感和快慰。

① 参见刘耀编著：《中国绝色风景》，78～79页，北京，中国长安出版社，2006。

"珍珠门"景色迷人，在小岛前首竖立的一块汉白玉碑上，刻有"珍珠门"三个大字。远眺这两座小岛，既像两颗"珍珠"落于湖中晶莹剔透熠熠发光，又如两扇大门庄严瑰丽。据说古时候珍珠门岛上有家孙氏旅店，过往者皆在此投宿。夏日一天傍晚，一位衣衫褴褛的人来到店中，声称"闯关东取三宝"，积蓄点钱与相爱的姑娘成亲。不久他果然发了财，可迟迟不肯回去成亲。一天午夜时分店主突然钓到一个蛤蜊，劈开后见一颗珍珠闪闪发光，把昏黑的小屋照得通明，那人一见垂涎三尺。他骗过店主廉价收买了这颗珍珠，又趁月夜来到店主得珠的地方甩钩垂钓。顷刻间只见鱼竿猛地一抖，他用力把鱼竿拉到岸上，钓上来一只比碾盘还大的蛤蜊，在刚刚合拢的缝隙间还闪着金光。但当他刚要动手摘取珍珠时，大蛤蜊却一下又滚回湖中并将鱼竿也拽进水里。那位贪婪的人不肯罢休，不顾一切地跳下水去紧紧抓住鱼竿不放，结果葬身湖中。① 传说它们是"红罗女"向富商的求婚，将其两颗求婚的珍珠抛于湖中，遂衍化成两座精巧的小山。② 两岛间的航道只有10多米宽，历来是湖中的交通要道，1982年8月当代著名书法家欧阳中石先生，为珍珠门题写了"水连长堤"四个大字。③

镜泊湖的自然景观吊水楼瀑布，又称"镜泊湖瀑布"。吊水楼瀑布实际上是同时坠入一潭的两个瀑布，其高约20～25米，宽达45米。飞流直下具有极大的冲击力，年长日久瀑布底下形成了一个60多米深的水潭。④ 由于它是我国纬度最高的瀑布，所以，四季中以冬夏之景风韵尤佳。每当夏季洪水来临时，镜泊湖水从四面八方漫出聚集在潭口，然后蓦然跌下像无数白马奔腾，若银汉倒悬坠落，其发出的轰鸣声数里之外便可听到。飞珠溅玉声如雷鸣，水光溢彩雾影摇山，气势磅礴壮人情怀。这飞瀑就像雄壮的乐曲演奏着、轰鸣着滚滚流入牡丹

---

① 参见刘耀编著：《中国绝色风景》，78页，北京，中国长安出版社，2006。

② 参见李剑飞：《北国风光胜江南——镜泊湖游记》，载《农民日报》2008年12月7日，第8版。

③ 欧阳中石1928年生于山东省泰安市肥城，是我国著名的教育家、书法家、书法教育家，首都师范大学教授、博士生导师。

④ 参见刘耀编著：《中国绝色风景》，80页，北京，中国长安出版社，2006。

江中。瀑布旁边有一座小巧的八角亭榭依岩而立，周围砌着半人高的铁栏杆，人称“观瀑亭”，一条经人工凿成的石头阶梯蜿蜒向前盘展。游人站立在观瀑亭上，可欣赏到水雾烟云之中霓虹隐现的奇观。那两条翻腾滚跃的瀑布，宛若两条出海、入潭的蛟龙喷云吐雾，把整个镜泊湖闹得更具神奇色彩。当寒冬腊月北国大地一片白茫之际，镜泊湖水已冻结起一层厚厚的冰，阳光照射在湖面上宛如照在一面银镜上一般，闪出耀眼的光芒。尽管湖面已结冰，然而湖水仍在冰层之下流动着、聚集着，临近深潭猛然跌落，状若一条白链从崖顶挂落，形成冬季的吊水楼瀑布景观。① 当然银装素裹下的吊水楼瀑布，没有像夏天那样磅礴的气势，更多的是秀丽潇洒的风采。尽管枯水期瀑布不见了，却可以观看到另一番美丽的景致。在熔岩床上游人可发现许多被常年流水冲击的熔岩块，因磨蚀而形成的大小深浅不等的溶洞，它们就像人工凿琢般光滑圆润。环潭的黑古壁是一个天然的回音壁，可与北京天坛公园的“回音壁”相媲美，游人的轻歌笑语经圆形石壁折射，清晰地传到自己的耳边。这一景观千百万年来，已成为了镜泊湖的代表作和象征。吊水楼瀑布的美不仅在于其本身的形态优美，而且还在于其上游有镜泊湖的衬托。

吊水楼瀑布的形成亦与镜泊湖的历史密切相关。大约距今 8300 ~ 4700 年前，宁安县境内地壳运动十分强烈频繁，火山连续爆发流出了大量的岩浆，阻塞了滔滔奔腾的牡丹江水。冷却后的岩浆堆积在牡丹江河道上，像一座大坝一样把牡丹江拦腰截断了。坝上游河段便形成了火山堰塞湖——镜泊湖，湖水又通过熔岩坝的一些断裂缝隙渗流出来跌落崖壁，于是便形成吊水楼瀑布。镜泊湖通常不起哪怕是很小的波澜，湖面始终平静如镜。倒映翠绿的层林迭峦，无论是在阳光直射下，还是在晨曦斜阳里，或是在皓月当空、清辉如链的月夜里，镜泊湖和吊水楼瀑布都是一个令人陶醉的世外仙境。人称这里的山、这里的水和这里的风像轻柔多情的三姐妹，悄无声息地浸润感染每一个来

---

① 参见黑龙江镜泊湖风景名胜自然保护区管理委员会：《中国最大的火山堰塞湖——黑龙江省镜泊湖地质公园》，载《中国公众科技》，2008 年 12 月 14 日。

这里游览的人，使他们不见而神往，一见则钟情。“吊水楼瀑布”古时土著人名曰“发库”，位于湖之北端，距“镜泊山庄”仅3公里路程。吊水楼瀑布酷似闻名世界的“尼亚加拉大瀑布”，湖水在熔岩床面翻滚、咆哮，如千军万马之势向深潭冲杀而来，然后从断崖峭壁上飞泻直下，扑进圆形的潭穴之中。① 正因为它的罕见和优美，国家邮政局于2003年8月12日发行《镜泊湖吊水楼瀑布》普通邮资信封1枚。镜泊湖瀑布是通往火山口国家级森林公园的必经之路，是镜泊湖风景名胜区的重要组成部分。朝鲜族民俗村以传统的朝鲜族土、木、草结构为建筑风格，以浓郁的朝鲜民俗风情为特色，以参与性强的游乐项目为主题，让游客尽情品味朝鲜民族文化，亲自体验朝鲜民族风情。民俗村内独具特色的居民展示区、农乐舞演艺区、文体休闲区将带给游人全新的感受，令人流连忘返。居民展示区的朝鲜族木匠铺、铁匠铺、水稻种植户、打鱼户、豆腐坊、特色餐饮，让人领略朝鲜族民俗文化底蕴；演出广场、篝火表演场的朝鲜族歌舞、农乐舞、假面舞将让人充分领略朝鲜族的能歌善舞；文体娱乐区的秋千、跷板、拔河、摔跤、滑稽足球、巨型象棋、射箭和水陆两栖脚踏船，令人亲自体验朝鲜民俗体育活动风情。还有鬼斧神工的河谷公园、桥、河谷生态观光和飘流探险，将使游客尽情领略大自然的奇特风光，感受纯朴的乡情。

三

镜泊湖畔唐代渤海国上京龙泉府遗址。“渤海国”始建于公元698年，公元926年被契丹灭亡，先后存世229年。“渤海国上京故城”俗称“东京城”，又称作“忽汗城”、“火茸城”、“古大城”、“沙兰城”、“讷讷赫城”、“讷佛贺城”等。它是东北黑土地上最辉煌的地方政权，展现了黑龙江先人的勤劳和智慧。渤海国初建时称为“震国”，意为

① 有关资料见《镜泊湖吊水楼瀑布》，载《大连日报》，2005年7月12日。

东方的国家。公元713年首领大祚荣[①]接受唐朝的册封，获“左骁卫大将军”，“渤海郡王”的封号并领“忽汗州”都督，遂改“震国”为“渤海国”，成为臣属于唐朝的藩属政权，又是唐朝管辖下的一个羁縻州府即“忽汗州”都督府。[②] 渤海自大祚荣始传位15代王，兴盛时期设有5京、15府、62州、100多县。辖域包括今天整个中国东北地区、朝鲜北岛的东北部和俄罗斯的南滨海地区，“方五千里”被中原誉为“海东盛国”。由于渤海国“崇尚华风”、“革故维新”、“万里寻修”、“繁荣贸易”，因而国势日盛雄踞北方，与盛唐同期创造了北国辉煌。故国早已灰飞烟灭，我们只能从它留下来的遗迹中发现它的文明与辉煌。“渤海国上京故城”地处今宁安市东京城盆地之中，四面环山、三面水绕，远山为屏、近水成堑、山河险固。故城所处之地平坦开阔，江河纵横，宜于耕垦牧猎。根据考古发现，上京故城规模宏大，由外城（廓城）、内城（皇城）、宫城（紫禁城）及内苑等部分组成。俯视这近16平方公里的故都遗址就像是一个巨大的舞台，满族的先民曾经在这里演出229年。城内的残砖断瓦俯拾皆是，有的刻印文字，有的琢磨花纹，有的挂染着采釉，它们就像剧后遗失的道具，仿佛还在演奏着1000多年前的历史乐章。它是悉仿唐都长安模式设计营筑的大城，因此，“上京城”可谓牡丹江畔的小“长安城”。外城为长方形，东西宽、南北窄，与唐长安城形制基本相同。城垣以土筑为主，间有石筑，外城垣周长16公里，现已知有11门，南三北四，东西各二门。外城内的北部正中筑宫城、内城和内苑。外城区有5条大街与外城9门直接相通。其中，有一条中心大街（“朱雀大街”）是全城的中轴线，经内城南门（相当于长安城后城的朱雀门）直通外城南门，全长2100米，街宽110米，把全城分为东西两城区。另外还有6条街道5条大街纵横交错，将城区分为若干区域。其内辟里坊、外筑

---

① 大祚荣（698—719在位），唐朝渤海郡国创始人，军事统帅，史称创造渤海的海东盛王。渤海是满族一脉相承的祖先，其前身是粟末靺鞨。靺鞨族是我国具有悠久历史的一个古老而庞大的民族，先秦时称肃慎，汉晋时称挹娄，南北朝称勿吉，隋唐时期又称靺鞨，属中华种族肃慎族系。

② 参见刘耀编著：《中国绝色风景》，82页，北京，中国长安出版社，2006。

坊墙，内辟曲巷，修建院落，民居、寺院等建筑在坊区。据考古调查及文献资料考证，上京城约有82坊。[①] 宫城在故城北部城中，平面呈长方形，城垣周长2.5公里。宫城分东西中三区，中区有1座门址、5重殿址；宫城东侧有禁苑和离宫遗址。内城在宫城之南，由于建制、布局与唐长安城和洛阳城中的皇城十分相似，故称其为“皇城”。在故都遗址的周边还有渤海国时期的桥址、窑址，以及当时上京辖下的府、州城址和防御外敌的城墙址，由故都通向外城的驿站和道路遗址。考古研究的结果显示，当年渤海国政治、经济、文化和外交繁荣发达，充满神奇。说它“神奇”，是因为渤海国没有留下一点儿直接的文史资料，所有已知的关于渤海国的记述，都是间接或者是由遗址中发掘得知的。因此，有的史学家称渤海国为“迷踪王国”。在历史长河中渤海国的诞生、繁荣与消亡，有些像白山黑水间的海市蜃楼。[②]

镜泊湖畔唐代渤海国上京渤海镇遗址。宁安市渤海镇坐落在距镜泊湖不足20公里的地方，它已被列为“全国重点文物保护单位”。据有关文献记载，渤海国是盛唐之时以靺鞨族为主建立的封建地方政权。公元755年渤海国首府迁至渤海镇，建成首府“上京龙泉府”。渤海国所辖疆域西从扶余、农安、开源、铁岭一带，北至黑龙江、松花江下游，南至新罗（今朝鲜），东至日本海，契丹于公元926年灭亡“渤海”改建为“东丹”。为镇压渤海人民的反抗使其忘却故土，契丹统治者曾把“龙泉府”及其寺庙等古都著名建筑付之一炬。现故国遗址可见城址、上京龙泉府遗址、故井址、禁苑址、街坛址、寺庙址、古墓、古桥址和兴隆寺。渤海上京龙泉府是当时中国东北地区著名的大都市之一，据考证它是当时亚洲第二大城市，也是现今世界上保存最完好的中世纪都城遗址。主要遗物有石灯幢、大石佛、舍利函、大石龟、文字瓦等。出外城北门2公里就是渤海国王陵区遗址，现在这个地方叫“三陵坟”。“三陵坟”的清理和发掘，被评为1991年度中

---

① 参见关治平、高正南、占辉：《关于先人励精图治的记忆》，载《牡丹江晨报》，2008年3月25日。

② 参见陈清柏：《上京龙泉府遗址——全国重点文物保护单位之一》，载《北方文物》，1981（1）。

国十大考古发现之一。在故城遗址西部10公里处，有一个规模最大的渤海国时期墓葬群——虹鳟鱼场墓地，经过1992～1995年4年的连续发掘，揭示了320个墓室，在出土的大量文物中有陶器、铜铁器、金银器，其中有相当数量的珍贵文物，如金带饰铜镜、玉雕、玛瑙和带有文字的陶器等，都是罕见的精品。考古专家说："该基地的发掘，为研究渤海国的社会组织，风俗习惯及文化特征等，提供了丰富的科学资料。"① 由此被评定为1995年度国内十大考古发现之一。这两个地方同样是墓地，一为皇家、一为平民，但同是演义"渤海春秋故事"角色的休息地，如今都被定为省级重点文物保护单位，共同成为展示渤海历史文化的课堂。1000多年前宁安曾经是"海东盛国"渤海国的政治、经济和文化的中心，如今这些遗址和丰富的出土文物，又使宁安成为展示渤海国政治、经济、文化全貌的"天然博物馆"。

"玄武湖"位于渤海镇上京遗址北面不足1公里处，为一椭圆形湖泊，湖盆为火山熔岩。湖面达15万平方米，深为10米余，还有多处小岛。附近有"七孔桥"遗址以及著名的"响水大米"产区。这里的土质很薄，覆盖大地的全部是多孔的火山喷发物玄武岩和火山灰，有一利必有一弊，它土层尽管很薄，但透水、透气效果很好，石板受热快、散热也快，昼夜温差大，稻子长得好，因而"响水大米"驰名中外，民国前一直是进贡朝廷的贡米。② 此湖又名"渤海泡"，传说此地为当年修上京都城所需的玄武岩采石场坑。相传清皇族远祖有兄弟6人居此，满语"六个"为"宁古塔"，故又称其地为宁古塔贝勒（简称"宁古塔"），宁古塔有新旧二城，旧城在今海林市旧街。"宁古塔旧城，在海兰河（今海浪河）南岸有石城（内城），高丈余，周一里，东西各一门。"③ 经实测内城（即石城）为正方形，边长171米，周长684米，外城边墙周围2.5公里，四面各有一门。康熙五年（公元1666年）迁建新城即今宁安市区，称为"宁古塔新城"。清初"宁

---

① 关治平、高正南、占辉：《关于先人励精图治的记忆》，载《牡丹江晨报》，2008年3月25日。

② 参见张笑天：《镜泊湖情结》，载《人民日报》，2008年4月28日第16版。

③ （清）吕耀曾等修，魏枢等纂：《盛京通志》第三十一卷。

古塔”为设置在盛京（今沈阳）以北管辖黑龙江、乌苏里江广大地区的军事、政治和经济中心。

吉林长白山风景名胜区的自然遗产景观

一

长白山是与我国“五岳”齐名的关东第一山。因其主峰“白头山”多白色浮石与积雪而得名，素有“千年积雪为年松，直上人间第一峰”[①] 的美誉。长白山是中朝两国的界山，位于欧亚大陆东端，吉林省东南部，地处延边朝鲜族自治州安图县和白山市抚松县境内，总面积8000余平方公里。它以一望无际的原始森林，高峰环抱的高山湖泊，磅礴的长白瀑布，奇异的火山地貌，珍贵的动植物令人叹服。长白山是中国东北最高的山地，主峰海拔2691米，山体纵横，海拔2500米以上的山峰有16座。长白山又是一座“休眠火山”，据史料记载，从16世纪以来，曾有过3次火山喷发。第一次是1597年8月，第二次是1648年4月，第三次是1702年4月14日。火山喷发出来的熔岩物质则堆积在火山口周围，形成了屹立在四周的16座山峰，其中7座在朝鲜境内，9座在我国境内。这9座山峰各具特点，形成奇异的景观。当火山爆发喷射出大量熔岩之后，火山口处形成盆状，时间一长积水成湖，便成了举世瞩目的天池。受长白山地形垂直变化的影响，长白山从山脚到山顶，随着高度的增加形成了由温带到寒带的4个景观带，这种自然多彩的垂直景观带在世界上都是罕见的。在中国人眼里“长白山就像一条巨龙”，蜿蜒于中国东北边陲，自古以来就以那

---

① 李小翠：《十月叹世界·自游篇》，载《南方都市报》，2005年9月19日。

鬼斧神工般的奇观、神奇迷人的传说、博大丰厚的物产资源自立于名山之林，引起人们的遐思和神往。

长白山是一座厚重的历史名山。在长白山的紫霞峰下，矗立着因沧海钓鳌的豪迈举止和远大抱负而得名的“钓鳌台”。李白曾在《赠薛校书》诗中曰：“未夸观涛作，空郁钓鳌心。”[①] 钓鳌台上有用各色巨石砌成1米高、4米见方的“女真祭台”，相传女真国王完颜阿骨打（1068—1123年），就是从这里登长白山祭天池的。据清史《东华录》载：“我朝先世发祥于长白山一带”[②]；《安图县志》亦记有“安图为女真”之旧址，可见这里有着悠久的历史。其实历史上的长白山一直是关东人民生息劳作的场所，朝鲜族的圣山，也是满族的发祥地。所以，在清代长白山便有“圣地”之誉。长白山人文历史悠久，名称在历史上也有过多次变化。据《山海经·大荒北经》载：“东北海之外……大荒之中，有山，名曰不咸，有肃慎氏之因。”[③] 也就是说，在秦以前长白山被称作“不咸山”，意为“有神的山”；汉朝称为“单单大岭”；魏称为“盖马大山”，后魏称“徒太山”；南北朝称为“从太山”、“太皇山”；唐朝称为“太白山”；金朝始称“长白山”。史籍中关于勿吉与太皇山的记载，说明自古以来满族的祖先就同长白山有着十分密切的联系。到了金代，封建统治者认为“长白山在兴王之地，礼合尊崇议封爵，建庙宇”[④]。因此，金大定十二年（公元1172年）十二月，封长白山为“兴国灵应王”，当时还在山的北侧兴建了庙宇。大定十五年三月奏定封册仪式，每年春秋两季择日致祭。明昌四年（公元1193年）十月，金章宗又封长白山为“开天弘圣帝”。在短短的21年里，对长白山又是封“王”又是封“帝”，历史上这一时期的长白山可谓“风光”至极。到了清代，康熙认为大清千秋帝业的好运气是由长白山而来的，理当享受皇帝朝拜的典仪。因此便在吉林市小白山修建了“望祭殿”，每年春秋两季由吉林将军、副都统率领官员

---

① 见《长白山天池》，《中国旅游指北》，2006年11月16日。

② 见《长白山天池》，《中国旅游指北》，2006年11月16日。

③ 周艺文等主编：《冰雪之旅》，75页，长沙，湖南地图出版社，2001。

④ 马洪：《长白山名称由来》，载《人民日报》（海外版），2003年5月14日第6版。

在小白山望祭殿代表皇帝对长白山举行望祭。乾隆十九年（公元1754年）八月初七日，乾隆东巡到吉林，第二天一大早便亲临小白山望祭殿对长白山举行望祭。这一次望祭与康熙望祭时隔72年，和祖父一样，乾隆也留下一首《望祭长白山》："诘旦升柴温德亨，高山望祭展精诚。椒馨次第申三现，乐具铿锵叶六英。五岳真形空紫府，万年天作佑皇清。风来西北东南去，吹送膻芗达玉京。"① 爱新觉罗·弘历高宗皇帝，是亲临到吉林望祭满族发祥圣地东巡的第一位清朝皇帝。据《永吉县志》记载，此次望祭"祀典弥隆"，体现了清王朝对长白山的崇拜。"望祭长白山"这种仪式一直延续了200余年。同时清王朝把长白山视为祖宗发祥地，又封山、又祭神并封为"禁地"，不许俗人进入，这里从此便成了人迹罕至之处，故而直到今天长白山仍然保持着原始的状态。

长白山罕见的自然风光粗犷而俊秀。长白山由于高度较高，气候多变，风狂、雨暴、雪多是它的突出特点。长白山每年有长达10个月的冬季，湖水冻结的时间为6个月。当风力达到5级时，长白山天池中的浪可高达1米以上。如同任性的少女发怒，平静的湖面霎时狂风呼啸，砂石飞腾，甚至暴雨倾盆，冰雪骤落。绰约多姿的奇峰危崖，立即罩上了一层朦胧的面纱。这雾霭风雨瞬息万变，虚无缥缈的白山风云，既绘出了"水光潋滟晴方好，山色空蒙雨亦奇"的绝妙美景，又为长白山增添了无限的神秘感，它塑造了长白山的"独特个性"。尽管气候寒冷，但是生长在有限范围内的茵茵芳草和鲜花，以其蓬勃的生命力，使长白山及天池跃然生辉。雍容华贵的长白杜鹃，第一个把春天带到皑皑白雪上，它们在海拔2000米以上的高山苔原扎根，铺翠叠锦。婀娜多姿的高山罂粟花朵洁白，它与杜鹃一起被誉为长白山的两大圣花。胜似红衣仙女的高山百合、叶茎由地下蜷曲向上的稀有的倒根草、宛如金色耳环的高山菊、小巧玲珑的长白龙胆和遍布各个角落的高山桧，还有第四纪冰川时期由北极推移过来的长白越桔、松

① 见关纪新：《清代满族作家文学中的"长白山情结"》，中国少数民族文学数据库，2006年10月31日。

毛翠等，匍伏着矮小身躯，以坚毅而顽强的生命力，共同编织着锦绣的长白山的自然风光。长白山“美人松”的学名叫“长白松”，属长绿乔木，高25～30米，直径25～40厘米。树冠椭圆形或者扁卵状三角形或者伞形等。树干下部树皮棕褐色、深龟裂，裂片呈不规则长方形，上部棕黄色至红黄色，薄片状剥离，微反曲。美人松因形若美女而得名，是长白山独有的美丽的自然景观。长白山天池被巍峨陡峻的16峰环抱着，其中，海拔在2600米以上的山峰就有5座。长白山顶与天池天水相连，云山相映，云中有山，水中有云，倒映在湖水中的岚姿云影是一幅绝妙的泼墨丹青，令人叹为观止。1983年邓小平攀登长白山看日出时就曾发出感叹：“人生不上长白山，实为一大憾事！”①

长白山的自然景观令人流连忘返。凡到过长白山的人都为那宏伟壮观、奔腾不息的长白瀑布所迷恋。那银流似从天而降，落地如雷声贯耳。天池的水从一个小缺口上溢出来，从悬崖上往下直泻，就成了著名的长白山大瀑布。长白瀑布位于天池北侧的“乘槎河”②，又称“通天河”尽头，乘槎河流到1250米后，飞流直泻便形成高达68米的长白瀑布。因系长白山名胜佳景故名“长白瀑布”。由于山大坡陡，水势湍急，一眼望去像一架斜立的天梯。瀑布口有一巨石名曰“牛郎渡”，将瀑布分为两股。两条玉龙似的水柱勇猛地扑向突起的石滩，冲向深深的谷底溅起几丈高的飞浪，犹如天女散花，水气弥漫如雾，仿佛“银河落下千堆雪，瀑布飞流万缕烟”③。它纬地经天、云翻雨倾，200米外就可闻见它的咆哮声，势如万马奔腾的景象十分壮观。

---

① 周艺文等主编：《冰雪之旅》，75页，长沙，湖南地图出版社，2001。

② 乘槎河系天池北端龙门峰与天豁峰之间缺口有一地势低下之处，称为闼门，是池水出流的唯一缺口，宽约二三十米，形成一条天然水道。乘槎河是一条罕见的河流，是连接天池与长白瀑布的“白色纽带”，全长1250米，也是目前世界上最短的河流。《长白山江冈志略》记载：“水自天池泻出，天豁、龙门二峰之间，波浪汩汩，形同白练。严冬不冻，下流五里，飞泉挂壁，宛成瀑布，声闻十里外……实为松花江之正源。”“乘槎”二字乃神话乘木排上天之意。在古籍和古诗词中有许多有关的描述。《博物志》卷三云：“天河与海通，近世有人居海渚者……，乘槎而去。”唐朝著名诗人李商隐《海客》诗中有“海客乘搓上紫氛，星娥罢织一相闻”之句。杜甫《奉赠萧二十使君》诗中也有“起草鸣先路，乘槎动要津”等诗句。

③ 陈曦：《铜鼓滩，渝黔第一漂》，载《重庆晚报》，2004年6月24日。

游人经过这里无不驻足仰望，感慨万千。瀑布状如白练从天而降，雷霆万钧如玉龙扑向谷底，其景象蔚为壮观。急流跌水千百年之后，瀑布底下逐渐形成了深约20米的水潭，大瀑布流下的水汇入松花江，成为松花江的一个源头。长白瀑布以下3公里河谷西侧，有两个圆形水池（称“小天池”）。二池一南一北相隔200米左右，北面水池面积5382平方米，南侧的水池面积与北侧的相近，都地处密林之中，景观绚丽动人，亦称“对环湖”。小天池水面如镜，宛若绿海中的美玉，近年来游人日渐增多。在黑风口滚滚黑石下面有几十处地热，大如碗口、小有指粗，这就是分布在1000平方米地面上的温泉群，共有13眼向外涌水。它距离震耳欲聋的长白瀑布不到2里，与奔腾咆哮的白河擦边而过。它以绚丽的色彩把周围的岩石、沙砾染成金黄、碧蓝、殷红、翠绿，闪烁着五光十色，散发着蒸腾热气，格外愉悦游人的眼目。特别是冬季周围是一片银装素裹，到处冰天雪地，而这里却热气腾腾，烟雾袅袅，实在是别有一番景致。再如锦江大峡谷，又名“长白山大峡谷”，位于吉林省抚松县境地内，长白山麓西南方向，全长70多公里，宽100~200米，深100多米，是由火山灰和泥土多年冲刷而成的。峡谷距长白山天池有10多公里。峡谷内自然景观最美的地段约7.5公里。有的像黑熊长啸，有的似犀牛望月，有的似大象汲水，有的如鳄鱼吞食，实在是美不胜收。

饱含神秘色彩的长白天池衬托着长白山俊美的面容。自古以来人们对长白山顶礼膜拜，并不只是因为他们崇仰长白山，而是为了一睹这哺育大地万物之乳的源头“长白天池”。天池坐落在吉林省东南部，是中国和朝鲜的界湖，湖的北部在吉林省境内。长白山气势恢宏，资源丰富，景色非常美丽。长白山最著名的景点是1702年火山喷发后火口积水而成的天池，由于它高踞于长白山主峰白头山之巅，故又称之为“白头山天池”。民间传说天池原是太白金星的一面宝镜。西王母娘娘有两个花容月貌的女儿，谁也难辨姐妹俩究竟谁更美丽。在一次蟠桃盛会上，太白金星掏出宝镜说，只要用它一照就能看到谁更美。小女儿先接过镜子一照，便羞涩地递给了姐姐。姐姐对着镜子左顾右盼，越看越觉得自己漂亮。这时宝镜说话了：“我看还是妹妹更漂亮。”姐姐一气之下当即将宝镜抛下瑶池，落到人间变成了天池。[1] 动人的神话传说，为天池平添了神秘的色彩。据《长白山江冈志略》记载：“天池在长白山巅的中心点，群峰环抱，离地高约20余里，故名为天池。”天池是我国最高的火口湖，也是松花江、图们江、鸭绿江三江之源。它大体上呈椭圆形，南北长4.85公里，东西宽3.35公里，面积9.82平方公里，周长13.1公里。水很深，平均深度为204米，最深处达373米，是我国最深的湖泊，总蓄水量约达20亿立方米。天池是一个巨大的天然水库，天池的水一是来自大自然降水（也就是靠雨水和雪水），二是大量的地下泉水。天池湖水深幽清澈，像一块瑰丽的碧玉镶嵌在群山环绕之中，令人如临仙境。不过长白山气候瞬息万变，使得天池若隐若现，故绘出了天池“水光潋滟晴方好，山色空蒙雨亦奇”[2] 的绝妙景象。长白山天池的美是独特的，它像一块蓝色的绒布充满着丝滑的质感。随着长白山不同山峰的映衬，那湖面呈现着颜色微妙的变化，大部分是湛蓝、少许有些泛着黄绿的色质，有些地方还映出山峰的倒影。在风和日丽的天气里碧水中飘着白云，天水相连景色秀丽异常。但是，这里更多的是云雾弥漫，并常有暴雨冰雹，每天的天气就像顽皮孩子的脸，说变就变。因此，并不是所有到此一游的人，都能有福分一睹她的秀丽面容。关于天池中怪兽的传说古已有之，即使在《奉天通志》、《抚松县志》和《长白山江冈志略》中，都有过例似记载。[3] 自1980年以来，有众多的游人亲眼目睹过怪兽，有人形容它为：“头约有人头大，眼睛如栗子大，圆圆的，嘴向前凸，脖子直径约十厘米，长1.2 ~1.5米，与身体相接处好像有白色环一条。毛皮光滑，类似海豹皮，但无花斑，灰白色。此怪物出水部分除头颈外，还有背部一部分。推测全身大小近似牛。”[4] 其实，天池除了

---

① 传说资料来源于导游的解说词。

② （宋）苏轼：《饮湖上初晴后雨》。

③ 在《奉天通志》、《抚松县志》和《长白山江冈志略》中对于怪兽的形状，曾有记载说：“光绪二十九年（公元1903年），徐复顺等三人猎于长白山，在天池见一怪物大如牛，吼声震耳，状欲扑人。徐以六轮手枪击之，中物腹。怪物咆哮长鸣伏于池中，后不见。”

④ 周长庆：《二十头怪兽同现长白山天池》，载《北京青年报》，2003年7月15日。

水之外，就是巨大的岩石，没有一草一木。因为天池是火口湖，它的形成距今不过一万年，这段时间不可能形成一个新的物种。更何况长白山最后一次火山喷发是在1702年，距今仅300多年。壮丽的风光、古老的传说和怪兽之谜交织在一起，使长白山及天池更具魅力。

二

长白山是中国最大的自然保护区之一。长白山于1960年经吉林省人民政府批准建立了自然保护区。自然保护区在吉林安图、抚松、长白三县境内与朝鲜毗连，为围绕白头山天池东、西、北三面的长白山原始森林的中心地区。南北长78.5公里，东西宽53.5公里。总面积20余万公顷，是我国国家自然保护区之一。区内自然环境和生态系统完整，生物种源丰富，地貌、气候、土壤和野生动植物分布具有典型的山地自然景观特征。山峰、林海、天池、瀑布、温泉等风景名胜都有特异之处，东北虎、梅花鹿、紫貂等珍贵动物驰名中外，是我国具有世界意义的典型自然综合体。复杂的生境条件，构成了植物分布的垂直地带性和多样性。丰富的自然资源、得天独厚的自然环境，使长白山成为一座天然的自然博物馆。该保护区的建立，不仅在生物多样性保护方面具有极为重要的意义，而且在开展科学研究、教学实习和旅游等方面，也具有非常重要的意义。1980年长白山自然保护区被纳入联合国教科文组织“人与生物圈保护网络”，成为“世界自然保留地”。1986年晋升为“国家级自然保护区”，主要保护对象为温带森林生态系、自然历史遗迹和珍稀动植物。1992年被世界保护联盟评审确认为“具有国际意义的A级自然保护区”；2001年晋升国家4A级旅游景区；2003年1月被评为“中华十大名山”之一。2003年10月23日中国最美的地方排行榜在北京发布。此次活动由《中国国家地理》主办，全国34家媒体协办的“中国最美的地方”评选活动，分成了山、湖泊、森林、草原、沙漠、雅丹地貌、海岛、海岸、瀑布、冰川、峡谷、城区、乡村古镇、旅游洞穴、沼泽湿地15个类型，“长白山天池”被评为“中国最美五大湖之一”。

长白山是我国三大自然资源宝库和世界重要的物种基因库。长白山自然保护区被誉为“天然博物馆”、“物种贮存库”。长白山保护区是我国最大的自然保护区之一，也是生态系统保护最完整的原始森林地带，林木蓄积量为4400万平方米，保护区总面积为196 465公顷，具有较高的科研、保护和旅游价值。海拔800米左右，属于岩高原，那里有茂密的原始针阔混交林。红松、柞树、黄菠椤等珍贵树木，枝叶繁茂，山葡萄、五味子、软枣子蔓延缠绕，交织成荫。林木丛中百花争妍，鸟鸣枝头，彩蝶飞舞。接近海拔1200米时，则过渡到针叶林带。云杉、冷杉、落叶松的尖塔形树冠格外俊秀美丽。林中阴暗潮湿，灌木和草本植物稀少，而苔藓、蘑菇特别丰富。到了海拔1700米左右的地方，针叶树变矮变细，开始出现了岳桦。在海拔1800米以上，进入岳桦林带。岳桦树型奇特动人，红松承受不了的严寒，但对岳桦却无可奈何。至海拔1800～2000米处，便进入了高山苔原带。那里没有树木，只有苔藓和贴着地皮的杜鹃灌木丛，恰如铺在大地上的地毯。据调查统计资料显示，这里生存着1800多种高等植物，栖息着50多种兽类，280多种鸟类，50种鱼类以及1000多种昆虫。自然保护区内分布有野生植物2540多种，野生动物364种。其中，东北虎、梅花鹿、中华秋沙鸭、人参等动植物，为国家重点保护的物种，这在整个东北地区是非常少见的。它还是“关东三宝”人参、貂皮、鹿茸的盛产地，为地球上很少遭到人类破坏的原始生态保留地。为此，长白山管委会明确规定，长白山保护区是以森林生态系统和野生动植物保护为主，风景区位于保护区核心区内，必须坚持区内一草一木不许破坏的原则，所有游客要按指定线路、指定景点旅游，不得超越规定的范围，更不得有采花、折技、践踏等不文明的行为。游客用餐必须到指定的野餐点，用完餐之后必须把剩下的食物、垃圾等收拾干净。在保护区内开展旅游活动，必须坚持以保护自然资源和自然环境为主，旅游服从保护的原则。所有旅游活动必须在指定的旅游点和旅游线路内进行，旅游点和旅游线路由长白山管委会统一规划。旅游人员在保护区内不得超越规定的旅游范围，不得污染环境，不得损害自然资源和各项设施。旅游人员必须遵守边境管理规定，接受有关边防管理人员的监督管理。旅游管理人员和导游实行统一着装挂牌服务，严格执行有关的规章制度，对侵害游客利益的行为，及时拨打举报电话或者到景区派出所报案。凡要深入到保护区内部进行科学考查等其他活动的，必须经过长白山管委会有关部门批准同意后才能进行。

依法保护长白山自然景观和国家级自然保护区。1988 年 11 月 19 日吉林省第七届人民代表大会常务委员会第六次会议通过了《吉林长白山国家级自然保护区管理条例》。条例明确规定，吉林长白山国家级自然保护区（以下简称“保护区”）是国家级森林和野生动物类型自然保护区。保护区的保护管理工作统一由吉林长白山国家级自然保护区管理局负责。保护区划分为核心区和实验区，并由保护局设立标志。重点区域可设立专项保护点。核心区只供保护局进行巡护、定位观测研究和定期资源调查，禁止进行其他活动。如因特殊需要，必须进行其他活动，须经保护局同意，报省林业主管部门批准。实验区可以进行科学研究、教学实习、考察、登山、拍摄影视、驯化培育珍稀动植物，以及在指定的地点进行参观旅游等活动。保护局应当在实验区采取必要的措施，保护和改善动物、植物的生存环境，促进保护对象的生长繁衍。保护区内严禁狩猎、垦殖、放牧、开矿、爆破、采伐树木、军事演习和在野外使用明火等活动；禁止捕捉野生动物、采挖野生植物和开采沙石土料。因科研、教学需要，必须到保护区采集标本的，按照保护和管理野生动物、植物的法律、法规有关规定，经保护局或省林业主管部门批准，在指定的实验区内限量、有价采集。有关单位确需在保护区范围内设置机构和进行规划、勘探、建设、资源开发的，由保护局签署意见，报省林业主管部门审查批准后实施。任何部门、团体和单位，与国外签署涉及保护区的协议，接待外国人到保护区从事科学研究、教学实习、参观考察、拍摄影视、登山、探险等活动，必须征得省林业主管部门同意。区内各单位的人员和进入保护区工作的人员，凭保护局发给的通行证；边防执勤人员凭省边防局签发的执勤证或执勤标志；进入保护区的人员，必须遵守本条例和保护区的有关规定，自觉保护自然资源、景物和设施，接受保护区管理人员的管理和指导。保护区内开展旅游，必须坚持以保护自然资源和自然环境为主，旅游服从保护的原则。保护区内的旅游，由保护局统一管理，业务上接受省和当地县以上人民政府旅游部门指导，所得收入用于保护区的建设和保护事业。旅游必须在指定的旅游点和旅游线路内进行，旅游点和旅游线路由保护局规划，并报省林业主管部门批准。旅游人员在保护区内不得超越规定的旅游范围，不得污染环境，不得损害自然资源和各项设施。本着旅游人数不超过自然保护承受能力的原则，根据接待条件和旅游需要，由保护局会同旅游部门制订旅游规划和年度计划，报省林业、旅游主管部门批准后，按计划开展旅游。到保护区内边境线附近活动的人员，必须遵守边境管理规定，接受有关边防管理人员的监督管理。如有违反本条例行为的，视其情节，对单位领导人员和直接责任者，给予行政处分、经济制裁，直至依法追究刑事责任。①

① 《吉林长白山国家级自然保护区管理条例》，1988 年 11 月 19 日经吉林省第七届人民代表大会常务委员会第六次会议通过。

青海省青海湖的自然与人文景观

一

青海湖（英译名 KokonorLake）是中国最大的咸水湖。青海湖离青海省西宁市约200公里，海拔3200米，面积达4583平方公里。① 青海湖古称“西海”、“鲜水”或“鲜海”，又名“库库诺尔”，蒙语意为“青色的湖”；藏语“错温波”，意为“青色的海”、“蓝色的海洋”。青藏高原自古以来就是令人神往的地方，而青海湖浩瀚缥缈，波澜壮阔，更是大自然赐与青藏高原的一面巨大的宝镜。由于青海湖一带早先属于卑禾羌的牧地，所以，又称之为“卑禾羌海”；汉代称它为“仙海”，从北魏起才定名为“青海”。青海湖的北面是恢宏壮丽的大通山，东面是巍峨雄伟的日月山，南面是逶迤绵延的青海南山，西面是峥嵘嵯峨的橡皮山，这四座大山海拔都在3600～5000米之间②。距今20～200万年前成湖初期，它是一个淡水湖泊并与黄河水系相通，那时气候温和多雨，湖水通过东南部的倒淌河泄入黄河，基本上是一个外流湖。至13万年前由于新构造运动，周围山地强烈隆起，湖东部的日月山、野牛山上升隆起，使原来注入黄河的倒淌河堵塞，迫使它由东向西流入青海湖，出现了尕海、耳海，后又分离出海晏湖、沙岛

---

① 参见小小编著：《中国南方北方游》（北方卷），281页，北京，中国电影出版社，2005。

② 《最美中国自助游》编委会：《最美中国自助游》，269页，北京，中国林业出版社，2006。

湖等子湖。由于外泄通道堵塞，青海湖遂演变成了闭塞湖。① 再加上气候变干，青海湖逐渐由淡水湖变成咸水湖。北魏时青海湖的周长号称千里，唐代为400公里，清乾隆时减为350公里。目前青海湖呈椭圆形，周长360余公里。1908年俄国人柯兹洛夫推测当时湖面水位3205米，湖面积为4800平方公里；20世纪50年代的测绘资料显示，青海湖湖水面积为4568平方公里；70年代出版的地形图量得湖水位3195米左右，湖面为4473平方公里；1988年测得水位为3193.59米，湖面为4282平方公里，到2000年通过遥感卫星数据分析，青海湖的面积是4256.04平方公里。无论如何，青海湖仍然是“中国最大的内陆湖泊”，也是国内“最大的咸水湖”，比我国最大的淡水湖鄱阳湖还要大450多平方公里。② 湖水来源主要依赖于地表径流和湖面降水补给，入湖的河流有40余条，主要有布哈河、巴戈乌兰河、侧淌河等。青海湖的东岸有两个子湖，一个是咸水尕海，面积10余平方公里；另一个是淡水耳海，面积4平方公里。现湖水容积739亿立方米，最长约104公里，最宽约62公里，最大水深3.14千米，湖水平均矿化度12.32克/升，含盐量1.24%。从山下到湖畔则是广袤平坦、苍茫无际的千里草原，而烟波浩淼、碧波连天的青海湖，就像是一盏巨大的翡翠玉盘平嵌在高山、草原之间，构成了一幅山、湖、草原相映成趣的壮美风光和绮丽景色。站在青海湖畔眺望，苍翠的远山合围环抱，碧澄的湖水波光潋滟，葱绿的草滩羊群似云。一望无际的湖面上碧波连天，雪山倒映，鱼群欢跃，万鸟翱翔。在《中国国家地理》“选美中国”活动中，青海湖被评定为“中国最美的五大湖泊”的第一名。③

青海湖的海心岛和鸟岛是最佳的游览胜地。湖中有5个小岛，其中“鸟岛”又名“小西山”或“蛋岛”（因鸟蛋遍地而得名）。它位于布哈河口以北4公里处，岛的东头大，西头窄长，形似蝌蚪，全长

---

① 参见刘耀编著：《中国绝色风景》，387页，北京，中国长安出版社，2006。

② 有关资料参考《我国最大淡水湖鄱阳湖开始叫“渴”》，载《黑龙江日报》，2006年8月24日。

③ 参见《最美中国自助游》编委会：《最美中国自助游》，269页，北京，中国林业出版社，2006。

1500米，1978年以后北、西、南三面湖底外露与陆地连在一起。鸟岛坡度平缓，地表由沙土、石块覆盖，岛的西南边有几处泉水涌流。主要植物有二裂季陵菜、白藜、冰草、镰形棘豆、西北利亚蓼、蒿草、早熟禾等。鸟岛是亚洲特有的鸟禽繁殖所，为我国八大鸟类保护区之首。每年3—4月从南方迁徙来的雁、鸭、鹤、鸥等候鸟陆续到青海湖开始营巢；5—6月间鸟蛋遍地，幼鸟成群，此时岛上有30余种鸟，数量达16.5万余只；7—8月间秋高气爽，群鸟翱翔蓝天，游弋湖面；9月底开始南迁。湖区鸟禽有163种，分属14目35科，总数在16万只以上。其中，斑头雁2.13余万只、棕头鸥4.5万余只、鱼鸥8.74万余只、鸬鹚1.12万余只。此外，有凤头潜鸭、赤麻鸭、普通秋沙鸭、鹊鸭、白眼鸭、斑嘴鸭、针尾鸭、大天鹅、蓑羽鹤、黑颈鹤等。[①] 1975年8月建立"鸟岛自然保护区"，1980年被列为"国家级自然保护区"。1986年青海省政府拨款60万元，兴建了暗道、地堡、瞭望台等设施供游人观赏，南北均有公路到达鸟岛。为了保护岛上的鸟类资源，这里还设有专门机构，负责鸟类研究和保护工作。西面的"海西山"又名"海西皮"，位于布哈河口以北的6公里与鸟岛同处在布哈河冲积滩地的顶端，岛的东北缘有断层陡崖紧靠湖边，陡崖外有一近似圆柱形的岩石屹立于湖中，是鸬鹚的繁殖场所，岛上植被覆盖度在90%以上。"海心山"位于青海湖中心略偏南，距鸟岛约25公里，岛形长，中部宽而两端窄，长2.3公里，宽0.8公里，面积1.14平方公里，岛上最高点海拔3300米，岛上岩石嶙峋，景色旖旎，以产"龙驹"而闻名。[②] 海心山四面临水，好似仙境，因而被人们称之为"仙山"。古人曾有诗云："一片绿波浮白雪，无人知是海心山。"[③] 海心山自古就是宗教信徒们修炼的佳境，据说很早就有人在岛上修行。汉代海心山建立了寺庙，以后信徒们不断地在此修建古刹、白塔，"山佛

① 刘耀编著：《中国绝色风景》，387页，北京，中国长安出版社，2006。

② 资料见《飞雪飘洒，与天鹅共舞》，载《青海日报》，2009年1月7日第7版。

③ 刘耀编著：《中国绝色风景》编，388页，北京，中国长安出版社，2006。

寺”已经成为这里的独特景观。[①] 南部边缘岩石裸露形成陡崖，东、西、北为平缓滩地。岛上大部分为沙土覆盖，植被覆盖度在50%以上，鸟禽集中在岛崖边及碎石滩地栖息。春夏季节栖息着10万多只候鸟，尤其是斑头雁、鱼鸥、棕头鸥、鸬鹚等10多种候鸟繁殖生息场所，现已建立鸟岛自然保护区。“沙岛”于湖东北，海晏县境内，曾是湖中最大的岛屿，长约13公里，最宽处约2.8公里，面积18平方公里，岛上最高点海拔3252米，是湖中砂垄突出水面受风沙堆积形成。1980年沙岛东北端与陆地相连而成为半岛，并围成33平方公里的沙岛湖，表面均由沙砾覆盖无植被，是鱼鸥栖息繁殖地。“三块石”又名“孤插山”，位于湖西南，是由7块密集在一起的石灰石、礁石组成，高约17米，面积约0.056平方公里，距鸟岛、海心山20公里。岛上仅在碎石块间隙生长有牛尾蒿等，植被覆盖不到5%。[②]

青海湖以盛产湟鱼而闻名。青海湖是一个为全世界科学家注目的巨大宝湖，湖中盛产全国五大名鱼之一的青海裸鲤（俗称湟鱼）和硬刺条鳅、隆头条鳅，青海湖是我国西北地区最大的天然鱼库。无鳞的特征为它赢得了“青海湖裸鲤”的学名，湟鱼的祖先是黄河鲤鱼，原本是有鳞的。为适应日渐盐涩的湖水，黄河鲤鱼的鳞片逐步退化。湟鱼之所以要洄游，是因为高盐度、高碱性的湖水，对它们的性腺发育、成熟是致命的。只有逆流而上，在上溯河流的过程中，湟鱼的性腺才会逐渐发育、成熟。所以每年5月下旬至7月下旬，是它们洄游产卵的季节。湟鱼产卵一般选择流速缓慢，底质为石砾、卵石或细沙，水深在一米以内、清澈见底的河道。找到合适的产卵地之后，它们唯一要做的只是静候河水达到合适的温度就开始排卵。洄游产卵是湟鱼生命中最严峻的考验，需要它们具有强壮的身体。据研究显示，洄游湟鱼主要的年龄段为5~7岁，体重则一般要达到90克以上。[③] 青海裸鲤平均年产量为5165吨，1949—1985年共生产裸鲤191 105吨，随着时

---

① 参见《最美中国自助游》编委会编：《最美中国自助游》，271页，北京，中国林业出版社，2006。

② 《青海湖导游词》以及具体景点的文字说明和介绍。

③ 有关数据资料参见《飞向青海湖》，《淮安日报》2008年12月3日。

间推移资源衰退，裸鲤产量呈逐年下降趋势。早在1964年国家就将青海湖列为保护对象，青海裸鲤列为国家重要名贵水生经济动物。这里的冰鱼也很著名，每到冰季青海湖冰封之后，人们在冰面钻孔捕鱼，水下的鱼儿在阳光或灯光的诱惑下便自动跳出冰孔，捕而烹食味道鲜美。居住在这里的汉、藏、蒙古等各族人民和睦相处，共同保护、开发和建设这浩瀚的宝湖。

滨湖草原为良好的天然牧场。青海湖具有高原大陆性气候，光照充足，日照强烈；冬寒夏凉，暖季短暂，冷季漫长，春季多大风和沙暴；雨量偏少，雨热同季，干湿季分明。湖区全年日照时数大部分都在3000小时以上，较青海以东同纬度地区高出700小时左右；年日照百分率达68%～69%。青海湖的水温随季节而变化，夏季湖水温度有明显的正温层现象，8月份最高达22.3℃，平均为16℃；水的下层温度较低，平均水温为9.5℃，最低为6℃。秋季因湖区多风而发生湖水搅动，使水温分层温度现象基本消失，冬季湖面结冰，湖水温度出现逆温层现象，1月冰下湖水上层温度－0.9℃，底层水温3.3℃。春季解冻后湖水表层水温开始上升，逐渐又恢复到夏、季的水温。因而青海湖岸边有得天独厚的天然牧场，肥沃的大片良田和丰富的矿产资源。这里冬季多雪，夏秋多雨，水源充足，雨量充沛，对发展畜牧业和农业有着良好的条件。夏秋季的大草原，绿菌如毯。金黄色的油菜，迎风飘香；牧民的帐篷，星罗棋布；成群的牛羊，飘动如云。日出日落的迷人景色更充满了诗情画意，使人心旷神怡。早在遥远的古代，这里就是马、牛、羊等牲畜的重要产地。青海湖一带所产的马在春秋战国时代就很出名，当时被称为“秦马”。《诗经》曾描写过“秦马”的雄壮和善驰。以后的隋唐时代，这里产的马经过与“乌孙马”、“血汗马”交配改良，发展成为独具特色的良马。它不仅以神骏善驰而驰名，而且以能征惯战而著称。由于这里地势高，气候十分凉爽，即使是烈日炎炎的盛夏，日平均气温也只有15℃左右，因而是理想的避暑消夏的胜地。为了开发正在兴起的高原旅游事业，青海旅游部门在青海湖建立了旅游点。游客到此不仅可以观赏高原牧区风光，还可以乘马骑牦牛，漫游草原，攀登沙丘，或到牧民家里访问，领略藏族牧民风情。牧场还专门为游客扎下各式帐篷，备有奶茶、酥油、炒面和青稞美酒供游客品尝。青海湖的神奇迷人是尽人皆知的，一位华裔作家曾经这样形容这里的自然风光："犹如瑞士和澳大利亚风光的完美结合，太美了。"除了自然风光之外，专家学者还认为"青海湖有一种东方的气质：看似简单，但简单中蕴含的东西却很深广"①。

二

青海留下了文成公主的美丽传说。青海湖是南丝绸之路和唐蕃古道途经之地，也是古代少数民族割据的地方，当年文成公主就是经过这里到达拉萨的。在中国历史上，有不少以公主或宗室女下嫁蕃邦国王和亲的事例，唐太宗时期，文成公主远嫁吐蕃便是和亲情况的典范。汉族姑娘文成公主（625—680），名李雪雁，系唐太宗李世民宗室女。她聪慧美丽，自幼受家庭熏陶，知书达礼并信仰佛教。松赞干布是藏族历史上的英雄，崛起于藏河中游的雅隆河谷地区。他统一藏区成为藏族的赞普（"君长"之意），建立了吐蕃王朝。唐贞观十四年（公元640年），他遣使大相禄东赞到长安，献金5000两、珍玩数百件，向唐朝请婚。唐太宗许嫁宗女文成公主，一桩婚姻就相当于10万雄兵。知书达理的文成公主朴素大方，主动应征做25岁的松赞干布夫人。16岁的文成公主迅速做进藏的高原气候调适，同时向松赞干布发起智慧挑战。五次比试松赞干布的求婚使臣禄东赞：用丝绸带穿过一块有弯弯曲曲小孔的绿松石（"九曲明珠"）；指出一根两端一样粗的木棍的根与梢部；分清关在一起的100匹马驹各自是100母马的哪一匹所生；晚上召唤入迷宫一样的大宫看戏，戏后突发安排使臣独自回归自己的住处；最后文成公主站到300名姑娘中，让从来没有见过文成公主的使臣挑选，这是藏族文化与汉文化大交流的经典瞬间。唐贞观十五年（公元641年），文成公主在唐送亲使江夏王太宗族弟李道宗和吐蕃迎

① 《最美中国自助游》编委会编：《最美中国自助游》，269页，北京，中国林业出版社，2006。

亲专使禄东赞的伴随下，出长安，经西宁，翻日月山，长途跋涉到达拉萨，正式打通了从内地入藏的道路。[①] 松赞干布在柏海（今青海玛多）亲自迎接、谒见道宗，行子婿之礼，之后携文成公主同返逻些（今拉萨）。文成公主在吐蕃生活了近40年，一直备受尊崇。据《吐蕃王朝世袭明鉴》等书记载，文成公主进藏时，唐太宗的陪嫁十分丰厚。有“释迦佛像、珍宝、金玉书橱，360卷经典，各种金玉饰物”[②]。又给多种烹饪食物，各种花纹图案的锦缎垫被，卜筮经典300种，识别善恶的明鉴，营造与工技著作60种，100种治病药方，医学论著4种，诊断法5种，医疗器械6种，还携带各种谷物和芜菁种子等。唐永徽元年（公元650年）松赞干布去世后，文成公主一直居住在西藏。她热爱藏族同胞，深受百姓爱戴，她曾设计和协助建造“大昭寺”和“小昭寺”。在她的影响下，汉族的碾磨、纺织、陶器、造纸、酿酒等工艺陆续传到吐蕃；她带来的诗文、农书、佛经、史书、医典、历法等典籍，促进了吐蕃经济、文化的发展，加强了汉藏人民的友好关系。她带去的金质释迦佛像，至今仍为藏族人民所崇拜。唐永隆元年（公元680年）文成公主逝世，吐蕃王朝为她举行隆重的葬礼，唐遣使臣赴吐蕃吊祭。至今拉萨仍保存藏人为纪念她而造的塑像，距今已1400多年历史。青海省玉树县建有“文成公主庙”，该庙是一座既有唐代艺术风格又有藏式平顶建筑特点的古式建筑。文成公主庙别名“沙加公主庙”，位于玉树县结古镇东南25公里的贝纳沟。藏式建筑的文成公主庙紧贴百丈悬崖，风景幽静，金光闪闪的屋顶光芒四射，庙四周所有的悬崖和面积较大的石头上都刻着数不清的藏经。该庙共3层，面积包括院落600多平方米，通高9.5米。庙中央的文成公主坐像端坐于狮子莲花座上，身高8米，形象生动、雕刻精细。坐像两旁有8尊石刻佛立像，分立在上下两层，每尊佛像高有3米，精雕细刻，形象生动。这里一年四季香火不断，酥油灯昼夜长明，前来

---

① 参见小小编著：《中国南方北方游》（北方卷），283页，北京，中国电影出版社，2005。

② 刘文尧：《历史上西藏自古以来是中国不可分割的一部分》，载《西藏日报》，2008年9月13日。

朝拜的藏汉群众络绎不绝。相传文成公主前往拉萨途中，曾在此地停留很长时间，受到当地藏族首领和群众的隆重欢迎，她深受感动便决定多住些日子，并教给当地群众耕作、纺织技术。现文成公主庙已被列为“国家级文物保护单位”。

青海湖海怪传说与热贡藏乡的六月会。青海湖“海怪”在环湖土著牧民中流传了几百年。清乾隆初年编修的《西宁府新志》中具体记载称有：“青海住牧蒙古，见海中有物，牛身豹首，白质黑文，毛杂赤绿，跃浪腾波，迅如惊鹊，近岸见人，即潜入水中，不知其为何兽也。”据说那些目睹“海怪”的牧民莫不诚惶诚恐，顶礼膜拜，娘桑祭海，敬献牛羊三牲，于是海神显灵的种种传说一传十、十传百的流传开来。近现代以来有关青海湖“海怪”的信息不时流传。如1947年互助县却藏寺一位叫祁六十三的土族喇嘛，随师去西藏朝拜途经青海湖，在太阳快落下的时刻，一头比牦牛大四五倍的怪物浮出水面，劈波斩浪向岸边游来，似龙非龙，头圆润无角，双目闪闪发光。1949年春互助县哈拉直沟乡费村汉族农民马三娃，因生活所迫外出淘金，在青海湖边歇脚用餐时，湖面上出现一截黑黝黝的粗大“圆木”在浮漂滑行，长约丈余，后来这缓缓滑行的“圆木”伸出长长的脖子，上面有蛇一样的头，鳞甲在阳光照射下乌金般光泽，向湖心漂去，转眼不见踪影。1982年有一条机帆船在湖上作业时，船上的人见到前方不远处，有形似渔船的动沉浮戏浪，正准备靠近仔细观察时，已腾入水中。1987年青海某旅行社一位不愿透露姓名的先生，午后到湖边拍照，忽然发现碧波荡漾的湖面上冒出一个有二三头牛那么大的怪物，背部呈灰褐色，原以为是条大鱼，刹那间那怪物昂起像鸵鸟般细长的颈项，头部呈三角形，似有水珠喷洒。他猛地意识到这可能是蛇颈龙，抢拍了一张黑白照片，再拍时怪物已沉入水中，前后约二三十秒钟。曾目击湖中怪物者尚有数十人，这的确是个谜，有待科学家们进一步探求。有关青海湖“海怪”的传说，给青海湖蒙上了一层浓浓的神秘色彩。[①] 热贡藏乡“六月会”是流传于海南藏族自治州同仁县境内的一种具有独特风格的民间习俗活动，已有400多年的历史，在每年农历六月十五日至二十八日定期举办，热贡群众广泛参与。它蕴含着宗教历史、民俗风情等丰富的文化内容，充满了神奇与欢乐。“六月会”主要活动有祭神、上口扦、上背扦、跳舞、爬龙杆、打龙鼓，最后是法师“开山”。其中，最具特色的是“上口扦”、“上背扦”和“开山”。“上口扦”是法师为自愿的年轻人在左右腮帮扎入钢针，也称为“锁口”，据说此举可防止病从口入。“上背扦”是将10～20根钢针扎在脊背上，舞者赤裸上身，右手持鼓，左手击鼓，边敲边舞。独特节奏的龙鼓、粗犷优美的舞姿、多彩华贵的服饰、神秘虔诚的祈祷，给喜庆丰收的热贡藏乡带来了欢乐和浪漫。[②]“开山”是法师用刀划破自己的头顶，把鲜血洒向四面八方，这是一种古朴、奇特的祭天方式，充分表现了藏族人民勤劳、朴实、智慧和勇敢的品格。“六月会”分为三种类型：舞神、舞龙、舞军，场面恢宏壮观，舞姿潇洒粗犷，各村轮流举办，节日盛况空前。20世纪30年代王洛宾来到青海湖畔，见到美丽的草原，善良、热情的藏族姑娘卓玛，他在汲取藏族民歌的灵感基础上创作的那首脍炙人口的《在那遥远的地方》，被人们广为传唱流传至今；画家朱成林1992—1993年制作的大型油画壁挂《青海湖》被人民大会堂收藏。[③]

青海湖日渐“消瘦”的问题正在治理之中。作为世界生物多样性保护的重要场所，青海湖早在1992年就被列入国际重要湿地名录，是拉姆萨尔湿地保护公约中著名的湿地保护区和中国国家级自然保护区。流域总面积2.96万平方公里的青海湖自然保护区，是控制西部荒漠化向东蔓延的天然屏障，维系着青藏高原东北部的生态安全。同时青海湖孕育了丰富而珍贵的动植物资源，被誉为天然的“高原生物基因

---

① 参见青海湖景区保护利用管理局：《神湖鸟语》，《青海湖的奇异景象》，2009年4月1日发布。

② 《六月，奇特的民族节日》，央视国际，2004年6月29日。

③ 参见《最美中国自助游》编委会编：《最美中国自助游》，271、274页，北京，中国林业出版社，2006。

库”，然而近25年来青海湖湖面已萎缩近150平方公里。据监测数据显示，近50年来青海湖水位下降了3.78米，水面面积减少了362.3平方公里，大致相当于每年减少一个杭州西湖。青海湖水位每年平均以12.1厘米的速度下降，水位下降最快的是2000年，1年内下降了21厘米，以这样的速度青海湖年平均减少湖水4.36亿立方米，正在从单一的高原大湖泊分裂为“一大数小”的湖泊群。除此之外，水位下降、沙化、旱化、草原退化等已使青海湖百“病”缠身。[①] 造成青海湖不断缩减的因素主要有气候变暖、人类活动加剧以及降雨量减少等原因，特别是在青海湖周边盲目开荒，破坏了注水河流的水源，目前青海湖50%的注水河流已经干涸。如果再不采取有效的保护措施，青海湖不是变成沙湖就会变成死湖。有专家预测，如果按照现在的速度不断萎缩，平均水深18米的青海湖将在200年之后完全消失。为了保护美丽的青海湖，青海省长宋秀岩于2008年5月26日宣布，正式启动青海湖流域生态环境保护与综合治理项目，实施封湖育鱼、退耕还林还草等生态建设工程，投资近16亿元，力争在10年内最大程度恢复青海湖原生态，这是青海省继“三江源”生态保护项目后的第二个大型生态环境综合治理项目。这个项目的主要建设内容包括湿地保护、退化草地治理、草原鼠虫害防治、沙漠化土地治理、生态保护林建设、退牧还草以及生态移民等工程。根据规划将实施天然草地退牧封育85.47万公顷，湿地保护27.66万公顷，重度沙化型退化草地治理9.15万公顷，黑土型退化草地植被恢复9.11万公顷，毒杂草灭治33.86万公顷，草原鼠虫害防治130.44万公顷。沙漠化土地治理3.94万公顷，生态林建设3.44万公顷。同时对环青海湖流域的881户、4157人家进行移民，减少各类畜牧量折合近100万只羊，整治布哈河等6条入湖河流200公里，并拆除石乃亥电站水坝。[②] 工程实施将以人为保护和自然恢复相结合，前5年以恢复和建设为主，后5年继续建

---

① 参见钱荣：《青海湖，为谁消得容颜“憔悴”?》，载《中国绿色时报》，2005年1月31日。

② 参见朱文平：《青海湖流域生态环境保护与综合治理项目正式启动》，载《青海日报》，2008年5月27日。

设并巩固成果。总体目标是致力于促进整个流域自然生态系统的良性循环和经济社会的可持续发展，实现生态功能恢复，人民生活水平提高，人与自然和谐相处。

新疆天山天池的自然与人文景观

一

天山天池古称“瑶池”。自清朝乾隆时期开始，以“天境”、“神池”之意命名为“天池”。[①]“天池”是新疆维吾尔自治区最著名的湖泊，也是世界著名的高山湖泊之一。横亘亚洲腹地的天山山脉全长2500公里，为塔里木盆地和准格尔盆地的天然分界线。天池位于乌鲁木齐东北100公里处，昌吉回族自治州阜康市境内天山东段最高峰博格达峰的半山腰，平面海拔1928米。天池湖面呈狭长形，东西北三面是山，唯有南岸是一片平缓的碎石滩，这也是天池的入水口。潮面海拔1980米，南北长3.4公里，东西宽0.8～1.5公里，旺水季节水面的面积达5平方公里，平均水深40米，最深处约105米，总蓄水量1.6亿立方米。[②] 天池湖水清澈，晶莹如玉，四周群山环抱，绿草如茵，野花似锦，素有“天山明珠”盛誉。天池自然保护区分为“大天池北坡游览区”、“大天池游览区”、“十万罗汉涅槃木山游览区”、“娘娘庙游览区”和“博格达峰北坡游览区”，每区8景5个区共40景。夏季这里山清水秀清爽宜人，是绝佳的避暑胜地。游人可登高山、穿密林俯瞰天池全景，也可在碧波荡漾的湖水中泛舟横渡，饱览湖光山

---

① 参见王瑟：《新疆天池的萎缩之痛》，载《光明日报》，2004年8月7日第A3版。

② 参见周艺文等：《丝绸之路之旅——陕西、甘肃、新疆》，105页，长沙，湖南地图出版社，2001。

色。冬天的天池白雪皑皑银装素裹，湖上坚冰如玉，是全国少有的高山滑冰场。天池是一座在200余万年以前，第四纪大冰川活动中形成的高山冰碛湖。[①] 冰川挟带着砾石循山谷缓慢下移，强烈地挫磨刨蚀冰床，对山谷进行挖掘、雕凿形成了多种冰蚀地形，天池谷遂成为巨大的冰窖，其冰舌前端则因挤压、消融，融水下泄所挟带的岩屑巨砾逐渐停积下来，成为横拦谷地的冰碛巨垅。其后因气候转暖冰川消退，这里便积水成湖。从整个形体上看，天池仰卧在天山怀抱之中，以无限的爱恋缠绵于近在咫尺的冰峰脚下，又被群山托起向世界展示自己的绰约风姿。湖面清丽澄澈幻化多姿，神秘、浪漫的传说缭绕其中，使人惊叹迷恋如临仙域神境。传说天池所在地是中西王母宴请周穆王的地方，天池是西王母梳妆台上的银镜，又说是西王母的沐浴池。3000余年前穆天子曾在天池之畔与西王母欢筵对歌，故令天池赢得“瑶池”美称。古往今来文人墨客多吟诗赋文，对天池备极赞誉。譬如，唐代诗人李商隐就有诗云：“瑶池阿母绮窗开，黄竹歌声动地哀。八骏日行三万里，周穆王何事不重来?”[②] 20世纪70年代初，大文豪郭沫若陪同西哈努克亲王旅游，临湖吟出“一池浓墨沉砚底，万木长毫挺笔端”[③] 的佳章。天池风景名胜区以天池为中心，包括天池上下4个完整的山地垂直自然景观带，总面积380.69平方公里。天池以西3公里处是“灯杆山”景观，海拔2718米，山体长3公里左右，老君庙、东岳庙就建于此。当年道士在山顶立有一松杆，上挂天灯昼夜不灭，乌鲁木齐的百姓都以天灯为神喻，只要灯长明不灭就预示世道太平，故该灯称之为“太平灯”，由“灯杆山”往西眺望乌鲁木齐可尽收眼底。天池西南2公里处有海拔3056米的“马牙山”，山体长5公里，山顶断崖崖嵬巨石林立，形似一排巨大的马牙而得名。“马牙山石林”是天池景区的一绝，那些巨石在风的剥蚀下形成独特的马牙景观，其石奇形怪状形态各异，或巨齿獠牙如同猛兽血口，或层层翻卷

---

① 参见暖暖：《独享新疆天池水色》，载《西部开发报》，2004年12月9日第11版。
② 胡月明：《吐鲁番探秘》，61页，北京，中国文联出版社，2003。
③ 刘耀编著：《中国绝色风景》，397页，北京，中国长安出版社，2006。

如大海波涛，其中有一石极像古代的牧人，头戴毡帽神态安然。天池风景区的森林以天山云杉为主，云杉树干端直挺拔苍劲且株高30~40米，树龄可达400年。另有300多种高等植物，30多种大型真菌，24种兽类，50种鸟类，2种爬行类，1种两栖类和3种鱼类。天山天池是国家4A级风景名胜景区，也是国家级森林公园，1982年被列为第一批国家重点风景名胜区，1990年联合国设立的“博格达《人与生物圈》保护区”，把天山天池风景区纳入了保护区的范围。

天山天池的龙潭碧月景观。天池的“龙潭”是指位于天池下方约2000米，海拔1660米盘山公路西侧的“西小天池”。传说是西王母当年用的洗脚盆，实则是天池湖水透过地下湖坝粗大的冰碛物渗漏下来的泉水，在山嘴交汇的低洼处形成的一个积水深潭。池侧飞挂一道瀑布高数十米，如银河落地吐珠溅玉，故称“玉带银帘”。池上有“闻涛亭”，登亭观瀑布别有一番情趣：眼可见帘卷池涛、松翠水碧；耳可闻水击岩穿、声震裂谷。和泰庵尚书曾曰：“（博格达）山之麓，有小龙潭，周十余里，水盈而流，滞然莫御。”① 萧雄亦有诗云：“其右侧小海在焉。其南崖有瀑布，系山顶海中之水，穿山流入小海处，倾泻沸腾，闻于下界。”② 湖周塔松竞秀，披绿挂翠，倒映湖中，墨染幽深。夜晚碧月当空，静影沉璧。《灵山天池疏凿水渠碑记》写到：“闻水声潺潺，喷薄于断岩之上者，小龙潭也。潭水深碧，其源弗长，然虽流细力微，亦足以占溉近郭。”③ “西小天池瀑布”的源头为“醴泉洞”，因此处似洞非洞，隐蔽难寻，又称“隐乳洞”。泉乳从地下涌出

---

① （清）和泰庵：《三洲辑略》。和泰庵为乾嘉年间驻藏大臣。

② （清）萧雄：《西疆杂述诗》。萧雄为清代边塞诗人，湖南益阳人，平生豁达豪放，胸怀爱国大志，早年应试不中。时逢英俄帝国主义的走狗阿古柏侵略新疆，萧雄毅然投笔从戎，于1863—1878年随左宗棠西征军三度进疆，先后在都统金顺、提督张曜幕府当参军，对平定阿古柏侵略做出了贡献。晚年东归著《西疆杂述诗》四卷。

③ 明亮：《灵山天池疏凿水渠碑记》。明亮为乾隆四十八年（公元1783年）乌鲁木齐都统，夏乌鲁木齐都统明亮1783年率骑兵登南山，几经周折终于到达天山博格达峰。当时阜康农田灌溉缺水，看到这高山湖泊宽广且深，储水不少，“水口为大石阻截不能下流”。他经过查勘测算，如将水口放开，估算约需工费银2000两。于是向乾隆皇帝奏准“开石引流”，并在天池水口立灵山天池疏凿水渠碑，亲自撰写碑记。

清净甘甜似醴，传说是“王母娘娘的醴泉”。“东小天池泻水瀑布”又称“悬泉飞瀑”，位于天池北岸断崖峭壁高近100米，故称“百米崖”。每逢春末夏初冰雪消融，池水上涨并由北岸狂泻下跌，形成近百米高的瀑布，流银泻玉飞溅直下，水声如雷；若逢阳光折射，则彩练当空气象万千。有诗云：“珍珠数泉悬半空，银链高挂雾蒙蒙。烟水缥缈娇阳艳，长虹飞架青峦中。”汉代司马迁《史记》卷一百二十三曰：“《禹本记》言：‘河山昆仑。昆仑其高二千五百余里，日月所避隐为光明也，其上有醴泉、瑶池。’”[①] 这里说的“昆仑其高二千五百余里”（古代的一里约合今0.75里），即昆仑高约937 500米，约为当今最高峰珠穆朗玛峰（海拔8848米）的106倍。由此可见，“昆仑”是中华民族心目中的最高山，随着人们认识水平的提高，“昆仑”所指的山也发生变化，《禹本记》中的“昆仑”，实指现在的博格达峰；现在的“昆仑”为西从帕米尔高原起，分三支向东分布的中国的最大山脉。

天山天池的石门一线景观。一个穿越新生代、中生代和古生代，不到20公里的范围内，展现近5亿年时光变迁的神奇地质层，在新疆天山天池附近被发现，成为一条名副其实的“时光隧道”。这段独特的地质层位于新疆阜康市天池进山口到石门之间，其结构清晰地显示了5亿年来，这一区域的地质变迁和生物进化历程，被称为“大自然的杰作”。“石门一线”南距天池5公里处，是下泻的天池水切穿山岭形成的险峻峡谷。这里石壁耸立青天一线，山回路转水声轰鸣，是进入天池风景区的天然门阙。它长近百米，宽约10米，是一条由古河道切割而成的峡谷，故又称“石峡”。它是第四纪时期的第二次冰期，冰川运动至此戛然而止，石峡洼地本与天池洼地相连，却因第三次冰期冰碛物形成的终碛将它们分隔开。石壁巍峨高达数十米，长约100米，天巧奇绝，犹如打开的两扇门板，具有“一夫当关，万夫莫开”之势。石壁的石头颜色赭暗如同铁铸，故称“铁门关”。[②] 石门内三工

---

① （汉）司马迁：《史记》，896页，长沙，岳麓书社，1988。

② 刘耀编著：《中国绝色风景》，396页，北京，中国长安出版社，2006。

河穿流，水旋路转，河水湍急浪花飞溅，崖耸谷深声震幽谷。穿过石门进口处远眺天池，叠瀑悬泉凌空飞腾，聚仙亭、闻涛亭，擎天矗立。山路逶迤云杉连绵，隐现于祥云异彩之间恍若仙境，未抵天池即已感叹天池景观的雄伟瑰奇。有诗曰："巍峨石峡瑶池门，峭壁悬天险断魂。鬼斧神工刀劈就，一线通途上青天。"① 石门上还题刻着"石门天开，有兴重来"，借喻昔日王母惜别穆王时"祝君长寿，愿君再来"②的依依情怀。1783 年乾隆皇帝的侄女婿乌鲁木齐第三任都统明亮③，疏凿了天池水渠。第二年春天水渠断流，渠口高出水面数十尺，被认为"该处水渠实于屯田无益"，因此被乾隆皇帝下令"停止开挖，其用过银两，著于明亮名下，赔缴还项"。后来明亮著碑文时，只对"疏凿水渠"点到题目，而碑文中只字不提灵山天池疏凿水渠。碑记："阜康之阳，灵山屏列，峰势出没云雾中，上有天池在焉。俗传此水为蛟龙窟宅，雪淹冰封，莫穷所自。人欲探其胜者，至山麓辄为风雨所阻。（1783 年）余饬骑从，自南山口取道而入。溪流曲折，山径纡回，林木交荫，蔚然深秀，穿岩越壑，盘旋于松云蓊郁之间，其不减蚕丛（指'蜀道'）百折也。"④ 都统明亮这里所言的不亚于蜀道的迂回山径，就在现在的石门以下。

天山天池的顶天三石景观。循天池西侧盘山公路望上数百米，再向上走约 3 公里即可达驰名中外的十万罗汉涅槃木山之一的"禅灯山"。十万罗汉涅槃木山由"禅灯山"和"马牙山"组成。"禅灯山"长约 3 公里、宽约 2 公里，山头有 3 块顶天巨石，此处海拔 2718 米，为天池西侧群山中的第二高峰，是遥望博格达峰、俯瞰天池、"西山观松"和观看日落的绝佳位置。由于 3 块巨大的石笋其状如戟指向长

---

① 谢玉康：《天池八景诗》。

② 刘耀编著：《中国绝色风景》，394 页，北京，中国长安出版社，2006。

③ （清）明亮（1735—1822），字寅斋，富察氏，满洲镶黄旗人。父亲广成，官至从一品都统。姑姑为乾隆帝的第一位孝贤皇后。由于乾隆帝对孝贤皇后感情很深，所以对她的娘家人另眼相待。皇后姑姑去世时，明亮才 14 岁。几年后，他以诸生（习惯上称秀才）娶履亲王允裪的孙女，被封为多罗额驸，在銮仪卫供职。

④ 董林：《明亮与天山天池》，载《新疆经济报》，2005 年 5 月 19 日。

空，似有苍天赖此3石顶撑之势，故又称之为“擎天石”。相传天池大湾子水深万丈，是藏妖之宅。王母娘娘来到瑶池时，许多精妖水怪还不知她的法力无边。一日池水黑浪翻滚，一片妖气。王母娘娘定神一看，原来是被罚下仙界的黑鱼精在此作怪，欲将天池掀翻好卷起万丈恶涛将西天冲斜。王母娘娘怒上心来，遂脱下1只云头绣鞋扔进水里，口中念念有词喝道：“金母在此，妖孽还不上来见吾”（王母娘娘号“九灵太妙龟山金母”、“太虚九光龟台金母元君”等）。说毕黑鱼精顷刻束手被擒，王母娘娘用法锁住带回仙宫。接着王母娘娘在“灯杆山”上立下1块巨石，用簪子劈成3半，撑住西天使天下太平，所以称此石为“顶天石”[①]（又名“擎天三石”）。又传西王母与周穆王瑶池盛会，穆王临别前登山立石为碑，亲书“西王母之山”[②]五个大字，以志此行并植槐树表示怀念。据考“灯杆山”下锅底坑传说是西王母做饭的地方，若无如此大的锅灶怎能宴请群仙数千，侍从万计到此一游呢？因此，西王母所居之山为现今的天池天山，穆王所书字碑应在“灯杆山”便顺理成章了。据称后来又来了一位道人，在山下修成庙宇名曰“福寿寺”。其实“灯杆山”的巨石遗迹，不过是冰川作用的产物。“灯杆山”下的“锅底坑”，是与天池冰窟同一时期的冰蚀地貌，山上的三巨石则是冰川作用残留的角峰，在锅底坑冰窟西北侧山坡上悬挂的两个小冰斗，才真正像两只巨大的灯笼。

天山天池的镇海古榆景观。在鳄鱼坝上将目光从“天池湖面”转向湖边，可看到一棵孤零零的大树，它就是驰名中外的“镇海古榆”，又名“定海神针”。天池北岸的这棵古榆树相传是西王母的神簪化成。传说王母娘娘在瑶池举办“蟠桃会”，各路神仙应邀赴宴，唯独瑶池水怪未被邀情，它便兴妖作怪翻池倒海，搅得周天寒彻，蟠桃会无法畅饮欢歌。西王母盛怒之下，顺手从头上拔下一枚宝簪插在瑶池北岸镇锁水怪，平息怒涛。后来在插宝簪的地方长出了一棵榆树。实际上这棵古榆是后人或西王母为纪念穆天子所栽的槐树。生长在海拔1910

---

① 赵晖：《新疆天山天池的传说》，载《新疆有色金属报》，2007年11月12日。

② 刘耀编著：《中国绝色风景》，394页，北京，中国长安出版社，2006。

米高处的这棵古榆，独生独长树冠大如伞，状如帝王金舆华盖，面海向南孤芳傲立。特殊的自然环境给这一枝独秀的古榆添神增奥。即使丰水年湖水再涨，也只能漫到其根部。有诗云：“独株古榆立池旁，风雨飘摇经苍桑。铁骨铮铮量湖水，神针定海美名扬。”①

二

天山著名景观巴音布鲁克草原。巴音布鲁克草原位于天山山脉的尤尔都斯山间盆地、和静县境内西北部，面积约22000平方公里，距库尔勒市363公里，是我国第二大草原。“巴音布鲁克”为蒙古语，意为“丰富的泉水”。远在2600年前这里即有姑师人活动。清乾隆三十六年（公元1771年），土尔扈特、和硕特等蒙古部在渥巴锡的率领下，从俄国伏尔加河流域举义东归，清廷特赐水草肥美之地给他们，将他们安置在巴音布鲁克草原和开都河流域定居。现在这里生活着汉、蒙古、藏等9个民族，② 民族风情多姿多彩，尤其是一年一度的“那达慕盛会”③，更是吸引着众多的海内外游客。这里幅员辽阔、地势平坦、水草丰美。一望无际碧绿的草原，遍地是优质的“酥油草”，哺育着60多万头牛羊，是新疆的牧业基地之一。这里盛产着“焉耆天山马”、巴音布鲁克大尾羊、中国的美利奴羊和有“高原坦克”之称的牦牛，被誉为“草原四宝”。④ 每到仲夏季节，草原上鲜花盛开争奇斗艳，雪莲花般的座座蒙古包坐落其间，羊群像白云游荡，一派草原风光，令人陶醉。在巴音布鲁克草原的中心地带，有许多大小不等、相互连接的湖泊，长约30公里，宽约10公里，海拔在2500米以上。冰

① 范小雪：《初春天池行系列：天池“定海神针”之三问》，载《乌鲁木齐晚报》，2006年3月17日。

② 参见袁飞：《巴音布鲁克草原》，载《人民日报》，2003年11月18日。

③ “那达慕”，蒙古语为“娱乐”或“游戏”之意。定于每年农历六月初四在和静县巴音布鲁克草原举行。节日期间举行赛马、摔跤、射箭、象棋、田径、拔河等蒙古族传统体育比赛和文艺节目表演。每年农历五月底，牧民们就已策马扬鞭从四面八方赶到举行地，搭毡房、制奶酒、备好牛羊。节日这天草原上舞台高筑，彩旗飘扬，一片欢腾的气氛。

④ 袁飞：《巴音布鲁克草原》，载《人民日报》2003年11月18日。

峰雪岭青松翠柏，野花绿草倒映在碧蓝色的湖水中，构成一幅美丽的山水画。成群的天鹅在湖中似点点白帆迎风逐浪悠然自得，这里就是我国著名的巴音布鲁克“天鹅湖自然保护区”。天鹅湖鸟类资源十分丰富，水禽种类多、数量大。据考察这里有天鹅1万余只，种类有大天鹅、小天鹅、疣鼻天鹅等。[①] 为了观看天鹅的美姿，饱览天鹅湖的美景，这里建立了嘹望塔供游人登高观赏。然而一项来自新疆农业大学的专家调查表明，巴音布鲁克草原全年理论载畜量为113.66万只绵羊单位，而实际牧放牲畜为253.08万只，超出1倍还多。巴音布鲁克草原退化面积高达到457.20万亩，占牧区总面积的67.3%，沙化面积达32.93万亩。小尤尔都斯草场退化更是达到了243.31万亩，占这个牧区总面积的81.9%。为此新疆维吾尔自治区党委作出批示：“解决巴音布鲁克草原问题的紧迫性已经是火烧眉毛，应早定措施，早下决心。”近年来国家立项投资上亿元实施《巴音布鲁克草原生态治理与恢复》工程，从2006年开始巴州加大整治力度，核定载畜量，限定放牧时间，上山羊群实行“通行证”，成功地减少35.49万只绵羊单位，初步缓解草场超载的现象。按照建设社会主义新农村的要求，巴州实施“人畜下山来，绿色留高原”生态移民工程，州、县多渠道筹资上千万元，在平原农区兴建了120套抗震安居房，将山上特困户搬下山来集中安置。[②]

天山著名景观火焰山。火焰山位于吐鲁番盆地的中北部，是一条由吐鲁番通向鄯善的路段中，100多公里长蜿蜒起伏的红色山峰。火焰山呈东西走向，南北宽约10公里，平均海拔仅500米左右，最高峰位于胜金口附近海拔851米[③]，山体主要由红色砂岩构成。火焰山是天山东部的博格达山坡前山带短小的褶皱，形成于喜马拉雅山运动期间。山脉的雏形形成于距今1.4亿年前，基本地貌格局形成于距今

① 参见周艺文等：《丝绸之路之旅——陕西、甘肃、新疆》，117页，长沙，湖南地图出版社，2001。

② 参见柴永强：《为拯救巴音布鲁克草原，新疆生态移民上万人》，载《中国青年报》，2008年9月8日。

③ 胡月明：《吐鲁番探秘》，140页，北京，中国文联出版社，2003。

1.41 亿年前，经历了漫长的地质岁月，跨越了侏罗纪、白垩纪和第三纪几个地质年代。山体雄浑曲折，主要受古代水流的冲刷，山坡上布满道道冲沟。山上寸草不生，基岩裸露且常受风化沙层覆盖。夏季气候干热，在强烈的阳光照射下，热气流不断上升，红色砂岩熠熠发光宛如熊熊烈焰，故名“火焰山”。[①] 这里是我国最炎热的区域，夏季气温高达 48.9°C，山顶气温可达 82.3°C。[②] 在当地少数民族中流传着这样一个神话故事：天山有条恶龙专吃童男童女，沙托克布喀拉汉特派喀拉和卓去降伏这条恶龙，英勇少年喀拉和卓苦战恶龙 3 天 3 夜，最终将恶龙斩于七角井附近，并将其剁成 7 段，现今的火焰山就是染血的恶龙遗体化成的，剁口的鲜血则化成了葡萄沟、木头沟等汩汩清流。[③] 现“吐鲁番丝路艺术馆”中有喀拉和卓的泥塑像。唐朝边塞大诗人岑参有诗云：“火山突兀赤亭口，火山五月火云厚。火云满山凝未开，飞鸟千里不敢来。”[④] 又诗云：“火山六月应更热，赤亭道口行人绝。”[⑤] 明代大诗人陈诚也有诗曰：“一片青烟一片红，炎炎气焰欲烧空。春光未半浑如夏，谁道西方有祝融。”[⑥] 与火焰山荒山秃岭形成强烈对比的是，那一条条穿过山体的沟谷，沟底大多清泉淙淙、绿树成荫，形成条条“狭长绿洲”。其中最著名的河谷当数“葡萄沟”。此外，还有“木头沟”、“胜金口沟”、“苏巴什沟”、“连木沁沟”等。在明人吴承恩著名神话小说《西游记》里，就有以唐僧师徒 4 人西天取经的故事，脍炙人口名闻天下。《西游记》第 59 回和 60 回写了“唐三藏路阻火焰山，孙行者三调芭蕉扇”的故事，从而使火焰山披

---

① 《火焰山》，载《人民日报》，2002 年 6 月 24 日。

② 参见小小编著：《中国南方北方游》（北方卷），6 页，北京，中国电影出版社，2005。

③ 参见胡月明：《吐鲁番探秘》，145 页，北京，中国文联出版社，2003。

④ （唐）岑参：《火山云歌送别》。原诗为：“火山突兀赤亭口，火山五月火云厚。火云满山凝未开，飞鸟千里不敢来。平明乍逐胡风断，薄暮浑随塞雨回。缭绕斜吞铁关树，氛氲半掩交河戍。迢迢征路火山东，山上孤云随马去。”

⑤ （唐）岑参：《送李副使赴碛西官军》。原诗为：“火山六月应更热，赤亭道口行人绝。知君惯度祁连城，岂能愁见轮台月。脱鞍暂入酒家垆，送君万里西击胡。功名祗向马上取，真是英雄一丈夫。”

⑥ （明）陈诚：《火焰山》。陈诚为出使西域，曾到过撒马尔罕等 17 国的吏部员外郎。

上一层神秘的色彩，成为一座“奇山”。《西游记》曾写到西方路上有个斯哈哩国，乃日落之处，俗呼“天尽头”。这里有座火焰山，无春无秋四季皆热，那火焰山有800里火焰，四周寸草不生。若过得山就是铜脑袋、铁身躯也要化成汁。这段文字显然属于夸张写法，但高温和寸草不生这些基本特征，与火焰山的实际情况完全符合，并不是凭空臆造的。火焰山地处丝绸之路的北道上，至今留存诸多文化古迹。

天山脚下的高昌故城景观。高昌故城坐落在火焰山脚下木头沟畔的哈拉和卓乡，西距吐鲁番市40公里。高昌故城城墙高耸，昔日雄风犹存。登高展望全城平面略呈不规则的正方形，布局可分为外城、内城和宫城三部分，总面积220万平方米，城垣保存较好，外城墙基厚12米，高11.5米，周长约5.4公里。城墙外面有马面、瓮城、壕沟等防御设施。据史书记载，高昌城当年城墙上共有12重大铁门，分别冠以“玄德”、“金福”、“金章”、“建阳”、“武城”等不同名号。城市中房屋鳞次栉比，有作坊、市场、庙宇和居民区，城内的建筑布局与当时长安城相仿。全城人口达30万人，仅僧侣就有3000人。现在城内建筑遗址遍布尤以西南最为密集，当年的庙宇、佛堂、街道仍历历在目。当年唐代高僧玄奘也曾在此盘桓过一段时间，还为高昌王讲过经，“高昌”是与“交河”齐名的丝路名城。公元前1世纪西汉大将李广利率领部队在此屯田设立高昌壁，公元327年设高昌郡。公元450年北梁残余势力灭了车师前国后，高昌城一跃而为吐鲁番盆地的政治、经济、文化中心，公元460年成为“高昌国都城”。公元640年唐朝统一高昌，在此设立西州，辖高昌、交河、柳州、天山、蒲昌5县，9世纪后成为回鹘高昌国的首府。公元1275年蒙古游牧贵族都哇叛乱时，率领12万骑兵围攻火州（高昌）长达半年，回鹘高昌王巴尔术阿而忒的斤英勇战死，高昌城就此毁于一旦。1961年高昌故城由国务院公布为“全国重点文物保护单位”。

天山脚下的交河故城景观。交河故城当地人称“雅尔和图”，意为“崖儿城”。《汉书·西域传》记载：“车师前国，王治交河城。河水分流城下，故号交河。”[①] 作为车师前王国都城的“交河故城”，起码已有2300多年的历史。交河故城位于火焰山脚下的吐鲁番市以西40公里处，因河外有两条古河床故名“交河”。汉代在西域的戍已校尉起初就驻扎在这里，当时的名将班超、班勇都曾到过交河。公元6世纪时这里是高昌王国的郡治，唐代安西都护府也曾一度建此[②]，后经西辽、元直至15世纪才被废弃。交河故城被雅尔乃孜沟围绕在江心土岗上，江心孤岛呈柳叶状，长约1650米，中间最宽处约300米，崖岸如削，高达30多米，形成天然壁垒。古城建筑主要在崖的南端，以崖为天然屏障，四周故无城墙。全城长1000米，城内以南北长300米、宽10米的大道为轴线分为三个建筑区域，房屋、院宇建筑总面积约25万平方米。大道北部为寺院区，东侧建筑稀疏为官署和住宅所在地，东北部建筑较密集是居民区，大道西侧和古城南部是手工业作坊区。交河故城建筑遗址保存完好，大多一半在地下，系挖掘而成，一半在地上为夯土筑成。大部分建筑遗址都有烈火焚烧的痕迹。据考古学家考证，交河故城乃是毁于一场大火。交河大佛寺、交河官署、陶窑、舍利塔群以及东城门等遗址可作为古城参观游览的重点。近年在交河故城又发现并挖掘出了贵族墓地，古水井和金佛等重要古迹。城西还发现了完整的旧石器遗址。交河故城是我国古代各族劳动人民共同开发、建设新疆的历史纪念碑，是珍贵的古代文化殿堂。交河故城1961年经国务院批准被列为“全国重点文物保护单位”，现正在积极向联合国教科文组织作申请列入世界文化遗产名录的工作。

天山脚下的苏公塔景观。苏公塔又称额敏塔，坐落在吐鲁番市东南2公里处的木纳格村一片开阔的空地上，塔的南面就是安乐古城遗址。苏公塔全部是用同一的灰黄色砖砌成的圆形巨塔，塔高44米，旁边建一可容1000人做礼拜的清真寺。塔体简朴、明快，有14种几何图案和整体向上均匀收缩的圆柱体形十分悦目。更绝妙的是塔的内部

---

① （清）岑仲勉：《汉书·西域传》，转引自胡月明：《吐鲁番探秘》，52页，北京，中国文联出版社，2003。

② 周艺文等：《丝绸之路之旅——陕西、甘肃、新疆》，94～95页，长沙，湖南地图出版社，2001。

结构，这里没有用一根木料，而是在塔的中心用砖砌出72级螺旋式阶梯当作中心柱体，既代替木结构支撑加固了塔身，又可作梯攀登通达塔顶，这是木材奇缺的吐鲁番地区维吾尔族建筑大师们创造的具有伊斯兰建筑风格的艺术珍品。额敏和卓是吐鲁番维吾尔族的领袖，由于维护祖国统一功勋卓著，被清王朝册封为郡王。“苏公塔”是清朝名将吐鲁番郡王额敏和卓为了恭报清王朝的恩遇，表达自己对真主的虔诚并使自己一生的业绩流芳后世，而自出白银7000两建造。乾隆四十二年（公元1777年）额敏和卓去世后，其次子苏来曼窃取了其父的功绩，宣称是由他于1777年建成的，该塔至今已有200多年的历史。[①]塔下的清真寺是一个目前仍在使用的大型清真寺，宽敞宏大。这是一个很有地方特色的建筑物。它有可容1000人以上的礼拜大厅、穹形的拱顶，造型美观的马蹄形券顶，众多的壁龛，幽暗的布道小室，处处都显示着伊斯兰建筑的风格和浓烈的宗教生活气息，它们都是用阴干的生土坯建筑起来的。以阴干生土坯砌墙盖顶、建屋造房，这在干燥少雨的吐鲁番地区是十分普遍且有悠久历史的建筑方法。保存至今的交河、高昌故城，随处可见这种土坯建筑物。在整个新疆这种生土建筑实在是一项值得总结、研究的建筑方法。据说国内外的建筑专家，已经对这类生土建筑方法产生了浓厚的兴趣。1988年2月被国务院公布为第三批“全国重点文物保护单位”。

---

① 参见胡月明：《吐鲁番探秘》，84～85页、88页，北京，中国文联出版社，2003。

三　中华民族非物质文化遗产研究

过年与放鞭民俗文化遗产保护

一

春节是中华民族的传统节日。在中国人的传统习惯中，过“春节”称之为“过年”。过年是汉族和其他众多兄弟民族共同的盛大节日，可与西方国家的“圣诞节”相媲美。历代封建王朝为表示对过年的高度重视，尤其为显示对天下黎民百姓的恩赐，通常自腊月十九至二十二日起，由掌管天文历法的钦天监选定吉日，布告京城及全国所有衙门府地，统一封存官印，所有官员开始放假回家过年。于是全国城乡空前繁荣的“腊月市”进入高潮。过年作为绝大多数中国人的传统节日，本身就是中华民族传统文化的载体和民俗的象征。过年中的“各种仪式”和“传统饮食”，都在漫长岁月的磨砺下，逐渐演化成了约定俗成的民俗，许多价值连城的东西，已经潜移默化地渗透到了人们的骨子里。譬如，鞭炮、饺子和年糕分别是过年的三位主角：鞭炮是为了驱邪；年糕预示年年高升；在一锅沸腾的水中游动的小银鱼一般的饺子里，必须要有一两枚包着铜钱，为的就是图个“发财”的意思。它们的三重唱，是从古到今人们的一种世俗化的梦想和祈盼，这是连现在的“春节联欢晚会”都无法替代的。因为放鞭炮、吃饺子、蒸年糕，蕴含着深厚的民俗意韵，洋溢在过年的日子里，因而表达出所有人心中的祈望，那就是全家人团团圆圆、来年风调雨顺五谷丰登、万事如意、国泰民安。我国是一个统一的多民族的国家，过年的内容是丰富多彩的，形式也是多种多样的。譬如，燃放爆竹在我国有着悠久的历史，燃放爆竹构成了过年的重要内容。小时候听老人讲过一个古老的传说，至今记忆犹新。说是古代有一个叫做“年”的怪兽，每隔365天就出来伤害人畜，届时老百姓都不敢出门。偶有一年有位顽童燃烧竹子玩耍，燃竹的火光冲天、“噼啪”作响，将怪兽“年”吓得落荒而逃，这一年人们因之获得安宁，欢度春节。此后燃放爆竹便成为人们驱魔避凶，迎神喜庆的必备之物。再如大年三十夜“守岁”的习俗，则显示出老一辈对一年新旧交替时刻的担忧。从另一个角度看，守岁也包含着人们对美好来年的强烈祈望。① 总之，过年是经过千百年历史积淀下来的传统民俗。古人以天文、物候及人事活动等作为时间变化的重要参照，年的时间周期概念，在夏商周三代以前就已经为人们所掌握。“夏曰岁，商曰祀，周曰年，唐虞曰载。”② 汉武帝太初元年（公元前104年），正式确定以“夏历正月”为岁首，把“年节”固定下来。“正月旦”是汉代皇家的重要庆祝日，朝廷要举行大规模朝会。汉代民间遂将年节民俗活动，由传统的腊日、腊明日移到正月之旦的“正日”。③

春节源于农业耕作的季节和气候变化所需。“年”是农业社会的时间标志，体现了人们劳作和生活的节律。我国是一个传统的农业大国，在远古的时代人们经过对天体的观察，把一年分为24个节气，春节就属其中一节。相传在殷商时期，国君祖乙常为时序节令、天气风云等感到苦恼。有个叫万年的青年看到当时节令很乱，就有想把节令予以定准的打算，但他苦于找不到计算时间的方法。有一天他上山砍柴累了，坐在树荫下休息，树影的移动启发了他，于是他设计了一个测日影计天时的晷仪，用以测定一天的时间。后来山崖上的滴泉启发了他的灵感，他又动手做了一个五层漏壶来计算时间。天长日久他发现每隔360多天，四季就轮回一次，天时的长短就重复一遍。万年带着日晷和漏壶去见国君，对祖乙讲清了自己观测到的日月运行的情况。

---

① 参见宋才发：《论过年习俗与放鞭民俗文化遗产的法律保护》，载《中央民族大学学报》，2006（1）。

② 秦：《尔雅·释天》（作者不详）。

③ 萧放：《春节的历史演变与民俗传承》，载《光明日报》2009年2月5日，第10版。

于是祖乙把万年留了下来，在天坛前修建日月阁，筑起日晷台和漏壶亭。他希望万年能测准日月运行规律，推算出准确的晨夕时间，以便创建历法，为天下黎民百姓造福。当祖乙得知万年已经创建出历法时，亲自登上日月阁看望万年。万年指着天象说："现在正是十二个月满，旧岁已完，新春复始，祈请国君定个节吧。"祖乙回答说："春为岁首，就叫春节吧。"[①] 据说这就是"春节"的来历。在我国甲骨文中，"年"是一个饱满下垂的谷穗，它表达了人们对丰收的喜悦和期盼，也表达了人们对上天的感恩。在民俗习惯中有"过年祭天"的仪式，如北京就设有专门用于祭天的"天坛"，其根源就在于此。

春节是我国最古老和隆重的一个传统节日。"正月初一"又称"三元"，即岁之元、月之元和时之元。"元"预示着开始，"旦"即指早晨，"元旦"就是新的一年里第一天的早晨。用元旦作为新年的名称，肇始于汉代。在汉武帝创制的《太初历》中，就已经确定"农历正月"为一年的第一个月，"正月初一"为新年，"元旦"从此作为新年的称谓，在我国沿用了2000多年。1912年1月1日孙中山在南京就任临时大总统后引进"西洋历法"，即以公历为"标准纪年"，实行"官方节日"与"民间传统节日"分离，于是我国就出现了两种历法体系：一种是官方推行的"西洋阳历体系"，作为公共行政、国际交往的时间标准；另一种是传统社会的"阴阳合历体系"，人们习惯沿用，以服务于农时与日常社会生活。1914年1月北京政府内务部，在呈文中提出"拟请定阴历元旦为春节"并被批准。由此传统"农历新年岁首"，在官方意义上被正式易名为"春节"。明确规定每年公历元月一日为"元旦"，农历正月初一为"春节"。[②] 1928年民国政府别出心裁地提出"废除农历年"，试图统一使用公历，将传统节日习俗全部搬到新的历法系统中，试图过公历元旦而不再过农历年。到1934年初，民国政府又停止了这种"强制废除阴历"的做法，不得不承认

---

① 王军云编著：《中国民居民俗》，308～309页，北京，中国华侨出版社，2007。

② 有关资料来源参见吴正彪：《春节习俗的文化人类学解析》，载《中国民族报》，2005年3月4日第6版。

“对于旧历年关，除公务机关，民间习俗不宜过于干涉”[①]。1949 年 9 月 27 日在中国人民政治协商会议第一届全体会议上，通过了使用“公元纪年法”，正式规定阳历的 1 月 1 日为“元旦”，阴历“正月初一”为“春节”，并规定放假 3 天让全国人民愉快过年。然而在“文化大革命”期间的 1967 年，在所谓“破四旧”过“革命化”春节的口号下，又企图对农历年“革故鼎新”，结果也以失败告终。近几年享誉海内外红红火火的“中国年”，无论在美国、英国、法国、德国、日本，还是其他国家，庆祝的规模之宏大、气氛之热烈实属举世罕见，它在中华民族多元一体、民族大融合形成的过程中，起了无与伦比的纽带作用。人们在过年中开展的活动、形成的风俗和仪式，已经深深地内化为中国人的道德意识、民族气节、社会风尚和行为习惯。可以说“过年”这个中国人的传统节日，是华夏民族生活和民族精神的典礼和仪式，它在潜移默化中增强了各民族人们的民族认同感、自豪感、向心力和凝聚力。尊重中华民族的传统节日，是尊重和热爱自己的祖先和民族的具体表现。节日文化需要弘扬和建设，决不能让它放任自流、自生自灭。为了传承中华民族文化的优秀传统，中央宣传部、中央文明办、教育部、民政部、文化部于 2005 年 6 月联合发出了《关于运用传统节日弘扬民族文化的优秀传统的意见》。明确指出：“要突出传统节日的文化内涵，精心组织好重要节庆活动，特别要组织好春节、清明节、端午节、中秋节和重阳节等最具广泛性和代表性的节庆活动。”[②] 我国已通过国家立法的方式，将这些具有普遍意义的传统节日纳入我国法定的节假日，以便充分发挥传统节日在精神文明建设中的重要作用。

过年包括辞旧岁和迎新年两方面内容。作为岁首新年，春节在我国已经走过了至少 3000 年的历程。农历十二月初八名为“腊八节”，它是传统年节的前奏曲。“腊八”这天，人们一般都会吃应节令的

---

① 转引自《1967—1979 年中国取消过年始末》，载《重庆晚报》，2010 年 2 月 28 日第 18 版。

② 中央宣传部等：《运用传统节日弘扬民族文化优秀传统》，载《人民日报》，2005 年 6 月 24 日第 8 版。

“腊八粥”。“腊八粥”的来历有多种传说，影响最大的是纪念佛祖成道。传说佛祖释迦牟尼有一天由于疲劳过度晕倒，幸得一位牧羊女将随身所带的杂米与泉水调煮成粥给他食用。佛门弟子为此在腊八日熬煮腊八粥，将粥分给穷人充饥御寒，以示大慈大悲之意，故腊八粥又称为“佛粥”。实际上我国古代就有“冬至”以赤豆粥祭神的习俗，腊八粥的食料含有谐音取意：桂圆象征富贵团圆，百合象征百事和睦，红枣、花生比喻早生贵子，莲子心象征恩爱连心，核桃表示合合美美，桔脯、栗子象征大吉大利等，人们以此期盼未来生活的美好。过了腊八待“小年”，“祭灶”是小年的重要节俗。腊月二十四（北方多为腊月二十三）为“祭灶神”之日。灶神俗称灶王爷、灶公、司命，是我国民间在年节中特别崇奉的神灵。灶君的名称在战国时就已出现，魏晋后的灶神成为天神监察下界的耳目，它常驻人家与百姓朝夕相处，监视民间的一举一动。民间日常生活中免不了磕磕碰碰，人们担心灶神“打小报告”，于是便跟它套近乎俗称“媚灶”。向神灵献媚是民间信仰的常见表现，如用酒糟涂抹灶门，称为“醉司命”；给灶王爷供灶糖，这种黏度极高的糖，不仅粘住了灶神的嘴，也甜了灶神的心。“二十四，打扬尘。”送走灶王爷后人们就开始清扫、洗涮，干干净净地迎新年。在“二十五，磨豆腐”的民谣里，人们进入年节食物的准备阶段。不只是豆腐，食物的丰盛是过大年的典型特征。年节全国共享的传统食品是年糕，过年吃年糕意味年年俱高，祈求一年更比一年好。年节食品中最重要的当属鱼和肉，过年一定要鱼肉丰盛，“年年有鱼（余）”。“沐浴祛秽”是旧时年节的主要习俗之一。在年节过渡仪式中，为了将过渡时间变成特殊的净化阶段，人们不仅以驱邪、送神的形式实现时空净化，就是人体自身也需要洁净，以除旧迎新。譬如，湖北恩施的鹤峰人在除日“浴身”，称为“洗隔年尘”，也称“洗邋遢”。土家族人在腊月二十八日将被子、衣物全部洗干净，全家老少用艾蒿煎水洗澡。江苏常州人在腊月二十六日洗澡，称为“洗福禄”，二十七日夜浴，“谓洗啾唧，祓除之意也”。除了洗浴之外还要剃年头，俗谚称“有钱无钱，剃头过年”[1]。“二十八，贴花花”，贴花花包括门神画、窗花剪纸、春联等。“门神画”是绘有门神形象的图画，后来变成年节时期装饰屋宇、增添喜气的年画。古代门神画中多画鹿、宝马、瓶、鞍等象征物。年画题材广泛，如连年有余、金玉满堂、群仙赐福、招财进宝等。桃板、桃符以及后来普遍出现的春联，都是新年大门的重要饰物。春联起源于唐末五代，后蜀皇帝孟昶在桃符上自题“新年纳余庆，嘉节号长春”，这是我国最早的春联。但是以纸写春联并普及全社会的时代，当在明清时期。[2]“年夜饭”来源于古代的年终祭祀仪礼。中国人的年夜饭是家人的团圆聚餐，这顿一年中最丰盛的晚餐，是人神共进的晚餐。中国南方的年夜饭有两样菜必不可少，一是有条头尾完整的鱼，象征年年有余；二是丸子俗称“圆子”，象征团团圆圆。传统北京人的年夜饭中必定有荸荠，谐音“必齐”，就是说家人一定要齐整。南方除了菜肴之外，还要吃糍粑或年糕，而北方一般吃饺子，全家吃饺子以应“更岁交子”时间，表示辞旧迎新。吃完年夜饭长辈要给晚辈压岁钱，以祝福晚辈平安度岁。“压岁钱”是小孩新年最盼望的礼物，压岁钱有特制钱与一般通用钱两种。特制的压岁钱是仿制品，它的材料或铜或铁，形状或方或长，钱上一般刻有“吉祥如意”、“福禄寿喜”、“长命百岁”等。给已成年的晚辈压岁钱，红纸包的是一枚大洋，象征“财源茂盛”、“一本万利”。使用现代纸钞票后，家长们则喜欢选用号码相连的新钞票，预兆着后代“连连发财”、“连连高升”。年夜饭后全家人围坐在火炉旁边，拉家常、聊未来，谈天说地，一直聊到五更天明，迎来新岁。人们在辞旧迎新的除夕，以通宵不寐的形式，守候新年的到来称为“守岁”。守岁的习俗在我国有近2000年的历史，守岁的目的是祈求长命。因为是整晚不睡，人们要打起精神强坐，所以在北方俗语中称为“熬年”。守岁是为了强固身体，延年益寿。从古迄今人们一直将守岁作为辞旧迎新的重要过程，守岁是对旧岁的辞别与对新年的守望。以鲜

① 萧放：《春节的历史演变与民俗传承》，载《光明日报》，2009年2月5日第10版。

② 参见王军云编著：《中国民居民俗》，310～311页，北京，中国华侨出版社，2007。

洁的服饰迎年是自汉代就有的习俗。在民俗社会中新洁衣饰不仅是年节的美饰，同时新的衣饰是为了祈福除灾，通过旧年阈限之后人们获得新生，象征着人们进入新的生命旅程。清晨迎来新年后，接着是贺年、拜年。“拜年”的顺序是先家内、后家外。旧时拜年强调家族关系和睦，拜年的过程就是家族关系的强化过程。拜年的习俗各地并不相同，在湖南、湖北、安徽、浙江、江苏等广大地区，拜年有“初一崽，初二郎，初三初四拜团坊”的说法，[①] 即大年初一家族成员依次由晚辈向长辈拜年；初二女婿到岳父母家拜年；初三起亲友、邻居、街坊交相拜年，恭贺新春。直到今天乡村城市仍然保持传统拜年庆贺之俗，而在山东、河北等地方乡村，至今仍保留有给长辈跪拜的习惯。

越是民族的节日就越是世界性的节日。优良的民俗和传统，尤其是在历史发展过程中形成的一些好的礼俗和道德规范，对群体、国家、民族的凝聚力的形成起着无可替代的作用，对社会发展和社会稳定起着整合和促进的作用。对于像过年燃放烟花爆竹之类的民俗，应视为“社会风俗、礼仪、节庆”类的对象，通过组织申报列入联合国教科文组织公布的《非物质文化遗产保护公约》予以保护。人们在爆竹声中能够真切地体味过年的滋味，这是老祖宗留下的传统和习俗。然而在我国过去10多年里，传统过年最主要特征之一的燃放爆竹却被“禁掉”了。当燃放爆竹在我们的城市里走进历史的时候，过年那种热闹、狂欢的色彩和氛围就荡然无存了，人们想通过燃放烟花爆竹来宣泄一下心中沉闷的机会没有了，因而春节就自然变得冷清了、消沉了、没有生气和活力了。人们围坐在电视机旁，观看中央电视台播出的各种联欢晚会，竟成为过年的新世俗。我们还有什么理由相信正在日益失去传统文化内涵的春节，没有可能被西方“圣诞节”、“情人节”、“愚人节”所冲击？本国的民族民间传统节日不会过，外国的民间节日就能够过得好？这也许是一个民族的悲哀。其实洋的不一定就是新的，土的不一定就是旧的。政府机关没有很好地把握传统节日的文化意义，淡化了民族精神的传承，失去了对民族的记忆的承载，在这种

---

① 王军云编著：《中国民居民俗》，313页，北京，中国华侨出版社，2007。

情况下西方国家的文化乘虚而入，冲击中国的传统文化就成为一种必然。过年实质上是人们一年一度串亲访友的时节，即使平时只是眼熟却无过从的人，对面相遇也会脱口而出“过年好”，此情此景唯有过年才有。过年确是一个改善人际关系的良好时机。一年中的各种节日很多，庄严的也好，民俗的也好，就功能来说都不如过年。再譬如，我国传统的“拜年”文化源远流长，人文关怀都是从这里延伸的。[①]“团拜”一词最早出现于宋代。《朱子语类》卷九十一《杂仪》云：“团拜须打圈拜，若分行相对，则有拜不着处。”[②] 现代政府机关和单位之间的“新年团拜”活动与古代团拜非常相似，团拜有利于增进和改善同事之间的联系，也是在家族中、朋友间进行沟通的好方式。近年来随着电信科学技术的普及和发展，人们开始通过电话拜年、电子邮件拜年或通过贺年卡拜年，都是拜年这个民俗与时俱进的具体表现。总之，随着中国不断走向世界，世界也进一步了解中国，蕴涵着5000年中华民族文化传统的过年，正向世界性的节日迈进。许多国家和政府的领导人都以尊重华人的春节，作为尊重中华民族的礼节。如2005年鸡年新春，美国纽约市部分地区和已经“禁放”了34年的新加坡，都解除了华人春节期间燃放烟花爆竹的禁令；时任美国总统布什、英国首相布莱尔、法国总统希拉克、罗马尼亚总统伯塞斯库等多国政要，都纷纷向中国人和在本国的华人拜年。2005年联合国秘书处首次为中国过年（春节）举办隆重的文艺晚会；英国外交部首次为中国春节举行招待会；美国纽约州则通过法令规定中国农历新年为纽约州法定假日。

二

酷爱燃放鞭炮是中国人的传统习俗。火药是中国古代的四大发明之一，而在此后的几千年里，火药几乎只是用来做鞭炮，这也是我国

---

① 参见李景阳：《年味儿在哪里》，载《光明日报》，2005年1月28日第7版。

② 陈连山：《春节民俗演变考》，载《北京日报》，2005年2月10日第2版。

近代落后挨打的原因之一。过年要放鞭炮，结婚要放鞭炮，死了人下葬时要放鞭炮，商店开张营业要放鞭炮，盖房子上梁也要放鞭炮。总之，只要是为了表示庄严和喜庆的事，人们都习惯于用燃放鞭炮来庆贺和营造隆重的气氛。但是为了保护环境不受硝烟和噪音的污染，许多城市早就提出无论过年还是结婚，或者其他任何时候、任何场合都不准燃放爆竹，并出台了相应的违者罚款的规定，可是人们却总是不肯轻易地放弃对鞭炮的情由。任何一项被人们顽固坚持的行为，都是需要进行心理分析的，燃放鞭炮也不例外。燃放鞭炮能取得的心理效果主要体现在如下三个方面：(1) 鞭炮炸响声的力量。这声响和力量是我们的身体没有能力产生或发出的。所以人们在燃放鞭炮的时候，总是喜欢和希望鞭炮越响越好，鞭炮显示了一种超人的力量。(2) 鞭炮是受人把握和控制的力量。如果鞭炮的力量不受控制，就会像炸弹一样可怕，人们就不会那么喜欢它。正是因为鞭炮的燃放是受人们控制的，人们可以自由地决定什么时候点燃鞭炮、燃放什么样的鞭炮，所以才对鞭炮变得如此钟爱。而且一串鞭炮被点燃后只有短暂的炸响，不会无穷无尽地失去控制地响下去，这就更增强了人们对事物进行控制的信心。(3) 人们希望看到光明，哪怕是瞬间的闪光也好。人的内心深处往往是黑暗的，所以人们在选择鞭炮的时候，特别喜欢选择装有镁粉的“闪光炮”。另外，如果鞭炮能够升到一定高空后炸响，就会更加令人喜爱。尤为重要的是人的潜意识是经常受到压抑的，潜意识中的各种欲望就像是一束窜动着的火苗，经常被自我或者超我所掩盖而不能顺畅地表露出来。我们的确拥有许多美好的幻想，但是绝大多数幻想一直是无法得到实现的，于是内心充满着压抑、忧郁乃至绝望。这时如果鞭炮点燃了，它就会带着我们潜意识中的欲望和幻想在瞬间冲破所有的压抑，一道闪光、一声炸响，驱走忧郁与恐惧，从而使我们似乎看到了生命的原始力量。[①]

---

① 参见宋才发：《论过年习俗与放鞭民俗文化遗产的法律保护》，载《中央民族大学学报》，2006 (1)。

过年燃放鞭炮在我国已有1600多年的历史①。爆竹也称爆仗、鞭炮。关于燃放爆竹最早、最可靠的记载，要数南朝梁代宗懔的《荆楚岁时记》。《荆楚岁时记》上有这样记载："正月初一是三元之日也，谓之端月。鸡鸣而起，先于庭前爆竹，以避山臊恶鬼。"② 由于当时还没有火药用来制造鞭炮，人们便用火烧竹子使之爆裂发声，以驱逐瘟神，这当然是迷信。但是它却反映和折射出古代劳动人民渴求安泰的美好愿望。到了唐朝，爆竹又被人们称为"爆竿"，就因为一支较长的竹竿逐节燃烧，能够连续发出爆破之声。随着科学技术的发展，炼丹家经过不断的化学试验，发现硝石、硫磺和木炭合在一起能引起燃烧和爆炸，于是发明了火药。人们又将火药装在竹筒里燃放，声音和威力更大，从而使得火烧竹子这一古老习俗发生了质的变化。到北宋时期，民间已经出现了用卷纸裹着火药的燃放物，并有单声响和双声响的区别，故改名为"爆仗"，尔后又改名为"鞭炮"。燃放鞭炮于是成为全国性的风俗。鞭炮本身的喜庆色彩，使得人们对鞭炮的象征意义有了进一步的认识。譬如，用喜庆的燃放鞭炮迎神；鞭炮本身的爆炸，也是极好的辞旧迎新的文化象征符号。即使是完全的无神论者，多数人也有燃放鞭炮的喜好。当然，中国人燃放烟花爆竹的民俗，与世界很多国家的风俗一样，都有本身固有的弊端。譬如，西班牙等国的斗牛节、巴西的狂欢节，每年都会造成许多人员的伤亡。但他们并没有因之而取消这些节日，而是想方设法在避免弊端发生的同时，使这些传统的风俗得以延续下去。因噎废食而忽视数千年形成的民俗对一个民族凝聚力的影响，不注意维护人们对民族传统文化的信心，留下人们浮游不定的文化心理不平衡的隐患，我认为这是对传统文化遗产轻率的表现。除了必须尊重传统民俗外，一座城市大范围的对鞭炮进行"禁放"，仅从商业的角度来看，也是缺乏充分理由的。燃放烟花爆竹从来就是假日经济的重要组成部分，是活跃节日市场、刺激消费、"扩大内需"所不可缺少的积极因素。此外，城市作为烟花爆竹

---

① 于樵：《烟花禁放有理，开禁无罪》，载《西部法制报》，2005年1月15日第4版。

② 陈连山：《春节民俗演变考》，载《北京日报》，2005年2月10日第2版。

的消费市场，只是产业链中的一环，跳过生产环节，仅仅从流通和消费环节来“禁放”，显然是有悖于市场规律的，也会出现一些市民通过不正当的渠道从市区外采购来路不明的烟花爆竹进行违规燃放，更对安全造成隐患。

在一个城市的范围内全面禁放烟花爆竹肇始于天津。1907 年 2 月 3 日出版的《大公报》，登载了这样一则公告：“入冬以来，风高物燥，瞬届年节，竞放花爆。起花双响，高入云霄，遗火落下，贻害非小。贩卖燃放，均于禁条。特先晓谕，广为劝告，父戒其子，兄为弟导，子弟有犯，父兄枷号，倘敢故违，决不宽饶。”① 过年禁放鞭炮的消息很快传遍了天津城，本在热销中的烟花爆竹，顿时成了积压商品。天津巡警总局发出的这条公告意义非凡，它成为近代以来官方在一个城市范围内禁止燃放烟花爆竹的开端。20 世纪初，清廷自中央到地方开始了一场全面的新政改革，而改革的示范区就是天津，北洋新政的许多政策都先在天津试点，而后在全国推行，最为显眼的就是新式警察制的建立。此时全国都将目光集中在各种社会习俗的改良上。在这些改良中，过年禁止燃放鞭炮成为议论的焦点，这也是天津禁鞭之所以走在全国前列的原因。这是一项波及千家万户的法令，只有依靠强制力才能推行。而天津新式警察制度的逐步健全，正好为改革这一习俗提供了保证。据历史资料记载，禁止燃放烟花爆竹，最早出现在天津的租界地区，为避免燃放烟花爆竹带来的空气污染和火灾，天津的租界早就命令禁止在入夜后燃放烟花爆竹。1902 年清廷在保定创办警务学堂，训练巡警，同时在天津成立南段巡警总局。为防租界内火灾，受到了中国传统水会的启发，意大利人招募华人组织“官办救火会”，随后英租界也组织了天津志愿消防队。1902 年清廷在天津成立南段巡警总局后，救火会便交由清廷监管，改称“南段巡警总局消防队”。这是我国历史上的第一支消防警察队。作为负责天津城区治安的部门，巡警总局发布禁止燃放鞭炮的命令，就是其职责范围内的事情了。新中国成立后，第一个实施禁放鞭炮的城市是上海（1988 年实行“禁放

---

① 巡警总局：《鞭炮禁放公告》，载《大公报》1907 年 2 月 3 日（天津新闻版）。

令"），而实施"禁放令"时间最久的城市是北京市，它曾经在寂寞中走过了12个春秋。

禁放烟花爆竹的法规必须符合民情民意。"爆竹声声辞旧岁"，烟花爆竹作为人们喜爱的传统民俗商品，从来就是老百姓过年过节的一部分。从文化上看，笔者并不认为燃放鞭炮具有除恶、驱邪、祈福的功能，但这并不等于说燃放鞭炮就是迷信活动。如果总说这是"陈规陋俗"，那就只有干脆消灭所有的民俗和传统文化，按照今天制定的标准来实行大一统了。如果这些传统文化、民俗真的与社会发展相悖，那它必定也要自行消亡的。从民意上看，对于那些被"圣诞节"、"情人节"、"愚人节"弄得热热闹闹的群体，他们对传统的、民俗的放弃是比较多的。一旦没有了中国的传统节日和民俗氛围，人们自然要到国外节日中去寻找刺激和乐趣。再从法律上看，如果一项法律规定，仅靠以违背大多数人的意愿来强制推行，那么这项法律无论如何是不能持久的，不应当用禁止的方式让人们忘却民族的文化传统和习俗。王安石那首《元日》："爆竹声中一岁除，春风送暖入屠苏。千门万户曈曈日，总把新桃换旧符。"① 的诗句是不会被人遗忘的。民俗的存在或者消亡遵循自然规律，一纸规章并不能令其早亡。力图通过一纸禁令就永远地、彻底地禁止放鞭炮，实在不是一件容易的事情。上至百岁老人，下至三岁孩童，对过年放鞭炮都具有强烈的渴望，过年放鞭炮的习俗蕴含着深厚的民族底蕴。笔者认为过年放鞭炮，完全放任自流确有负面影响，而完全禁止又缺少节日气氛，老百姓怨声很大。应当在"禁"与"放"中寻找一个合适的"度"，多一些通情达理地疏导，少一些不通情理的硬性禁令，也许容易收到事半功倍的效果。笔者认为一部好的法律法规起码必须具备如下三点：一是符合国情，反映当代经济、政治、文化发展的内在要求，并且与民族历史文化传统相协调；二是必须符合民心，反映大多数人的愿望，以赢得认同和公信；三是符合操作规程，应当结构合理、逻辑严密、用语准确，不留朦胧条款和没有自相矛盾，具体规定应当切合实际。有限燃放烟花爆

---

① 吴丈蜀：《历代诗词曲佳句名篇大全》，119页，长江文艺出版社，1992。

竹法规的成功实施，只有当它是一部所有人都能够和都必须遵守的良法才行。

中国白酒文化遗产保护

一

白酒是中国传统历史文化和物质文化的结晶。早在春秋战国时期，各国对白酒的生产、流通、消费一般都采取放任的政策，这在很大程度上促进了酿酒业的繁荣和发展，酒税的征收使白酒步入各国的经济领域。到了汉代尽管酿酒业一再被统治者限制，但随着酒曲技术的进步，白酒的品种逐步增多，酿酒业实际上仍在缓慢发展。在魏晋南北朝时期，白酒政策放松且白酒的产销可以私营，政府只管收税，因而酿酒业得到快速发展。唐朝是我国封建社会发展的顶峰时期，国家繁荣昌盛，中原与异域的文化、商贸交流空前频繁，白酒就成了邦交礼仪的必备珍品，举国上下“无酒不成礼”。[①] 譬如，文成公主远嫁吐蕃（今西藏），使唐蕃和为一家，同时也带去了中原的黄酒酿造方法。酒对宋朝具有独特的意义，宋太祖杯酒释兵权以巩固自己的统治，酒政从官酿、官卖和民酿、民卖，扩大到任何人只要纳钱就可以经营，并规定各地要向中央定期朝贡，从而进一步促进了酿酒业的发展。元代是我国饮酒习惯大转变的时期，由于蒙古族喜饮烈酒，从而又进一步推动了全国烧酒的发展，高度蒸馏白酒一时风行全国。据历史资料记载，意大利人马可·波罗 1275 年左右到元大都任元朝官员，回国后著有《马可·波罗游记》，其中就载有元都米酒的制作方法。明代后期

① 参见袁亚祥：《中秋无酒“不成礼”》，载《新民晚报》，2008 年 9 月 8 日。

资本主义在中国开始萌芽，它为我国酿酒业的发展提供了条件，无论宫廷还是民间，饮酒之风非常盛行。宋应星的《天工开物》和徐光启的《农政全书》，都对我国古代酿酒术作了系统研究。袁宏道的《觞政》，则总结了当时的酒俗、酒规、酒礼等，是明代最具有代表性的酒文化。清朝乾隆年间吴升撰的《酒志》28卷，则是集历代酒文化之大成。[①] 中国人自古以来就有讲究美食的传统。孔子在2500年前就表明他对于“吃”的态度：“食不厌精，脍不厌细。”[②] 这种美食观反映到饮酒方面，就是对于酒肴的重视。白酒具有很强的营养功能，譬如，白酒中的酒精，既是一种调味品和刺激剂，也是一种营养品，每克酒精在人体内燃烧，完全氧化后能够发生热量7.1千卡（而每克淀粉只能发出热量4.1千卡，葡萄糖仅发3.37千卡热量）。[③] 白酒还是一种很好的医疗保健品，如夜晚服用少量的白酒，可以促进血液循环，起到催眠的作用；饮冰冻过的白酒能够使人头脑清醒，通常香味较浓，感觉很清爽，尤其是在夏天，大有清晨清凉而爽快的感觉。中医用白酒治疗疾病或者作为强肾补剂，已有很久历史。

酒不仅是一种饮品，更是一种文化，一种悠悠的韵味。酒通常又是一种感情的调味剂，即朋友欢聚时的畅饮，离别时的伤感，宴请时的欢愉，社交场的宠儿。中国传统酒文化的特色之一，就是“诗”与“酒”的不解之缘。在古代“各领风骚数百年”的文人墨客那里，有酒必有诗，无酒诗不神。酒能激发他们的勇猛豪情和创作灵感，诗能增添饮酒的高雅情趣，酒和诗相辅相成。在我国古代社会里，“诗”与“酒”结缘，最典型的莫过于唐朝。唐代的诗人饮酒，饮出了诗情、饮出了哲理、饮出了学问，更饮出了人生。众所周知，“酒仙”李白“三杯通大道，一斗合自然”[④]，他在酒的世界里寻找到了一个自信、自尊、自爱、自立的富有独立人格的自我，寻找到了一个不受束缚、不受限制的自由天地，在酒醉中进入了一个天地万物合而为一、

---

① 参见齐飞：《国酒茅台五千年》，载《西部开发报》，2004年2月12日第6版。

② （春秋）孔丘：《论语·乡党》。

③ 清月编著：《酒韵》，83页，地震出版社，2004。

④ 高建新：《三杯通大道，一斗合自然》，载《博览群书》，2009（10）。

与宇宙大化同生共死的涅槃境界。“酒圣”杜甫则有“性豪业嗜酒，嫉恶怀刚肠”① 的诗作。在他的酒诗中不乏娱情放纵，借酒浇愁的内容。然而更多的还是关注苍生社稷，即使他在酒醉中，也是一个站在乐游原上“独立苍茫自咏诗”② 的忧国忧民的志士仁人的形象。而“醉吟”先生白居易，在清醒时是一个直谏斗士，遭受打击后便去酒中寻找自己的无忧世界，过着自娱自乐、醉生梦死、独善其身的生活。总之，在曹操、屈原、李白、杜甫等历代文圣们的身上和作品里，我们的确找到了诗歌引申酒文化，诗歌印证酒文化，酒在酒文化中升华的境界。人世间自从发明了酒文化，我们的生活便变得丰富多彩、激情浪漫，茫茫世间便增添了无数的情趣风景，人生便增添了无数悠长的滋味。③

酒作为特定的文化景观，是人类社会发展到一定时期的生产与生活及经济文化的真实反映。从古时民间黄酒到现代扎啤、从东方米酒到西方白兰地、从街坊酒楼到闹市酒吧、从传统陶瓷酒具到西洋高脚杯，尽管人们喝的酒可能变了，饮酒的场所可能变了，饮酒的器具可能变了，然而中国人那种推杯换盏的豪情、豁达大度的洒脱，却始终没有多少改变。葡萄酒的红色诱惑、啤酒的泡沫情怀、白酒的一汪清澈、鸡尾酒的绚丽多彩，不管你喜好什么样的口味，酒文化的魅力总能让你在其间找到最爱。从审美的视角看，酒具的艺术美、酒联的墨迹美、酒与文化总是联系在一起的，在酒的醇香中始终荡漾着文化与艺术的活力。中国的白酒文化与西方的酒文化有着显著的区别点，即中国酒史之长且尚酒风气之普遍，但是酗酒却不像西方国家那样严重和普遍。究其根本原因之一，就是中国从周代起就大力倡导“酒礼”与“酒德”。中国素有“礼仪之邦”的美誉，汉末的孔融就曾写过《难曹公表制酒禁书》，以荡气回肠的笔调盛赞“酒德”，列数圣哲先

① （唐）杜甫：《壮游》。

② 于明诠：《独立苍茫自咏诗》，载《山东商报》2009年11月9日。

③ 宋才发：《中国白酒文化遗产景观及法律保护》，载《湖北民族学院学报》2006年第1期，第44页。

贤因酒而建功立业的史事和传说，其曰："酒之为德久矣。"[①] 如果说"酒礼"是中国酒文化内核的话，那么"酒德"就是中国酒文化的外壳，"酒德"与"酒礼"是互为表里的。传统的"酒礼"与"酒德"固然有许多不科学之处，譬如，等级尊卑观念、酒仪中的繁文缛节，以及某些封建迷信色彩，都是需要扬弃的东西。但在"酒礼"与"酒德"中，又确有许多值得继承和发扬的精华，如尊敬父兄师长、行为举止要端庄、饮酒要有节制、文明饮酒、科学饮酒、酿酒要重质量讲信誉，不能偷工减料，等等，都是需要保护和弘扬的东西。因而深入挖掘和探究中国白酒文化的深层底蕴，不仅具有重大的学术价值，而且具有重大的国际意义。2003 年 12 月底，中国食品工业协会秘书长黄圣明曾在北京宣布，中国白酒文化遗产将申报《世界文化遗产预备名单》[②]，并确定以"中国白酒文化遗产"为申报世界文化遗产项目的名称，力图通过白酒文化遗产资源保护，让世界人民更加深刻地了解中国白酒的深厚文化内涵。[③]

中国的白酒文化源远流长。从甘肃敦煌所出的大量古代文书中发现，六朝乃至唐宋，酒在敦煌社会生活中扮演了十分重要的角色。从官府到民间举凡四时八节、婚丧嫁娶以及祭祀鬼神都离不开酒。据有关资料记载，早在原始社会初期，人们就已经注意到了野果的天然发酵。譬如，当人们偶然吃了这种经过天然发酵的物质后，就会产生一种神奇的治病功效，即所谓"舒筋活血"。于是原始人便开始有意识地对野果进行人工发酵，最早的酒即果酒就产生了。随后人们在果酒的基础上，开始用谷物酿酒即我们现在的黄酒。酒的悠久历史在汉字中早有记载，如甲骨文中就有"酒"字出现。《说文解字》解释"酒"字说："酒，就也，所以，就人性之善恶，从水、从酉，酉亦声。"一

---

① 陈兆肆：《议古代"禁酒令"：防政废国亡，求讼息人安》，载《中国文化报》，2010 年 2 月 23 日。

② 曹会军：《中国白酒文化遗产将申报世界文化遗产》，载《光明日报》，2003 年 12 月 26 日第 A4 版。

③ 参见宋才发：《中国白酒文化遗产景观及法律保护》，载《湖北民族学院学报》，2006（1）。

曰造也，吉凶所造也。古者仪狄作酒醪，禹尝之而美，遂疏义狄。杜康作秫酒，《说文解字》中说："酒，就也，八月黍成，可为酎酒。"象形文西之形，"西"字实际上是酒器之形象，后世之酒坛即沿用其形制。也就是说，酒坛在我国也是由来已久的。从现有的文献资料看，早期酒的演变，大体经历了"明水"、"玄酒"、"五齐"、"三酒"几个阶段。"明水"、"玄酒"见于《礼记》；"五齐"、"三酒"见于《周礼》。敦煌文化中保存了诸多的《酒破用历》（支取），即我们今天所说的"饮用酒的酒账"。如敦煌研究院所藏的一份酒账，就记载了北宋乾德二年（公元964年）四月九至十月十五日间共213笔敦煌归义军衙门支用酒量的账目。从账上看，不足半年时间用酒量就达到13 580余升，这仅仅只是官方支用，并不含民间私家的用量。酒的耗用主要在五个方面：一是迎接各地使者的宴请酒；二是从事宗教活动的神酒、祭奠酒；三是节庆活动用酒；四是支付各类工匠用的饮食酒或者报酬酒；五是其他类用酒（如灌骆驼等）。[①] 敦煌有专门酿酒的"酒户"，有专门经营酒业的"酒行"，归义军衙门中有专管酒户、酒行的机构。酒户从官府领粮酿酒，除了按照规定上缴酒外，盈余部分可以自己出售。当时敦煌城内有名有姓的酒店多达10多家，遍布大街小巷。"敦煌酒文化"只是我国西部古代酒文化的缩影，从古秦州、古阶州到古凉州、甘州、肃州等都是"白酒的故乡"。自古以来中原大地的酒文化就毫不逊色，三国时的政治家、军事家、诗人曹孟德，就曾推崇酒中之珍"杜康"。魏武帝曹操乐府曰："何以解忧，惟有杜康"[②]。杜康酒厂存有历代酒文化的载体——碑林，自古至今没有中断续碑。记得1993年6月，笔者同原中央编译局副局长林基洲研究员、北京大学王东教授等人到河南汝洲市参加学术会议，不仅有幸目睹了杜康酒厂琳琅满目的碑林，参观了"杜康沟"、"杜康泉"、"杜康河"，而且还在盛情难却的情况下显丑题写了一块碑文："汝阳杜康，源远

---

① 参见冯建平：《西部酒文化摭珍》，《西部发展报》，2004年1月15日第9版。

② （三国）曹操：《短歌行》，见《历代诗词曲佳句名篇大全》，473页，长江文艺出版社，1992。

流长；名扬四海，天下无双。”[①]

我国西部酒文化是西部纯朴民俗的真实体现。西部少数民族地区历来干旱少雨，常年气候偏低，人们在生活习惯上的嗜酒习俗，首先就与御寒有关。我国明代医药学家李时珍在名著《本草纲目》中指出：“酒，天下美禄也。”“少饮则和血行气，壮神御寒”。即使到现在，北方民众在冬季仍喜欢怀揣酒壶，其目的还是为了御寒防冻。北方群众历来以吃牛羊肉食为主。譬如，在甘肃祁连山地区生活的裕固族就流传着这样一句俗语：“吃肉不喝酒，不如扔给狗。”以酒消食的习俗，在北方游牧民族中十分盛行。因而在广大的西部少数民族地区至今流传着“酒肉不分家”的民间习俗。从一定的意义上说，饮酒的习俗与吃肉食的习惯相结合，是有一定科学根据的。在西部少数民族地区的饮食习俗中，真正属于饮品的也就是“酒”和“茶”。在某种程度上，酒渗入我国人思想感情的最深处，成为剖析和认识中国人性格、心理、生活情趣和人生取向的重要切入点。在我国举凡生育、小孩满月、周岁、成丁、婚嫁、祝寿、丧葬等人生礼仪，无不与酒结缘。人们在传统节庆礼仪上，也离不开酒。譬如，正月初一（春节），一般人都要饮几杯酒庆贺新年。民间有饮屠苏酒“不病不疫”的习俗，通常是让幼者先饮以祝福他们健康成长。端午节正值盛夏之始，各种病毒容易蔓延，于“端午”饮药酒驱瘟、解毒、预防疾病的发生，是具有一定科学依据的。中秋节是人们祝贺团圆的节日，人们不仅要拜月、赏月、吃月饼等，还要举杯畅饮，赋诗作词以寄托思亲之情。北宋苏东坡的一首“明月几时有，把酒问情天”；“但愿人长久，千里共婵娟”[②] 的诗句，就把这种思亲之情表达得淋漓尽致。酒具有“水”的形态，“火”的性格。西部民族地区的酒文化，是我们认识西部民族地区传统农牧文明的一面镜子，也是展现西部民众生活情趣的舞台。西部少数民族地区历来地广人稀，居住分散，所以，敬酒待客或者以

---

① “汝阳杜康，源远流长；名扬四海，天下无双。”宋才发教授 1993 年 6 月题，该碑存于河南杜康酒厂碑林陈列室。

② （北宋）苏轼：《水调歌头》，见《历代诗词曲佳句名篇大全》，53 页，长江文艺出版社，1992。

酒会友，也就成为他们消除寂寞与孤独的一种特有方式。任何一种饮食方式都会受到社会结构和文化特征的影响，在西部少数民族饮酒的习俗中，就有火塘酒、咂酒、转转酒、马上敬酒、击鼓饮酒、歌舞劝酒等多种饮酒方式。无酒不成礼，无酒不成俗，离开了酒，许多民俗活动便无所依托。总之，西部少数民族地区正是通过饮酒（甚至是豪饮）的方式，使他们那种豪放、开朗、好客的性格特征与民俗习惯得到真实而鲜明的体现。①

二

白酒是我国传统“烧酒”、“高粱酒”、“杂粮酒”等酒类的统称。按照现在最新的国家标准，白酒是指以曲类、酒母为糖化发酵剂，利用淀粉质（糖质）原料，经过蒸煮、糖化、发酵、蒸馏、陈酿和勾兑酿制而成的各类酒。白酒的酒曲乃酒中之骨，酒曲酿酒是中国酿酒的精华所在。我国自有文字记载以来，白酒绝大多数是用酒曲酿造的，而且中国的酒曲法酿酒对于周边国家，如日本、越南和泰国等都有较大影响。就白酒的制作工艺而言，我们可以将白酒分为固态法白酒、固液结合法白酒以及液态法白酒。就白酒的香型而言，在国家级评酒中，通常把白酒分成为5大类：（1）酱香型（如贵州茅台酒），酱香柔润为其主要特点，发酵工艺最为复杂，所用的大曲多为超高温酒曲；（2）浓香型（如四川五粮液、泸州老窖特曲），它以浓香甘爽为特点，发酵原料多为多种原料，以高粱为主，发酵采用混蒸续渣工艺，发酵采用陈年老窖；（3）清香型（如山西汾酒），其特点是清香纯正，采用清蒸清渣发酵工艺，发酵采用地缸；（4）米香型（如桂林三花酒），特点是米香纯正，以大米为原料，小曲为糖化剂；（5）其他香型（如陕西西凤酒等），香型各有特征，这些酒的酿造工艺采用浓香型、酱香型或者汾香型白酒的一些工艺，有些酒的蒸馏工艺也采用串香法。

---

① 参见宋才发：《中国白酒文化遗产景观及法律保护》，载《湖北民族学院学报》，2006（1）。

就白酒的高低度而言，酒业界一般把它分为“高度白酒”（酒精度在41度以上，但一般不超过65度），这是用我国传统生产方法所形成的白酒；“低度白酒”（酒精度一般在38度，也有的只有20多度），这是采取了降度工艺之后制作而成的白酒。①

白酒文化是我国宝贵的非物质文化遗产。在几千年的历史嬗变中，中国白酒形成了五大文化派系：（1）历史性文化。白酒积淀了深厚的历史文化势能，历史文化是中国白酒品牌最有爆发力的能量，它使白酒品牌与生就具有一种历史神秘色彩。尤其是受白酒生产工艺的影响，“酒是陈的香”的消费观念，已经深入到消费者的思维之中，白酒的历史文化代表着产品的品质，品尝名酒就代表着一种人格魅力和尊严。譬如，以茅台、五粮液为首的传统白酒品牌，就是中国酒文化的典范，是历史文化给予了它们品牌的支点。（2）情感文化。白酒通过“托物言志”的方式，引起人们对于品牌理念和消费理念的共鸣，使酒和人的情感融为一体，从而赋予了白酒品牌的独有个性和品位，提高了白酒的消费价值。如“金六福酒”是通过“幸福的源泉”品牌理念渲染，形成了以“福运”为核心的“福文化”，构建了整个金六福的品牌金字塔；“孔府家酒”的成功，也不外是借历史上孔圣人的声名远播和“家”文化的成功运用。（3）个性文化。譬如，1998年“酒鬼酒”曾高举个性品牌文化的大旗，一度在整个中国白酒市场上掀起了一片“酒鬼”潮。做家电起家的云峰酒业，以其“小糊涂仙”个性“糊涂”文化的诉求成功，一度成为畅销市场的一霸。“百年孤独”等品牌，也都是个性文化的成功典范。尽管这些个性品牌无论从道德还是从伦理上讲，都不值得提倡；但这种极端文化确实又代表着一种情感的向往，拥有这种个性文化的品牌，就可能在短期内使该产品迅速形成品牌并占领市场。（4）概念文化。白酒是饮料中的一种，其产品同质化很强。只有采用创新性产品概念作为市场的区域策略，才能在人们求新、求奇消费心态的引导下取得良好的市场效应。譬如，“宁

---

① 参见宋才发：《中国白酒文化遗产景观及法律保护》，载《湖北民族学院学报》，2006（1）。

夏红”的“枸杞健康”概念，就是在白酒的基础上为了迎合消费者的健康需求心理，开发出的创新产品概念，使其品牌超脱竞争激烈的传统白酒市场，既不失去白酒的性能，又拥有创新性发展空间。（5）地域文化。譬如，“孔府家酒”因山东曲阜“孔府”、“孔庙”、“孔陵”的幸存而闻名，“黄鹤楼”酒因武汉黄鹤楼的存在而闻名。①

（一）茅台酒已成为中国的传世佳酿

茅台酒诞生于贵州的茅台镇。贵州省仁怀县赤水河畔的茅台镇，早在2000年前就已酿酒，以“酱香”酒著称于世，对此《史记》早有定论。称茅台酒为“酱香”，足见其香味之稠、之重。元代宋伯仁的《酒小史》，就载有“南粤唐蒙酱”酒的典故。在明代绘制的茅台村《邬氏族谱》上，就标有酿酒作坊。到清代茅台酒便驰名遐迩。1990年出土的文物路碑，是清乾隆四十九年（1784年）刻制的，上面就刻有“茅台偈盛酒号”。1852年成义酒坊设立，1862年又有“荣和烧坊”相继设立，这是茅台酒制造历史最悠久的烧坊。由于茅台酒制法精良，品质醇美，曾于1915年在巴拿马万国博览会获得金奖。茅台酒从此飘香寰宇、名震中外，与法国的科涅克白兰地、英国苏格兰的威士忌鼎足而立。1929年周炳衡弟兄建筑衡昌酒厂从事茅台酒制造，1940年该厂归赖永初，更名为恒兴茅台酒厂（俗称“赖茅”）；1951年赖永初在成义酒坊基础上改建为贵州茅台酒厂，1952年陆续将恒兴、荣和酒坊并入，沿袭传统工艺，继续生产茅台酒。② 新中国成立后，茅台酒被誉为“国酒”和“外交酒”，成为国务院接待外国贵宾和馈赠佳品的专用酒。譬如，在1954年的日内瓦会议、万隆会议，1956年的中缅芒市联欢会议上，周恩来总理都是用茅台酒招待国际友人，茅台酒声誉鹊起。1952年、1963年、1979年、1984年、1988年，茅台酒在全国第一、第二、第三、第四、第五届评酒会上，蝉联“国家名酒”称号及金质奖；1984年获得国家轻工部酒类质量大赛金杯奖；1985年获得法国国际美食及旅游委员会金质奖；1986年在法国第

① 参见清月编著：《酒韵》，87～89页，地震出版社，2004。

② 参见清月编著：《酒韵》，91页，地震出版社，2004。

12 届国际食品博览会上获得金奖；1992 年获得美国国际名酒博览会金奖及日本第四届白酒与饮料国际博览会金奖。

茅台酒的高品质是举世公认的。2001 年 7 月笔者在贵州调研中获悉，茅台酒酿造方法独特，采用高温大曲，用曲量大，超过了原料高粱。在酿造过程中要 2 次投料（加生粮），8 次加曲，8 次高温堆积发酵（每周 1 次），8 次下窖（每月 1 次），7 次蒸馏取酒；然后再陈贮 3 年以上，勾兑调配后又贮存 1 年，使酒的质量更加和谐醇香、绵软柔和，然后才装瓶出厂。一瓶合格的茅台酒从投产到出厂，平均酒龄在 5 年以上。由于每次取的酒质量不同，香、味有别，最后要互相掺兑起来，调入陈酒，使之达到最适口的程度，并保持一贯风格，这项精细的工作就是我们平常所说的“勾兑”。对酒进行“勾兑”是一种特殊技艺，它主要凭人的感官来判定。所以，该项工作只有经验十分丰富的勾酒师才能胜任。现已确知香气组成成分达 300 多种、酒度达 53 度的茅台酒，不仅其酿造工艺独特，而且还只能适合茅台镇的自然条件。据说在“文化大革命”时期，曾经有人从茅台镇运去原料、水和敷窖壁的泥，请去最有经验的酿酒师，只距茅台镇 100 公里的遵义城郊，却无论如何得不到相同的茅台酒。①

茅台酒蕴涵着高度的文化品位。茅台酒的价值在于它的内在品格，突出体现在它的“味”上，茅台酒的灵魂在于“味”，茅台酒的“味”最独特、最能够代表东方风格的特色。几乎可以说，世界上的名酒都是以“味”来区分的。譬如，说到白兰地（干邑）的味，人们立即会想起那微带葡萄香而又微甜稍苦橡木桶的想象；威士忌则讲究纯麦芽制的品种能够尝出麦芽之香（调制的不在此列）；朗姆酒颇带甘蔗的清香；人头马和马爹利的味道也绝对不一样。在中国众多的名牌白酒中，只有茅台酒的味醇厚而复杂，饮后回味无穷甚至藏而不露。有人说在全世界的酒中，也只有茅台酒的味道是最特殊的，这就是茅台酒耐人寻味的文化品位。譬如，由中国品牌战略学会牵头，中国酒类商

---

① 参见宋才发：《中国白酒文化遗产景观及法律保护》，载《湖北民族学院学报》，2006（1）。

业协会指导，中国酒类财富论坛组委会的首届“中国最具影响力的20个酒类品牌”推评活动于2005年10月尘埃落定，贵州茅台酒及口子窖等20个酒类品牌榜上有名；茅台酒集团进入了2005年中国制造业企业500强（位居309位）。2005年湖南旅游节和株洲炎帝节“两节合一”，炎帝陵祭祖大典再次指定国酒茅台为祭祀用酒，国酒茅台也再次彰现出它高度的文化品位。真正的好酒既是历史的也是现代的，既是时尚也是文化，它从来就是一种情感化的产品，因为它既能够满足消费者完美的享受，又能够满足人们情绪的抒发。酒能够给艺术家带来创作灵感；为政治家提供斡旋工具，以缓冲剑拔弩张的局面；酒能够用来为战士出征壮行，为商家制造周旋斗智的良机；也能够用来为普通的芸芸众生寄托喜怒哀乐。所以，酒文化是体验和情绪的文化，白酒文化是潜意识里的体验和感觉。酒是中华文化的重要载体，是中华文明的重要组成部分，一部中华文明史，处处飘溢着浓郁的酒香。

（二）五粮液打造了中国的白酒王牌

五粮液酒是四川省宜宾五粮液酒厂的产品。宜宾古时候称为戎州、叙州，酿酒历史悠久。在宜宾地区出土的汉墓遗物中，有许多陶制和青铜的酒器，证明早在汉代，宜宾就已盛行酿酒和饮酒的风俗。1840—1937年宜宾的糟坊达到14家，酒窖125个；1909年由宜宾县前清举人杨惠泉将宜宾“杂粮酒”，更名为“五粮液”至今，已成为“百年品牌”。1952年在合并利川永、长发升、张万和等糟坊的基础上，继承传统工艺，建成和发展五粮液酒的生产。五粮液酒无色清澈透明，味醇厚香气悠久，饮后不上头，无刺激感，属浓香型大曲酒中出类拔萃之佳品。五粮液酒酿造的原料为高粱、糯米、大米、荞麦和玉米五种粮食。糖化发酵剂则以纯小麦制曲，并且有一套特殊的制曲方法，制成“包包曲”，酿造时还须用陈曲。酿酒所用之水取自岷江江心，水质清澈优良。酒业谚语说：“千年老窖万年糟，酒好全凭窖池老。”① 五粮液发酵窖池，是明代祖传下来的16口陈年老窖池，在

---

① 记者：《千年老窖万年糟酒好全凭窖池老》，载《眉山日报》，2009年1月16日第4版。

600年间，窖池从来没有中断过发酵。越是陈窖就越能提高对人体有利物质的含量，降低酒精给人体带来的损害。发酵时间在70天以上，并且用老熟的陈泥封窖。在分层蒸馏、量窖摘酒、高温量水、低温入窖、滴窖降酸、回酒发酵、双轮底发酵、勾兑调味等一系列工序上，五粮液酒厂都有一套丰富而独特的经验，充分保证了五粮液酒的品质超群、长期稳定。宜宾地处四川南部，四季温差和昼夜温差较小，湿度大，非常适宜酿酒所需要的微生物的繁衍。有道是"川酒甲天下，精华在宜宾"[①]，五粮液是华夏乃至东方酒文化的代表。自1915年代表中国产品获得"巴拿马万国博览会"金奖以来，五粮液酒相继在世界各地博览会上共获得39次金奖。譬如，1995年在"第十三届巴拿马国际食品博览会"上又夺得金奖，1996年在美国休斯顿"国际白酒及饮料博览会"上再夺金奖，从而铸造了五粮液"88年金牌不倒"的辉煌，并且被第五十届世界统计大会评定为"中国酒业大王"。[②]

（三）泸州老窖、汾酒、西凤酒等一批名酒共同铸就了中国白酒的优质品牌

泸州老窖大曲酒是四川省泸州老窖酒厂的产品，被国家确定为浓香型白酒的典型代表，被誉为"浓香鼻祖"、"酒中泰斗"。泸州古称江阳，秦汉时期就有酿酒业，泸州自古就有"江阳古道多佳酿"的美称。泸州老窖拥有的"1573国宝窖池"，是世界上最古老的酿酒窖池，国内白酒行业第一家全国重点文物保护单位，已成为著名的工业旅游景点。[③] 作为"百年浓香，美誉久长"的老字号酒业，泸州老窖积淀了千百年逐渐形成的特有文化底蕴。汾酒是山西省汾阳县杏花村酒厂的产品。1500多年前的南北朝时期，汾酒就是宫廷御酒，被载入《二十四史》，汾酒一举成名。唐代诗人李白曾在汾阳品酒，醉校过古碑；清代李汝珍在《镜花缘》中，列举了50多种当时的国内名酒，并将

① 转引自《红楼梦》，载《宜宾日报》，2010年3月26日第4版。

② 李鹏程等：《以质量为中心，打造中国酒业第一品牌》，载《西部时报》2004年6月23日，第27版。

③ 参见王宇等：《1573国宝窖池为何能成为中国酿酒行业第一家全国重点文物保护单位》，载《西部时报》，2004年3月6日第20版。

“山西汾酒”列于榜首。后人多借唐代杜牧《清明》中的诗句“清明时节雨纷纷，路上行人欲断魂。借问酒家何处有？牧童遥指杏花村”[1]，作为对汾酒著称于世的赞颂。杏花村酒具有悠久的历史文化内涵，杏花村人建起了独具一格的酒史博物馆，杏花村已成为“山西省十佳旅游景点”之一。汾酒是我国清香型白酒的典型代表，素以入口绵、落口甜、饮后余香、回味悠长的特色而著称，在国内外消费者中享有较高的知名度、美誉度和忠诚度。1997 年山西汾酒的“杏花村”商标，被评为全国驰名商标；汾酒将“古井”标于商标上，意味着颂扬当地酿酒之人的勤劳、善良。“西凤酒”是陕西省凤翔县西凤酒厂的产品。早在西周时期凤翔（古称雍州）就已酿酒，自唐代以来凤翔就素称“西府凤翔”；清代不仅以“凤酒”著称，而且将“八百里秦川”的宝鸡、岐山、郿县及凤翔县等地酿造的烧酒统称“凤酒”。[2] 总之，无论是泸州老窖、汾酒，还是西凤酒，它们酿酒的历史都很悠久，酒的品质实属超群，都获得过国际国内的金奖、大奖，共同铸造了中国白酒业优质品牌的辉煌。限于篇幅，其他名酒在这里不作一一赘述。

三

要加强对名优白酒原产地域的保护。原产地域的地理标志是特定产品来源的标记，它可以是国家名称及不会引起误认的行政区划名称和地区、地域名称。地理标志在保护国际贸易秩序、维护消费者权益和产地声誉诸方面起了重要作用，很早就受到《保护工业产权巴黎公约》、《制止商品产地虚假性标记马德里协定》、《保护原产地名称及其注册里斯本协定》等国际公约的保护。譬如，《巴黎公约》从反不正当竞争的角度，规定利害关系方对于带有虚假地理标志的产品，可以要求有关当局在进口时或者进口后采取扣押措施。《马德里协定》和

---

① （唐）杜牧：《清明》，见《历代诗词曲佳句名篇大全》，699 页，长江文艺出版社，1992。

② 参见清月编著：《酒韵》，95 页，地震出版社，2004。

《里斯本协定》在《巴黎公约》的基础上进一步明确了地理标志的含义。《保护原产地名称及其注册里斯本协定》第2条规定：“在协议中，原产地名称是指一个国家、地区、或者地点的地理名称，它适用于指明某一产品来源于那里，其品质和特点完全或本质上是得益于该处的地理环境，包括自然因素和人文因素。”正是从这个意义上，WTO组织的《与贸易有关的知识产权协定》(TRIPS协定)，进一步强化了对地理标志的法律保护，如TRIPS协定第22条、第23条和第24条就分别从定义、权利的取得、侵权行为表现形式等方面，对地理标志的产权进行了界定。可以说这是到目前为止，对地理标志规定得最为完善的国际条约。[①] 名优产品取得原产地域保护的权利有两个：一是产品来源于地理标志中所表明的地域；另一个是使用地理标志的产品，其质量、声誉和特性与它在标记中表明的地域之间有密不可分的联系。譬如，“贵州茅台酒”拥有酿造环境无污染和安全性的“绿色垄断资源”以及“贵州茅台镇”的地理垄断资源，它的原料从产地环境到生产过程，完全符合国家有关有机农产品、无公害农产品和绿色农产品的标准及规格要求。迄今为止，在白酒行业之林中，还只有茅台酒是唯一集绿色食品、有机食品和原产地域保护于一体的珍品。国家有关部门对贵州酒的绿色认证，使得茅台酒受到原产地域产品保护，茅台酒厂推出的“贵州醇”品牌，也获得原产地域产品保护。国酒茅台的故乡贵州省仁怀市，于2004年7月18日被“中国食文化研究会”授予“中国酒都”的荣誉称号。这是中国食文化研究会认定工作组织委员会组织全国部分酒文化专家、学者及权威人士，依据《中国酒都认定标准ISO1000—JD》，历时8个月完成对贵州省仁怀市的实地考察、论证和评估后得出的结论。“酒都”更多的是一种酒文化的诠释，只有当酒业发展到了一个很高的高度，才能上升到“文化”概念。把“酒都”定在仁怀，就是因为仁怀是国酒茅台的所在地，可视为对茅台品牌的延伸和扩展。《原产地标记管理规定》指出：地理标志以自

---

① 参见宋才发：《WTO规则与中国原产地证明商标保护》，转引自《中南民族大学学报》，2004(2)。

愿申请为原则，经过注册后可以获得保护；使用范围是名、优、特产品和传统的手工艺品。“原产地域产品”是指利用产自特定地域的原材料，按照传统工艺在特定地域内所生产的，质量、特色或者声誉在本质上取决于其原产地域地理特征的，并按照法定程序批准以原产地域名称命名的产品，获得保护的产品可以使用原产地域标志。由于原产地域产品标志不仅从属于人的创造力和劳动，而且从属于地域、气候等自然条件，所以原产地域标志能够解决地理标志的产权归属问题和保证原产地域产品特征的唯一性，有利于产品质量管理。又由于原产地域名称权不具有时间性，且附着的是地理标志，与某类生产者相联系而存在，因而该项权利无保护期间的限制，是一项永久性的、无法定消灭事由永续性财产权利。我国悠久的历史形成了许许多多典型的、具有原产地域特征的产品，这些产品都是中华民族的瑰宝，必须重视对它的法律保护。在 WTO 规则的框架下，要使中国白酒企业的产品成为真正意义上的世界品牌，实施原产地域保护制度有利于保护民族精品，培育世界知名品牌，有利于保护民族文化遗产，最终实现可持续发展。

要加强对名优白酒的商业秘密保护。商业秘密是一种生产工艺、科学配方或者经营上的信息，它由其特定的持有人以信息管理的方式保持其机密性。对于商业秘密的保护源远流长，据考证可以追溯到远古的罗马时代，早先的商业秘密是以“祖传秘方”、“家传绝技”等方式存在的。商业秘密由于它不需要政府行政机关的审批，只要能够保密则可以长期拥有该秘密。譬如，蜀汉三年（公元 225 年）诸葛亮出兵江阳忠山时，使人采百草制曲，以城南营沟头龙泉水酿酒，其制曲酿酒之技流传至今，使泸州老窖成为“浓香鼻祖”。商业秘密的长期保密性，突破了传统的知识产权中的著作权和专利的时间性限制。一旦失窃这种“商业秘密”就不成其为秘密，而成为公知的信息，因而不同的国家对商业秘密内涵的规定也不尽相同。美国统一商业秘密法给商业秘密的界定是：特定的信息，包括配方、模式、编辑产品、程序、设计、方法、技术或者工艺等。日本法学界认为，商业秘密是指企业在化学合成物、制造方法、物质的处理、储藏方法以及在推销方法方面，具有秘密性或者专用性的发明、发展式构思，它能够使其所有人在竞争中取得优势地位。我国法律最先使用商业秘密的概念，是1991年4月9日通过的《中华人民共和国民事诉讼法》。该法第66条规定："对涉及国家秘密、商业秘密和个人隐私的证据应当保密，需要在法庭出示的，不得在公开开庭时出示。"① 我国法律最先确立"商业秘密法律定义"，是1993年9月2日通过的《中华人民共和国反不正当竞争法》。该法第10条规定："本条所称的商业秘密，是指不为公众所知悉、能为权利人带来经济利益、具有实用性并经权利人采取保密措施的技术信息和经营信息。"② "茅台酒"和"五粮液"酒的高贵品质，就集中体现于它的高技术生产工艺、科学的曲料配方，它不仅是对我国传统酿造工艺的继承和发扬，而且是传统工艺技术与现代先进科学技术有机结合的典范。茅台酒一直严格遵守传统的"端阳踩曲，重阳投料"，采取的就是与自然变化相吻合的季节性生产，遵守大自然的规律。茅台酒采用开放式堆积发酵与封闭式发酵相结合，以充分吸收自然环境中的大量微生物参与发酵过程，使酒体的香气成分多种多样，显现出茅台酒典型的独特风格。二十世纪五六十年代，通过提炼茅台酒生产传统工艺的14项操作规程，在科学分型、科学品酒及科学勾兑方法领域取得了重大突破，实现了从直觉勾兑向科学组合勾兑的转变，初步建立了一个以技术指标为主体，包括管理标准和工作标准在内标准化体系。再就五粮液酒而言，宋代宜宾绅士姚君玉就发明了五粮液前身"姚子雪曲"；明代宜宾人陈氏在继承姚氏产业的基础上，总结出五粮液的"陈氏秘方"：糯米、大米各20%，小麦15%，玉米5%，川南高粱40%，形成了五粮液独特、先进的配方和酿造工艺。除此之外，五粮液的生产还需要150多种空气和土壤中的微生物参与发酵，要有150多种微生物共生共存的自然生态环境，五粱液独特的地理环境为其提供了条件。20世纪70年代初，五粮液酒

---

① 《中华人民共和国民事诉讼法》，见《中华人民共和国常用法律大全》，1772页，北京，法律出版社，2006。

② 《中华人民共和国反不正当竞争法》，见《中华人民共和国常用法律大全》，169页，北京，法律出版社，2006。

厂成立了科研室，1985 年成立了科研所，1988 年五粮液酒厂修建了一流的勾兑中心，人工勾兑和微机勾兑，形成了我国白酒勾兑史上独一无二的“勾兑双绝”。因而 1988 年五粮液酒获得我国第一张产品质量认证证书，1993 年五粮液质量体系通过中国方委员会质量认证，1994 年五粮液质量体系通过法国国际质量检验局 BQVI 国际质量认证，2001 年五粮液致力体系进一步按照 2000 版 GB/T19001 标准实施转换，树立了全国质量管理奖的核心价值观和大质量观。① 因此，茅台酒和五粮液酒的酿造技术，均属于商业秘密保护范畴。商业秘密的法律性质不同于专利、注册商标或者著作权，因为它没有“确认的专有权”，当事人只能依靠保密手段来达到控制实际使用权的范围之目的。从法律意义上讲，这一点也正是认定某项技术信息能否成为商业秘密，以及是否构成侵权行为的条件和寻求法律保护的前提。对技术秘密、商业秘密的保护，要以防为主、为先。我国对商业秘密的法律保护处于起步阶段，有关禁止侵犯商业秘密的法律条款，较集中地反映在 1993 年 12 月起施行的《中华人民共和国反不正当竞争法》当中。对侵犯商业秘密的处罚，直到 1997 年 3 月 14 日第八届全国人民代表大会第五次会议通过的修订后的《中华人民共和国刑法》，才将它列入法条。侵犯商业秘密行为是一种破坏社会主义经济秩序的行为，对侵犯商业秘密的违法行为，必须依法严厉制裁。

要加大对名优白酒的商标权保护。驰名商标保护制度是保护商标权的一项特殊的法律制度，它最早见于 1883 年 3 月 20 日签订的《保护工业产权巴黎公约》。中国于 1984 年加入该“公约”，成为其第 95 个成员国，负有保护《公约》其他成员国驰名商标的条约义务。百年之后的 1993 年，世界贸易组织通过了《与贸易有关的知识产权协定》（TRIPS 协定），世界知识产权组织 1999 年制定的《保护驰名商标条款》，将驰名商标的保护提高到了前所未有的程度。我国于 2001 年 10 月 27 日新修订的《中华人民共和国商标法》，也明确规定了驰名商标

① 参见李鹏程等：《以质量为中心，打造中国酒业第一品牌》，载《西部时报》，2004 年 6 月 23 日第 27 版。

特殊保护的内容，从而结束了我国长期以来没有驰名商标法律保护的被动局面。驰名商标是指经过长期使用，具有良好信誉，为相关公众知晓和推崇的商标。我国最早以法规的方式确定保护驰名商标的，当属国家工商行政管理局于 1996 年 8 月 14 日颁布的《驰名商标认定和管理暂行规定》。该规定在第 2 条界定指出："本规定中的驰名商标是指在市场上享有较高声誉并为相关公众所熟知的注册商标。"① 《商标法》第 13 条规定了驰名商标认定的法律基准："就相同或者类似商品申请注册的商标是复制、模仿或者翻译他人未在中国注册的驰名商标，容易导致混淆的，不予注册并禁止使用。" "就不相同或者不相类似商品申请注册的商标是复制、摹仿或者翻译他人已经在中国注册的驰名商标，误导公众，致使该驰名商标注册人的利益可能受到损害的，不予注册并禁止使用。" 第 14 还条规定："认定驰名商标应当考虑下列因素：（1）相关公众对该商标的知晓程度；（2）该商标使用的持续时间；（3）该商标的任何宣传工作的持续时间、程度和地理范围；（4）该商标作为驰名商标受保护的记录；（5）该商标驰名的其他因素。"② 它突破了将驰名商标限定为注册商标的限制，将保护范围扩大到未注册的驰名商标。驰名商标是企业、经营者长期的心血积累，是企业参与竞争、占领市场的锐利武器。谁拥有了驰名商标，谁就掌握了市场竞争的主动权。我国以茅台酒、五粮液、泸州老窖为代表的一大批名优白酒企业，大多数都有悠久的酿造历史，是久经不衰的传统"老商号"、"老字号"，有的已经打造出了在国内外市场上享有盛名的驰名商标，必须依法对这些驰名商标、驰名品牌、传统老商号、传统老字号予以知识产权保护。法律允许驰名商标所有人对其驰名商标进行防护性注册，包括注册联合商标和注册防御商标，依法扩大对驰名商标的保护范围。譬如，茅台镇生产的"飞天牌"、"贵州牌"茅台酒，就具有"不可复制性"的特点，在国内历届名优白酒的评比中都独占鳌

① 《驰名商标认定和管理暂行规定》，见《中华人民共和国法规汇编（1996 年 1 月—12 月）》，801 页，中国法制出版社，1997。

② 《中华人民共和国商标法》，载《国务院公报》，2001 年第 33 期，第 22 页。

头，获得“中国驰名商标”，成为高档名牌白酒的杰出代表。再譬如，泸州老窖的“泸州”牌注册商标，也是中国首届十大驰名商标之一，泸州老窖具有极高的品牌信誉，其品牌价值高达102亿元。①

① 王宇等：《1573国宝窖池为何能成为中国酿酒行业第一家全国重点文物保护单位》，载《西部时报》，2004年3月6日第20版。

中国茶文化遗产保护

一

我国古代神农氏是茶的发现者。相传还在上帝创造天地的时候，神农氏就在遍尝百草的过程中，发现有一种树的叶子可以止渴、提神，这种树就是我们今天的茶树。神农氏当时发现茶树，只是凭借他丰富的经验，鉴别和断定该树的叶子——“荼”，有解百毒的药效功能而已。“荼”与“茶”仅一横之差，其含义却有本质的区别。然而在远古时期，“荼”曾是“茶”的代名词。我国最早的字书《说文解字》，其中就有关于“荼”的解释：“荼，苦荼也。”《诗经》中的《谷风》篇，已有茶的最早记载：“谁谓荼苦，其甘如荠。”[①] 总之，是中国人最早发现了茶。唐代陆羽（733—804）毕生致力于茶的研究，他所著的《茶经》是我国古代第一部茶书，也是世界上第一部关于“茶”的专门著作，分3卷10章，共7000多字。陆羽在《茶经》中给茶定义为：“其字或从草，或从木，或草木并。其名茶。”[②]《康熙字典》对“茶”解释说：“世谓古之荼，即今之茶，不知荼有数种，惟荼，古荼之荼，即今之茶。”“茶”在古时候的不同时代和不同典故中有许多不同的别称，譬如，在《诗经》和许慎的《说文解字》中，“茶”被称

---

① 转引自吴巩志、徐茂兴：《谁谓荼苦，其甘如荠——晚甘侯，武夷茶之别称考》，载《茶叶科学技术》，2006（1）。

② 柯秋先编著：《茶书》，2页，中国建材工业出版社，2003。

为“苦菜”；在《晏子春秋》和南宋的《香茗赋》中，“茗”即“茶”，且至今多沿用“茗”字代“茶”。至于茶成为一种“上至达官贵人，下至平民百姓”的普通饮料乃至高级“国饮”，则是后人的功劳。它得益于数千年来无数的无名氏不断地栽培、更新、繁衍，由嚼青叶而发明为采叶焙制，再由采叶焙制改良为煎烹饮啜，最终使“茶”这个具有中华民族特性的饮料，得以成为千古流传并为世人所享用的“饮之珍品”。“茶”是自唐代“茶圣”陆羽的《茶经》问世之后而名震中外的。茶已经同中国人的生活密切地联系在一起，在漫长而悠久的历史嬗变中，茶的清香、高雅与中国的民族性相结合，因而便成为世人刻划中国的重要象征之一。①

茶的区域分布、种植与科学分类。我国是茶的发源地，茶区分布自北纬18°～38°、东经98°～122°，东至台湾东部的台东、花连，西达西藏南部察隅河谷，北至山东烟台、辽东半岛，南达海南岛，纵横2000余公里，为全世界最广阔、产茶种类最多的地域，其范围包括台湾、福建、浙江、安徽、四川、江西、湖北等18个省500余县。茶在作物学上是嗜好类的特用作物；在植物学上属种籽植物，为常绿灌木。茶树主要受雨量、温度、海拔、风力与日光等自然环境支配，自北纬40°至南纬30°均适合茶树的栽培。亚热带及热带地区的气候，以及年降雨量在1500毫米均适宜茶树生长；表皮土深、土质疏松、排水良好的砂质粘土，温度在20℃～25℃、海拔在10～200米高度茶树生长最旺。据有关数据资料显示，我国大约有茶园面积67万公顷左右，年生产量34.25万吨，浙江、湖南、安徽及四川4省的产量占全国的75%，目前全国生产量中红茶占80%、绿茶占20%，全国人均年消费茶叶量约为200克。② 唐代时我国就有13省为产茶地，各地名茶不下四五十种。“散茶”为宋代的产品，宋徽宗爱好品茗，不惜用重金以寻求新颖的贡茶。宋代所产名茶，除了有福建武夷的“龙团”、“栗粒”及

① 参见宋才发：《中国茶文化遗产景观及法律保护》，载《商业经济与管理》，2005（1）。

② 参见柯秋先编著：《茶书》，45～47页，中国建材工业出版社，2003。

“铁罗汉”外，还有浙江绍兴的“日铸”，婺源的“谢源”以及隆兴的“双井”，皆属绝品。我国对茶的分类历来十分讲究。依据茶叶的“嫩”与“老”的程度不同，一般把它分为“芽茶”，如“探春”、“子徇”、“束尖”等；“叶茶”，如“雨前”、“雨后”等。依据茶的制成品性能，通常分为红茶、绿茶、乌龙茶、花茶、砖茶和沱茶6种。依据茶的形状，通常分为散茶、条茶、碎茶、圆茶、正茶、副茶、砖茶、束茶8类。依据制作方法，又把茶分为“毛尖”和“精茶”两类。依据茶树品种，通常把茶分为阿萨姆茶、小叶种茶、大叶种茶、水仙、铁观音等。依据茶的产地，一般分为武夷岩茶、安溪铁观音、祁门红茶、六安瓜片、福州香片、杭州龙井、大吉岭红茶、星村小种、冻顶乌龙等。[①]

茗香之源在四川。早在3000多年前的西周初期，四川就以盛产茶而著称于世。雅安的蒙顶山为蜀郡种茶的发源地，也是我国名茶的发祥地。峨眉山、青城山、鹤鸣山盛产名茶且与宗教结缘，民间流传着许多名茶的传说。譬如，道家张三丰在鹤鸣教书时，听人讲鹤鸣山的茶，惟白鹤停歇过的那棵才是好茶。张三丰找到歇过白鹤的茶树并且打上记号，第二天采下树叶制成茶，抓一点放进碗里用开水冲泡，看见茶叶慢慢张开，变成一只只像在飞的白鹤。突然在碗中飞出一只，变成了一个童颜鹤发的老头，飘然不见了。三丰就采这棵树的种籽，种遍鹤鸣山，制成茶但不献官，却把茶叶分给山民，治好了不少人的疑难怪病。后来道家张丰山成了“神仙”，鹤鸣山茶也被朝廷钦定为“贡茶”。四川是我国人工栽培茶树最早的地区。公元前53年，茶祖吴理真在蒙顶山上开启了人工植茶的先河，他是我国有文字记载的第一个种茶名人，后来朝廷在蒙顶山设立了茶马司。[②] 四川民间茶俗歌谣十分丰富，它是人们在茶事活动中对生产生活的直接感受，其形式简短、通俗易唱，寓意深刻，内容有农作歌、佛句歌、仪式丧礼歌、

① 参见宋才发：《中国茶文化遗产景观及法律保护》，载《商业经济与管理》，2005(1)。

② 参见徐勇：《四川茶俗故事多》，载《西部开发报》，2004年3月4日第15版。

生活歌、情歌等；古蜀神话、各种传说、民间故事、茶俗谚语、茶俗歇后语、艺文茶俗等也丰富多彩，生动有趣，具有浓厚的巴蜀茶文化特色。这些茶俗文化产生、流行和传习，不仅属于民间而且得到民间的认可。这些茶俗文化透露出四川悠久的种茶、饮茶历史，真实而全面地反映了人民群众的生活状况、文化心理，直接而深刻地表现了人民群众的思想感情和风俗习惯。四川的茶俗文化是千百年来民间自然积淀起来的文化现象，是劳动人民心态的折射，既有传统性又有变异性，既十分古老又打上了时代前进的印记。2004 年 9 月世界茶文化的奥林匹克盛会第八届国际茶文化研讨会，之所以能够在四川雅安市举行，就因为雅安是茶源蒙顶山的所在地，蒙顶山又是国内外公认的世界茶文化的发源地。总之，四川茶文化的演进史，说到底就是一部茶文化的传播史。

茶马古道在云南。我国茶叶最早向海外传播的时间，可以追溯到南北朝时期。从唐代开始，历代统治者都积极采取措施控制茶马交易的手段。唐至德元年（公元 756 年）至乾元元年（公元 758 年），在蒙古的回纥地区驱马茶市，开创了茶马交易的先河。北宋时代，茶马交易主要在陕甘地区，易马的茶叶就地取材于川蜀，并在成都、秦州（今甘肃天水）各置榷茶和马司。总之，茶马交易治边制度从隋唐开始至清代止，历经岁月沧桑近千年。① 在茶马市场交易的漫长岁月里，中国商人在西北、西南边陲，用自己的双脚踏出了一条崎岖绵延的茶马古道。我们通常所说的“茶马古道”，实际上就是一条地地道道的“马帮之路”，一条人文精神的超越之路。“云南茶”是最古、最野的茶，迄今尚有千年古茶林万余亩，分布在思茅澜沧江流经的景迈、芒景等地。现存最年长的一株野生古茶树，已有 2700 余年的历史，是世界上树龄最老的“茶王”。云南对野生茶树的驯化栽种，已有 1300 多年的历史，澜沧景迈的先民们，成功地将一株株野生茶树移栽成园繁衍至今，澜沧县正在为此申报世界自然和人文遗产。在澜沧景迈有目前世界上保存最好、年代最久远、面积最大的人工驯化栽培型古茶园，

① 参见丁运苍：《茶马古道探源》，载《光明日报》，2004 年 11 月 19 日第 B1 版。

是茶叶天然林下种植方式的发祥地。依据权威信息反映，2004 年 2 月这里发现了 5 片野生茶树群落，分布在 19 平方公里的阿佤山深处。群落树体之大、性状之异、数量之多、分布之广，颇为壮观罕见。经过有关专家学者鉴定，这里的野生茶树群落形态多样，是珍贵的野生茶树遗传基因库，其亲缘关系与栽培型茶树接近，具有较高的科学研究价值。而西盟佤族也是最早认识和驯化野生茶的民族之一。[①] 千年古茶园系布朗族、傣族先民的创造，他们在茹毛饮血的时代采食野茶，发现吃后很舒服，于是只要发现野生茶树便挖回栽种，逐渐成林、成园。1659 年清廷正式把普洱茶列入“贡茶”，并在普洱府设立茶局，在思茅厅设置加工贡茶总茶店。我们今天所说的茶马古道，就是指当年驼着茶叶的马帮，响着铃铛从重重大山中走来，在云南普洱交易、分流、深加工，制成品则北上直贡皇宫，或者南下远赴缅甸、印度。普洱至今留有茶马古道遗址，山间弯弯曲曲的青石小路上，马蹄之印历历在目，这条茶马古道实际上连接着东西方文明。千百年来印度人爱喝茶，则来自阿佤山中，经普洱传至南亚。据记载从 1921—1923 年，经思茅海关出口的茶叶，价值达白银 11.021 万两。世界上有 1/3 的人在饮茶，其中有过半数的人知道“普洱茶”。[②] 在普洱茶中红茶、绿茶都有，最为独特的是做成的跎茶、茶砖，它是高原民族每日不可缺少的茶饮，这几种茶几乎成了普洱茶的代名词。当人们进入云南思茅后，随处都可以看到“中国茶城”、“世界茶乡”和“普洱茶都”的招牌。近年来先后有 9 个普洱茶品牌获得国际金奖，有 100 多个品牌优质茶载入《中国名茶大观》，其中，宫廷普洱茶获得 2002 年国际秋季优质茶评比“普洱茶王”称号；同年 5 月 8 日思茅被中国茶叶流通协会正式命名为“中国茶城”。2004 年春“中国普洱茶研究院”在云南思茅茶树良种场挂牌成立，充分展示了古老的普洱茶在中国茶文化中的显赫地位。普洱茶名扬四海已逾千年，云南普洱已获得举世公认

---

① 参见纪涛：《茶马古道溯源》，载《北京日报》，2004 年 5 月 5 日第 2 版。

② 参见张琨、王冰：《云南思茅主打“茶”牌》，载《西部时报》，2004 年 5 月 5 日第 15 版。

的“茶都”美称。①

榜首龙井在杭州。“上有天堂，下有苏杭”，这是人们对苏州、杭州的赞美之称。龙井茶是浙江省杭州市的特产之一，已有1200多年的历史，它与优美的杭州西湖、悠久的杭州丝绸一起共同编织了杭州的美景。游客游杭州必到西湖，到了西湖有趣者又必访龙井茶产地、比邻湖畔的“龙井村”。龙井茶是中国著名的绿茶，名茶总是与历史与传说联系在一起的。在苍茫翠绿的狮峰山麓，有一壁上流泉，泉下有一碧池，池之形状如井。古代人们在此祈雨如愿，便以为这泉与井通东海，亦属龙王管辖，于是称此泉为龙井，又尊称为“老龙井”。由于狮峰山高泉淳，气清雾浓，因而北宋元丰二年（1079年），有一法号“辩才”的高僧退居狮峰开山种茶。据说辩才“识风水”，种出的茶色香味佳，遂以“龙井”冠名，这就是延续到今天的“龙井茶”的来历。又由于辩才声名高远，种得“茶中极品”，引得杭州知府苏轼等名士前往与之品茗论诗、留墨，今存摹刻“老龙井”三字，就是苏轼当年的手迹，自此名士品茗便以雅仪传世。后来乾隆皇帝，也多次下江南前往老龙井“附庸风雅”，并作诗盛赞龙井茶“一家风味”，还在十八棵茶树上采了一些茶叶夹在书中带回朝廷，献给太后观赏，被定为“贡茶”。不仅这“十八棵”成为“御茶”而独领风骚，而且整个老龙井一带方圆百十里山地普种茶树，又都以“龙井”而声名远播。②龙井茶之所以能够跻身于“中国十大名茶”之首，不仅与它的生长环境、制作工艺有关，其中，更主要的是它包含了丰富的茶文化和历史文化。龙井茶由于对水系、山脉、土壤环境及制炒工艺等方面的要求严格，2001年颁布的《龙井茶原产地域保护管理办法》，对龙井茶的原产地域范围进行了完整地界定，仅局限于杭州市西湖区，杭州的萧山、余杭、富阳、临安、桐庐、建德、淳安等县（市、区）所辖行政区域，浙江省绍兴市的绍兴、诸暨、嵊州、上虞、新昌所辖县（市、

---

① 参见宋才发：《中国茶文化遗产景观及法律保护》，载《商业经济与管理》，2005（1）。

② 参见龚志聪：《龙井问茶》，载《人民日报》（海外版），2004年8月6日第2版。

区）行政区域及东阳、磐安、天台等县（市）的部分乡镇区域。根据产地不同，龙井茶分为西湖产区、钱塘产区和越州产区。龙井茶主要产地在现西湖西南的龙井村周围地区，其中以龙井、梅家坞、翁家山、狮峰出产的茶为最好，有狮、龙、云、虎等品种，又以“狮峰龙井”为最佳。

二

茶文化是中华民族宝贵的历史文化遗产。众所周知，饮料是甜的，茶是苦的；喝饮料者是在享受人生，而喝茶者则是在品味人生。在苦与甜之间回味，宛如生活或者爱情，苦与甜有时是难以割舍与分清的。饮茶、品茶在我国有着悠久的历史，因而茶不仅只是用于“饮”，更重要的还在于“品”。其目的就是要品出生活的滋味，品出人生的滋味。正所谓“品茶”一人得神，二人得趣，三人得味，七八人得名（影响）。据汉宣帝时王褒写的《僮约》所提到的“烹茶”、“武阳买茶”（武阳即现今四川省彭山县城东5公里的双江镇）等史料记载，早在西汉时代，我国有些地方就有喝茶习惯。自东汉末年至“魏、蜀、吴”三分天下，吴国在长江下游接近茶叶的产地，更是盛行喝茶。在《三国志》的《吴志》中，就载有“以茶代酒”的史实。三国东吴的末代皇帝孙皓初立时，抚恤人民、开仓赈贫。后变得专横残暴、终日沉浸于酒色荒淫，从而民心丧尽。孙皓好酒，经常摆酒设宴要群臣作陪。他的酒宴有一个规矩：每人以7升为限，不管能不能喝7升酒必须见底。群臣中有个人叫韦曜的人，酒量只有2升。韦曜原是孙皓的父亲南阳王孙和的老师（也就是太傅），故孙皓对韦曜格外照顾。看他喝不动了就悄悄换上茶，让他“以茶代酒”，不至于因喝不下酒难堪。在东晋的《晋书》上，也载有谢安曾利用茶果招待客人；恒温在举行宴会的时候，经常利用茶果招待宾客。[1] 至北魏孝文帝时，由于实行汉化政策，喝茶的习惯就传遍大江南北、长城内外，蔚成风气。

---

① 参见柯秋先编著：《茶书》，4页，中国建材工业出版社，2003。

到唐代茶已经相当普及，进入寻常百姓家里。人们的日常茶饭事就离不开“茶”，并且习惯于用“茶”招待客人，逐渐成为规矩。茶素有清香、平和、谦逊、平淡的内质，在我国诸多优良传统里，“客来敬茶”是每一个中国人都懂得的基本礼节。茶是我国的“国饮”，也是世界三大软饮料之一。茶“上税”是自唐朝开始的，到宋代便将“茶税”改称为“茶课”。宋朝的统治者力图以茶制敌、维持财政，试图实施茶叶的“国营”和“专卖”。至明朝后期，国家开始设立茶政（“茶司马”），正式管理“以茶易马”的互市，足见茶在当时已占明朝军事和对外贸易的重要地位。自清代开始国家取消禁令，允许百姓自由种植茶树和采摘茶叶，实行敞开收购和供应。茶成了人们开门七件事“柴、米、盐、油、酱、醋、茶”之一。譬如，花茶由于性温，春季饮花茶可以散发漫漫冬季积淀于人体内的寒气，促进人体阳气生发，且能令人振奋精神，提高人体机能效率。李时珍在《本草纲目》中，就记载了以往医家在以茶治病方面的发明和他自己的见解，并载有17种方书中有关用茶叶治病的附方20个，分别用于气虚头疼、热毒下痢、大便下血、霍乱、痰喘咳嗽等16种病症。从历史文化的视角看，饮茶、品茶是不可忽视的一种文化，它反映出了中华民族的民风、民俗、民情。饮茶既是中国人一种日常生活的基本方式，更是一种人生的享受和高雅的情趣。①

泡茶、选茶及饮茶的技艺。据考证，我国人饮茶是从鲜嫩叶生吃咀嚼开始的，后来变为生叶煮饮，形成比较原始的煮茶法。自秦汉时期开始，人们就逐渐研究茶叶的加工制作方法，逐渐出现了一些较为复杂的烹饮方法，以增强茶水的浓度并降低茶的苦味和青臭气。唐代人饮茶多喜欢添加葱、姜等调味佐料，目的是使茶更好喝一点，但却无法品出茶的真香。陆羽在总结前人饮茶经验的基础上，通过亲身试验反对在茶里加调料，提出了自己煮茶的理论与实践。到宋代就基本改变了在茶里加调料的状况，流行“点茶”，即改为用开水冲泡茶，

① 参见宋才发：《中国茶文化遗产景观及法律保护》，载《商业经济与管理》，2005（1）。

饮茶开始由粗放走向精工。宋代集历代茶艺之精华，开创了饮茶的新风尚。到元、明时期，我国饮茶基本上根除了“茶饼”改为“条型绿茶”，不再将茶碾成粉末，而是全叶冲泡。泡茶的方式沿用至今已有600多年的历史，一般采取不分四季的“下投法”泡茶。茶杯每天必须用开水洗涤，用布擦拭干净然后再斟。然而茶壶的流行，便把饮茶的艺术提升到了最高峰。“泡茶”是对茶制作过程的一种追溯，制造者的最高理想是把茶的色香味留下来，饮茶者的最大愿望是把色香味品出来，茶壶在这里就为饮茶的艺术化，起了一个很好的媒介作用。明清以来，饮茶多注重江苏宜兴的紫沙壶。壶上加盖，古壶的外表吸湿性和保温性强，宜兴紫沙壶自古以来都被称为“天下第一品”。除了壶还要配上必备的其他茶具，共同构成“饮得佳茗”的重要环节，壶与茶的完美配合，本身就是一种艺术享受。明代小壶开始盛行，用小壶泡茶不仅是经验的积累，也是合理的安排。从明洪武年至今仍然是这种泡法，没有人尝过明时泡的茶，但明人用过的茶壶至今有不少人仍在珍藏。传统的泡茶方法，一般要经历烫壶、倒水、置茶、冲水、烫杯、倒茶、分杯、奉茶和去渣等一套连续性程序。饮茶除了解渴外，更是一种享受和一种高级的艺术生活，所以，选用自己喜爱的茶是有讲究和学问的。以食味而言，吃多了油腻食物的人，应当选用滋味浓厚的茶；食味道强烈的人，应当选用较芬芳的茶；蔬果吃得少的人，应当选用发酵较轻或者没有发酵的茶。在通常情况下，北方人较喜欢选用花茶；浙江及临近省份的人，一般多选用龙井茶或者高级绿茶；南方的云南、贵州、广东和福建的人，多选用半发酵的高级包种茶、武夷岩茶或者普洱茶等；都市的人多喜欢选用浓味刺激性较强的红茶；年轻人大多喜欢选用有健美作用的绿茶，为了欣赏可选用清香包种茶；年纪大的人最好选用乌龙茶和焙火稍重的包种茶。在试茶时凡是口腔有一种爽快的感觉，芬芳久久不退，口里觉得甘润回味，就证明这种茶对你是非常适合的。凡茶叶因保管不善颜色发暗，香气散失，味道不良甚至发霉的茶，无论如何是不能饮用的。

以茶诗为标志的茶文化堪称中国的一绝。中华民族是一个习惯喝茶的民族，我国人饮茶最讲究情趣，如“歌停曲终”、“鼓看书”、“夜深共语”、“小桥书舫”等，都是古时人们品茗的最佳环境和时机。譬如，宋朝祝穆等人在《事文类聚》中说：“陶壳得党太尉家姬，当命掬雪水烹茶。”谓曰：“党家有此风味乎？”姬曰：“彼粗人，但知销金账下，汪斟低唱，饮羊酒耳，安识此乐？”[①] 党姬是宋朝党进的姨太太，后为陶壳所收纳。后人论茶与酒的雅、俗，大多喜欢引用这则典故。现今人们休闲时大多到酒吧、茶坊、茶楼、茶馆去品茶、谈天说地，正所谓茶楼多如米店，品茗不分男女。发轫于我国古代的茶文化，经历代文人墨客的诗词传诵后，更是家喻户晓，雅俗共赏。譬如，隋朝诗人张载登成都白菟楼后吟诗曰：“芳茶冠六情，溢味播九区。人生苟安乐，兹土聊可娱。”[②] 唐朝诗人白居易颂西蜀蒙顶茶诗曰：“琴里知微闻绿水，茶中故旧是蒙山。”[③] 最早与茶结缘的并不是一般的凡夫俗子，据考证是栖隐山林的有为禅师，即使茶圣陆羽幼时也是在禅寺度过，才结下一生茶缘。譬如，《九日与陆处士羽饮茶》曰：“九日山僧院，东篱菊也黄。俗人多泛酒，谁解助茶香。”[④] 这短短的 20 个字把他们当时的心态刻画得淋漓尽致，把饮酒与品茶孰更为高雅一筹一语击破：俗人多泛酒，雅士好品茶。与陆羽雅士对饮手中香茶，庆重阳佳节，岂是一般泛酒众俗所能体味出的茶香高洁？宋代苏轼被称为正宗茶人，因为他不仅品茶、写茶，他还亲自植茶、煎茶，对茶追新逐奇，悉心品味茶的深层奥秘和独到妙处。他的一句“戏作小诗君勿笑，从来佳茗似佳人”[⑤] 一鸣惊人，成了后人评品佳茗的习惯用语，也是苏轼品茶美学的最高体现。我国既是茶国又是诗国，当茶叶飘香于杯中，品饮于唇间，回味至心田，所引发的悠远清静之心态，就很自然地轻轻拨动了中国人的那根诗弦，一发而不可收。据统计从西晋开始算起，有名气、有影响且有名有姓的茶诗作者不下千人，茶诗的篇数更是难以枚举。

---

① 转引自柯秋先编著：《茶书》，253 页，中国建材工业出版社，2003。
② 转引自龚建华著：《中国茶典》，95 页，北京，中央民族大学出版社，2004。
③ 转引自柯秋先编著：《茶书》，36 页，中国建材工业出版社，2003。
④ 转引自龚建华著：《中国茶典》，101 页，北京，中央民族大学出版社，2004。
⑤ 转引自龚建华著：《中国茶典》，130 页，北京，中央民族大学出版社，2004。

以茶词曲赋为标志的茶文化堪称中国的国粹。在中国人眼里，“诗”为文学正宗，其下又有“词”之清丽可人，“曲”之婉转流畅，“赋”之洋洋洒洒，“画”之琳琅满目。它们当中所蕴藏的茶事，有的反映出对人生的理性态度，同时也流露出个人无力把握自己命运的惆怅；有的则借以抒发情怀；有的也确属纯粹的茶恋心情。我国素以“诗国”著称，唐诗、宋词被称为“一代之胜”，双峰对峙，蔚为大观。茶词最兴盛的时期要数宋朝，宋代文人们幽雅的生活方式，使得茶也成为他们的最爱。宋代茶词最显赫之人仍是苏轼，他的宋词恰如杜甫的唐诗，起了开天辟地的作用，他最著名的茶词当推《西江月·茶》和《临江仙·茶》。一句“且将新火试新茶，诗酒趁年华”的词①，至今脍炙人口。但是人们总觉得量太少（查《全宋词》苏轼专门咏茶的词仅 4 首），似乎不太解渴。而使茶词“一夜之间花千树”的，当推苏轼的门生江西修水人黄庭坚。正如马舒先生在《黄庭坚对宋代茶文化的开拓和贡献》一文中所说：“黄庭坚在这些茶词中，淋漓尽致地倾诉了爱茶的脉脉情怀，品茶的浓浓雅兴，茶事历历可数，茶谊依依动人。”② 黄庭坚以他数量众多的茶词披荆斩棘，开辟了一条中国“茶词”发展的康庄大道。汉以“赋”称，唐以“诗”显，宋冠词名，明清则以小说胜，轮到元代则成了“曲”的天下。散曲实际上和宋词一样，都是起源于敦煌曲子词的民间长短句歌词。在元代散曲作家中，首屈一指的是“普天下郎君领袖，盖世界浪子班头”③ 的关汉卿，他的《汉调·碧玉箫》和《中吕·普天乐·虚意谢诚》就是较典型的咏茶作品。还有一个以“曲状元”之称的梨园名士，淡泊名利，以清风明月作伴，自称“东篱本是风月主，晚节园林趣”④ 的东篱子，其人就是马致远，他的茶曲带有更多传统的文化气息。然而元代文人地位低下，正所谓“九儒十丐”，这实在是文坛的一大悲剧。粗略算来，以《茶赋》同名咏茶的名家，主要有西晋的杜育、中唐的

① 邵一洲：《品茶·识·辨茶》，载《光明日报》，2004 年 3 月 8 日第 C1 版。
② 龚建华：《中国茶典》，170～171 页，北京，中央民族大学出版社，2004。
③ 孙峰：《关汉卿盖世界浪子班头》，载《山西晚报》，2009 年 11 月 6 日。
④ （元）马致远：《清江引·野兴》。

顾况和北宋的吴淑，北宋黄庭坚的《煎茶赋》也是极有茶文化研究价值的佳作。

以茶画为标志的茶文化堪称中国的瑰宝。在琳琅满目的中国画艺术世界中，对于以画寄茶的“茶画”似乎摆不上谱，因为在国画中没有“茶画”一说。这里所论及的“茶画”，不是根据绘画作品的内容中是否有描绘饮茶、烹茶情景、诗意或者有关茶的内容而定，也不是仅仅站在绘画作品美术史的角度，而是站在茶文化史的角度，将散落在历史上各个时期的人物、山水、风俗、静物画中，有关描绘茶事、煮茶、品茶、茶具等内容的作品统称为“茶画”的。在唐代茶事活动由原来的宫廷移到了市井，由少数人、少数地方的独享变成了中华儿女的宠物。因而《茶经》作于唐，茶诗盛于唐，茶画兴于唐朝。其代表作是初唐阎立本的《萧翼赚兰亭》和周昉的《调琴啜茗图》以及张萱的《煎茶图》和《烹茶仕女图》。唐之后的五代时期，有陆晃绘制的《烹茶图》、周文矩描绘的《烹茶图》和《火龙烹茶图》以及齐翰描绘的《陆羽煎茶图》（但五代时期的茶图现已失传）。宋代的绘画是我国绘画史上的鼎盛时期，它标志着中国古时候绘画艺术所达到的高峰，其《清明上河图》就是代表作。而就茶文化的“茶图”、“茶画”而言，宋代宋徽宗赵佶的《文会图》和南宋画家刘松年的《茗园赌市》，是公认描绘“茶宴”和“斗茶”的佳作。除此之外，宋代茶画还有许多精品，如史显祖的《斗茶图》、蔡肇的《煎茶图》等。元代茶画的代表作为赵孟頫的《斗茶图》（现藏于台北故宫博物院）。明代茶画的代表作为文征明的《惠山茶会图》和《品茶图》（现藏于台北故宫博物院）以及“江南第一风流才子”、画坛奇才唐伯虎的《事茗图》。清代茶画的名家之作当推张宝岩的《山岩试茗图》和蔡泽的《松阴品茶图》（现藏于南京博物馆）等。①

① 参见宋才发：《中国茶文化遗产景观及法律保护》，载《商业经济与管理》，2005（1）。

三

必须加强对优质名茶产地的建设和保护。云南的思茅地区被誉为“古老的茶叶博物馆”，境内有迄今为止人类发现的最古老的野生大茶树——镇沅千家寨大茶树，树龄达2700多年；有最古老的半栽培型大茶树——澜沧邦崴千年古茶树；有最古老的栽培型古茶园——澜沧景迈万亩古茶园。现今世界上已经发现的茶组植物共有4个系、37个种、3个变种，而在思茅及其周边地区就分布有4个系、31个种、2个变种，茶资源之丰富是任何一个国家和地区都无法比拟的。科学家经过对邦崴古茶树的研究，认定它是较印度阿萨姆种更原始、起源更早的茶树。这一发现解决了1个多世纪的茶树原产地之争的问题。早在唐864年《蛮书》中就有“茶出银生城界诸山”的记载，显示了思茅地区的人民在唐代以前就采摘利用茶叶，并在唐代形成了大宗产品。到了清代普洱茶就成了思茅地区茶叶的代称，普洱茶逐渐闻名中外，远销到西欧各国。2004年思茅撤地建市，决心把思茅打造成“中国茶城”、“世界茶乡”、“普洱茶都”。这是我国继“铁观音”的产地——福建安溪县被命名为“中国茶都”之后，全国第二个定位于以茶叶、茶文化发展为主题的城市。① 凤庆县是滇西南最重要的儒文化的传播地，曾经创造了滇西南的“茶马古道”。一座城市就是一个品牌，城市的品牌是宝贵的历史文化和经济资源的综合。有特色就有个性，个性鲜美就能够反映城市的品位。凤庆历史文化悠久，名胜古迹保留完整，尤其是闻名遐尔的茶文化，共同构筑了具有凤庆特色的文化画卷。

必须加大对优质名茶地理标志及商业秘密的保护。原产地域的地理标志，是特定产品来源的标记，它可以是国家名称及不会引起误认的行政区划名称和地域名称。地理标志在保护国际贸易秩序、维护消费者权益和产地声誉诸方面起了重要作用，很早就受到《保护工业产

---

① 参见张琨、王冰：《云南思茅主打“茶”牌》，载《西部时报》2004年5月5日，第15版。

权巴黎公约》、《制止商品产地虚假性标记马德里协定》、《保护原产地名称及其注册里斯本协定》等国际公约的保护。《巴黎公约》从反不正当竞争的角度，规定利害关系方对于带有虚假地理标志的产品，可以要求有关当局在进口时或者进口后采取扣押措施。《马德里协定》和《里斯本协定》在《巴黎公约》的基础上进一步明确了地理标志的含义。《保护原产地名称及其注册里斯本协定》第 2 条规定："在协议中，原产地名称是指一个国家、地区、或者地点的地理名称，它适用于指明某一产品来源于那里，其品质和特点完全或本质上是得益于该处的地理环境，包括自然因素和人文因素。"①正是从这个意义上《与贸易有关的知识产权协定》（TRIPS 协定），进一步强化了对地理标志的法律保护，如该协定第 22 条、第 23 条和第 24 条就分别从定义、权利的取得、侵权行为表现形式等方面，对地理标志的产权进行了界定。这是到目前为止对地理标志规定得最为完善的国际条约。在我国通过申请注册证明商标或集体商标，就可以对地理标志加以保护，如"杭州龙井"、"普洱红茶"、"信阳毛尖"等。我国名茶取得原产地域地理标志保护的权利有两个：一是该茶来源于地理标志中所表明的地域；另一个是使用地理标志的茶叶，其质量、声誉和特性与它在标志中表明的地域之间有密不可分的联系。由于原产地域地理标志不仅从属于人的创造力和劳动，而且还从属于地域、气候等自然条件，所以原产地有利于解决地理标志的产权归属问题，有利于产品质量管理。譬如，2001 年我国将龙井茶列入国家原产地域保护之列。《龙井茶原产地域保护管理办法》首次完整地界定了龙井茶的定义、原产地域范围，同时对假冒原产地龙井以及在生产的龙井茶产品中掺杂、掺假、以假充真、以次充好等行为明确规定了禁止条款。龙井茶核心产区杭州西湖区政府也专门定制了一批防伪标签，根据各家茶园面积和产量多少核发防伪标记，以杜绝西湖区茶农制假售假情况的发生。商业秘密是一种生产工艺、科学配方或者经营上的信息，它由其特定的持有人以信

---

① 宋才发：《WTO 规则与中国原产地证明商标保护》，载《中南民族大学学报》，2004 年第 2 期第 73 页。

息管理的方式保持其机密性。仍以龙井茶为例，如果侵犯龙井茶的商业秘密，毁掉的将不只是龙井茶的品牌和信誉，更是“天下第一名茶”的历史和传统文化。所以，对龙井茶几千年流传下来的炒制方法和加工工艺，必须按商业秘密保护的规定予以保护，并要以防为主、为先。

中华医药知识产权保护

一

中药是我国的“国药”。它源于太古时代，先于文字诞生。具有5000年发展历史的中医药学，是我们的祖先用生命的代价换来的宝贵文化遗产，是经过无数人反复实践和试验的结晶。在2003年春天这场人世遭逢的“非典”（SARS病毒）疫情中，付出了生命代价和巨大经济损失的中国人，看到了中医药为国人的生命与健康又一次担当重任，再一次深刻地认识到中医药学的宝贵价值。“非典”被人们认为是一种全新的疾病。从中医的角度讲，“非典”是一个“传染病”，也就是我国古代所称的“疫病”。在世界历史上，疫病对人民健康与生命的威胁是极大的。但在我国的历史上，却基本上没有发生过因疫病而造成“空城”，或者大规模人口迁移及大幅度人口锐减的现象。这在相当大的程度上应当归功于中医药在传染病防治方面所作的贡献。中医强调内因，不进行对抗治疗，而是用药调整人体的自组织能力或称自康复能力，由机体自行抗击外来入侵的“敌人”。中医既可治病又可预防，这也正是几千年来中国历次瘟疫，从未发生过像西方那样一死上千万人的原因。中医中药是中华民族的一座恢宏的宝库，形成了一个源远流长的民族医药产业。然而，由于长期以来对中医药知识产权保护意识淡漠，一些发达国家开始由掠夺我们的金银财宝，变为掠夺中草药基因资源。中国加入WTO既可能为中医药走向世界提供机遇，也可能给中医药业的生存和发展带来威胁。只有切实依法保护中医药的知识产权，才能促使中医药为人类做出更大的贡献。

以天然药物为主的中药是中国贡献于人类的巨大财富。中药是我国几千年传统文化的结晶，我国拥有世界上最丰富的中药资源，也是世界上最大的药材生产国，并以对天然药物应用的悠久历史而闻名和享誉世界。尤其是自20世纪90年代以来，天然药物即传统中药需求量日益扩大，国际社会对中医药的认同度极大提高，许多过去对中成药持谨慎甚至排斥态度的国家，都一改过去的陈规陋习，对中成药抱欢迎的态度。世界上已有130多个国家和地区在使用中医药，有80%的发展中国家依靠草药防治疾病。欧美国家也出现了“中药热”，英美和法国自1987年以来，植物药的购买力分别上升了70%和50%，美国有30%的人服用植物药，且美国市场植物药需求量每年以高于20%的速度增长。日本的“汉方制剂”自90年代开始，每年以15%以上的速度增长。整个国际植物药市场份额每年达270亿美元，其中欧洲的草药产品销售额位居全球之首，约为60亿美元。据不完全统计，全世界已有64个国家相继成立了2000多家中医研究机构，美国的一些医学院已开设了传统医学的专业课。美国政府已起草植物药管理办法，开始接受天然药物的复方混合制剂作为治疗药。欧盟对草药进行了统一立法，澳大利亚一些州分别颁布中医法，放松对中医诊所的限制。总之，中国的中医药科学正在以前所未有的规模在为人类的健康作出贡献。①

国内中医药知识产权保护刻不容缓。据有关文献资料统计，我国现有的中药资源种类达12807种。其中，药用植物11146种，药用动物1581种，药用矿物80种。仅对320种常用植物类药材的统计看，总蕴藏量就达850万吨左右。我国可谓是天然药物的巨大宝库，又有着5000多年中医药临床经验的知识积累，最大份额地拥有中医药知识产权。中药是我国的国粹之一，在我国医药产业中占有十分重要的地位。然而由于我们习惯于出口中药原料和初制品，因而在全世界每年

① 宋才发：《WTO规则与中医药知识产权保护》，转引自《大通道》2002年第10、11期，第37～39页。

达270亿美元的植物药市场份额中，中国仅占3%。据世界卫生组织统计，目前国家市场上中药销售额每年在160亿美元左右。其中日本、韩国所占份额达80%～90%，而它们所用中药原料有70%～80%是从中国进口的；中药专利被国外抢先申请注册也多达千项。而国产中药每年出口份额仅占国际市场销售额的3%。即使如此，这其中的65%还是作为原材料或简单粗加工品出口的。在全球中成药销量中，中国仅占5%，日本却占80%以上。据海关统计，一段时间以来我国出口中成药呈逐年下降趋势，有的年份甚至呈10个百分点减少。与此形成对照的是，我国竟然开始从国外进口中草药，每年的进口额已达10亿美元。仅2000年海关“洋中药”进口额，已超出同期我国中成药的出口额，中国成了中药的“进口国”①。我国中药的整体工业水平低且重复生产，已成为中医药知识产权保护的“瓶颈”。在纳入中医药局统计的1059家中药生产企业中，中小型企业达1018家，占96.1%，达到GMP（药品生产质量管理规范）标准的不足10%，制剂设备仅相当于20世纪70年代的国际水平。就中成药企业相互无偿仿制的情况看，仅“牛黄解毒片”全国就有150余家企业生产，“牛黄安宫丸”有100余家生产，“复方丹参片”有140余家生产，“人参蜂王浆”有80余家生产。化学药品中有97.4%是仿制的。国外无偿利用中国中药获取巨额利润的情况就更是俯首皆是。譬如，日本在中国“六神丸”基础上研制的“救心丸”，年销售额就在上亿美元。外国公司抢占了国际中成药市场70%以上的份额，现在已开始纷纷调头向中国出口“洋中药”。这里的所谓“洋中药”，即是国外从中国进口初始中药材，按照西药的标准，提高中药（复方或单味药）的科技含量，探明中药有效成分之后，严格进行质量监控，给中药量化标化，阐明中药药理，临床疗效肯定，提高中药制剂质量，做到服用方便。如日本的救心丸、韩国的牛黄清心丸、德国的银杏叶制剂均是典型的中药西作。仅这类“洋中药”2001年流入中国市场的就高达26亿美元。

天然药物资源正在枯竭。中成药和天然药物产业的发展，仰赖于

---

① 有关数据资料来源于《人民法院报》，2002年7月17日第B4版。

天然药物资源。中国地域辽阔，地理和气候条件复杂，天然药物资源丰富。据中药资源普查，全国有中药资源 12 772 种。但是“药物资源”仅仅只是物种资源的种类，并不具备普遍开采的能力。有许多中药材资源量极小且产地分散，通常几个县、几个地区自然界生长几十年的野生药物资源，却经不起一家小型现代制药工业企业的开发利用。科学家研究表明，一种植物灭绝破坏了生物链，会带来 30 种以上生物灭绝。我国西北近年对甘草的过度采挖，已不仅只是甘草资源枯竭，而且加速了土壤沙漠化、荒芜化。过度采挖和放牧，森林的大面积砍伐，以及城市化的快速发展，也使本来就有限的中药资源总量下降；全国经常使用的药材每年有 20% 的短缺，近 2000 种中药材资源处于濒危状态，有一些稀有品种几近绝迹。仍以甘草为例，药用野生甘草在 20 世纪 50 年代，我国蕴藏达 200 多万吨，而现在总共估计不足 35 万吨。笔者到内蒙古的乌兰图格草原、锡林郭勒草原、克什克腾旗草原等地考察，只有在围栏禁牧的草场，才能看到略微成片的甘草地。云南的金铁锁、姜状三七等 20 余种药材，也已处于濒临灭绝的边缘；安徽的霍山确斗也已濒临枯竭。① 错误地开发方式也会给人们带来不堪回首的后果。譬如，云南省有药用植物 6559 种，是名副其实的“中药宝库”、“药材之乡”。但由于长期轻培育、重开采，许多天然资源已到濒危状态。“紫杉醇”是当代世界上热门的新抗癌药物，对其他药物难治的卵巢癌及转移性乳腺癌临床上疗效显著。紫杉醇是从红豆杉中提取的，生产 1 公斤紫杉醇过去要消耗 13. 6 吨红豆杉树皮；随着工艺改进，生产 1 公斤紫杉醇仍要消耗 6. 81 吨红豆杉树皮。估计我国有红豆杉植物 500 多万株，云南有 350 多万株。云南一家企业建设了一条年产 50 公斤紫杉醇生产线，生产的紫杉醇获得美 FDA 认证。但是生产不久就使红豆杉资源受到严重破坏，不得不停产，从头开始红豆杉种植。

中医药标准规范达不到国际标准要求。国内外医药临床实践表明，中医药对许多功能性疾病、自身免疫性疾病等多种疑难病症具有相当

---

① 有关数据资料来源于《人民法院报》2002 年 7 月 17 日第 B4 版。

的临床功效，尤其在保健、养生、美容等领域蕴藏着巨大潜能。我国应当探索出中药自己独特的标准（认定临床疗效、辩证论治），因为我国是中成药、天然动植物药的故乡，否则中药将不成其为中药，不能用西药标准来框定或衡量中药。然而中医药的出路又在于现代化，不能被“本本”所限定。一部中药的历史，就是一部中药不断发展的历史，中医药必须走标准化、规范化发展之路。药物依照其来源不同，通常分为合成药、动植物药和生物工程药三大类。由于研制开发成功一个合成药，一般需要10～15年，花费约2～3亿美元，而且避免不了药物的副反应；而中药资源丰富，药方现成，利用中药来研发新药相对于西药来说，是投资少见效快的捷径。因而国际上出现一股转向从中国的传统药物，如在中草药中寻找新药的潮流，中国不得不重视这方面的研究，不得不加强对传统药典的知识产权保护。这方面的实例是很多的。日本在1976年实施药品全面专利保护以前，35年间仅有10种新药出现；实施专利保护之后的11年间，就有81种研发成果。美国2000年被FDA批准上市的生物药品达到27种，并在多个国家申请了专利，都极大地促进了新药的研发。[①] 这对我国是个很好的借鉴。我国中成药之所以失去国内部分市场，占领不了更多的国际市场份额，一则是因假冒伪劣的药品扰乱了市场，损害了中医药在人们心目中的信誉，二则是由于我们中成药科技含量不够，离国际标准相差较远。严格地说，我国中成药缺乏被国际公认和接受的客观、严格的质量控制标准。譬如，我国中药临床研究不是在GCP（药品临床研究质量管理规范）条件下进行和完成的，安全性评价不是在GLP（药品非临床研究质量管理规范）条件下进行的，生产也不完全是在GMP（药品生产质量管理规范）条件下生产的，并且缺乏明确的有效成分含量和规范的检验方法。现有的中成药制剂中传统型仍占大头，多数主要是凭经验和直觉进行的。一些急症剂型和新剂型的开发应用比重小，中成药的质量标准不完善，产品的质量也不够稳定，主要成分含量差异较大，农药残留量和重金属超标现象长期得不到解决。我国中

① 有关数据资料来源于《中国知识产权报》2002年9月4日，第4版。

药的应用基础研究方法也相对滞后，导致中成药的科技含量过低、产品的有效性和安全性缺乏规范可靠的科学数据。从标准规范上看，我国中药距离国际标准和市场要求也相差较远，还没有建立起真正符合国际 GLP 标准的研究中心或实验室，也没有符合国际 GCP 标准的临床试验基地，对药品的质量控制、不良反应监测、GMP 要求还不十分严格。因此，我们要加大推进 GMP 生产标准的力度，提高中药的生产管理水平，增强中成药制品的市场竞争能力。

标准决定着中医药发展的命运。我国民间大量的中医药验方、密方，是取之不尽用之不竭的宝藏，如果能够在本土上开发并及时注册，在资源占有和知识产权保护上，就自然比外国企业具有更多的优势。若仅就优势而言，与欧美化学药品研制相比，我国中医药研究开发的成本相对较低，投资仅为西药的 1.5% 左右。我国现有 35 大类、43 种剂型、5000 多种中成药。其中，有较大部分经过长期临床观察，诸多方面优于西药。我国中医药现代化存在的主要问题，是国产中药与国际市场的质量标准不同，科研开发投入也不够，尤其是基础研究薄弱。中药的剂型不适应国际市场的需要，中成药出口缺乏竞争力。中药现代化就是指把现代科学技术融入中医药发展的一个过程。其目的也就是把当代最新科学技术、手段、方法、设备引进到中药研究、生产和应用之中，从而发展和完善中医药。缺乏科学的中药系列标准规范，是当前制约中药产业现代化最大的“瓶颈”。从标准规范上看，我国现有的一些中药标准规范是解放后参照西药标准制定的，不同程度地影响着中药产业的发展。我国中药距离国际标准和市场要求还有相当距离，还没有真正建立起符合国际 GLP 标准的研究中心或实验室，还没有符合国际 GCP 标准的临床试验基地。对药品的质量控制、不良反应监测、GMP 要求等还不十分严格。现代化是人类文明发展的必然进程，中医药几千年的发展史就是在不断继承前人成果，又及时吸取当代的科技和文化而不断丰富和发展起来的。因此，我国中医药走向世界、走向现代化既有优势又存在制约，这里的关键是科研、教学、临床都没有我们自己的标准。推进中医药现代化迫切需要不断创新，标准决定中医药发展的前途和命运。对于中医药不能全用西药的标准，传统中医药理论与西药学理论之间存在较大差异，西药标准不一定适合于中医。

二

光靠国家政策保护中医药是不够的。我国目前的《中药品种保护条例》主要是出于政策性考虑，这只是为中医药提供保护的一种手段。这种保护主要是着眼于中药品种，而不是中药的成分；主要是保护生产者，通过控制中医药生产来控制中医药的流通，对销售者的保护较弱；给予中医药权人的主要是制造的专有权，而销售权、使用权等权利则比较薄弱。中医药缺乏创新和知识产权保护，已成为中国药业发展的瓶颈。为了鼓励中医药领域的研究开发和技术创新，规范新药的研制和审批，加强对中医药的监督管理，我国已先后出台《中华人民共和国专利法》、《中华人民共和国商标法》、《中华人民共和国药品管理法》，以及与之相配套的《新药审批办法》、《新药保护和技术转让的规定》、《药品行政保护条例》、《中药品种保护条例》等。实践证明，这些法律法规的实施，对我国中医药的发展，起到了积极的促进作用。在当前和今后相当长的一段时间内，我国必须从知识产权的角度加大对中医药的保护力度：一是要加强中医药的专利保护。根据我国现行专利法的规定，有关中医药的处方、生产方法、医药器械等均可以得到专利法的保护。二是要加强中医药的商标保护。中医药商标保护对象是药品的经营或者销售中为了区别商品的可视性标志，其注册条件是没有他人在同一种商品或者类似商品上注册过相同或者近似的商标。它的突出意义就在于中医药的注册商标，可以作为中医药是否合法经营的依据。三是加强中医药的商业秘密保护。从中医药的技术特征看，商业秘密保护是中医药知识产权保护的重要方式。

要切实加强对中医药的知识产权保护。创新对一个企业来说是成功的关键，它不仅包括产品的创新能力，还包括产品的包装创新、企业的营销创新和管理创新等。专利产品是一个企业核心竞争力的核心组成部分，中国药业的生存和发展要靠形成自己自主的知识产权。目前我国6000多家医药生产企业，用于新产品开发的投入资金约为销售收入的1%，研发经费的短缺极大地妨碍了企业作为技术创新主体的创新能力的提高。中医药的知识产权，无异于中医药企业进入市场的通行证。但是我国大约90%以上的中药都没有申请专利。据不完全统计，近几年在我国中药专利申请中，约有90%为个人申请，药厂、大学、科研院所的申请约占10%。重视中医药知识产权保护，有助于保护我国创造新经济增长点的资本资源，有助于鼓励创新发明，弘扬中医药事业并实现其现代化。我国已初步建立了一套比较完整的知识产权保护体系，但由于中医药界知识产权自我保护不够，加之作为保护客体的中医药又无法单独或完全纳入某一种保护体系之内，保护的界定有时也比较模糊，因此也还存在着不少问题。要加强中药质量规范化管理，完善地道中药的基因谱的管理，尽快作出中国自成的标准体系，并且联合在中国专设国际中药标准机构，将主动权牢牢地掌控在中国。要尽快出台《中药保护法》，要像制定《环境保护法》一样制定《中药标准法》。尤其要打破地区、单位、学派之间的门户之见，对全国现有与中医药资源相关的知识产权进行一次普查，通过法律方式明确和保护标的物，确保其安全性和有效性。

要加强对药用植物的种植和护理。我国的许多天然药物资源已经或正在灭绝，如何做到合理开采、永续利用是一个很棘手的问题。当前切实可行的办法，除了将中草药资源保护纳入持续发展战略，还必须高度重视中药原产地、地理标志保护，强调全民对中草药资源保护意识，依法严禁乱采滥挖、毁林开荒、过度放牧外，尤其要在适合种植濒临灭绝的药用植物的地区，建立中药材投资开发基地，推行人工种植和护理，建立植物园等人工保护园区进行活体引种保存。我国常用药材也多是人工栽培，有的栽培历史已经上千年。正确的消费认识是培养健康市场的重要条件，引导人们科学认识人工栽培中药材、消费人工栽培中药材，也是天然药物产业化开发必须解决的问题。[①] 在药用植物的种植和护理中，最大难题是防止滥用农药，国家已制定了

① 有关数据资料来源于《光明日报》2002年6月10日，第B3版。

中药材生产质量管理规范（GAP），要求中药材种植实现无公害。在现代科学技术条件下，要使中国的中医药产品进入国际市场，赢得国内外消费者的信赖，就必须依法实施药用植物的种植、栽培和管理，实现天然药物开发利用与药用植物无公害种植相结合。要通过宣传教育的方式，消除人们不愿使用人工培育的药材，总认为人工种植的药材药用效果不如野生药材的错误观念。其实许多临床实验都证明，通过科学技术手段并规范种植的药材，其有效的药用成分甚至比野生资源含量还高。

要打造中国民族医药产业的新品牌。我国是一个多民族国家，我国不仅有中医中药、西医西药，还有藏药、蒙药、苗药等多种民族医药，民族医药以其独特的理论体系和丰富的实践积累，使其在世界医药突飞猛进的今天，仍具有特有的科学价值与发展前景，成为民族地区的新兴产业和经济增长点。据初步统计，目前我国共有民族药生产企业 120 余家，民族医药成药品种 600 多种。国家社会劳动保障部门于2000 年将 47 种民族药列入国家基本医疗保险目录。2000 年 9 月奇正藏药集团甘肃佛阁藏药有限公司，成为首家通过国家药品监督局 GMP 认证的民族医药生产企业。贵州省已将民族药作为新的经济增长点之一，现有苗药成方制剂 212 种，占贵州医药工业产品总数的 33. 4%，有民族医药企业 72 家，占贵州省制药企业总数的 32. 2%。目前贵州苗药工业按照国家药品监督管理局 GND 标准要求建设的项目有 13 个，总投资 2. 5 亿元，其中已有 4 个项目通过国家认证。为了支持和帮助民族医药生产企业，打造民族药品的新品牌，中国民族医药学会发起在零售终端药店中设立“中国民族药品专柜”活动，向广大消费者推荐使用民族药品。2002 年 6 月 29 日值北京燕莎友谊商城庆祝建店 10 周年之际，首家“中国民族药品专柜”在该店药品部正式揭幕。第一批进柜的民族药品有 20 余个品种，涵盖了藏、蒙古、维吾尔、傣、苗、彝等多个民族医药的代表性品种。要依法净化和规范国药市场。自 1985 年《中华人民共和国药品管理法》颁布实施以来，我国在药品研究与开发的规范化方面做了大量工作。卫生部根据药品管理法的规定制定了《新药审批方法》，成立了药品审评委员会及其办公室负责新药的审批工作。针对中医药的特点，1992 年制定了《〈新药审批方法〉有关中药部分的修订和补充规定》，对中医药的分类、药物安全性的非临床试验内容以及要求均作了明确和详细的规定，为我国中药规范系统的建立奠定了基础。在我国加入 WTO 之后，任何新药的生产都必须经过国家药监局的评审认证，并在国家药监局注册司进行注册，在获得"国药准字号"之后方能投入生产。任何药品在投放市场之前，光拥有专利的药品标志不行，必须同时拥有"国药准字号"才能销售。在中医药药品国际营销方面，不仅要严格执行我国医药法律法规，还必须熟悉 WTO 成员国家关于中草药产品的法律法规，找准目标、明确定位、有针对性地打入国际市场。在运用动、植物入药的规范方面，早在 1988 年国家科委就颁发了《实验动物管理条例》，卫生部颁发了《医学实验动物管理条例实施细则》和《实验动物标准》。1993 年国家科委推行的《药品临床安全性研究质量管理规定（试行）》，标志着我国 GLP 标准实施的管理正式启动。《药品生产质量管理规范》（GMP）在实行中，《药品临床研究管理规范》（GCP）正在拟制中，所有这些都表明我国中医药的生产、销售、使用，正逐步进入规范化和秩序化。继新修订的《中华人民共和国药品管理法》于 2001 年 12 月施行后，国务院又于 2002 年 8 月 14 日公布了《中华人民共和国药品管理法实施条例》。至此，一整套有关药品监督管理工作的法律、行政法规、规章制度体系在我国已初步形成，为广大群众用药安全、有效提供了强有力的法制保障。

中国农业植物新品种保护

一

中国是一个农业大国，5000 年的文明史实际上就是一部农业文明发展史，农业文化是中华民族文化的重要内容。从 2002 年起，联合国粮农组织在联合国发展规划署、全球环境基金等组织的支持下，开始酝酿实施全球重要农业文化遗产保护项目。到目前为止共确定了 5 个试点项目，包括中国青田的稻鱼共生系统，菲律宾伊富高的稻米梯田系统，秘鲁安第斯高原农业系统，智利的智鲁岛农业系统，阿尔及利亚、摩洛哥、突尼斯的绿洲农业系统。尽管这 5 种传统农业系统被确定为全球重要农业文化遗产，但是联合国粮农组织也只是把它们作为试点，希望通过这些试点的摸索找到一条保护农业遗产的有效途径。[①] 与世界自然遗产和文化遗产相比，农业文化遗产的最大不同就在于它保护的是一种生产方式、一种农民仍在使用并且赖以生存的农作方式。要实现我国由传统农业向现代农业的转变，就必须在研究传统农业经验的基础上，提高现代农业科技水平，推进农业科技体制改革，加快建立新型的农业科技创新体系，发展农业高技术产业。尤其要在接受 WTO 规则严格约束的前提下，加强对农业转基因技术的研究，加大对农业植物新品种保护的力度。

① 参见李大庆等：《农业文化遗产的保护要比自然遗产和文化遗产的保护难得多》，载《科技日报》，2006 年 8 月 11 日第 7 版。

农作物生物多样性是以自然生物多样性为基础的，以人类的生存和发展为动力而形成的人与自然相互作用的生物多样性系统。譬如，农用植物资源多样性，不仅包括在任何地区、任何时间所栽培的植物种及其所有品种的全部基因遗产，而且包括它们的半驯化种、野生种和亲缘种，同时还包括人们利用采、伐、摘、挖、放牧等手段而为人所利用的各种植物种。据估计，地球上大约有 1 ~ 8 万种可食用的植物，人类在各个时期真正利用的只有 3000 种食用的植物；而人工驯化成作物的仅有 1200 种，其中大面积栽培的仅 150 种。① 植物资源遗产越多，说明其植物多样性越丰富，改良栽培品种或选育新品种的潜力就越大。譬如，在我国野生水稻、野生大豆的原生境生长地已遭到严重破坏，面积越来越少。被中国农科院专家称为“集中了几乎一切理想农作物的优良品质”、“比大熊猫更珍贵”的野生稻种群，其方圆面积达 150 多亩，在广西玉林石塘山被发现。野生稻是栽培稻的始祖，属于国家二级保护植物，有较高的研究、开发、利用价值，它身上蕴含着高产优质、耐寒抗旱、抗病虫害等基因，这无疑是大自然留给人类的一笔宝贵财富。然而由于环境污染和乱砍滥伐以及盲目开垦，这片野生稻 70% 已遭到破坏。② 目前种植的玉米、甜菜、水稻等作物杂交种的遗传基础日趋狭窄，存在着遗传上的脆弱性和突发毁灭性隐患。实践证明，最大限度地保护农用植物及其品种多样性，开发新的农用植物和未被开发利用的栽培植物种类，使农业生产的良种多样并努力拓宽优良品种的遗传基础，是农业实现可持续发展的关键问题之一。我国农业作物品种及生物多样性保护利用和农业可持续发展研究，已经取得了重大进展和重大成果，尤其是农作物生物多样性与病虫害控制理论与实践的成绩卓著。但是，为了进一步开展生物多样性保护与持续利用的科学研究和技术推广工作，还需要构筑研究开发的技术平台，进行农作物生物多样性的理论和技术创新，验证和示范农作物生

---

① 参见王雨宁等：《农业生物多样性绽放绚丽》，载《科学时报》，2003 年 1 月 23 日第 4 版。

② 参见陈博：《全国罕见野生稻种群亟待保护》，载《光明日报》，2002 年 10 月 29 日第 A4 版。

物多样性实用技术。

国际物种贸易公约对濒危物种的规定。《濒危野生动植物物种国际贸易公约》1973 年在美国的华盛顿签订，故又称“华盛顿公约”，我国于 1981 年加入该公约。它列举的“濒危物种”，是指有或可能有灭绝危险的“任何的种、亚种或者其地理上隔离的种群”；“国际贸易”是指跨国之间的“出口、再出口、进口和从海上引进”。公约通过对濒危物种有关的国际贸易这一特定领域的调整，从而保护濒危物种“不致由于国际贸易而遭到过度开发利用”，以保护生物物种的多样性。“华盛顿公约”已成为国际物种贸易法的主要框架，被认为是现今关于濒危野生物种贸易的最全面的条约。随着 WTO 组织多哈会议将贸易与环境问题列入第九回合多边贸易谈判议程，该公约的作用和意义更加突出。华盛顿公约具有如下几个主要特点：（1）基本原理明了易懂。它通过列举技术控制三个附件中野生动植物国际贸易，按照濒危灭绝程度区别对待：公约（附件 1）包括所有受到和可能受到贸易影响而有灭绝危险的物种，一般禁止其国际贸易。对公约（附件 2）所列物种则限制输出，使之不致到达破坏生存和面临灭绝的程度；允许生存还未受到威胁，但有可能濒危的物种进行有控制的国际贸易；公约（附件 3）为各国制定控制附件一、二以外物种输出规范，为这些国家法规获得他国支持并能产生法律效力提供了一种机制。它通过许可证制度发挥作用，规定了详细的贸易管制措施，禁止违反其进行所列物种之国际贸易。(3) 公约在发展，附件物种的列入和删除标准在演进。(4) 影响比同类公约更为广泛和深远。成员国已从最初的 21 个增加到 152 个，包括物种贸易大国。（5）公约采取间接执行模式，依赖国内法而实施。公约第 8 条要求成员国采取相应措施执行其规定，禁止违反公约规定的标本贸易。成员国常在野生生物保护法或者濒危物种保护法中包含符合或者严于公约的国际贸易法律规范。譬如，中华人民共和国 1998 年《野生动植物保护法》第 24 条和 1994 年《对外贸易法》第 16 条、第 17 条、第 21 条都体现了公约的要求；我国 1997 年《刑法》也确立了珍贵动物、珍稀植物及其制品走私犯罪和非法收购、运输、出售珍贵濒危野生动植物及其制品犯罪等。又譬如，美国

1973 年《濒危物种法》（ESA）对濒危物种的管理智能分工、认定、保护条例制定、恢复计划和濒危物种委员会、国际条约实施法的执行等作出规定并经修改。①

农业植物新品种的开发仰赖于科技创新。21 世纪是知识经济的世纪，是科技竞争的时代。我国农业要想在加入 WTO 后迅速提高国际竞争能力，就必须建立农业创新体系，尤其是植物品种的改良和农业产品结构的创新；运用生物技术、基因工程技术等开发农业植物新品种，是提高我国农业产品竞争能力的关键。据农业部科技教育司的统计，目前我国主要栽培植物 600 多种，其中有一半是从国外引进的，特别是近 20 年从近百个国家引入了优良农作物品种 7 万多种，使用先进技术近千项，最为成功的是地膜覆盖技术和水稻早育稀植技术。用传统的育种方法开发一个新的农业作物品种要 7 ~ 8 年时间，而利用基因工程则可缩短一半时间。目前美国转基因作物已经形成相当大的产业规模，美国的玉米、大豆和棉花中有 1/2 是利用基因工程培育出来的种子，在今后 5 年美国的基因工程农业产品和食品的规模将从现在的每年 40 亿美元扩大到 200 亿美元，20 年后可达到 750 亿美元；到 21 世纪中期，美国的每一种食品中都可能含有基因工程的成分。② 推行转基因技术的一个重要理由是，在 21 世纪要解决世界上的食品和饥饿问题，唯一的办法就是采用新的生物技术。转基因农作物的种植面积在成倍扩大。1996 年仅有 230 万公顷，2000 年达到 4420 万公顷，其中 74% 的面积种植了抗除草剂的大豆、玉米、棉花、土豆、水稻、高粱、甘蔗、烟草和西红柿。种植面积最大的国家是美国，3030 万公顷；其次是阿根廷，1030 万公顷；加拿大有 300 万公顷。要提高我国农产品的产量和质量，缩小在 21 世纪农业竞争中与发达国家之间的差距，就必须加大对农业科技投入，研究开发出一批适应性强的农业植物新品种。在过去相当长的时期内，我国在农业植物品种方面依赖进口多，

---

① 参见贺志军：《国际物种贸易公约与 1998 年海龟案》，载《人民法院报》，2002 年 3 月 20 日第 3 版。

② 参见陈春洁等：《中国入世问题报告》，351 页、366 页，北京，中国社会科学出版社，2002。

自主创新少。以大豆生产为例，据海关统计资料显示，2001年我国从美国、巴西等国进口大豆1500万吨，基本与国产大豆产量持平。而在1995年以前，我国一直是大豆净出口国。发生这一变化的原因，一是进口关税按3%执行，二是国产大豆质量（主要是含油量）方面处于劣势。[①] 因此，在我国振兴大豆产业要靠改良品种。从知识产权保护的角度看，根本的途径是要通过技术创新形成自主知识产权（即育种技术专利权和植物新品种权），形成大豆市场的知识产权壁垒；同时注重实施“种子知识产权”战略。植物新品种不是天然形成的，而是人工培育的，它涉及到花卉、林木、农作物。中国是一个农业资源丰富的农业大国，制定相应的法律来保护中国的植物品种权意义重大。国外已经非常重视在中国的知识产权保护，拿你的资源来申请专利，掠夺发展中国家的丰富资源，取得专利权后，再反过来获取更多的利润。这是一个非常值得注意的问题，即国家经济主权的维护和政治主权的维护，具有同等重要的地位和意义。建立和健全植物新品种管理和保护制度，鼓励农业专利发明，必将极大地加速我国农业科技进步和科技体制创新的进程。

农业植物新品种的推广应用必须接受WTO规则的约束。加入WTO后，中国农业（就“植物新品种”而言）面临的约束，主要体现在WTO农业协定、实施卫生与植物卫生措施协定等规则之中。我国在转基因技术的研究方面已取得了显著成果，抗虫转基因棉花已进入产业化，抗病小麦、抗虫玉米等一批转基因作物品种正等候投放市场。农业转基因技术不但可以大幅度提高农作物生产率，而且还能培育出抗干旱、耐盐碱、抗病虫和性能优良的农作物新品种。分子育种、作物遗传资源研究、转基因植物品种研究，可以保障农业可持续发展，是解决世界温饱问题的重要途径。然而欧美诸多国家对转基因食品存有疑虑和恐慌，纷纷要求对转基因食品的销售采取限制措施。这种恐慌的背景有两点：一是疯牛病以及二恶英等有害物质引起的此起彼伏

---

① 参见安守海：《农业专利保护初探》，载《中国知识产权报》，2002年5月8日第3版。

的食品污染事件；二是欧洲以转基因食品不安全为由，极力实施贸易保护主义作袭。从而导致一些个人和组织对转基因研究采取过激行为，其中有些抗议者结伙闯入转基因作物实验田，把用于研究的转基因作物连根拔起，阻止和干扰转基因作物新品种的研究过程。为了既鼓励植物新品种的研究开发和推广应用，又保护人类的生命健康与安全，WTO 的 TRIPS 协定（与贸易有关的知识产权协定）第 27 条规定："各成员可拒绝对下列内容授予专利：（a）人类或动物的诊断、治疗和外科手术方法；（b）除微生物外的植物和动物，以及除非生物和微生物外的生产植物和动物的主要生物方法。但是，各成员应规定通过专利或一种有效的特殊制度或通过这两者的组合来保护植物品种。"① WTO《实施卫生与植物卫生措施协定》规定："重申不应阻止各成员为保护人类、动物或植物的生命或健康而采用或实施必需的措施，但是这些措施的实施方式不得构成在情形相同的成员之间进行任意或不合理歧视的手段，或构成对国际贸易的变相限制"；"期望进一步推动各成员使用协调的、以有关国际组织制定的国际标准、指南和建议为基础的卫生与植物卫生措施，这些国际组织包括食品法典委员会、国际兽疫组织以及在《国际植物保护公约》范围内运作的有关国际和区域组织，但不要求各成员改变其对人类、动物或植物的生命或健康的适当保护水平"。该协定第 10 条在"特殊和差别待遇"中还规定："在制定和实施卫生与植物措施时，各成员应考虑发展中国家成员、特别是最不发达国家成员的特殊需要。"②

二

中国农业植物新品种数量和质量正在攀升。袁隆平院士是世界著名的杂交水稻专家，是我国杂交水稻研究领域的开创者和带头人，他

---

① 《乌拉圭回合多边贸易谈判结果：法律文本中国加入世界贸易组织法律文件》，255 页，北京，人民出版社，2002。

② 《乌拉圭回合多边贸易谈判结果：法律文本中国加入世界贸易组织法律文件》，47 页、51 页，北京，人民出版社，2002。

的主要成就表现在杂交水稻的研究、应用与推广方面。早在20世纪70年代中期，以他为首的科技攻关组就完成了三系配套并培育成功杂交水稻，实现了杂交水稻的历史性突破。现我国杂交水稻的各个优良品种，已占全国水稻种植面积的50%，平均增产20%。水稻是最重要的粮食作物之一，是世界上1/3以上人口的主要热量来源。在水稻基因组序列中，蕴藏着水稻的高产优质、抗病虫害、耐旱耐涝、抗倒伏等所有性状的遗传信息。解析水稻基因组序列，是改进水稻品质、提高水稻产量的必不可少的前提与基础。权威杂志《科学》2002年4月5日以14页篇幅发表科学专论：《水稻（籼稻）基因组的工作框架序列图》，论文由北京、杭州华大基因研究中心暨中科院基因组信息学中心、中科院遗传所、中国杂交水稻研发中心等12个单位合作完成。据悉，这期《科学》杂志社论称水稻基因组框架图的论文，为这一领域里“具有最重要意义的里程碑性工作”，对“新世纪人类健康与生存具有全球性的影响”，认为水稻（籼稻）基因工作框架图是继人类基因组之后完成的最大的基因组，因为它已基本覆盖了水稻的整个基因组92%以上的水稻基因。① 在旱地农作物品种研究方面，我国杂交小麦和“金谷子”研究都取得重大突破。西北农林科技大学从20世纪70年代就开始研究小麦杂种，在小麦新三系创制、偏、黏、易型等不育系改良方面取得了重要进展和突破。1996年他们从美国引进新型GENESIS化学杂交剂，并在国内首先对其杀雄效果进行了系统和深入地研究，得出了最佳喷药期和最佳喷施剂量，以及在不同年间杀雄效果的稳定性和对不同基因型的广谱性，使杀雄率达到了95%～100%，异交结实率超过了85%。他们在国内率先将GNESIS应用于杂种小麦大田制种，并研究出优化的配套制种技术，大幅度地提高了杂种小麦的制种产量和制种效益，使制种产量平均达到每亩250%～350公斤。② 北京金谷子农业科技有限公司采用基因诱导，对突变系进行9年的系

① 参见薛冬：《我科学家完成世界第一张水稻基因图谱》，载《光明日报》，2002年4月5日第1版。

② 参见王世焕、支勇平：《我国杂交小麦研究再获重大成果》，载《中国知识产权报》，2002年3月8日第4版。

统选育、培育而成的“金谷子”系列新品种，一改过去谷子低产的历史，在全国100多个示范种植点创造了小区亩产最高突破1000多公斤的惊人奇迹，被人们誉为“金谷子”。它不仅高产耐旱、抗寒能力强，而且还可粮草兼用，非常适合在内蒙古这样干旱或半干旱地区耕种。据2000年中国农业年鉴的数据，1999年我国谷子的产量仅为每亩110公斤（仍高于世界平均亩产48.47公斤的水平），而“金谷子”系列新品种突破亩产1000公斤的纪录，“金谷子”成为世界领先的谷种。[①] 与此同时，农业部还先后制定了第三批和第四批植物新品种保护名录，共11个属、种植物，使农业的保护植物属、种总数达到30个，在更大的范围内满足了育种者维护自身合法权益的要求。[②]

农业植物品种权的法律保护措施。为了保护植物新品种权，鼓励培育和使用植物新品种，促进我国农业和林业发展，我国于1997年3月20日颁布了《中华人民共和国植物新品种保护条例》，明确界定“植物新品种，是指经过人工培育的或者对发现的野生植物加以开发，具备新颖性、特异性、一致性和稳定性并有适当命名的植物品种。”“生产、销售和推广被授予品种权的植物新品种，应当按照国家有关种子的法律、法规的规定审定。”[③] WTO的TRIPS协定把植物新品种的保护纳入世界贸易体系。该协定第27条规定，成员国应当以专利制度或有效的专门制度，或者以任何组合制度，给植物新品种予以保护，“无论是产品还是方法，只要它们具有新颖性、包含发明性步骤”[④]。“品种权”是对符合规定的植物新品种，由国家农业或林业主管机关予以审查批准，授予完成育种的单位和个人对其授权品种享有的专有权。《条例》第6条规定，该品种权属“享有排他的独占权”。“任何

① 参见石曾文：《世界领先的谷种》，载《光明日报》，2002年3月13日第A4版。

② 参见王岚涛：《我国农业植物新品种申请量看涨》，载《中国知识产权报》，2002年3月15日第3版。

③ 《中华人民共和国植物新品种保护条例》，载《国务院公报》，1997年第12期第550页。

④ 《乌拉圭回合多边贸易谈判结果：法律文本中国加入世界贸易组织法律文件》，255页，北京，人民出版社，2002。

单位或者个人未经品种权所有人许可，不得为商业目的生产或者销售该授权品种的繁殖材料，不得为商业目的将该授权品种的繁殖材料重复使用于生产另一品种的繁殖材料”①，只有法律另有规定的情况除外。一个植物新品种只能授予一个品种权，两个以上的申请人分别就一个植物新品种申请品种权的，品种权授予先申请的人；同时申请的，品种权授予最先完成该植物新品种育种的人。植物新品种的申请权和品种权可以依法转让。某一植物新品种获得品种权，受到保护的是其繁殖材料的苗树、块根、块茎或者籽种本身；未经品种权人许可而以商业为目的生产或者销售授权品种的繁殖材料等，即构成品种侵权行为。我国是发展中国家，农业科学技术落后，因而对农业品种权的保护，实施对育种方法的专利保护和《植物新品种保护条例》的双重保护。譬如，以浙江省农业科学院原子能所的陈锦清研究员为首的研究小组经过多年研究，首创了一种油菜含油量调控技术。这种技术采用反义 PEP 技术途径，有效地调控了光合产物的分配，提高了种子的含油量。此外，通过这种具有自主知识产权的技术，研究小组还获得了“超油 1 号”和“超油 2 号”两个油菜新品系。这两个品系的含油量均比受体品种提高 25% 以上，提高幅度是国内外同类研究中最高的。其中“超油 2 号”的含油量高达 52.82%，是目前世界上含油量最高的甘蓝型油菜。该项具有原创性的新技术大幅度地提高了油菜的含油量，可广泛应用于油菜育种。两个高油品种分别作为优质食用和特种工业用高油品种大规模推广，可以产生巨大的经济效益。该研究的核心技术已申请中国发明专利，并已在美国、加拿大、德国、澳大利亚等国申请了专利。②

中国实施生物多样性保护工程。保护野生动植物的栖息地和生境，提高自然保护区的建设和管理水平，是中国生物多样性保护迫切需要解决的重要问题之一。目前全国有濒危或者接近濒危的高等植物 4000

---

① 《中华人民共和国植物新品种保护条例》，载《国务院公报》，1997 年第 12 期第 550 ~551 页。

② 张乐：《我国培育出含油量最高的油菜》，载《中国知识产权报》2002 年 1 月 23 日，第 4 版。

~5000种，占总数的15% ~20%。野生植物如苏铁、珙桐、金花茶等已濒临灭绝。20世纪在我国已灭绝的野生动物有普氏野马、高鼻羚羊等。接近和濒临灭绝的有蒙古野驴、野骆驼和普氏原羚等。在《濒危野生动植物物种国际贸易公约》中列出的640种世界濒危物种中，我国就有156种。西部地区现在是我国生物多样性最丰富的区域，是全球关注的生物多样性焦点地区之一。据统计，我国西部自然保护区面积约占全国自然保护区面积的85%，所保护的生态系统和物种系统约占全国的70%。① 因此，如何在西部大开发和西气东输、南水北调、青藏铁路等国家及地方重大项目建设过程中，保护生物多样性是我国面临的重要而迫切的问题。我国是世界八大作物起源中心之一，遗传资源十分丰富。遗传资源保护和管理必须引起足够重视。我国组织过大规模考察和农作物品种征集，建立了一些作物种质库和作物种质圃，使一些农作物遗传资源得到保护。但由于缺乏有效的专门法律和政策保护措施，致使遗传资源在生产建设和资源开发过程中遭到破坏。如山东黄河入海口和黑龙江三江源的野生大豆，云南、广东、海南的野生稻，由于石油开发、农田开垦和人畜侵害，其面积不断缩小，有些地方已经绝迹。中国加入WTO组织后，政府进一步重视实施生物多样性保护工程。譬如，森林物种质资源库建设已经启动，西藏生物资源得到有效保护。据悉，我国森林物种质资源库建设启动后，将在今后5~10年间实现我国森林种质资源的基本保存，使得3000种乔灌木竹藤花草的30~40万份种质得到保存，1000份种质得到开发利用。近5年内我国将在内蒙古、江西等地建成种质资源中心，建立原地保存林880公顷，保存种质2.1万份，保存和维护标本21.1万份，② 基本实现中国森林植物物种资源的系统保护。西藏是我国最大的林区之一，也是山地生物多样性最丰富、最具特色的一个区域，有着"生态源"之称。到2002年底，西藏人工成片造林保存面积达100万亩，治理沙

① 铁铮：《我国生物多样性保护任务依然艰巨》，载《科学时报》2003年5月26日，第3版。

② 郑北鹰：《森林植物种质资源库建设启动》，载《光明日报》2002年8月8日，第A4版。

化土地30多万亩，森林面积和蓄积量分别列各省区第五位和第一位。截止2003年，西藏已建立自治区级以上自然保护区18个，其中5个为国家级自然保护区，保护总面积达到40.27万平方公里，占全区总面积的1/3，自然保护区的建立使一些濒危和稀有物种得到拯救。①

农业植物新品种必须严格按《种子法》等法律规范予以认定和推广。为了保护和合理利用种质资源，规范品种选育和种子生产、经营、使用行为，维护品种选育者和种子生产者、经营者、使用者的合法权益，提高种子质量水平，推动种子产业化，促进种植业和林业发展，我国于2000年7月8日颁布了《中华人民共和国种子法》，2004年8月28日经第十届全国人民代表大会常务委员会第十一次会议进行了修订。《种子法》所规定的“种子”，是指农作物和林木的种植材料或者繁殖材料，包括籽粒、果实和根、茎、苗、芽、叶等。《种子法》第12条和第14条对植物新品种（尤其是转基因物种）进行了规定：“国家实行植物新品种保护制度，对经过人工培育的或者发现的野生植物加以开发的植物品种，具备新颖性、特异性、一致性和稳定性的，授予植物新品种权，保护植物新品种权所有人的合法权益。具体办法按照国家有关规定执行。选育的品种得到推广应用的，育种者依法获得相应的经济利益。”“转基因植物品种的选育、试验、审定和推广应当进行安全性评价，并采取严格的安全控制措施。具体办法由国务院规定。”② 凡通过国家级审定的主要农作物品种由国务院农业主管部门公告，可以在全国适宜的生态区域推广；应当审定的农作物品种未经审定通过的，不得发布广告，不得经营、推广。主要农作物和主要林木的商品种子生产、经营，严格实行“生产许可制度”和“经营许可制度”，国家禁止伪造、变造、买卖、租借种子生产许可证，禁止任何单位和个人无证或者未按许可证的规定生产种子。商品种子生产应当执行生产技术规程和种子检验、检疫规程。《中华人民共和国植物新

① 参见玛多吉：《西藏生物资源得到有效保护》，载《中国民族报》，2003年6月24日第5版。

② 《中华人民共和国种子法》，载《国务院公报》，2005年第2期第17页。

品种保护实施细则》（农业部分）规定，农业植物新品种包括粮食、棉花、油料、麻类、糖类、蔬菜（含西甜瓜）、烟草、桑树、茶树、果树（干果除外）、观赏植物（木材除外）、草类、绿肥、草本药材等植物以及橡胶等热带作物的新品种。食用菌的新品种保护同样适用本细则的规定。农业部为农业植物新品种权的审批机关，依照《条例》规定授予农业植物新品种权。“对危害公共利益、生态环境的植物新品种不授予品种权。”① 为了使农业植物新品种的研制、生产、运输、使用过程符合生态环境要求，我国《农业转基因生物安全管理条例》第42条规定：“发现农业转基因生物对人类、动植物和生态环境存在危险时，国务院农业行政主管部门有权禁止生产、加工、经营和进口，收回农业转基因生物安全证书，销毁有关存在危险的农业转基因生物。”② 凡从中华人民共和国境外引进农业转基因生物的，或者向中华人民共和国出口农业转基因生物的，引进单位或者境外公司应当凭国务院农业行政主管部门颁发的农业转基因生物安全证书和相关批准文件，向口岸出入境检验检疫机构报检；经检验合格后方可向海关申请办理有关手续。“进口农业转基因生物，没有国务院农业行政主管部门颁发的农业转基因生物安全证书和相关批准文件的，或者与证书、批准文件不符的，作退货或者销毁处理。进口农业转基因生物不按规定标识的，重新标识后方可入境。”“农业转基因生物在中华人民共和国过境转移的，货主应当事先向国家出入境检验检疫部门提出申请；经批准方可过境转移，并遵守中华人民共和国有关法律、行政法规的规定。”③ 与此同时还必须执行自2000年1月1日起施行的《进境植物繁殖材料检疫管理办法》、《进境植物繁殖材料隔离检疫圃管理办法》、《进境水果检疫管理办法》以及《进境栽培介质检疫管理办法》，从源头上防止植物危险性有害生物随进境植物繁殖材料、栽培介质等途径传入我国。

---

① 《中华人民共和国植物新品种保护条例实施细则（农业部分）》，《知识产权审判指导与参考（第1卷）》，269～270页，北京，法律出版社，2000。

② 《农业转基因生物安全管理条例》，载《国务院公报》，2001年第2期第10页。

③ 《农业转基因生物安全管理条例》，载《国务院公报》，2001年第期第9～10页。

中国野生植物多样性保护

生物多样性是指所有来源的活的生物体中的变异性，这些来源包括陆地、海洋和其他水生生态系统及其所构成的生态综合体，包括物种内、物种之间和生态系统的多样性。生物多样性的研究正在揭示以前未曾想象的地球上生命形式、物种起源以及它们之间和它们与环境之间复杂而微妙的关系。这种关系正在显示出对于人类未来具有至关重要的涵义。许多目前似乎完全没有意义的物种，可能在将来某个时候会变成对医学、农业以及多种多样人类需求极有价值的东西。生物多样性还为我们提供了多种至关重要的服务，它对于人类的潜在价值已经可以肯定地说是无法用金钱来估算的。因此，《保护世界文化和自然遗产公约》规定，自然遗产包括 4 个方面，其中有两个属于生物多样性："（2）代表陆地淡水海岸及海洋生态系统及植物、动物群落的进化和发展中有意义的正在进行的生态和物种过程中的突出例子。（4）含有生物多样性就地保护最重要的和有意义的自然生境，包括那些含有从科学或保护观点看来有突出普遍价值的受威胁物种的。"①2010 年 5 月 10 日，联合国环境规划署和《生物多样性公约》秘书处发布的《全球生物多样性展望》得出结论：全世界并没有实现 2002 年制定的生物多样性保护目标，未能在 2010 年有效降低生物多样性丧失的速度；而相比起气候变化问题，生物多样性保护同样面临着空前的挑战——依然非主流化，威胁因素继续增加，而要遏制这种趋势，急需将保护目标与经济发展战略相结合。从 1992 年联合国环境与发展

---

① 陈昌笃：《保护生物多样性》，载《中华遗产》，2004（1）。

大会签订《生物多样性公约》、2002 年公约制定 2010 年保护目标以来，生物多样性保护在一定范围内得到重视，一系列保护工作相继在国家、区域和社区层面开展起来，取得了一些成效。譬如，全世界保护地面积覆盖增加到 12.2%，170 多个国家制定了生物多样性保护行动计划，31 个鸟类物种因为保护工作的开展而避免了灭绝。不过随着生物多样性威胁的继续增加，濒临灭绝的物种也在继续增加。在《全球生物多样性展望》评估的近 4.7 万物种中，有 36% 被认为受到威胁。而生物多样性保护面临的生态环境消失和退化、气候变化、过度开发、不可持续利用、外来物种入侵的威胁并未有效缓解，甚至正在加剧。①

中国是野生植物资源最丰富的国家之一。野生植物作为生物多样性的重要组成部分，是人类赖以生存和发展的重要的物质基础。野生植物不仅具有观赏和科研价值，而且还有直接或者间接的为人类提供食物原料、营养物质和药物，更为重要的是它们能够防止水土流失、调节区域气候，为改良作物品种提供取之不尽用之不竭的基因资源。因此，保护野生植物资源是实现我国可持续发展战略的必然要求。据不完全统计，我国特有野生植物约有 270 类、近 17000 个品种。但由于我们保护野生植物资源意识不强，农业野生植物有 4～5 类、191 种处于濒危状态，这些不可再生的野生物种一旦灭绝，将对人类及子孙后代的生存和发展带来不可挽回的损失。② 导致野生植物数量急剧减少，珍稀植物濒临绝境的关键因素，是长期以来人们对野生植物保护观念的淡漠，猖獗的国际国内非法野生植物贸易，以及相关立法和执法的不健全。野生植物贸易的巨额利润使一些人铤而走险，则是把野生植物推向灭绝边缘的主要原因。同时越来越多的商家认识到化学制剂对人身体健康的危害，纷纷把注意力集中到野生植物上，愿意出高价收购药用和食用野生植物，从而导致一些野生植物遭到毁灭性的开

---

① 参见李振基：《减缓物种消失并非束手无策》，载《光明日报》，2010 年 5 月 24 日第 10 版。

② 参见宋才发：《WTO 规则与中国野生植物资源保护》，载《青海师范大学学报》，2004（1）。

采。譬如，新中国建立初期在云南分布较广的一种中药材，在近期的野外调查中只找到一株；可以治疗关节炎的雷公藤在福建、浙江几乎被砍光。野生食用牛肝菌在其主要产地——云南几乎遭到灭顶之灾：疯狂的采菇大军连刚出土的童菇和已无加工价值的老菇都不放过。对土地的过度开发也加剧了野生植物的灭亡。再譬如，1979 年广西贵县麻柳塘的普通野生稻覆盖面积达到 419.4 亩，而目前已基本消失；世界上分布最北的普通野生稻——江西东乡野生稻在 1978 年发现时有 9 处，目前除了被围起来的部分之外均已消失。据调查，我国野生稻原有分布点中的六七成现在均已消失和大面积萎缩。[①] 我国是世界上八大作物物种起源中心之一，尤其西部地区是我国生物多样性最丰富的区域，是全世界关注的生物多样性热点地区之一。据估计，西部自然保护区面积占全国自然保护区总面积的 85%，所保护的生态系统和物种系统占全国的 70%。据权威专家评估和统计，我国生物物种资源引进和输出的比例大概为 1：10，流失情况严重。因此，依法加强对西部地区遗传生物资源的保护和管理，就是对整个中华民族农业野生植物资源、农业物种资源和自然生态平衡的保护，必须引起各级人民政府的高度重视。

必须依法保护农业野生植物。我国是世界上野生稻物种资源丰富的国家之一，普通野生稻是栽培水稻的始祖，在长期的自然选择过程中形成了优良的特性，蕴藏着高产优质、耐寒抗旱、抗病虫害等基因。野生稻的优异基因是栽培稻所没有的或者罕见的，利用野生稻作亲本，可以选育出新的种质，它是基因工程、生物工程研究的物质基础。为此，我国农业部于 2002 年 9 月发布了《农业野生植物保护办法》，明令对珍稀、濒危野生植物资源和生物多样性予以法律保护。为了加强对野生植物的保护和管理，农业部依据《野生植物保护条例》规定，设立了野生植物保护管理办公室，负责全国野生植物监督管理的日常工作[②]。早在 20 世纪 30 年代，中国农业科学院第一任院长丁颖就利用

---

① 齐芳：《保护珍稀野生植物》，载《光明日报》，2002 年 12 月 6 日第 B2 版。

② 《农业野生植物保护办法》，载《国务院公报》，2003 年第 19 期第 42～44 页。

普通野生稻杂交材料培育出“中山一号”水稻优良品种，其优异种质利用了整整半个世纪。1973 年中国工程院院士、“杂交水稻之父”袁隆平就曾凭借在海南发现的普通野生稻，成功地培育出举世瞩目的三系杂交水稻品种，使我国水稻生产有了重大突破，为解决我国乃至世界粮食安全问题作出了巨大贡献。2000 年袁隆平等人与美国的科学家合作，通过分子技术从普通野生稻中发现两个增产基因，可比现在的高产杂交稻增产 36%，从而再次印证了野生稻在杂交稻研究中的宝贵价值。为了更好地保护野生植物，我国先后颁布了《中华人民共和国森林法》、《中华人民共和国野生植物保护条例》和《农业野生植物保护办法》等法律法规，使野生植物资源的保护有了基本的法律保障；划建自然保护区，有效地保护野生植物的原生地。截止 2001 年底，我国已建立珍稀植物繁育中心、植物园 120 多个和 400 多处珍稀植物种质种源基地，建成一座种质库、一座复份种质库和 32 个种质圃，作物种质资源保存数量近 36 万份，其中有 2 万份是野生的。2002 年国家又启动了“野生大豆等农业野生植物保护专项计划”，以濒危野生植物为重点，对主要农作物野生近缘植物进行调查、抢救收集、原生地保护；成立了野生植物保护领导小组，并编制和发布了《国家重点保护野生植物名录》。保护野生植物的生境，提高自然保护区的建设和管理水平，是我国生物多样性保护需要迫切解决的问题之一。在 2003 年 5 月 23 日国际生物多样性日前夕，我国履行《生物多样性公约》工作协调组办公室公布了中国履行《生物多样性公约》10 年进展，披露了目前我国生物多样性保护方面存在的主要问题：生物多样性丧失的趋势尚未得到有效地控制，自然保护区生态环境形势总体是严峻的，必须通过制定《生物多样性保护法》的方式和严格执法的途径依法保护野生植物。

必须加大物种就地保护的力度。加入 WTO 组织后的 2003 年，我国野生动植物保护工作成效显著，全年新建自然保护区 110 处，使我国林业系统自然保护区数量达到 1503 处。其中，实施 3 年的野生动植物保护及自然保护区建设工程，累计新建自然保护区达到 600 处，相当于此前 45 年建区总数的 2/3。濒危物种的救护工作也取得实效，譬如，2003 年大熊猫繁育增幅达到 10%；朱鹮野外和人工种群增幅达到 35%；扬子鳄人工繁育年增能力突破 2000 条；野马放归大自然取得突破，首次在野外繁殖成活幼马。苏铁和兰科植物保护，按照注重就地保护的原则，加强了重点分布区域的管护和监督体系建设。野生动植物种质基因保护工作进展顺利，目前已经收集、保存了最为急需保存的 76 种野生动物和 190 多种野生植物共 1100 多份样本，建立了华南虎、扬子鳄、梅花鹿等 20 多个物种的反转录 DNA（基因），有关基因和遗传结构研究成果获得国际承认，促进了由利用野外资源向繁育利用人工资源的转变。我国湿地保护工作也进一步得到加强，目前 40% 的天然湿地，在 353 处保护区内得到较好的保护。[①] 面对近年来国际上“生物物种资源主权”争夺愈演愈烈的趋势，我国这样一个物种丰富、农业地位异常重要的发展中国家，保护生物物种资源刻不容缓。2009 年 12 月我国第一座规模达 83.95 亩的国家级野生生物种质资源库，在中国科学院昆明植物研究所建成，成为世界上两个按照国际标准建立的野生生物种质资源保藏设施之一。种质资源库按照国际标准建成了 680 立方米的冷库、570 立方米的干燥间和 6 个培养间，干燥系统达到了国际公认保存种子的“双 15” （温度 15℃、相对湿度 15%）标准。专家表示“在这样的环境中，种子能够在几十年乃至几百年的时间里，仍不丧失原有的遗传性和发芽能力。”[②] 中国现在每年有 300 多种自然物种趋于濒危乃至消失。尤为严重的是一种植物的消失，往往会导致另外 10 ~30 中生物的生存危机。过去主要是通过建立自然保护区、就地保护等方法对生物多样性进行保护，但是效果十分有限。云南是誉满全球的“植物王国”和“微生物王国”，仅高等植物就有 1.5 万多种，约占全国的 50%，是我国生物多样性最丰富的地区。因此，在这里建立种质资源不仅获取物种容易，而且对物种进行

---

① 参见梅青：《加大物种就地保护力度》，载《科学时报》，2004 年 1 月 30 日第 4 版。

② 李鹏、李荔：《中国建成“诺亚方舟”保存濒危植物》，载《北京科技报》，2009 年 12 月 17 日。

研究以及野外培养都很方便。[①] 鉴于生物物种资源是维护国家和民族生存发展利益的一项系统工程，国家有关部门还必须进一步抓紧制定“生物物种资源保护与利用发展规划”，尽快实施“国家生物物种资源保护科技专项计划方案”，增加投入确保“生物物种资源保护与利用发展规划”的顺利实施，加强我国生物物种资源保护和利用的制度法规建设和运作。

我国对植物新品种保护的法律规定。现代生物技术是整个人类社会发展进程中最为关键的技术领域，也是目前国内外发明创造最为活跃的领域。它涉及到基因工程和转基因植物技术为主的农业生物技术。尽管 TRIPS 协定在第 27 条规定：“专利可授予所有技术领域的任何发明，无论是产品还是方法，只要它们具有新颖性、包含发明性步骤，并可供工业应用。在遵守第 65 条第 4 款、第 70 条第 8 款和本条第 3 款规定的前提下，对于专利的获得和专利权的享受不因发明地点、技术领域、产品是进口的还是当地生产的而受到歧视。”“各成员可拒绝对某些发明授予专利，如在其领土内阻止对这些发明的商业利用是维护公共秩序或道德，包括保护人类、动物或植物的生命健康或避免对环境造成严重损害所必须的，只要此种拒绝授予并非仅因为此种利用为其法律所禁止。”在这里的第 3 款规定就是：“各成员可拒绝对下列内容授予专利权：（A）人类或动物的诊断、治疗和外科手术方法；（B）除微生物外的植物和动物，以及除非生物和微生物外的生产植物和动物的主要生物方法。”[②] 但是越来越多的基因相关产品会通过转基因动植物来生产，而转基因动植物当然是属于“动植物”范畴。在 21 世纪，中国要想在生物技术产业领域有所作为，就不能靠免费对外国技术的模仿，而主要的是依靠自主的创新，对包括转基因动植物在内的生物技术发明提供专利保护是至关重要的，因而我国应当对主要表现为转基因动植物发明的动植物发明提供专利保护。2001 年国家知识

---

① 参见李荔：《生物种质资源库在昆明建成》，载《文摘报》，2009 年 12 月 20 日第 1 版。

② 《乌拉圭回合多边贸易谈判结果：法律文本中国加入世界贸易组织法律文件》，255 页，北京，人民出版社，2002。

产权局公布新的《审查指南》（第二部分）已明确规定：转基因动植物是通过基因工程的重组DNA技术等生物学方法得到的动物和植物，根据《专利法》第25条第1款的有关规定，不能授予专利。然而，《中华人民共和国植物新品种保护条例》使在《专利法》中得不到保护的植物品种获得了一种类似专利的保护。中国于1999年3月23日递交了加入《保护植物新品种国际公约》（UPOVC）的申请书，加入1978年UPOVC文本。（1）DNA片段、基因以及蛋白质。DNA片段、基因以及蛋白质在中国也被认为是化学物质，既然我国已经开放了对化学物质的保护，因此DNA片段、基因以及蛋白质等可以在中国获得专利保护。1993年3月中国专利局发布的《审查指南》的第二部分第十章分别规定了专利申请中对DNA序列和蛋白质的记载要求。由此可以得知，在1992年中国修改的《专利法》（2000年对《专利法》进行了再次修改）中，就开放了对化学物质的保护，中国专利局实际上已经将DNA片段、基因以及蛋白质等作为化学物质给予专利保护。2001年10月18日国家知识产权局公布的新《审查指南》，第一次明确将其作为专利保护客体的基因。（2）动物和植物品种。中国《专利法》明确规定对动植物品种不授予专利。并且，中国专利局的《审查指南》（第二部分第一章）将动物品种与动物等同，将植物品种与植物等同，由此也似乎排除了通过解释动植物品种与动植物概念上的不同而对动植物提供专利保护的可能性。《中华人民共和国植物新品种保护条例》规定，国务院农业和林业行政部门共同负责植物新品种权的申请受理和审查授予工作。并且同时规定，植物新品种保护名录由审批机关确定和公布。

二

引进新鲜物种是人类社会文明进步的象征。在人类文明发展史上，物种引进曾经推动了生产的发展，改善了人类生活，改变了世界的面貌。譬如，历史上有不少外来生物物种曾经造福中国社会，如小麦、玉米、马铃薯、西红柿、胡萝卜、草莓、西瓜、葫芦等。几乎在世界的所有地方，物种的引入都成为人类幸福和本地文化的必要组成部分。改革开放以来，我国经济社会迅速发展，与国外境外的交流越来越频繁，生物物种的引进和利用增长迅速。大量国外的生物进入我们的日常生活，各种各样的蔬菜、水果、畜禽、水产摆上了人们的餐桌，丰富了人们的生活。为了维护这些给人们带来利益的外来引入种的健康成长，有时需要附加另外一些外来种的引入，这些种大多数是农业害虫的天敌，可以用于生物控制。然而如果我们稍有疏忽，这些用于生物控制的物种本身就会成为入侵种。随着国际贸易和旅游业的发展，物流的剧增，外来物种被有意无意地引入和传播，在引进、推进、推广外来物种的同时，如果不严加监管，就会造成外来物种入侵的负面影响。

必须深刻认识外来入侵物种的威胁和危害。外来入侵物种是指从自然分布区通过有意或者无意的人类活动而引入，在当地的自然或者半自然生态系统中形成自我再生能力，并且给当地的生态系统或者景观造成明显损害或影响的物种。它是相对于一个生态系统而言的，其中原来并没有某个物种的存在，纯属借助于人类活动越过不能自然逾越的空间障碍而进来的，并且能够自由繁殖和扩散。“外来”这个概念不只是以国界，而是以生态系统来定义的。所以能够成为外来入侵的物种，通常具有抗逆性强和繁殖力强，能够迅速扩展和蔓延的特点。而这也正是我们在进行植被恢复中，迫不及待地为了迅速覆盖裸露地表，于是形成利用该外来物种的强烈愿望。而这种危险的物种一旦被引进，它采用各种方式杀死或者排斥当地土著物种，有些甚至就像“绿色坟墓”一样覆盖其他绿色植被。据有关部门统计，世界自然保护联盟公布的世界上 100 种最坏的外来入侵物种，已经约有一半入侵中国。一些外来有害物种正在悄悄远渡重洋侵害我国城乡，严重地威胁着我国的生态安全。譬如，100 多年前水葫芦引入我国作为饲料及观赏物种，在我国广为种植，结果风长成令人头疼的恶性杂草，连带使湖泊鱼类种数急剧减少，珠江、太湖、滇池频频告急，国家每年花费上亿元巨资打捞仍无济于事。云南昆明滇池 1000 公顷水面上几乎 100% 覆盖着水葫芦。20 世纪 60 年代前，滇池有水生物植物 16 种，水生动物68种，到了80年代，大部分水生植物相继消亡，水生动物只剩下30余种。豚草、紫茎泽兰、飞机草、大米草、水葫芦等在部分地区快速蔓延。我国沿海滩涂和近海生物栖息地因大米草等入侵物种的影响，海水交换能力和水质下降并引发赤潮，使大片红树木林消失。每年全国因松材线虫、湿地松粉蚧、美国白蛾、松突园蚧等森林害虫入侵面积就达150公顷。我国西南地区因飞机草和紫茎泽兰群落入侵，造成草场和林木的破坏和衰弱，对自然保护区保护对象构成了威胁。据不完全统计，仅外来入侵物种这一项造成的直接经济损失约为500多亿元。① 由海外引入的猫爪藤如今已成为鼓浪屿园林树木的一大公害，它能够用其枝叶覆盖树木，使之生长发育不良或者导致死亡，就连数百年树龄的古榕树也不能幸免。曾在美国和澳大利亚等地区造成水库和池塘被严重破坏的水盾草，现在也出现在我国的江苏、浙江流域，它的入侵和扩散对我国国民经济和生态系统的潜在威胁是不可低估的。外来物种强劲的生命力本身极易形成优势种群，因而它们的入侵容易使本地物种的生存受到影响并最终导致本地物种的灭绝，从而破坏了物种的多样性，使物种单一化并最终失去生命力。同时，外来物种通过压迫和排斥本地物种，导致生态系统的物种组成和结构发生改变，最终导致生态系统受到破坏。

必须严格控制和防范外来物种入侵。2001年12月开始的一项全国性调查表明，我国共有外来入侵物种283种，包括微生物19种，水生植物18种，陆地生植物170种，水生无脊椎动物25种，陆地生无脊椎动物33种，两栖爬行类3种，鱼类10种，哺乳类5种。其中一半以上是陆地生植物，其次是陆地生无脊椎动物、水生无脊椎动物和微生物，外来入侵水生植物居第五位。值得注意的是，外来入侵物种最大来源地为美洲，有178次，占总频次的55.1%（原产地总频次为323）；其他来源地依次为：欧洲（70次），亚洲（32次），大洋洲（2

---

① 参见铁铮：《我国生物多样性保护任务依然艰巨》，载《科学时报》，2003年5月26日第3版。

次）。外来入侵物种一年就要吃掉1200亿元。[①] 我们过去在思考问题的时候，多考虑经济效益，很少考虑生态效益，保护整个生态系统的平衡，实现真正的可持续发展，往往成为一句诱人的口号，并没有把它变成实践，这就是问题的要害。我国是《生物多样性公约》的签字国，国家有关部门已经开始注意到了生物多样性的保护和生态安全的保障。譬如，1999年中国科学院动物研究所开始对外来入侵物种全方位的进行研究；2001年国家环境保护总局发布了我国入侵物种的名单和有关通知；2002年启动了重大项目“重要外来种的入侵生态学效应及管理技术研究”；2003年2月国家林业局有害生物检验鉴定中心成立，这是我国为加强对外来有害生物的防范和管理而组建的第一个权威机构。从某种意义上说，认识包括本地种在内的物种具有的可以平衡全球贸易的强大经济价值，强调自然生态系统重要性的伦理观念，促进社会价值向更尊重自然的方向转变，鼓励人们支持保护策略，这样做就可以确保外来入侵种控制费用由从计划物种引入中获益的单位或者应对无目的引入外来物种负有责任的单位来承担。将对外来入侵种的关注与政府行动和国家发展密切结合起来考虑，在有关外来入侵的各种公约、协定和指导原则中，都需要考虑人类因素。在引入新物种时实行风险评估程序，考虑将来可能会被限制的有害影响。尽管我们现在很难确定一个外来种进入一个新的环境后的发展趋势，但是我们应当尽一切努力阻止无意入侵的发生。为了能够从根本上解决问题，我国应当尽快制定《外来生物入侵防止法》。同时农业、林业、卫生、环境、贸易、海关、检疫、科技等部门都要加强协调与合作。海关和检疫部门对入境的各种交通工具、旅行者的行李、各种货物要切实加强检查，共同拒绝外来生物物种的入侵。在保护当地优质物种资源、引进外来物种时，有关部门需要进行充分、科学的评估和分析，全面、动态地考虑问题，不能仅看重眼前和局部利益；引进后要注意观察，释放要

① 参见赵永新：《外来入侵物种一年“吃”掉1200亿元》，载《人民日报》，2004年6月3日第16版。

跟踪，从国家利益高度全面管理外来物种。我国还必须建立多部门合作、协调机制和外来物种危害预警机制，提高全民的生物安全保护意识，举国上下共同防止外来生物物种的入侵。